suhrkamp taschenbuch
wissenschaft 2414

Der Natur werden weltweit von Parlamenten, Regierungen und Gerichten zunehmend eigene Rechte verliehen. Was ist dran an den Rechten der Natur? Kann diese Rechtspraxis zur Bewältigung des Klimawandels beitragen? Wie lassen sich solche Rechte begründen? Und wie anwenden? Diesen Fragen geht Tilo Wesche in seinem philosophischen Grundlagenwerk mit Blick auf das Eigentumsrecht nach. Beim Klima-, Arten- und Umweltschutz werden Eigentumsrechte häufig vernachlässigt. Dabei wohnt ihnen selbst eine Vorstellung ökologischer Nachhaltigkeit inne, die zur Überwindung eines extraktiven Naturverhältnisses beitragen kann.

Tilo Wesche ist Professor für Praktische Philosophie an der Carl von Ossietzky Universität Oldenburg. Im Suhrkamp Verlag ist erschienen: *Was ist Kritik?* (hg. zusammen mit Rahel Jaeggi, stw 1885).

Tilo Wesche

Die Rechte der Natur

Vom nachhaltigen Eigentum

Suhrkamp

2. Auflage 2025

Erste Auflage 2023
suhrkamp taschenbuch wissenschaft 2414
Originalausgabe

Umschlag nach Entwürfen
von Willy Fleckhaus und Rolf Staudt
Druck und Bindung: C. H. Beck, Nördlingen
Printed in Germany
ISBN 978-3-518-30014-5

Suhrkamp Verlag GmbH
Torstraße 44, 10119 Berlin
info@suhrkamp.de
www.suhrkamp.de

Für Regina

Inhalt

»Doch an den Fensterscheiben,
Wer malt die Blätter da?
Ihr lacht wohl über den Träumer,
Der Blumen im Winter sah?«

Franz Schubert, *Winterreise* (nach Wilhelm Müller)

Einleitung: Wem gehört die Natur?

Ein Fluss gehört sich selbst

Der Whanganui River entspringt im Vulkanmassiv Tongariro der nördlichen Hauptinsel Neuseelands und schlängelt sich durch das dichte Grün dünn besiedelter Landschaften hin zu seiner Mündung im Pazifischen Ozean. Außer als beliebtes Ausflugsziel für Städter aus der Umgebung ist der Fluss weit über die Landesgrenzen hinaus vor allem für eines bekannt: Der Fluss hat eigene Rechte – einschließlich Eigentumsrechte. Seine indigenen Anwohnerinnen, die Māori iwi, führten mit der neuseeländischen Regierung einen jahrzehntelangen Rechtsstreit über die Frage, wem der Fluss gehört. In der maorischen Weltanschauung wird er auch Te Awa Tupua (»Fluss als Ahne«) genannt und als Heiligtum verehrt, weil die Ahnen in ihm wohnen. Der Whanganui River ist für Menschen unantastbar und kann deshalb nicht ihnen gehören; er entzieht sich den Eigentumsrechten, die Menschen über leblose Dinge ausüben. Die Regierung hingegen beharrte darauf, dass ein Fluss nicht außerhalb einer staatlichen Rechtsordnung mit entsprechenden Eigentumsrechten stehen könne, die die Nutzung des Flusses, aber auch Weisen und Umfang seiner Verwertung und Übertragung regeln. Wer darf das Wasser nutzen? Wem gehören die Einnahmen aus dem Flusstourismus und dem Fischfang? Wer darf mit Früchten und Holz aus den angrenzenden Wäldern Handel treiben? Usw. Ohne eine Eigentumsordnung ließen sich solche Streitfragen nicht gewaltfrei vor Gericht entscheiden.

Der Rechtsstreit wird mit der Novellierung des Te Awa Tupua Act (Whanganui River Claims Settlement) 2017 No. 7 beigelegt. Dem Whanganui River werden damit eigene Rechte zugestanden. In Artikel 14 (1) heißt es: »Te Awa Tupua ist eine juristische Person und hat alle Rechte, Befugnisse, Pflichten und Verbindlichkeiten einer juristischen Person.«[1] Der Fluss wird als Träger eigener Rechte anerkannt und gilt als juristisches Subjekt, das durch seine Stell-

1 »Te Awa Tupua (Whanganui River Claims Settlement) Act 2017«, ⟨www.legislation.govt.nz/act/public/2017/0007/latest/whole.html⟩, letzter Zugriff 2.11.2021. (Alle Übersetzungen von Zitaten, bei denen keine deutschsprachige Quelle angegeben ist, stammen von mir, T.W.)

vertreter (das Te Pou Tupua Office) vor Gericht ziehen und seine Rechte einklagen kann. Eigentumsrechte, bislang Menschen vorbehalten, werden damit auf den Fluss übertragen: Der Fluss gehört sich selbst.[2] Er ist weder ein eigentumsloses Gut, das niemandem gehört, noch eine eigentumsförmige Sache, über die Menschen verfügen. Der Whanganui River besitzt Eigentumsrechte an seinen Fischen und seinen Pflanzen, an seinem Wasser und seinem Boden. Er verkörpert damit exemplarisch die Vorstellung von einer Natur, die ebenso wie ihre Bestandteile Rechtssubjekt und insbesondere Inhaberin von Eigentumsrechten an den Naturgütern ist.

Solche ökologischen Rechte haben Schule gemacht und sind kein Einzelfall mehr. Weltweit wurden der Natur inzwischen in knapp zweihundert Fällen eigene Rechte zugestanden. Außer in Neuseeland sind sie in den USA, in Ecuador, Kolumbien, Bolivien, Uganda, Spanien etc. anerkannt. Ökologische Rechte sind also keine Traumtänzerei mehr, sondern mittlerweile gelebte Rechtspraxis, die in den Parlamenten, Regierungen und Gerichtshöfen angekommen ist. Mit dieser ökologischen Eigenrechtsidee, wie sie genannt wird, wird klarerweise ein grundlegender Paradigmenwechsel im Rechtsverständnis vollzogen:[3] Rechte, die bisher Menschen vorbehalten waren, werden einer nichtmenschlichen Entität zugebilligt. Daher lohnt es sich, sie auf den Prüfstand zu stellen, was in diesem Buch geschehen wird.

Das wachsende Interesse an ökologischen Rechten erklärt sich natürlich aus den Ökologiekrisen der Gegenwart und der Ratlosigkeit darüber, wie sie sich auf friedliche, sozialverträgliche und stabilisierende Weise bewältigen lassen. Die Rechte der Natur durchlaufen dabei einen Wandel und entwickeln sich von einer lokalen Maßnahme des Umweltschutzes zu einer globalen Nachhaltigkeitsstrategie. Anfangs dienten sie dem Schutz der Lebensräume von Anwohnerinnen, die durch Land-, Vieh-, Forst- und Holzwirtschaft sowie Bergbauindustrie und illegalen Rohstoffabbau zer-

2 Warum ein solcher Fluss, der sich selbst gehört, grundverschieden vom Konzept des Selbsteigentums beispielsweise bei John Locke ist, wird im weiteren Verlauf noch ausführlich erläutert.

3 Für die Rechte der Natur verwende ich auch die Bezeichnungen ökologische Eigenrechte, ökologische Rechte und Naturrechte. Letztere stehen im Plural und sind nicht mit dem Naturrecht im Singular zu verwechseln, dem sich die Naturrechtslehren von Pufendorf, Grotius u. a. widmen.

stört werden. Heutzutage sind sie mit der Erwartung verbunden, nicht nur einzelne Biotope, sondern die Ökosphäre insgesamt vor Übernutzung, Verunreinigung und Zerstörung zu schützen. Ging es zunächst darum, Mülldeponien, Grundwasserverunreinigungen und Abholzungen zu verhindern, so soll nunmehr die Natur im Ganzen vor ihrem Missbrauch als Rohstofflager, Verwertungsquelle und Abfallhalde bewahrt werden. Es liegt auf der Hand, dass globale Ökologiekrisen Gegenmaßnahmen von grenzüberschreitender Reichweite erfordern. Einen solchen weltweiten Wirkungskreis verspricht man sich von der Etablierung ökologischer Eigenrechte, die dazu beitragen soll, vier weltweite Ökologiekrisen einzudämmen: die Erderwärmung, das Artensterben, die Ressourcenerschöpfung und die Globalvermüllung.

Dass es eine menschengemachte *Erderwärmung* gibt, die auf den Verbrauch von fossilen Energieträgern zurückgeht, ist seit einem halben Jahrhundert bekannt. Klimaschädliche Emissionen von Treibhausgasen wie Kohlendioxid, Methan und Lachgas haben die Temperaturen seit der Industrialisierung im 19. Jahrhundert durchschnittlich um 1,2 Grad steigen lassen. Um Meeresspiegelanstieg, Wüstenbildung, Dürren, Überflutungen, Ernteausfälle, Gesundheitsbelastungen und die sozialen Auswirkungen wie Migration, Ressourcenkonflikte und Ungleichheiten noch zu begrenzen, müsste die Erderwärmung bei 1,5 Grad gestoppt und müssten Gesellschaften klimaneutral werden.[4] Dieses Ziel ist zwar mit dem Pariser Abkommen 2015 beschlossen worden und rein theoretisch noch erreichbar. Um aber auf den nötigen Dekarbonisierungspfad zu gelangen, müsste der entsprechende Umbau der Infrastrukturen und die Neuausrichtung der Investitionszyklen in kürzester Zeit vollzogen werden. Die derzeit weltweit weiterhin steigenden Emissionen sprechen nicht unbedingt dafür, dass das gelingt. Aufgrund nachlaufender Effekte des Klimasystems stellen sich Wirkungen von Handlungsveränderungen zudem verzögert ein: Selbst dann, wenn ab sofort keinerlei Treibhausgase mehr ausgestoßen würden, stiegen die Temperaturen um mindestens ein halbes Grad weiter an. Es gibt also einen enormen Zeitdruck, der es nötig macht, neue Wege zu beschreiten.

4 IPCC, *Climate Change 2022: Mitigation of Climate Change. Contribution of Working Group III to the Sixth Assessment Report of the Intergovernmental Panel on Climate Change*, Cambridge und New York 2022.

Das Zeitfenster, um das *Artensterben* aufzuhalten, ist ebenfalls sehr klein. Denn täglich verschwinden 150 Tier- und Pflanzenarten unwiederbringlich von unserem Planeten – und mit ihnen auch zahlreiche Ökosystemdienstleistungen, die Menschen für ihr Wohlergehen und Überleben benötigen: ohne Bienen keine Pflanzenbestäubung, ohne Wälder und Moore keine natürliche Bindung von Kohlendioxid etc.[5] Auch beim Artensterben gibt es Kipppunkte, nach deren Überschreitung sich ganze Ökosysteme, etwa der Regenwald im Amazonasgebiet oder das Mittelmeer, selbst nicht mehr stabilisieren können. Bereits heute führt der Artenschwund auf 60 Prozent der Erdoberfläche zu einem Kollaps von Ökosystemen.[6] Mit dem Verlust von Biodiversität wird also auch Menschen die Lebensgrundlage entzogen, so dass ein grundsätzliches Umsteuern schon deshalb dringend geboten erscheint.

Weiterhin zugenommen hat auch die *Ressourcenerschöpfung*, trotz eindringlicher Warnungen. Fakt ist: Bliebe der weltweite Ressourcenverbrauch auf aktuellem Niveau, bräuchte es 1,6 Erden, um ihn dauerhaft zu decken. Auf die Weltbevölkerung hochgerechnet, würde die Wirtschaftsweise und das Konsumverhalten allein des globalen Nordens die Landfläche von mehr als drei Erden erfordern. Diese Übernutzung geht auf Kosten anderer Länder und zukünftiger Generationen. Aber schon gegenwärtig kann der Ressourcenhunger kaum noch gestillt werden. Fruchtbare Nutzflächen, Süßwasser und Wälder werden stärker genutzt, als sie sich regenerieren können; nichterneuerbare Rohstoffe wie Bausand, Kupfer und das als Dünger genutzte Phosphat werden knapper und noch in diesem Jahrhundert versiegen.

Einen gleichermaßen dringenden Handlungsbedarf erzeugt die *weltweite Vermüllung* insbesondere durch Kunststoffabfälle. Nicht nur schwimmen in den Ozeanen riesige Plastikstrudel wie der Great Pacific Garbage Patch[7] und lagern auf jedem Quadratkilometer des

5 Siehe die einschlägige Bestandsaufnahme: IPBES, *Global Assessment Report on Biodiversity and Ecosystem Services of the Intergovernmental Science-Policy Platform on Biodiversity and Ecosystem Services*, Bonn 2019.

6 Matthias Glaubrecht, *Das Ende der Evolution. Der Mensch und die Vernichtung der Arten*, München 2019, S. 34.

7 Der sich im Gebiet des Nordpazifikwirbels befindet und auf einer Fläche von ca. 1,6 Millionen km^2 (was der Größe Frankreichs, Spaniens und Deutschlands zusammengenommen entspricht) etwa 1,8 Billionen Plastikteilchen versammelt.

Meeresbodens heute durchschnittlich 70 Kilo Plastik. Plastikstaub ist praktisch überall in der Luft zu finden, in den Innenräumen der Metropolen ebenso wie auf den Hochebenen Tibets oder den Gipfeln der Pyrenäen.[8] Allein auf Frankreich rieseln Jahr für Jahr 2000 Tonnen Mikroplastik herab. Durch Wind, Wetter, Wellen und Licht fragmentierte Kunststoffteile legen sich wie ein unsichtbarer Teppich auf den Planeten. Auf verschiedenen Wegen gelangen wöchentlich ungefähr sechs Gramm Mikroplastik in unsere Körper, was der Plastikmenge einer Kreditkarte entspricht. Mikroplastik wird verantwortlich gemacht für Krebs, Atemwegserkrankungen und Unfruchtbarkeit bei Tier und Mensch. Dieser Plastikfallout ist nur ein Beispiel von vielen Kontaminationen der Natur, die von den Luft- und Umweltverschmutzungen der frühen Industrialisierung bis zum heutigen weltweiten Einsatz von umweltschädlichen Pestiziden reichen.

Es steht außer Frage, dass sich die genannten (und hier nur knapp umrissenen) Ökologiekrisen nicht mit einer einzigen Maßnahme effektiv und vor allem zeitnah bewältigen lassen. Vielmehr bedarf es vielfältiger Maßnahmen im arbeitsteiligen Einsatz. David Boyd, Sonderberichterstatter der Vereinten Nationen für Menschenrechte und Umwelt, empfiehlt daher »drei Schritte zur Beschleunigung des Fortschritts auf dem Weg zu einer nachhaltigen Zukunft: Vermittlung von Umweltwissen, Förderung des Rechts auf ein Leben in einer gesunden und nachhaltigen Umwelt und Anerkennung der Rechte der Natur«.[9] Letztere, also die Eigenrechte der Natur, stehen im Zentrum dieses Buches, aber nicht in Konkurrenz zu den herkömmlichen Umweltrechten – etwa zum Recht auf eine gesunde und nachhaltige Umwelt, das durch die UN-Generalversammlung im Juli 2022 anerkannt wurde. Vielmehr werden sie als wichtige und vor allem innovative Ergänzung zu diesen verstanden. Ihr zentraler Beitrag, so werde ich zeigen, liegt darin, dass sie ökologische Nachhaltigkeit deutlich wirkungsvoller umzusetzen vermögen als alle anderen Maßnahmen. Wenn der Natur eigene Rechte verliehen werden, dann ist Nachhaltigkeit nicht mehr verhandelbar. Anders gesagt: Die Natur kann nur dann ef-

8 Susanne Donner, »Der Plastik-Fallout«, in: *Süddeutsche Zeitung* vom 23. Oktober 2022.

9 United Nations General Assembly (UNGA), *Harmony with Nature. Report of the General-Secretary*, A/74/236, New York 2019, S. 3 f.

fektiv geschützt werden, wenn sie als Rechtssubjekt auf Augenhöhe mit ihren Nutzerinnen steht. Mit eigenen Rechten wird Waffengleichheit hergestellt.

Nun hat die Diskussion um Sinn und Grenzen ökologischer Eigenrechte gerade erst begonnen. Eines zeichnet sich aber jetzt schon ab: Im Vergleich zum weltumspannenden Netz von Eigentums-, Vertrags- und Unternehmensrechten erscheinen die seltenen Erfolgsfälle der Naturrechte wie ein Tropfen auf den heißen Stein. Von einer Erfolgsgeschichte kann nicht die Rede sein, denn die bislang geschaffenen Rechte der Natur sind nicht mehr als ein verheißungsvoller Anfang. Ausgebremst wird die Entwicklung durch den Eindruck, dass sie mit heutigen Rechtsvorstellungen unvereinbar seien. Die Vorstellung, dass eine nichtmenschliche Entität Rechteinhaberin sein und etwa ein Fluss sich selbst gehören könne, scheint mit Grundgewissheiten vorherrschender Rechtsvorstellungen jedenfalls des globalen Nordens nur schwer vereinbar. Diese angenommene Unvereinbarkeit stellt aus meiner Sicht die Hauptursache für die schleppende Rechtsentwicklung dar. Um den Rechten der Natur zum Durchbruch zu verhelfen, muss deshalb erst einmal gezeigt werden, dass sie und geltendes Recht Geschwister sind. Die wichtigste Aufgabe, die zu lösen ist, um den ökologischen Rechtsfortschritt zu befördern, besteht in der Erklärung, warum Rechte der Natur durchaus mit modernen Rechtsordnungen vereinbar sind. Der Gedanke, dass ein Fluss (wie der Whanganui River) sich selbst gehört, muss sich unter den Voraussetzungen moderner Rechtsordnungen verstehen lassen.

Ich will in diesem Buch daher darlegen, wie sich Rechte der Natur aus dem geltenden Recht gegenwärtiger Eigentumsgesellschaften entwickeln lassen. Meine These lautet, dass ökologische Eigenrechte modernen Rechtsordnungen bereits innewohnen, und zwar als ein unabgegoltenes Potenzial. Moderne Rechtsordnungen sind mit der ökologischen Eigenrechtsidee also deshalb vereinbar, weil diese Idee sich aus den Rechtsordnungen selbst ergibt. Um dies plausibel zu machen, wird ein Perspektivenwechsel vollzogen. Anstatt die bestehenden Rechte der Natur in Ecuador, Kolumbien, Neuseeland etc. als Blaupause zu verwenden, sollen Rechtsordnungen betrachtet werden, die sich für unvereinbar mit ihnen halten. Nicht die bisherigen Erfolgsfälle etablierter Naturrechte sollen untersucht werden, sondern die Rechtsordnungen, denen sie fehlen, um zu zeigen, dass ihnen selbst Rechte der Natur eingeschrieben sind. Mittlerweile haben zahlreiche Forschungsarbeiten dazu beigetragen, die Praxis ökologischer Eigenrechte im globalen Süden besser zu verstehen. Darüber hinaus geht es mir darum, ein Fehlverständnis moderner Rechtsgemeinschaften zu korrigieren.[10] Diese gehen nämlich fehl in der Annahme, dass ihnen Rechte der Natur fremd seien. Vielmehr kann die ökologische Eigenrechtsidee ihnen selbst entnommen werden.

Dieses Vorgehen motiviert sich aus der Einschätzung, dass die Rechte der Natur in den Eigentumsgesellschaften des globalen Nordens nur dann Fuß fassen, wenn sie sich als eine logische Konsequenz aus ihnen selbst ergeben. Im Sinne einer globalen Nachhaltigkeitsstrategie lässt sich ihr bisheriger Wirkungskreis also nur erweitern, indem die ökologische Eigenrechtsidee selbst weiterentwickelt wird. Diese Weiterentwicklung geht Hand in Hand mit der bewährten Praxis ökologischer Rechte in Ländern vor allem des globalen Südens. Beide Ansätze ergänzen sich und führen nur im Verbund zum Erfolg. Die bisherige Forschung über das Erstreiten und die Ausübung kodifizierter Naturrechte in Ecuador, Kolumbien oder Neuseeland ist um Untersuchungen darüber zu erweitern, wie sich Rechte der Natur aus der Eigenlogik geltender Rechtsordnungen des globalen Nordens entwickeln lassen.

Die bestehenden Rechte der Natur in den Ländern des globalen Südens bringen eine universelle Rechtsidee zum Ausdruck. Rechte stehen demnach derselben Natur zu, auf die sich alle Bewohnerinnen des Planeten gleichermaßen beziehen. Verdient die Natur Rechte, müssen diese Rechte deshalb weltweit gelten. Eine universelle Geltung wird jedoch nicht erreicht, indem eine Norm über fremde Rechtskulturen gestülpt wird. Der Universalismus ökologischer Eigenrechte besteht vielmehr darin, dass sie sich aus verschiedenen Kontexten jeweils herleiten. So sind bislang die ökologischen Rechte im globalen Süden an spezifische Kontexte gebunden: an lateinamerikanische Kulturen der Pachamama, an maorische Naturanschauungen, an religiöse Einheits- und Schöpfungsmythen oder Harmonievorstellungen. Diese Rechtfertigungsfiguren erfül-

10 Der Einwand, die bisherigen Praktiken und Theorien von Eigenrechten der Natur blieben unverstanden, geht deshalb an dem Anliegen vorbei, Naturrechte vielmehr aus den bestehenden Rechtsordnungen zu entwickeln, die für unvereinbar mit ihnen gelten.

len ihren Zweck im je konkreten lokalen Fall, lassen sich aber nicht auf die Rechtskulturen des globalen Nordens übertragen, die anderen Geltungslogiken folgen. Jede Gesellschaftsformation besitzt kontextspezifische Ausgangspunkte für die Schaffung ökologischer Eigenrechte, die zu berücksichtigen sind, wenn das Vorhaben gelingen soll. Deshalb haben auch ökologische Eigenrechte in den Gesellschaften des globalen Nordens nur dann eine Chance, wenn sie sich aus deren eigenen Grundlagen herausbilden.

Wenn sich Rechte der Natur aus den eigenen Rechtskulturen des globalen Nordens ergeben sollen, drängt sich die Frage nach den möglichen Anknüpfungspunkten auf. Auf welche Vorstellungen berufen sich die Gesellschaften des globalen Nordens, an die die Idee ökologischer Eigenrechte anschließen kann? Das Selbstverständnis säkularer Rechtskulturen, die um Eigentumsrechte, Freiheitsrechte und menschliche Würde kreisen, haben diesbezüglich dem ersten Anschein nach nichts zu bieten, ja, Vorstellungen von Rechten der Natur lösen hier einen geradezu natürlichen Abwehrreflex aus. Weil die Idee von den Eigenrechten der Natur unseren geläufigen Rechtsvorstellungen in nahezu allen Hinsichten zu widersprechen scheint, gilt sie häufig als Naturglaube von Hinterwäldlern oder bestenfalls als heiße Luft.[11] Folgende Einwände werden in säkularen Gesellschaften typischerweise hervorgebracht: Rechte dienen dem Schutz von individuellen und kollektiven Interessen; aber weil die Natur im Unterschied zu Menschen keine Interessen hat, kommen ihr auch keine Rechte zu. Wer Rechte hat, besitzt auch Pflichten; die Natur kann aber nicht handeln, weshalb sie keine Pflichten und insofern auch keine Rechte besitzt. Freiheit bilde den normativen Kern unserer wichtigsten Rechte; da die Natur aber nicht frei ist, sind ihre Eigenrechte eine Wunschvorstellung ohne jede normative Grundlage. Rechte schützen Ansprüche und Verletzbarkeiten; was aber wie Flüsse, Tierarten (im Unterschied zu einzelnen Tieren) und Landschaften kein schmerzfähiges, bedürftiges oder bewusstes Wesen ist, kann auch keine Rechtsträgerin sein.

Um Vorbehalte dieser Art auszuräumen, wird oftmals darauf hingewiesen, dass vieles, was früher unvorstellbar erschien – Re-

11 Zu Letzteren gehörte ich einst selbst, als ich zum ersten Mal von den Rechten der Natur hörte. Auf die Frage, welche Erkenntnis am meisten erstaunt, dass sie zutrifft, würde ich persönlich mittlerweile eben die Vorstellung der ökologischen Eigenrechte nennen. Das muss natürlich für andere nicht gelten.

gierungen ohne König, ein Selbstregieren von Menschen außerhalb Europas, das Frauenwahlrecht, das Verbot der Sklaverei, eine Moral ohne Kirche –, heute selbstverständliche Realität ist und als Fortschritt gegenüber den früheren Verhältnissen gilt. Warum also sollten nicht auch die Eigenrechte der Natur ins Reich des Möglichen gehören? Der Vergleich etwa zwischen Menschenrechten und Rechten der Natur erinnert daran, dass Rechte stets gegen den Widerstand überkommener Weltanschauungen erkämpft werden mussten. Er darf dennoch nicht überstrapaziert werden, und auch wenn er Berührungsängste und Bedenkenträgerei partiell abzubauen vermag, kann er die genannten Einwände nicht entkräften. Aus meiner Sicht werden Zweifel eben erst dadurch zerstreut, dass die ökologische Eigenrechtsidee den etablierten Rechtsvorstellungen selbst entnommen wird. Rechte der Natur werden als globale Nachhaltigkeitsstrategie gegen vorherrschende Eigentumsgesellschaften in Anschlag gebracht, indem sie aus der eigenen Rationalität ebendieser Eigentumsgesellschaften entwickelt werden.

Damit ist das Hauptanliegen dieses Buchs bezeichnet: eine *normative Rekonstruktion ökologischer Eigenrechte*. Ökologische Rechte sollen verteidigt werden, indem sie aus den normativen Grundlagen moderner Eigentumsgesellschaften rekonstruiert werden und dadurch begründet werden. Bestehende Eigentumsrechte verdanken ihre Geltung denselben Bedingungen, unter denen auch ökologische Eigenrechte eine Geltung verdienen. Unsere gegenwärtigen Eigentumsgesellschaften, so ließe sich auch sagen, beruhen auf normativen Grundlagen, auf denen sich zudem und ebenso gut Rechte der Natur rechtfertigen lassen. Damit rücken das Eigentum und die Frage »Wem gehört die Natur?« in den Mittelpunkt von Klima- und Umweltpolitik.

Der Whanganui River, von dem am Anfang die Rede war, besitzt Naturrechte, die sich durchaus in die Rationalität säkularer Eigentumsgesellschaften übersetzen lassen. Er verkörpert ein Muster ökologischer Nachhaltigkeit, das auch in Gesellschaften des globalen Nordens angewandt werden könnte. Sein Fall macht deutlich, was unter einem Fluss verstanden werden kann, dem seine Naturgüter gehören: Einem Fluss stehen Rechte zu, weil bestimmte Naturgüter ihm gehören und Eigentum stets vor der Zerstörung durch andere zu schützen ist. Wann immer Menschen Naturgüter gebrauchen, nutzen sie auch fremdes Eigentum, das nicht beschädigt werden darf; sie sind deshalb zu einem sorgsamen Umgang verpflichtet. Einem Fluss gegenüber gelten ökologische Pflichten, weil die genutzten Güter ihm gehören und dieses Eigentum schutzwürdig ist; sein Wasser, seine Ufer und seine Fische können nur unter dem Vorbehalt ökologischer Nachhaltigkeit genutzt werden. Um das Eigentum der Natur zu schützen, dürfen Unternehmen deshalb – und notfalls auch unter Einsatz von Zwang – davon abgehalten werden, ihn zu überfischen, Schadstoffe einzuleiten, angrenzende Wälder zu roden, ihn als Abfallhalde zu missbrauchen oder Sand im großen Stil abzubauen.

Dialektik der Naturverhältnisse

Mit den Rechten der Natur wird das Aufklärungsprojekt der Moderne unter ökologischen Vorzeichen aufgegriffen und weiterentwickelt. Die Angst vor der Natur war von Anbeginn eine starke Antriebskraft für Aufklärung, Wissenschaft und Emanzipation. Naturgewalten, Naturkreisläufe und Naturwunder erschienen den Menschen als Schicksalsmächte, von deren Launen das eigene Überleben abhing. Ihnen entkommen zu sein und die eigenen Überlebensbedingungen weitgehend selbst in der Hand zu haben, bedeutete einen Zuwachs an Freiheit, auf den auch heutzutage niemand verzichten wollte. Emanzipation von der Natur heißt, Kontrolle über das eigene Leben und seine gesellschaftliche Reproduktion zu gewinnen. Das Freiheitsversprechen der Moderne bleibt ohne diese fortschreitende Emanzipation von der Natur uneingelöst.

Diese neue Freiheit verkehrt sich jedoch im Zeitalter der Erderwärmung, des Artensterbens, der Ressourcenerschöpfung und der Globalvermüllung in ihr Gegenteil. Die Emanzipation von einer schicksalhaften Natur schlägt um in einen ökologischen Kontrollverlust und lässt die Überlebensfrage mit Wucht wiederkehren. Dieser Rückfall in eine Ohnmacht gegenüber einer als Bedrohung widerfahrenden Natur lässt zwei Missverständnisse des Menschen über seine Freiheit zutage treten. Zum einen erinnern sie ihn schmerzlich an seine Abhängigkeit von einer nicht nur intakten, sondern auch begrenzten Natur. Die Idee einer fortschreitenden Unabhängigkeit von den Naturmächten baute auf dem Irrglauben auf, die Natur sei eine unerschöpfliche Quelle von Überfluss und versorge den Menschen unbegrenzt mit Gütern, Ressourcen und Leistungen.[12] Mit den menschengemachten Ökologiekrisen stoßen Gesellschaftsformationen vielmehr an planetare Belastungsgrenzen, die dem Menschen die Endlichkeit einer Leben spendenden Natur vor Augen führt.[13]

Zum anderen erweist sich als Trugschluss, dass sich der Mensch von der Natur befreien könne, indem er über sie herrsche. Soll Emanzipation durch Naturherrschaft erreicht werden, schlägt sie in ihr Gegenteil, in Ohnmacht gegenüber der Natur um. »Jeder Versuch, den Naturzwang zu brechen, indem Natur gebrochen wird, gerät nur um so tiefer in den Naturzwang hinein.«[14] Für René Descartes – einer der Gründerväter des neuzeitlichen Naturherrschaft-Paradigmas – werden Menschen kraft ihrer Vernunft »zu Herren und Eigentümern der Natur« (*maîtres et possesseurs de la nature*).[15] Herrschaft über die Natur wird, genauer betrachtet, auf vier Arten ausgeübt: Durch Technik wird Natur gezähmt, gesteuert und nachgeahmt; mittels Wissenschaft werden ihre Kräfte und Abläufe erkennbar, berechenbar und erwartbar gemacht; in der Wirtschaft wird die Natur als vermeintlich kostenfreie Ressource und leistungsloser Gewinn verwertet; und das Recht macht die Natur als Eigentum verfügbar.

Gerade die letztgenannte Herrschaftsform wirkt wie ein Brandbeschleuniger für die Ökologiekrisen. Denn mithilfe von Eigentumsrechten wird die Natur in eine beherrschbare Sache verwandelt, über die ihre Eigentümer frei bestimmen. Diese Sachherrschaft wird als das Recht ausgeübt, Naturgüter wie jede andere Sache nutzen zu dürfen. Eigentumsrechte berechtigen zu freiem Gebrauch und Verbrauch der Naturgüter. Sie verleihen dem Zugriff auf Naturgüter Legitimität und Legalität. Eigentumsrechte machen Na-

12 Dieser Zusammenhang von Emanzipation und der Vorstellung einer vermeintlich unbeschränkten Natur wird ideengeschichtlich nachgezeichnet in: Pierre Charbonnier, *Überfluss und Freiheit. Eine ökologische Geschichte der politischen Ideen*, Frankfurt/M. 2022.

13 Johan Rockström u. a., »A Safe Operating Space for Humanity«, in: *Nature* 461 (2009), S. 472-475; Timothy M. Lenton u. a., »Climate Tipping Points – Too Risky to Bet Against«, in: *Nature* 575 (2019), S. 592-595.

14 Max Horkheimer, Theodor W. Adorno, *Dialektik der Aufklärung*, in: Max Horkheimer, *Gesammelte Schriften*, Bd. 5, Frankfurt/M. 1987, S. 11-290, hier: S. 19.

15 René Descartes, *Discours de la Méthode/Bericht über die Methode*, Stuttgart 2001, S. 115 ff.

turgüter überhaupt erst verfügbar und schaffen die Voraussetzung dafür, dass Naturgüter ökonomisch verwertet, in die Wirtschaftsprozesse eingespeist und als Waren gehandelt werden können. Dadurch wird ein extraktives Naturverhältnis etabliert und den Ökologiekrisen Tür und Tor geöffnet, die den Emanzipationsprozess in sein Gegenteil verkehren.

Keine Theorie bildet diese Dialektik der Naturverhältnisse so treffend ab wie die *Dialektik der Aufklärung* von Max Horkheimer und Theodor W. Adorno.[16] »Wie die Mythen schon Aufklärung vollziehen, so verstrickt Aufklärung mit jedem ihrer Schritte tiefer sich in Mythologie«, heißt es dort.[17] Aufklärung schlägt in ihr Gegenteil um: Indem Natur beherrscht werden soll, entgleitet sie dem Menschen. In dieser Umschlagsdynamik lässt sich leicht das Verhältnis von Eigentum und Natur wiedererkennen: Die Natur kehrt sich gegen die Menschen in Gestalt von Ökologiekrisen, die durch die Eigentumsrechte an ihr entfesselt worden sind. Naturgüter werden mithilfe von Eigentumsrechten verfügbar gemacht, und ebendiese Verfügungsmacht führt dazu, dass eine letztlich unbeherrschbare Natur sich gegen die Menschen erhebt und deren Selbsterhaltung bedroht.

Die Verkehrung von Eigentumsmacht in einen ökologischen Kontrollverlust ist die eine Seite der Dialektik. Die andere besteht darin, dass der Mythos bereits Aufklärung vollzieht, denn in ihm wird um die Unverfügbarkeit der Natur gewusst. Die Natur wird als Macht anerkannt, über die sich eben nicht verfügen lässt. Sie entzieht sich damit auch der Verfügungsmacht des Eigentums. Diese Einsicht in die Unverfügbarkeit der Natur ist der Anteil von Aufklärung, den die Mythen schon vollziehen. Sie ist der Wahrheitsgehalt des Mythos, den es zu retten gilt.

Dieser Wahrheitsgehalt lässt sich in der Moderne jedoch nicht durch eine Remythologisierung wiederbeleben. Romantisierung,

16 Das mag überraschen, ist doch die kritische Theorie gemeinhin nicht als Nachhaltigkeitstheorie bekannt. Von einer Naturvergessenheit wird sie jedoch erst nach Adorno eingeholt, für den der Naturbegriff eine unverzichtbare Bedeutung hat, die von der »Dialektik der Aufklärung« über das Naturschöne bis zum Materialismus seines Spätwerks reicht. Die Theorie nachhaltiger Eigentumsrechte kann insoweit als Versuch verstanden werden, die kritische Theorie für Überlegungen zur sozialökologischen Transformation wiederzugewinnen.

17 Horkheimer/Adorno, *Dialektik der Aufklärung*, S. 34.

Verzauberung und Verklärung der Natur können ihn nicht retten. Es gelingt nicht, die Unverfügbarkeit der Natur anzuerkennen, indem bezogen auf sie neue Mythen gestiftet, Narrative erdichtet und Heiligkeiten verehrt werden. Die Unverfügbarkeit der Natur nimmt in mythischen Vorstellungen die Gestalt der Ursprünglichkeit, Reinheit, Unberührtheit, Unversehrtheit, Unantastbarkeit, Urgewalt oder Wildnis der Natur an und erklärt sich daraus, dass die Natur das ganz Andere gegenüber dem Geist, der Kultur, Freiheit und menschlicher Macht ist. Als dieses Andere ist die Natur der Freiheit entzogen und mit Freiheit unvereinbar. Solche Naturvorstellungen verspielen die Freiheitsgewinne der Aufklärung und fallen in den Mythos zurück.

Der unabgegoltene Wahrheitsgehalt des Mythos lässt sich demgegenüber nur durch begriffliche Erkenntnis bergen. Wie Adorno schreibt: »Nur Begriffe können vollbringen, was der Begriff verhindert.«[18] Der Eigentumsbegriff instrumentalisiert zunächst die Natur zum bloßen Objekt der Verfügung. Zugleich gelingt es nur mithilfe ebendieses Begriffs, der Unverfügbarkeit der Natur gerecht zu werden. Diese Dialektik der Naturverhältnisse, die ich mir in diesem Buch zu eigen mache, stellt die Theoriealternative zur konservativen Restauration des Mythos dar. Unverfügbarkeit soll nicht in vorbegrifflicher Gestalt wiederbelebt werden – weder durch das ästhetische Gefühl der Naturschönheit noch durch das Verschmelzen mit der Natur oder durch den Glauben an eine beseelte Natur. Die Begrifflichkeiten und Denkweisen der Aufklärung sind stattdessen weiterzuentwickeln und münden in die Idee ökologischer Eigenrechte.[19] Die Dialektik der Naturverhältnisse läuft darauf hinaus, dass die Natur der Eigentumsmacht entzogen wird, indem Eigentumsrechte auf sie ausgedehnt werden. Im Begriff des Eigentums selbst findet sich eine Handhabe, die Sachherrschaft über die Natur zu brechen. Eigentumsrechte werden von ihrer Naturblindheit nur kraft eines aufgeklärten Begriffs des Eigentums geheilt.

In dieser dialektischen Perspektive wird die Unverfügbarkeit der Natur nicht als etwas Gegebenes anerkannt. Im Mythos hingegen

18 Theodor W. Adorno, *Negative Dialektik*, in: ders., *Gesammelte Schriften*, Bd. 6, Frankfurt/M. 1997, S. 7-412, hier: S. 62.

19 Die Unhintergehbarkeit der Aufklärung im Anthropozän wird dargestellt in: Bernd Scherer, *Der Angriff der Zeichen. Denkbilder und Handlungsmuster im Anthropozän*, Berlin 2022.

erscheint sie als der Rest, der übrig bleibt, wenn sich Natur der Emanzipation entzieht und der Rationalisierung widersteht. Als ein solcher Rest wird Unverfügbarkeit zu etwas Gegebenem mythologisiert: Sie verselbstständigt sich zur betörenden Urgewalt, unantastbaren Ursprünglichkeit, unberührten Reinheit, unversehrten Wildnis, authentischen Lebendigkeit.[20] Diese Gestalten unverfügbarer Natur sind schlechterdings unvereinbar mit Emanzipation. Erst kraft der Rechtsform lassen sich Unverfügbarkeit und Freiheit verbinden. In der Perspektive dialektischer Naturverhältnisse wird die Unverfügbarkeit der Natur nicht vorgefunden, sondern vermittelt über das Recht anerkannt. Unverfügbarkeit wird durch das Recht hergestellt. Sie ist nicht etwas Gegebenes, sondern Gemachtes. Die Natur wird unverfügbar gemacht – nicht durch einen Willensbeschluss oder Vertrag, sondern dadurch, dass ihr eigene Rechte verliehen werden, die sich aus modernen Eigentumsgesellschaften rekonstruieren lassen.

Dialektik der Naturverhältnisse heißt also, dass eine verbindlich anzuerkennende Unverfügbarkeit der Natur durch das Eigentumsrecht hervorgebracht wird. Eigentumsrechte machen die Natur zwar beherrschbar, entziehen aber zugleich die Natur ebendieser Herrschaft, indem sie auf die Natur übertragen werden. Die Natur entzieht sich der Verfügungsgewalt aufgrund *ihres* Eigentums. Was der Natur gehört, wird kraft des Eigentumsschutzes vor dem Zugriff anderer geschützt. Sie wird also unverfügbar gemacht, indem ihr Eigentumsrechte und ein entsprechender Eigentumsschutz verliehen werden. Menschen können dann nicht frei über Naturgüter verfügen, weil sie nicht ihnen allein, sondern auch der Natur gehören.

Zur Dialektik der Naturverhältnisse gehört demnach auch, dass das Argument für die ökologischen Eigenrechte eben der Aufklärung entstammt. Es ist der Rationalität geltender Eigentumsrechte selbst zu entlocken. Diejenige Rationalität, die zu den Ökologiekrisen geführt hat, wird gegen sich selbst gewendet und über sich hinausgetrieben. Die Natur wird der menschlichen Verfügbarkeit entzogen, indem Eigentumsrechte auf sie ausgeweitet werden. Diese Erweiterung folgt aus der Geltungslogik des Eigentumsrechts.

20 Lebendigkeit wird von Corine Pelluchon als eine solche Gegebenheit beschrieben, der durch eine neue Aufklärung Rechnung getragen werden könnte; Corine Pelluchon, *Das Zeitalter des Lebendigen. Eine neue Philosophie der Aufklärung*, Darmstadt 2021, S. 33.

Die Einsicht in die Unverfügbarkeit der Natur wird im Rückgriff auf die Rationalität geltender Eigentumsrechte gewonnen. Ökologische Nachhaltigkeit wird also aus den normativen Grundlagen moderner Eigentumsgesellschaften selbst hergeleitet.

Eigentum mit seinen eigenen Waffen schlagen

Bei Fragen des Klima-, Arten- und Umweltschutzes ist das Eigentum der sprichwörtliche Elefant im Raum, denn die bestehenden Eigentumsrechte sind eine Hauptursache für die weltweiten Ökologiekrisen, werden aber kaum thematisiert. Sie sind das Einfallstor für Klimawandel, Übernutzung, Verschmutzung und Artenschwund, das in einem ersten Schritt verschlossen werden muss. Eigentumsrechte befugen bislang dazu, Naturgüter genauso gebrauchen und verbrauchen zu dürfen wie andere Gebrauchsgüter; solange keine Gesetze dagegen sprechen, können Eigentümer mit Rohstoffen, Böden oder Wäldern genauso umgehen wie mit ihren Kleidern, Möbeln und Zahnbürsten. Gezähmt werden sollen sie durch Umweltrechte. Umweltrechten mangelt es jedoch gegenüber Eigentumsrechten an Biss, die Nachhaltigkeitsziele in der Regel ausstechen. Ökologische Maßnahmen werden aufgeweicht oder bereits im Keim erstickt, weil Eigentümer sich auf ihr verbrieftes Recht berufen, das vor einschneidenden Regulierungen schützt. Sie prallen an der tief verankerten Vorstellung vom Eigentum als einem überlebenswichtigen Grundrecht ab. Wenn es ernst wird, wiegt das sakrosankte Eigentum, so lässt sich feststellen, stets schwerer als Nachhaltigkeit.

Diese Schieflage ist der Hauptgrund für die ernüchternde Ergebnis- und Harmlosigkeit aller bisherigen Bemühungen um den Schutz der Natur. Ökologische Zukunftsszenarien und Planungsanstrengungen sind aus meiner Sicht nur dann aussichtsreich, wenn sie mit den Eigentumsrechten mindestens gleichgestellt werden. Nachhaltigkeit muss den gleichen Rang wie das Grundrecht auf Eigentum haben. Die Rechte der Natur müssen mit Eigentumsrechten gleichziehen.

Dieser Gedanke gewinnt seinen besonderen Twist erst dadurch, dass Eigentumsrechte nicht geschwächt oder gar abgeschafft werden müssen, um den Naturschutz zu erhöhen. Ökologische Nachhaltigkeit wird vielmehr im Gegenteil gestärkt, indem – nur scheinbar paradox – Eigentumsrechte erweitert und eben auf die Natur übertragen werden. Das Eigentum *an* der Natur wird also insoweit in Schranken gewiesen, als es *auf* die Natur übertragen wird, um sie genau vor ihm zu retten. Gegen Eigentum lässt sich nur etwas ausrichten, wenn es mit seinen eigenen Waffen geschlagen wird.

Dieser Zug mag überraschen, gehören doch Eigentum, Freiheit und Naturnutzung zum Selbstverständnis von Gesellschaften, die für die ökologischen Krisen verantwortlich sind. Ausgerechnet sie sollen als Grundlage für eine robuste Nachhaltigkeit dienen und ein Bollwerk gegen die Ökologiekrisen errichten? Das erscheint wie die Quadratur des Kreises. Auf den ersten Blick mag es in der Tat kontraintuitiv sein, die Natur vor dem Eigentum zu retten, indem es ihr verliehen wird. Ökologische Nachhaltigkeit leitet sich jedoch, so mein Vorschlag, aus der Geltungslogik bestehender Eigentumsrechte her, die ihr zunächst widerstreiten. Wie ich zeigen werde, stehen Eigentumsrechte in Bezug auf Naturgüter unter dem Vorbehalt ökologischer Nachhaltigkeit und lassen sich insoweit nur als *nachhaltige Eigentumsrechte* verteidigen. Eigentumsrechte schwächen also nicht ökologische Nachhaltigkeit, sondern stärken sie, weil ihnen bei Lichte betrachtet selbst eine Nachhaltigkeitsnorm eingeschrieben ist. Eigentum und Nachhaltigkeit sind kein Gegensatz, sondern lassen sich in Gestalt nachhaltigen Eigentums zusammenführen. Weil der Natur ihre Güter gehören und ihr Eigentum, wie jedes andere Eigentum auch, Schutz verdient, steht sie unter einem Nachhaltigkeitsschutz. Die Eigentumsrechte der Natur avancieren damit zu einer globalen Strategie ökologischer Nachhaltigkeit.

Mit dem Vorschlag nachhaltiger Eigentumsrechte möchte ich der Idee ökologischer Rechte einen neuen Impuls geben. Die Rechte der Natur, so die Annahme, lassen sich als nachhaltige Eigentumsrechte rechtfertigen und institutionalisieren. In den Ökologiedebatten fremdelt man allerdings noch mit dem Eigentumsgedanken. Eigentum wird als Bedrohung und nicht als Ausweg betrachtet; mit ihm werde der Bock zum Gärtner gemacht. In einem solchen Abwehrverhalten verkehrt sich, wie man sagen könnte, die Furcht vor der Natur, die einst Antrieb der Aufklärung war, in eine Angst vor dem Eigentum. Eigentumsrechte aber schwächen nicht per se ökologische Nachhaltigkeit, sondern sind im Gegenteil in der Lage, sie zu stärken. Das mag für weltanschaulich geschulte Ohren widersinnig klingen. Doch es gibt Argumente für ein nachhaltiges Eigentum, die ich darlegen werde. Dies gelingt allerdings nicht ohne eine Neudeutung des Eigentums, denn mit den bestehenden Eigentumsrechten ist ökologische Nachhaltigkeit tatsächlich unerreichbar. Nicht die Überwindung des Eigentums, sondern eine alternative Eigentumsvorstellung führt aus den ökologischen Krisen heraus. Daher muss Eigentum neu vermessen und seine innere Ökologienorm freigelegt werden. Wie ich bereits habe durchblicken lassen: Allein nachhaltige Eigentumsrechte verschaffen ökologischer Politik eine Durchschlagskraft, die ihr gegen bestehende Eigentumsrechte bislang fehlt.

Der Weg zur nachhaltigen Gesellschaft

Unsere Beziehung zur Natur erschöpft sich freilich nicht in einem Rechtsverhältnis, und schon gar nicht in einem Eigentumsverhältnis. Auch in Vorstellungen einer heiligen, schönen oder erhabenen Natur wird diese als schutzwürdig wahrgenommen. Wir können die Natur bewundern, über sie staunen, uns ihrer Schönheit hingeben, aus ihr Inspiration schöpfen, vor ihrer Größe erschaudern, sie als Quelle unseres Wohlbefindens wertschätzen, ihr mit Ehrfurcht begegnen, Demut vor ihrer Unermesslichkeit empfinden, ihre heilenden Kräfte rühmen, von ihrer Erhabenheit ergriffen sein, uns in eine Landschaft einfühlen, Freude von der Natur empfangen, sie als geheimnisvoll und rätselhaft anerkennen oder in ihrer Existenz einen unentrinnbaren Rest von Metaphysik wahrnehmen. Die phänomenologische Vielfalt von Naturerfahrungen spiegelt die zahlreichen Gestalten wider, in denen die Natur von uns als eine Entität erlebt, wahrgenommen, geschätzt oder gefühlt wird, die an sich schützenswert ist. Zweifelsohne werden durch solche Naturerfahrungen auch Sorgebeziehungen gestiftet, die sich für eine Naturethik nutzen lassen.

Ebenso gewiss ist aber auch, dass mit Staunen, Ehrfurcht, Demut und Wohlbefinden den gesellschaftlichen Systemerfordernissen nicht die Stirn geboten werden kann. Auf der Grundlage von Naturerfahrungen allein lassen sich Klima-, Arten- und Umweltschutz nicht gegen Wirtschaftsinteressen, Staatsmächte und Eigentumsrechte durchsetzen. Um gegen diese bestehen zu können, bedarf es zunächst der Rechtsform, die ökologische Nachhaltigkeit notfalls gegen Unternehmen, Regierungen und Einzelpersonen zu erzwingen erlaubt. Vor allem aber ist ein nachhaltiger Strukturwandel derjenigen Gesellschaften erforderlich, die den Klimawandel, den Verlust von Biodiversität, toxische Fallouts, Übernutzungen und Raubbau verursachen. Ohne den strukturellen Wandel ihres Konsumverhaltens, ihrer Produktionsweisen und Handelsarten lässt sich gegen die globalen Ökologiekrisen nichts ausrichten. Mit den behelfsmäßigen Reparaturen und dem Krisenmanagement der gegenwärtigen Umweltpolitik laufen Gesellschaften den Ökologiekrisen bloß hinterher, deren Takt von den systemischen Imperativen der Wirtschaft, der Politik und des Rechts vorgegeben wird. Nur mit einer Transformation in Richtung nachhaltiger Gesellschaften wird den Ökologiekrisen kraftvoll gegengesteuert. Diese sozialökologische Transformation vollzieht sich zentral über die Einführung nachhaltiger Eigentumsrechte.

Ökologie ist mehr als nur Ökologie, wenn sie in Eigentumsstrukturen verankert ist. Die Ökologisierung der Eigentumsrechte ist der Weg, auf dem eine Gesellschaftsformation umfassend – ökologisch, ökonomisch und sozial – verändert wird. Sie führt zu Fragen nach dem Umbau von Wirtschaft und Gesellschaft und insoweit über einen monothematischen Umweltschutz hinaus. Über den ökologischen Umweg entwickeln sich Gesellschaftsformationen also auch in ökonomischer und sozialer Hinsicht.

Die Ökologisierung des Eigentumsrechts, für die ich in diesem Buch argumentiere, setzt einen Überschuss in zwei Richtungen frei. Zum einen stößt sie eine sozialökologische Transformation an, in der die ökonomischen und gesellschaftlichen Rahmenbedingungen mitverändert werden. Mit dem ökologischen Umbau von Wirtschaft und Gesellschaft führt sie zu Veränderungen im Konsumverhalten, in der Produktionsweise, in den Arbeitsverhältnissen und in den Sozialbeziehungen. Zum anderen geben nachhaltige Eigentumsrechte Anlass dazu, Eigentum umfassend und nicht nur bezogen auf Naturgüter neu zu denken. Indem die Rechte der Natur in Gestalt von nachhaltigen Eigentumsrechten institutionalisiert werden, verläuft die sozialökologische Transformation in den Bahnen eines Strukturwandels des Eigentums. Dieser Strukturwandel erfasst auch die Eigentumsrechte jenseits der Ökologiesphäre und betrifft, wie schon angedeutet, eine grundsätzliche Neuvermessung dessen, was wir unter Eigentum verstehen können.

Nachhaltige Eigentumsrechte sind der Weg, auf dem bestehende Produktions- und Konsumptionsverhältnisse in Richtung hin zu einer nachhaltigen Gesellschaftsformation verändert werden. Sie sind nicht das Ziel, sondern der Weg der Veränderung. Bestehende Gesellschaftsformationen werden zwar mittels nachhaltiger Eigentumsrechte, aber nicht zu deren Zweck verändert. Eigentumsrechte der Natur bilden freilich keine ideale Gesellschaft ab, die wir uns letztendlich wünschen, wie beispielsweise ein herrschaftsfreies Naturverhältnis, ein vollendetes Reich der Freiheit und geldlose Solidargemeinschaften. Eigentumsrechte, auch nachhaltige, sind kein Zweck an sich, der um seiner selbst willen erstrebenswert ist. Die Verrechtlichung des Naturverhältnisses – zumal die Ausweitung des Eigentumsrechts auf die Natur – ist sicherlich keine Idealvorstellung von Gesellschaft und Naturerfahrung.

Der Ansatz nachhaltiger Eigentumsrechte wird in diesem Buch auf den methodischen Grundlagen einer Transformationstheorie der Gesellschaft entwickelt, die sich weder an Idealen noch Utopien, sondern am Bestehenden orientiert. Mit den Rechten der Natur wird zwar eine Alternative zum Bestehenden aufgezeigt, die sich jedoch nicht auf den idealen Endpunkt, sondern den realen Ausgangspunkt der Transformation bezieht. Eine solche Transformationstheorie der Gesellschaft lehnt sich an die Philosophie Hegels an, dem zufolge sich Gesellschaften nicht am Leitfaden ihres Ideals entwickeln, sondern kraft der Aufhebung ihrer Widersprüche.[21] Komplexe Gesellschaften der Moderne erzeugen Widersprüche – wie den zwischen Eigentum und Ökologie. Den gesellschaftlichen Widersprüchen lässt sich nicht einfach entkommen, indem sie handstreichartig zerschlagen (eigentumslose Naturverhältnisse) oder schöngeredet werden (»grünes Wachstum«). Sie werden viel-

21 Siehe bei Hegel unter anderem: Die Negation ist notwendigerweise »das Nichts *dessen* […], *woraus es resultiert*. Das Nichts ist […] nur, genommen als das Nichts dessen, woraus es herkommt, in der Tat das wahrhafte Resultat; es ist hiermit selbst ein *bestimmtes* und hat einen *Inhalt*. […] Indem […] das Resultat, wie es in Wahrheit ist, aufgefaßt wird, als *bestimmte* Negation, so ist damit unmittelbar eine neue Form entsprungen und in der Negation der Übergang gemacht, wodurch sich der Fortgang durch die vollständige Reihe der Gestalten von selbst ergibt.« Georg Wilhelm Friedrich Hegel, *Phänomenologie des Geistes*, Frankfurt/M. 1986, S. 74.

mehr durch innovative Institutionen (nachhaltige Eigentumsrechte) und veränderte Gesellschaftsstrukturen (sozialökologische Transformation) aufgehoben. Gesellschaften vollziehen einen Prozess der Emanzipation nur kraft der Aufhebung ihrer Widersprüche.[22] Nachhaltige Eigentumsrechte bilden, wenn man so will, eine doppelte Verneinung ab: die Aufhebung einer krisenhaften Gesellschaftsformation. Um eine Alternative zum Bestehenden zu entwickeln, werden also nicht Gesellschaftsideale entworfen, sondern neue Eigentumsrechte eingeführt, die einen Widerspruch innerhalb des Bestehenden auflösen. Mit nachhaltigen Eigentumsrechten werden die Ursachen gegenwärtiger Ökologiekrisen behoben. Durch sie sollen Krisen überwunden und nicht eine Utopie verwirklicht werden, wie wir idealerweise leben wollen. Das krisenhafte Bestehende wird dabei allein im Rückgriff auf seine Eigenlogik und wiederum nicht im Vorgriff auf sein ideales Gegenbild betrachtet. Nachhaltige Eigentumsrechte leiten sich aus der Geltungslogik *bestehender* Eigentumsrechte her. Sie sind deshalb alles andere als naturromantische Fantasiegebilde, sondern das Ergebnis einer Transformationstheorie, deren Ausgangs- und Endpunkt einzig und allein die gesellschaftliche Realität ist.

Transformationstheorien erschöpfen sich weder in der Kritik von gesellschaftlichen Widersprüchen noch entwerfen sie die Vision einer widerspruchsfreien Gesellschaft. Vielmehr zielen sie auf die Aufhebung der Widersprüche. Sie gehen über bloße Kritik hinaus, eben weil sie konkrete Vorschläge unterbreiten, wie sich ein bestimmter Widerspruch – beispielsweise zwischen Eigentum und Nachhaltigkeit, zwischen Ökonomie und Ökologie – aufheben lässt. Vom extremen Negativismus, der sich auf reine Kritik beschränkt, unterscheiden sie sich ebenso sehr wie von normativistischen Theorien, die sich am moralisch Seinsollenden orientieren.[23] Die Theorie nachhaltiger Eigentumsrechte nimmt insoweit eine

22 Bezogen auf den Begriff des Fortschritts wird dieser Gedanke ausgeführt von Rahel Jaeggi, *Fortschritt und Regression*, Berlin 2023 i. E.

23 Der extreme Negativismus wird vertreten von: Gunnar Hindrichs, *Philosophie der Revolution*, Berlin 2017; ders., *Zur kritischen Theorie*, Berlin 2020; Christoph Menke, *Eine Theorie der Befreiung*, Berlin 2022. Die Unterscheidung zwischen normativen und normativistischen Theorien stammt von Michael Theunissen, »Möglichkeiten des Philosophierens heute«, in: ders., *Negative Theologie der Zeit*, Frankfurt/M. 1991, S. 13-36, hier: S. 31.

Mittlerposition zwischen Kritik und Utopie ein. Sie erschöpft sich nicht in der Kritik am Kapitalismus. Es reicht nicht aus, nur auf den Abgrund zu zeigen, vor dem man steht. Es bedarf auch der Brücke, die ihn überquert. Die beste Kritik ist immer noch die, welche zeigt, wie es besser geht. Es müssen deshalb auch Alternativen zum Kritisierten aufgezeigt werden. Nachhaltige Eigentumsrechte sind eine solche Alternative und beschreiben, wie bestehende Eigentumsordnungen zu transformieren sind, um den Ökologiekrisen noch zu entkommen. Obwohl die Mehrheit der Menschen weiß, dass die Erderwärmung hausgemacht ist und ihr langfristiges Überleben gefährdet, tun sie wenig dagegen.[24] Der Hauptgrund für diese Tatenlosigkeit liegt aus meiner Sicht im Fehlen konkreter Alternativen. Ohne ihre Kenntnis wächst die Schockstarre. Bloße Kritik ohne einen positiven Gegenvorschlag zementiert so das Bestehende auf verhängnisvolle Weise.

Mit den nachhaltigen Eigentumsrechten wird im vorliegenden Buch eine Alternative zum extraktiven Naturverhältnis vorgeschlagen, die jedoch keine reine Utopie ist. Das Nachdenken über Utopien mündet nicht selten auch in Tatenlosigkeit. Vorstellungen vom rettenden Felsen jenseits des Abgrunds lähmen, wenn man nicht die nächsten Schritte kennt, um dorthin zu gelangen. Die Sozialfantasie eigentumsloser Gesellschaften lässt einen rat- und hilflos zurück, wie aus bestehenden Eigentumsordnungen auszusteigen ist. Sie überfordert, weil das Ziel mit dem Weg verwechselt wird. Theoriearbeit sollte deshalb keine Utopie, sondern eine tragfähige Brücke entwerfen, die sicher über den Abgrund führt. Für Utopien gilt ein Bilderverbot. Nicht hingegen für die Transformation, die einen Ausweg aus den Ökologiekrisen weist. Wie ich schon sagte: Nachhaltige Eigentumsrechte sind der Weg, nicht das Ziel. Sie bilden die Brücke, die aus den Ökologiekrisen in eine nachhaltige Zukunft führt.

Der Aufbau des Buchs

In der historisch und kulturell überraschend weit verbreiteten Vorstellung einer heiligen, schönen oder erhabenen Natur drückt sich eine geradezu unwiderstehliche Intuition aus: dass die Natur an

24 Bjørn Lomborg, *False Alarm. How Climate Change Panic Costs Us Trillions, Hurts the Poor, and Fails to Fix the Planet*, New York 2020.

sich schutzwürdig und erhaltenswert sei. Grundsätzlich stehe es den Menschen nicht zu, die Natur zu zerstören. Nicht nur würden sie sich damit einen Schaden zufügen. Sondern der Natur selbst gebühre ein Schutz. Diese Intuition durchzieht in unterschiedlichen Ausprägungen die Kulturen unserer Welt wie eine Strukturähnlichkeit. Ob in der lateinamerikanischen Kultur der Pachamama, den indigenen Naturreligionen Afrikas und Nordamerikas, den asiatischen und europäischen Ästhetiken des Naturschönen und Erhabenen oder den Schöpfungserzählungen der Weltreligionen – fortwährend wird die Natur als eine Größe eigenen Rechts vorgestellt, die Wertschätzung, Sorge und Respekt verdient. Darin drückt sich je dieselbe Intuition aus: Der Natur steht die Achtung der Menschen zu; Menschen haben demnach Pflichten gegenüber der Natur, sie zu erhalten, zu pflegen und zu schützen.

Diese Intuition in ein Argument umzumünzen, ist mein Vorhaben in diesem Buch. Das Ziel ist, belastbare Argumente für nachhaltige Eigentumsrechte zu formulieren. Nur so hält die ökologische Eigenrechtsidee den Standards überprüfbaren Wissens stand. Und erst damit wird sie vom Verdacht der Esoterik befreit. Der Aufbau des Buchs orientiert sich an der Rekonstruktion von insgesamt drei Argumenten: In Teil I, »Die Natur des Eigentums«, führe ich das Argument liminalen Eigentums ein. In dem mit »Das Eigentum der Natur« überschriebenen Teil II wird das eigentumstheoretische Argument für die Eigenrechte der Natur erläutert. Und in Teil III wird unter dem Titel »Nachhaltiges Eigentum« das eigentumstheoretische Argument für die ökologische Nachhaltigkeit ausgeführt.

Ich beginne in Teil I mit einem Klärungsversuch. Um zu begründen, warum der Natur ihre Ressourcen gehören, muss zuvor das Eigentumsverständnis möglichst scharfgestellt werden. Dafür bedarf es keiner vollständig ausgearbeiteten neuen Eigentumstheorie, sondern es reicht aus, ein paar Pflöcke für eine solche Theorie einzuschlagen. Zunächst wird mit dem Gütereigentum eine Alternative zur Standardtheorie des Sacheigentums entwickelt, der zufolge sich Eigentum durch drei Strukturmerkmale auszeichnet: Eigentum ist erstens eine Weltbeziehung; zweitens macht Freiheit den normativen Gehalt der Eigentumsrechte aus; und drittens zeichnet sich Eigentum durch Liminalität aus. Eigentumsrechten wohnen ihre Grenzen demnach selbst inne. Sie werden von außen durch

Schranken und von innen durch bereits in ihrem normativen Kern liegende Grenzen reguliert.

Liminales Eigentum konkretisiert sich nun in Bezug auf Naturgüter als nachhaltiges Eigentum. Die theoretische Grundlage für die Rechte der Natur wird in Teil I mit dieser Vorstellung liminalen Eigentums geschaffen. Dem *Argument liminalen Eigentums* zufolge ist dem Eigentum an Naturgütern eine Ökologienorm eingeschrieben, die zur nachhaltigen Naturnutzung verpflichtet.

In Teil II wird erörtert, warum der Natur Eigentumsrechte zustehen. Weil der Natur ihre Ressourcen gehören, verdient sie kodifizierte Eigentumsrechte und deshalb den Status eines Rechtssubjekts. Die Rechtssubjektivität der Natur ergibt sich demnach aus dem Eigentumsanspruch. Anstatt die Rechte der Natur im Rückgriff auf einen Wert der Natur zu begründen, sollen sie aus der Geltungslogik bestehender Eigentumsrechte hergeleitet werden. Wenn Menschen Eigentumsrechte besitzen, dann gibt es keinen Grund, sie der Natur vorzuenthalten. Für die Begründung ökologischer Eigenrechte muss demnach lediglich angewendet werden, was in der bestehenden Rechtspraxis bereits anerkannt ist; ihre Begründung ist kein metaphysisches Zauberwerk.

Das *eigentumstheoretische Argument für die Rechte der Natur* baut auf einer Werttheorie des Eigentums auf. Ihr zufolge berechtigt eine Wertschöpfung zum Eigentum an den geschaffenen Werten. Diese Regel gilt für bestehende Eigentumsrechte, trifft aber auch – was zu begründen ist – auf die Ökosystemdienstleistungen der Natur zu. Naturgüter (darunter verstehe ich im Folgenden immer Ökosysteme sowie Pflanzen- und Tierarten) erbringen sogenannte Ökosystemdienstleistungen wie Bestäubung von Pflanzen, Filterung von Wasser, Regulierung von Erosion, Stabilisierung des Wetters, Bildung von Humus, Bereitstellung von Transportwegen für Feuchtigkeit sowie von medizinischen Substanzen, Energieträgern, Baustoffen und dergleichen mehr. Im Argument für die Eigenrechte der Natur wird die Werttheorie nun auf die Ökosystemdienstleistungen angewandt: Wenn Wertschöpfung zu Eigentum berechtigt und wenn mit Ökosystemdienstleistungen zur Wertschöpfung beigetragen wird, dann steht der Natur das Eigentum an ihren Ressourcen zu; sie verdient also Eigentumsrechte.

Auf dem Gedanken von den Rechten der Natur, die in Teil II erläutert werden, baut das *eigentumstheoretische Argument ökologischer*

Nachhaltigkeit auf, das in Teil III entwickelt wird. Hier werden die Pflichten ökologischer Nachhaltigkeit ausgeführt, die sich aus den Rechten der Natur ergeben.

Der Eigentumsschutz ist hierfür zentral. Eigentumsrechte üben eine Schutzfunktion aus. Sie schützen Eigentum davor, dass es von anderen beschädigt, verunstaltet oder gar zerstört wird. Dieser Schutz gilt auch für die Eigentumsrechte der Natur. Die Eigentumsrechte der Natur verpflichten dazu, den Erhalt von Naturgütern nicht zu gefährden. Nutzerinnen sind, positiv gesagt, zur Nachhaltigkeit verpflichtet. Mit der Nutzung von Naturgütern wird immer auch fremdes Eigentum genutzt – das der Natur gehört. Aufgrund des Eigentumsschutzes sind die Nutzerinnen deshalb dazu verpflichtet, Naturgüter nachhaltig zu nutzen. Eigentum an Naturgütern ist, so wird gezeigt, einzig und allein unter der Bedingung seiner ökologischen Nachhaltigkeit berechtigt. Eigentumsrechte schließen also Nachhaltigkeitspflichten mit ein und werden somit von vornherein durch eine innere Ökologienorm begrenzt. Die Rechte der Natur nehmen demnach die Gestalt von nachhaltigen Eigentumsrechten an.

Ich beschließe das Buch in einem Anhang mit Überlegungen zu einem übergreifenden Strukturwandel des Eigentums, der durch die Ökologisierung der Eigentumsrechte eingeleitet wird. Mit der Einführung nachhaltiger Eigentumsrechte werden die Weichen für eine grundlegende Transformation gestellt, die weit über die Ökologie hinausführt und auch andere Gesellschaftsbereiche betrifft. Denn sie geben Anlass, Eigentum insgesamt neu zu denken.

Teil I
Die Natur des Eigentums

Eigentumstheorien werden von ökologischen Belangen vor besondere Herausforderungen gestellt. Der kleinste gemeinsame Nenner aller Eigentumsvorstellungen ist – über jegliche Unterschiede hinweg – die Überzeugung, dass Eigentum das Recht ist, über das, was einem gehört, selbst zu bestimmen. Eigentumsrechte berechtigen Eigentümer dazu, über ihre Güter zu entscheiden. Das gilt auch für Naturgüter. Eigentümer sind demnach scheinbar dazu befugt, über Naturgüter genauso zu entscheiden wie über andere Dinge, die ihnen gehören; so wie Kleidung, Möbel und Computer dürfen Bäume, Wasser und Kohle von ihren Eigentümern gebraucht und verbraucht werden. Freilich kann die Nutzung von Naturgütern durch Umweltrechte, Naturschutzrechte und Tierschutzrechte reguliert werden. Eigentümer dürfen demnach über Naturgüter innerhalb der Schranken bestimmen, die durch ökologische Pflichten errichtet worden sind. Doch solche Standardtheorien sind für ökologische Belange unzureichend. Denn die nachträgliche Beschränkung unterstreicht vielmehr, dass Nachhaltigkeitspflichten im Widerstreit mit Eigentumsrechten von vornherein das Nachsehen haben. Erst gelten Eigentumsrechte und dann ihre Schranken. Eigentum erscheint so stets als ein höherwertiges Recht, das einer ökologischen Norm zuvorkommt. Eigentumsrechte scheinen durch Nachhaltigkeitspflichten also nur nachträglich reguliert werden zu können. Somit kommt ihre ökologische Regulierung immer schon zu spät.

Zielpunkt der folgenden Überlegungen ist dagegen die Vorstellung liminalen Eigentums, der zufolge Eigentumsrechte bereits in ihrem Kern durch Ökologienormen begrenzt werden. Nachhaltigkeit ist ihnen von Haus aus eingeschrieben. Nachhaltigkeitspflichten werden den Eigentumsrechten nicht nachträglich und von außen als Schranke auferlegt. Sie leiten sich vielmehr aus den Eigentumsrechten selbst her und bilden somit deren innere Grenzen. Doch um zu diesem Ziel zu gelangen, muss zunächst zurückgeblickt werden, wo in der Theoriebildung zuvor die Weichen falsch gestellt worden sind.

Den Ausgangspunkt bildet deshalb eine Theoriealternative, die das Eigentumsverständnis in grundsätzlicher Weise berührt. Die Unterscheidung zwischen Sacheigentum und Gütereigentum markiert in der Theoriebildung eine echte Weggabelung, die in unterschiedliche Richtungen führt. Auf der einen Seite steht das Sacheigentum, das von den Standardtheorien in problematischer Weise vertreten wird; auf der anderen Seite das Gütereigentum, das ich im Folgenden verteidigen werde. Sacheigentum wird von seinem Subjekt her kodiert – den Eigentümern und ihren Ansprüchen –, Gütereigentum zusätzlich von seinem Objekt – den Eigentümern und ihren Gütern.[1] Mit dem Gütereigentum soll den Besonderheiten Rechnung getragen werden, durch die sich Güter unterscheiden. Dieser Grundgedanke des Gütereigentums drückt sich in der doppelten Bedeutung des Ausdrucks »die Natur des Eigentums« aus. Um Nachhaltigkeit und Eigentum in Einklang zu bringen, bedarf es einer Neudeutung dessen, was Eigentum ist. Die Natur des Eigentums (*genitivus obiectivus*) bedeutet hier seinen Begriff. Seinen Begriff oder seine Natur – das, was Eigentum ausmacht – zu klären, gelingt jedoch nur, wenn Eigentum auch von den Naturgütern und ihren Besonderheiten (den Ökosystemdienstleistungen) her kodiert wird. Eigentum lässt sich nur ausgehend von den jeweiligen Gütern verstehen. Die Natur des Eigentums (*genitivus subiectivus*) meint insoweit die Naturgüter, an denen Eigentum gehalten wird und von denen her nachhaltige Eigentumsrechte entwickelt werden.

Beide Konzepte – Gütereigentum und liminales Eigentum – sind die Bausteine einer Theorie nachhaltigen Eigentums. Sie bilden den eigentumstheoretischen Unterbau für die Rechte der Natur. Die Theorie nachhaltigen Eigentums soll aus einer Neuvermessung des Eigentums entwickelt werden, da die einschlägigen Standardtheorien mit dem Bedarf an ökologischer Regulierung nicht Schritt halten können. Allerdings lässt sich ein passender Eigentumsbegriff nicht einfach schnitzen. Gewachsene Rechtstraditionen, etablierte Eigentumskonzepte und bestehende Hintergrundtheorien lassen sich nicht beiseiteschieben, als ob man noch einmal ganz von vorn anfangen könnte. Stattdessen sollen nachhaltige Eigentumsrechte aus den bestehenden Praktiken und Theorien des Eigentums entwickelt werden.

1 Ich verwende den Begriff der Kodierung nicht in der Bedeutung einer juristischen Kodifizierung, mit der Rechtsnormen in einen Gesetzestext, den Kodex, verschriftlicht werden, sondern in der Bedeutung einer Formatierung; ich folge hier Katharina Pistor, *Der Code des Kapitals. Wie das Recht Reichtum und Ungleichheit schafft*, Berlin 2020.

Dafür greife ich auf eine rekonstruktive Methode zurück. Der Eigentumsbegriff wird aus dem Bestehenden entwickelt, indem die Voraussetzungen rekonstruiert werden, auf denen bestehende Eigentumsvorstellungen aufbauen. In der Rekonstruktion wird Eigentum also von seinen Voraussetzungen her bestimmt. Die Voraussetzungen sind dabei von struktureller, kontextueller und normativer Art. Eigentum setzt formale Strukturmerkmale, bestimmte Gesellschaftskontexte und normative Geltungsbedingungen voraus. Nachhaltige Eigentumsrechte werden deshalb mithilfe einer dreifachen Rekonstruktion entwickelt: einer *formalen Rekonstruktion* der Strukturmerkmale (a), einer *kontextuellen Rekonstruktion* geltender Eigentumsrechte (b) und einer *normativen Rekonstruktion* der Geltungsbedingungen (c). Die Rekonstruktion entwickelt einen Eigentumsbegriff insoweit aus dem Bestehenden. Denn der Eigentumsbegriff wird anhand von Strukturmerkmalen, Gesellschaftskontexten und Geltungsbedingungen nachgezeichnet, die von Eigentumsrechten notwendig vorausgesetzt werden. Mit ihrer Rekonstruktion wird nur ausdrücklich gemacht, was unvermeidlich vorausgesetzt wird. Diese Rekonstruktionen bilden die methodische Grundlage für alles Weitere. Dabei lassen sie sich an keiner Stelle voneinander trennen, sondern greifen als Perspektiven ineinander, unter der Eigentum jeweils in bestimmter Hinsicht betrachtet werden kann.

(a) Schier unerschöpflich sind die Vorstellungen, was Eigentum ist und sein soll. Bevor das verminte Gelände hochpluraler Eigentumsvorstellungen betreten wird, ist es deshalb hilfreich, zunächst einen Schritt zurückzutreten und auszuloten, was Eigentum *formal* betrachtet auszeichnet. Der Begriff des Eigentums setzt sich formal aus dem zusammen, was die Einheit in der Vielfalt von Eigentumsvorstellungen ausmacht. Er ist insoweit nicht mit einer bestimmten Vorstellung oder herrschenden Meinung zu verwechseln. Der Begriff umfasst die notwendigen Strukturmerkmale, die Eigentum in formaler Hinsicht besitzt. Er besteht dabei in dem sogenannten besonderen Allgemeinen, unter das alle Fälle von Eigentum fallen (*genus proximum*) und wodurch sich Eigentum von allen anderen Sachverhalten unterscheidet (*differentia specifica*). Was für die eine Sichtweise als Eigentum gilt und für eine andere nicht, lässt sich nicht ohne diesen gemeinsamen Begriff bestimmen. Was die einen bejahen und die anderen verneinen, ist derselbe Begriff. Der einheitliche Begriff ist die Voraussetzung dafür, dass sich Eigentumsvorstellungen überhaupt unterscheiden können. Sie grenzen sich voneinander nur ab, wenn sie sich auf das Gleiche beziehen, hinsichtlich dessen sie abweichen. Inhaltliche Andersheit setzt formale Identität voraus.

Mögen sich Eigentumsvorstellungen historisch, kulturell und sozial noch so sehr unterscheiden, so setzen sie formal betrachtet gleichwohl drei gemeinsame Strukturmerkmale voraus. Eigentum ist immer eine Weltbeziehung, das heißt ein Verhältnis zwischen Subjekt und Objekt, zwischen Mensch und Welt, zwischen Eigentümern und ihren Gütern. Zudem ist Eigentum untrennbar mit Freiheit als dem Recht verbunden, über die eigenen Güter (individuell oder kollektiv) selbst zu bestimmen. Und Eigentum besitzt unvermeidlich Grenzen, die ebendiese Freiheit einhegen.

(b) Weltbeziehung, Freiheit und Grenzen des Eigentums lassen sich zunächst als Strukturmerkmale formal nachzeichnen. Sie konkretisieren sich aber zugleich als die bestimmten Merkmale bestehender Eigentumsrechte. Es gibt nicht einen zeitlosen Eigentumsbegriff jenseits geltender Eigentumsrechte. Der Eigentumsbegriff ist stets der Begriff von konkreten Eigentumsrechten, die in einem bestimmten gesellschaftlichen Kontext entstanden sind und ausgeübt werden. Er nimmt immer schon die institutionelle Gestalt je bestimmter Eigentumsrechte an.

Die *kontextuelle* Rekonstruktion arbeitet in zwei Richtungen. Zum einen wird der Eigentumsbegriff in einen historischen Kontext gestellt. Die geltenden Eigentumsrechte in gegenwärtigen Gesellschaften zeichnen sich grob gesagt durch vier Besonderheiten aus: Die heutigen Eigentumsrechte entstammen den bürgerlichen Gesetzgebungen Europas und Nordamerikas im 18. und 19. Jahrhundert.[2] Sie reihen sich in die Tradition subjektiver Rechte ein, deren Träger individuelle Einzelpersonen sind.[3] Sie sind Rechtsinstitute in einem im Wesentlichen privat organisierten Markt.[4] Und sie haben sich weltweit zunehmend durchgesetzt.[5] Zu rekonstruieren ist insoweit, wie die Weltbeziehung, die Freiheit und die Grenzen geltender Eigentumsrechte in den Privatrechtsgesellschaften einer

2 Thomas Piketty, *Kapital und Ideologie*, München 2020.

3 Christoph Menke, *Kritik der Rechte*, Berlin 2015.

4 Pistor, *Der Code des Kapitals*.

5 Piketty, *Kapital und Ideologie*.

globalen Welt ausgelegt werden. Die bestehenden Eigentumsrechte lassen sich auf den Begriff des Sacheigentums bringen, das sich als die Standardtheorie des Eigentums etabliert hat.

Zum anderen und in umgekehrter Blickrichtung werden geltende Eigentumsrechte in den Kontext ihres Begriffs gestellt und eigentumstheoretisch sozusagen rekontextualisiert. Dadurch lässt sich eine Vielzahl von zersplitterten Einzelrechten – so unterschiedliche Rechte wie die von Aktionären, Kreditgebern, Rechteinhabern in Unternehmen mit verschachtelter Konzernstruktur, Vermögensverwaltern, Inhabern von Urheberrechten, Patenten und Datenbesitz etc. – als Eigentumsrechte sichtbar machen. Industrialisierung, Finanzialisierung, Globalisierung und Digitalisierung – man denke nur an den Hochfrequenzhandel – führen dazu, dass sich Eigentumsrechte in einem schwindelerregenden Ausmaß ausdifferenzieren. Die zahllosen Fragmentierungen, Spezialisierungen und Chiffrierungen erschweren es, hinter den endlosen Varianten von Schutzrechten, Verwertungsrechten, Kontrollrechten, Transaktionsrechten und Zugriffsrechten noch irgendein Muster zu erkennen, das es erlaubt, sie als Gestalten des Eigentums zu begreifen. Mit dieser begrifflichen Dekontextualisierung – man könnte auch sagen: ihrer Entbegrifflichung – wird Eigentum schwer fassbar, ja geradezu unsichtbar gemacht. Denn indem zersplitterte Einzelrechte von einem Begriff des Eigentums entkoppelt werden, sind sie nicht mehr als Eigentumsrechte erkennbar. Sind sie erst einmal als Eigentumsrechte unkenntlich gemacht, entziehen sie sich auch einer gesellschaftlichen Debatte über Eigentumskonflikte und die Regulierung von Eigentum. Ein erster Schritt muss deshalb die *Visibilisierung* des Eigentums sein: seine Unsichtbarkeit muss rückgängig gemacht werden, indem die diffusen und fluiden Einzelrechte in einen Zusammenhang mit dem Eigentumsbegriff gestellt und sie so in den Eigentumsdiskurs zurückgeholt werden. Die Strukturmerkmale Weltbeziehung, Freiheit und Grenzen des Eigentums verleihen ihnen erkennbare Konturen und machen sie so als Eigentumsrechte sichtbar. Erst durch ihre begriffliche Sichtbarkeit werden die verflüssigten und verflüchtigten Einzelrechte greifbar – und angreifbar.

(c) Um den Eigentumsbegriff neu zu vermessen, bedarf es vor allem seiner *normativen* Rekonstruktion. Dabei steht die normative Geltung des Eigentums im Mittelpunkt. Unter einer normativen Geltung – einer Sollgeltung – wird die Geltung berechtigter Ansprüche verstanden, deren Achtung erwartet und deren Missachtung kritisiert werden darf. Der normative Begriff des Eigentums soll dabei in Bezug auf Naturgüter rekonstruiert werden: Welche Eigentumsrechte gelten in Bezug auf Naturgüter als berechtigte Ansprüche? Ihre normative Rekonstruktion dient als Begründungsverfahren für nachhaltige Eigentumsrechte. Diese sollen also auf der methodischen Grundlage einer normativen Rekonstruktion begründet werden, die in drei Schritten erfolgt.

Erstens setzt die Begründung beim *Bestehenden* an. Nachhaltiges Eigentum wird durch die normative *Re*konstruktion bestehender Eigentumsrechte begründet. Ausgangspunkt bilden die Eigentumsrechte, die in bestehenden Rechtsordnungen gelten. Anstatt Ideale an das Bestehende heranzutragen, werden zunächst die schon bestehenden Vorstellungen aufgegriffen. In der Rekonstruktion wird allein vom Bestehenden ausgegangen, indem deskriptiv beschrieben wird, was in ihm bereits vorausgesetzt wird. Es werden also keine neuen Annahmen eingeführt, sondern lediglich die Voraussetzungen nachgezeichnet, die dem Bestehenden selbst innewohnen. Insoweit wird bloß ausdrücklich gemacht, was in der Wirklichkeit selbst liegt.

Zweitens werden die *Geltungsbedingungen* nachgezeichnet, denen normative Ansprüche ihre Geltung verdanken. Bestehende Eigentumsrechte werden hinsichtlich ihrer Bedingungen rekonstruiert, unter denen sie Geltung besitzen. Um als berechtigte Ansprüche zu gelten, setzen sie bestimmte Geltungsbedingungen voraus. Mittels deren Rekonstruktion wird geklärt, *welche* Geltungsbedingungen erfüllt sein müssen, damit Eigentumsansprüche berechtigterweise gelten. Es werden also die allgemeinen Geltungsbedingungen rekonstruiert, die von Eigentumsrechten für ihre Geltung selbst beansprucht werden. Die eigenen Geltungsbedingungen wirken als ein immanenter Geltungs*anspruch*, der den bestehenden Eigentumsrechten selbst innewohnt und an dem sie sich messen lassen müssen. Dieser Geltungsanspruch bildet den Maßstab für eine immanente Kritik am Bestehenden.

Drittens werden die *Wirklichkeitsbedingungen* rekonstruiert und somit die Gestalten bestimmt, die Eigentumsrechte konkret annehmen müssen, um ihre Geltungsbedingungen zu erfüllen: Erst werden Bedingungen aufgestellt und dann wird überprüft, ob sie eingelöst werden. Eigentumsrechte sind inhaltlich und institutionell so zu bestimmen, dass sie ihre Geltungsbedingungen verwirklichen. Kraft der normativen Re*konstruktion* wird entworfen, wie Eigentumsrechte auszugestalten sind, damit die Geltungsbedingungen erfüllt werden. Geltungs- und Wirklichkeitsbedingungen zusammengenommen bilden die *normative Geltungslogik* des Eigentums. Während alle Normen die gleichen Geltungsbedingungen (Konsistenz, Kohärenz, Faktizität und Transformation) haben, unterscheiden sich die Wirklichkeitsbedingungen hinsichtlich verschiedener Güterarten (Gebrauchsgüter, Bedarfsgüter, Produktivgüter, Naturgüter): Damit Eigentumsrechte ihren Geltungsanspruch auch einlösen und tatsächlich eine normative Geltung besitzen, sind sie in Bezug auf unterschiedliche Güter zu je besonderen Eigentumsverhältnissen zu konkretisieren. Eigentumsrechte erfüllen ihre Geltungsbedingungen in Bezug auf Naturgüter, indem sie zu nachhaltigen Eigentumsrechten ausgestaltet werden. Bevor wir in Teil III des Buchs dazu kommen, sollen in Teil I die Geltungsbedingungen bestehender Eigentumsrechte nachgezeichnet werden.

Eigentumsrechte *gelten* als berechtigte Ansprüche, wenn sie bestimmte Bedingungen erfüllen, denen sie diese Geltung verdanken. Der Eigentumsbegriff wird demnach normativ von den Geltungsbedingungen her rekonstruiert, denen Eigentumsrechte genügen müssen. Die normative Geltung des Eigentums entspringt insoweit weder moralischen Normen noch ethischen Werten noch kulturellen oder sozialen Konventionen.[6] Vielmehr speist sie sich aus den Geltungsbedingungen, die von Eigentumsrechten vorausgesetzt werden und zu erfüllen sind, damit diese Geltung besitzen.

Die normative Geltung der Eigentumsrechte ist von der Rechtsnormativität zu unterscheiden. Berechtigte Ansprüche *verdienen* die bindende Kraft einer Rechtsnorm, ohne dass sie diese Verbindlichkeit schon besitzen. Ihnen gebührt ein Rechtsschutz, der mithilfe von Sanktionsandrohungen auch durchgesetzt werden kann.

6 In dieser Hinsicht weiche ich von jener Bedeutung der normativen Rekonstruktion ab, die von Axel Honneth vertreten wird. Honneth verfolgt das Projekt einer normativen Rekonstruktion von rechtlichen, moralischen und sozialen Erwartungen, die als »immanent gerechtfertigte« und »gesellschaftlich legitimierte Werte« von Institutionen und sozialen Praktiken verkörpert werden. In meiner normativen Rekonstruktion des Eigentumsbegriffs werden hingegen die Geltungsbedingungen betrachtet, unter denen Ansprüche eine verbindliche Geltung verdienen. Siehe zu Honneth: Axel Honneth, *Das Recht der Freiheit. Grundriß einer demokratischen Sittlichkeit,* Berlin 2011, S. 23.

Eigentum erhält den Status durchsetzbarer Rechte erst aufgrund eines Gesetzgebungsverfahrens. Zwangsbewehrte Rechte mit Klagebefugnis sind stets das Ergebnis einer solchen Gesetzgebung. Verbindlich sind Eigentumsrechte deshalb erst als das positive Recht einer Rechtsgemeinschaft. Die Bedeutungen der Eigentumsrechte als berechtigte Ansprüche und als zwangsbewehrte Rechte mit Klagebefugnis sind deshalb strikt zu unterscheiden. Die normative Rekonstruktion beschränkt sich auf die Frage, welche Eigentumsrechte als berechtigte Ansprüche gelten. Die Bezeichnung »Eigentumsrechte« wird fortan (und schon zuvor) in der Bedeutung von »berechtigte Ansprüche« verwendet.

Der Begriff des Eigentums soll in drei Schritten rekonstruiert werden, wobei formale, kontextuelle und normative Gesichtspunkte eng miteinander verwoben sind. Die formalen Strukturmerkmale der Weltbeziehung, der Freiheit und der Grenzen des Eigentums geben dabei die Gliederung vor. Die Kapitel sind jeweils einem dieser Strukturmerkmale gewidmet. In Kapitel 1 wird die Weltbeziehung des Eigentums erörtert, die sich als das Rechtsverhältnis zwischen Eigentümern und ihren Gütern konkretisiert. Dabei wird in Abgrenzung zur Standardtheorie des Sacheigentums ein alternatives Konzept des Gütereigentums entwickelt. Eigentumsrechte sind nicht nur von ihren Trägern aus zu kodieren, sondern ebenso sehr von den unterschiedlichen Gütern her, die je einer Eigenlogik folgen. Ausgehend vom Gütereigentum wird eine Typologie der verschiedenen Eigentumsformen und Eigentumsarten entworfen. In Kapitel 2 wird auf die enge Verbindung zwischen Eigentum und Freiheit eingegangen. Freiheit verleiht dem Eigentum seine unverwechselbare Ambivalenz, Ausdruck sowohl von Emanzipation als auch von Repression zu sein. Einerseits nimmt Freiheit in Bezug auf äußere Güter die Gestalt von Eigentum an. Andererseits ist Eigentum als Exklusionsrecht die Quelle erbitterter Gesellschaftskonflikte, die diese Freiheit zersetzen. In Kapitel 3 wird mit dem liminalen Eigentum eine Grundlage geschaffen, auf der sich solche Eigentumskonflikte regulieren lassen. Eigentumsrechte werden demnach durch Grenzen eingehegt, die ihnen selbst innewohnen. Dem liminalen Eigentum sind diese Grenzen selbst eingeschrieben. Damit wird den nachhaltigen Eigentumsrechten der Boden bereitet, die durch inhärente Nachhaltigkeitspflichten von innen begrenzt werden.

I
Gütereigentum

Eigentum ist ein Rechtsinstitut und besitzt daher eine Rechtsform. Als Recht kommt Eigentum in Rechtsgemeinschaften vor, die Rechte setzen und durchsetzen. Es nimmt hier die Gestalt des positiven Rechts an, mit dem bestimmte Befugnisse von Eigentümern geschützt und garantiert werden. Diese Befugnisse betreffen das Recht an einer Sache (*ius in re*), oder besser: das Recht an einem Gut. Das Recht an einem Gut ist formal betrachtet – also als Rechtsform gesehen – in drei Hinsichten ein Rechtsverhältnis: eine interpersonelle Rechtsbeziehung (a), eine allokative Rechtsverbindung (b) und ein generisches Rechtsverhältnis (c). Letzteres bildet den Leitfaden für den ersten Teil des Buchs, in dem ich mich darauf beschränke, Eigentum als ein generisches Rechtsverhältnis zu rekonstruieren, und zwar in drei Schritten. In Kapitel 1 wird das generische Rechtsverhältnis als eine Weltbeziehung eingeführt, in der Eigentümer zu ihren Gütern stehen. Ausgehend von dieser Weltbeziehung wird Eigentum zunächst als Gütereigentum begriffen. In Kapitel 2 wird das Gütereigentum vom freiheitstheoretischen Standpunkt aus als die Freiheit im Verhältnis zu äußeren Gütern ausgeführt. Freiheit konkretisiert sich in Bezug auf äußere Güter als Eigentum. Schließlich wird diese Eigentumsfreiheit in Kapitel 3 zu verschiedenen Eigentumsverhältnissen ausdifferenziert. Das generische Rechtsverhältnis wird – über das Gütereigentum (Weltbeziehung von Eigentümern zu ihren Gütern) und die Eigentumsfreiheit (Freiheit von Eigentümern im Verhältnis zu äußeren Gütern) – zu Eigentumsverhältnissen im Plural fortentwickelt.

(a) Als Recht ist Eigentum eine Beziehung zwischen Personen im Verhältnis zu Gütern. Das Recht zeichnet sich im Allgemeinen durch eine interpersonelle Beziehung aus. Unter Recht wird stets eine Beziehung zwischen Personen verstanden, die wechselseitig die Achtung ihrer Rechte erwarten. Eigentum ist demnach eine *interpersonelle Rechtsbeziehung* im Verhältnis zu Gütern, in den Worten von Hans Kelsen: »[D]as Recht an einer Sache ist ein Recht gegenüber Personen [...] Da das Recht als Gesellschaftsordnung das Verhalten von Menschen in ihrer – mittelbaren oder unmittelbaren – Beziehung zu anderen Menschen regelt, kann auch das Eigentum rechtlich nur in einem bestimmten Verhältnis zu anderen Menschen bestehen.«[7] Eigentum ist dabei ein absolutes Recht, das von allen Personen zu respektieren ist. Eigentümer dürfen ihre Rechte nicht nur gegenüber bestimmten Personen, sondern gegenüber jeder beliebigen Person geltend machen. Die Rechtsbeziehung beruht zudem auf Reziprozität. Ebenso wie die Rechte der Eigentümer zu respektieren sind, müssen diese die Rechte der Nichteigentümer anerkennen. Dass Eigentum eine interpersonelle Beziehung ist, tritt insbesondere beim Rechtsbruch in Erscheinung. Wird Eigentum, wie im Fall von Diebstahl, verletzt, wird (wenn alles gutgeht) nicht der Gegenstand beschädigt. Vielmehr wird der Rechtsanspruch einer Person durch eine andere Person verletzt. Nicht der Gegenstand, sondern die Person wird verletzt oder, so Kant, »lädiert«.[8]

(b) Als das Recht an einem Gut ist Eigentum zudem ein Verhältnis von Personen zu Gütern. Durch Eigentum wird das Verhältnis einer Person zu ihren Gütern verrechtlicht. Die Rechtsform ermöglicht ein Eigentum »ohne Inhabung«.[9] Sie bindet Güter an Personen unabhängig davon, ob die Güter sich im physischen Besitz ihres Eigentümers befinden. Wie Kant schreibt: »Die Art also, etwas außer mir als das Meine zu haben, ist die bloß-rechtliche Verbindung des Willens des Subjekts mit jenem Gegenstand, unabhängig von dem Verhältnisse zu demselben im Raum und in der Zeit, nach dem Begriff eines intelligibelen Besitzes.«[10] Etwas kann Eigentum sein, ohne dass es von seinem Eigentümer festgehalten, ergriffen oder aufbewahrt wird. Eigentümer und ihre Güter sind unabhängig von ihrer Anwesenheit miteinander verknüpft. Durch die abstrakte Rechtsform wird die Verbindung zwischen Personen und Gütern vom räumlichen und zeitlichen Verhältnis entkoppelt. Eigentümer behalten das Recht an einem Gut, auch wenn sie sich von ihm entfernen und es gegenwärtig nicht gebrauchen. Mit Eigentum wird das Recht an einem Gut somit auf Dauer gestellt. Da-

7 Hans Kelsen, *Reine Rechtslehre: Einleitung in die rechtswissenschaftliche Problematik*, Wien ²1960, S. 135 f.

8 Immanuel Kant, *Metaphysische Anfangsgründe der Rechtslehre. Metaphysik der Sitten. Erster Teil*, Hamburg 2009, u. a. S. 53 (AA VI 245).

9 Ebd., S. 54 (im Original gesperrt) (AA VI 246).

10 Ebd., S. 61 (AA VI 253 f.).

raus kann fälschlicherweise der Eindruck entstehen, Eigentumsansprüche seien der Zeit enthoben, hielten der Vergänglichkeit stand oder erstreckten sich (in Gestalt des Erbrechts) intergenerationell über das Lebensende hinaus.[11]

Die eigentumsförmige Rechtsverbindung zwischen Personen und Gütern ermöglicht es, dass sich konkrete Güter bestimmten Personen zuordnen lassen: Dieser Computer gehört Sabine, die Hälfte des Unternehmens gehört der Aktiengesellschaft Global Invest, die Seumestraße 21 gehört der Berliner Wohngenossenschaft, das Prinzenbad gehört den Berliner Bäder-Betrieben. Diese rechtliche Verbindung von bestimmten Personen und Gütern regelt somit, wem was gehört. Diese Rechtsverbindung fällt in das Themenfeld der juristischen Eigentumsdisziplinen (beispielsweise Sachenrecht, Immaterialgüterrecht). Sie klären Streitfälle und räumen Uneindeutigkeiten aus in Bezug auf die Frage, wem was gehört.

Mittels der Zuordnung von bestimmten Gütern zu natürlichen und juristischen Personen erfüllt das Rechtsinstitut Eigentum die gesellschaftliche Funktion der Verteilung (Allokation) von Gütern, die unter Bedingungen der Ressourcenknappheit und Arbeitsteilung erzeugt werden.[12] Diese Güterallokation erfolgt über das Medium Recht, indem die Rechte an konkreten Gütern bestimmten Personen zugeordnet werden. In ihr werden Eigentumstitel verteilt, das heißt Rechte an Gütern. Güter werden also nicht unmittelbar selbst verteilt, sondern nur mittelbar über die entsprechenden Eigentumstitel an ihnen; mithilfe solcher Eigentumstitel wird zwischen Eigentümern und Gütern eine allokative Verbindung hergestellt.

Eigentumsrechte entlasten damit von einem kostspieligen, konflikthaften und zeitintensiven Prozess, stets aufs Neue aushandeln zu müssen, wem was gehört. Ohne sie müsste für jede Nutzung bestimmter Güter aufwendig ein Konsens aller Betroffenen hergestellt werden. Eigentumsrechte üben somit eine Entlastungsfunktion aus

11 Siehe zur Kritik an der vermeintlichen Zeitenthobenheit des Eigentums: Tilo Wesche, »Der Wert des Eigentums. Über die Propriation der Zeit«, in: *WestEnd. Neue Zeitschrift für Sozialforschung* (2018), S. 129-142.

12 Jeremy Waldron, *The Right to Private Property*, Oxford 1988; Geoffrey M. Hodgson, »Much of the ›Economics of Property Rights‹ Devalues Property and Legal Rights«, in: *Journal of Institutional Economics* 11 (2015), S. 683-709.

und leisten eine *allokative Rechtsverbindung*, die unverzichtbar für komplexe Gesellschaften ist.

Aus der allokativen Rechtsverbindung leitet sich ein Publizitätsgebot her, dem zufolge Eigentümer und ihre Güter bestimmbar sein müssen.[13] Wenn zwischen beiden eine Verbindung hergestellt werden soll, muss klar erkennbar sein, um welche bestimmten Eigentümer und um welche Güter es sich dabei genau handelt. Sowohl der Eigentümer als auch die Güter müssen identifizierbar sein. Ein Beispiel für das Publizitätsgebot ist das gerichtliche Verbot der Blankoabtretung von Hypotheken. Demzufolge dürfen Hypotheken nicht an Dritte abgetreten werden, wenn die Eigentumstitel nicht dokumentiert sind und Angaben zum Abtretungsempfänger – dem neuen Eigentümer – fehlen.[14] Der jeweilige Eigentümer muss erkennbar sein – in diesem Fall also der Finanzintermediär, der sich mit der Vermögens- und Fondsverwaltung befasst.

Im Bereich des Publizitätsgebots verlaufen eigentumstheoretische Konfliktlinien, von denen einige die Steuerhinterziehung und die Steuervermeidung betreffen. Die Trennung zwischen juristischem Eigentümer, der etwa als Briefkastenfirma auftritt, und ökonomischem Eigentümer in Gestalt eines Mutterkonzerns ermöglicht es, dass allein der juristische Eigentümer Adressat einer Steuerpflicht ist und das Vermögen des Mutterkonzerns insoweit einer Besteuerung entzogen wird. Die Zuordnung eines Vermögens zu einem Eigentümer wird damit verschleiert. Diese Praxis der Steuervermeidung läuft dem Eigentumsgedanken zuwider, der eine erkennbare Verbindung zwischen Eigentümer und Güter einschließt. Bei Lichte betrachtet kann sich der Mutterkonzern für seine Steuerpraxis gar nicht auf sein Eigentumsrecht berufen. Die gleiche Konfliktlinie besteht im Hochfrequenzhandel, in welchem Güter in Bruchteilen von Sekunden ihren Eigentümer wechseln, so dass beide zwar rein theoretisch jederzeit erkennbar sind, nicht aber in der Praxis. Das Eigentumsrecht ist demnach ein Argument nicht für intransparente Unternehmensverschachtelungen oder den Hochfrequenzhandel, sondern in Gestalt des Publizitätsgebots ein Argument gegen sie.

(c) Das Verhältnis von Personen zu Gütern besteht zudem in

13 Thomas W. Merrill, Henry E. Smith, »What Happened to Property in Law and Economics?«, in: *The Yale Law Journal* 111 (2001), S. 357-398.

14 Pistor, *Der Code des Kapitals*, S. 157 f.

einem *generischen Rechtsverhältnis*. Hier geht es nicht um die Zuordnung konkreter Güter zu bestimmten Personen, sondern um das Verhältnis zwischen *Arten* von Rechtssubjekten und *Arten* von Gütern. Eigentum zeichnet sich formal durch ein Subjekt und ein Objekt aus: durch ein Rechtssubjekt, das Eigentumsrechte ausübt, und durch bestimmte Güter, über die Eigentumsrechte ausgeübt werden. Eigentum ist demnach ein relationaler Begriff, der notwendig ein Verhältnis zwischen seinem Subjekt und Objekt voraussetzt: zwischen Eigentümern und ihren Gütern.

Diese schlichte Feststellung ist äußerst folgenreich. Denn sie stellt die Weichen für eine grundsätzliche Alternative in der Theoriebildung: für die zwischen Sacheigentum und Gütereigentum. Im *Sacheigentum* wird das Verhältnis zwischen Subjekt und Objekt von Ersterem her kodiert. Eigentum wird hier ausgehend von den Eigentümern und ihren Ansprüchen entworfen. Das Objekt kommt somit nur als Sache in Betracht, über die Eigentümer ihre Ansprüche ausüben. Die Sache erschöpft sich darin, Objekt eines Anspruchs zu sein. Im *Gütereigentum* hingegen wird das Eigentumsrecht von beiden Entitäten aus begriffen: von seinem Inhaber *und* von seinem Gegenstand. Güter sind im Unterschied zu Sachen nicht bloß das Objekt eines Anspruchs, sondern eine eigenständige Größe, die für sich steht. Ebenso wie die Eigentümeransprüche bilden die Güter eine Entität. Sacheigentum und Gütereigentum sind grundsätzliche Alternativen in der Eigentumstheorie.

Gütereigentum ermöglicht es, Eigentum als *Weltbeziehung* zu denken. Eigentümer verhalten sich zu Gütern als eigenständige Größe, die sich nicht darin erschöpft, Gegenstand eines Eigentumsanspruchs zu sein. Diese eigenständige Größe erscheint somit als Welt, die den Eigentümern gegenübersteht. Wenn Eigentümer über ihre Güter bestimmen, dann anerkennen sie einen Rest, der sich in den Status eines Objekts von Ansprüchen nicht auflösen lässt. Sie stehen in Beziehung zu einer Welt, die sich ihren Eigentumsansprüchen in bestimmten Hinsichten entzieht. Sachen sind hingegen Rechtskonstruktionen, denen in der Welt nichts Selbstständiges entspricht. Sie gehen darin auf, dass Eigentümer über sie verfügen. Als selbstständige Größe entziehen sich Eigentumsgüter hingegen einer bloßen Verfügungsgewalt. Zwar gelten auch bezogen auf Güter Eigentumsansprüche. Aber im Unterschied zu Sachen müssen die Eigentumsansprüche hier den Besonderheiten der

Güter angepasst werden. Güter begegnen von vornherein als etwas Selbstständiges, das sich nicht mit einem subjektiven Anspruch verrechnen lässt. Diese Selbstständigkeit macht sie zu Gütern, die in der Welt sind, im Unterschied zu Sachen, die sich darin erschöpfen, Gegenstand einer Verfügungsmacht zu sein.

Eigentum ist insoweit eine Weltbeziehung: Zugang zu Eigentum ist der Zugang zur Welt. Allerdings ist es nur eine Möglichkeit unter anderen, sich auf die Welt zu beziehen. Eigentümer verhalten sich nicht nur zu ihren Gütern, sondern auch zu Personen, Ereignissen, zur Kultur etc. Ebenso wenig schließt Eigentum aus, sich auf Güter auch in einer emotionalen, moralischen, sozialen oder evaluativen Weise zu beziehen. Wenn aber Personen in ihrer gesellschaftlichen Rolle als Eigentümer handeln, dann beziehen sie sich nicht auf Sachen, sondern auf Güter in der Welt.

Im Gütereigentum wird nicht nur die Weltbeziehung von Eigentumsrechten, sondern auch ihre Vielfältigkeit anerkannt. Im Unterschied zum Sacheigentum ist Gütereigentum eine *multiple Weltbeziehung*. Weil Sachen darin aufgehen, Objekte von Eigentumsansprüchen zu sein, gibt es trotz einer Vielzahl von solchen Ansprüchen nur eine Sache. Es besteht daher nur ein und dasselbe Verhältnis von Eigentümern zu ihren Sachen. Im Rahmen des Sacheigentums lässt sich das generische Verhältnis nur als je dasselbe Verhältnis begreifen. Gütereigentum hingegen wird einer multiplen Weltbeziehung gerecht, die sich aus den unterschiedlichen Arten von Gütern erklärt. Güter besitzen ihrer Art nach unterschiedliche Besonderheiten. Diese Besonderheiten führen dazu, dass Güter unterschiedlichen Arten von Eigentümern gehören sollten: Dieselbe Art von Eigentümern wird nicht allen Arten von Gütern gleichermaßen gerecht. Den unterschiedlichen Gütern wird vielmehr je durch eine bestimmte Art von Eigentümern Rechnung getragen; sie machen jeweils eine bestimmte Eigentümerschaft erforderlich. Es gibt deshalb nicht nur ein und dasselbe generische Rechtsverhältnis, sondern eine Fülle von Rechtsverhältnissen.

In den folgenden beiden Kapiteln will ich mich auf das generische Rechtsverhältnis konzentrieren und es als eine Vielfalt von Eigentumsverhältnissen ausbuchstabieren. Es ist ein weiter Weg von der Kritik am Sacheigentum, das verschiedene Güter unterschiedslos als ein und dieselbe Sache behandelt, zu den Eigentumsverhältnissen in Kapitel 3, die den unterschiedlichen Arten von Eigentümern und Gütern gerecht werden sollen. Um den Überblick über die hier eingeführten Differenzierungen und Zusammenhänge zu erleichtern, habe ich am Schluss des Buches einen knappen »Grundriss des Eigentumsbegriffs« angefügt.

Zunächst werden Subjekt und Objekt des Eigentums betrachtet und Eigentum als ein Verhältnis zwischen Eigentümern und ihren Gütern erläutert. Diverse Arten von Eigentümern und von Gütern sind dabei zu unterscheiden. Das Subjekt des Eigentums nimmt die Gestalt verschiedener Eigentumsformen (1.1) und das Objekt die Gestalt verschiedener Eigentumsarten (1.2) an. In dieser Typologie der Eigentumsformen und Eigentumsarten werden Sacheigentum und Gütereigentum stets miteinander kontrastiert.

1.1 Eigentumsformen

Eigentümer haben den Status von Rechtssubjekten. Unter *Rechtssubjekt* verstehe ich jede *Art* einer Entität, die Trägerin von Rechten, das heißt im Fall von Eigentum: Trägerin eines Eigentumsrechts ist. Wer ein Rechtssubjekt ist, wird von der jeweiligen Rechtsordnung festgelegt. Ob nur Individuen oder auch Gemeinschaften, Staaten, Tiere, Ökosysteme und künstliche Intelligenzen Rechtssubjekte sind, wird deshalb vom Gesetzgeber bestimmt. Vom Begriff des Rechtssubjekts sind die Begriffe der juristischen Person, der Rechtsfähigkeit und der natürlichen Person zu unterscheiden. *Natürliche Personen* sind Menschen und besitzen moralische Ansprüche.

Während das Rechtssubjekt die *Art* eines Rechtsträgers bezeichnet, bezieht sich der Begriff der *juristischen Person* (oder der Rechtsperson) auf den konkreten Inhaber von Rechten. Für ein und dasselbe Rechtssubjekt sind also unterschiedliche juristische Personen möglich. Eine Kapitalgesellschaft, eine Stiftung oder ein eingetragener Verein beispielsweise sind unterschiedliche Rechtspersonen. Sie gehören jedoch dem gleichen Rechtssubjekt an, wenn sie jeweils private Eigentümer sind. Zudem kann eine juristische Person eine natürliche Person sein, aber auch die Rechtskonstruktion für eine Organisationseinheit, die aus mehreren natürlichen Personen besteht. Im Privatrecht kann eine Privatstiftung oder eine Körperschaft (eine Kapitalgesellschaft, ein Verein etc.) eine juristische Person sein. Ebenso gilt im öffentlichen Recht eine öffentliche

Stiftung, Anstalt und Körperschaft (etwa eine Gebietskörperschaft, eine Personalkörperschaft etc.) als juristische Person. Einer juristischen Person wie der Körperschaft wird ihre Handlungsfähigkeit erst durch die Handlungen ihrer Organe (Geschäftsführung, Verwaltungsrat, Hauptversammlung etc.) verliehen, die sich aus einer oder mehreren natürlichen Personen zusammensetzen. Aber auch Staaten und zwischenstaatliche Organisationen (UNICEF, EU, WTO, WHO) sind juristische Personen.

Die *Rechtsfähigkeit* besteht in dem *Vermögen*, Rechte wahrzunehmen, das heißt etwa an dem Prozess der Rechtsetzung teilzunehmen, sich als Inhaber von Rechten und Adressat von Pflichten zu begreifen und den Sinn von Rechten zu verstehen. Tiere und Ökosysteme sind ebenso wie Kleinkinder und Personen mit geistiger Beeinträchtigung (beispielsweise Komapatienten) in diesem engen Sinn nicht prozessfähig. Sie können aber von rechtsfähigen Personen vertreten werden. Der Umstand, dass ihnen eine Rechtsfähigkeit fehlt, schließt deshalb nicht aus, dass sie als Rechtssubjekte und juristische Personen gelten.

Rechtssubjekte unterscheiden sich also sowohl von juristischen als auch natürlichen Personen und besitzen nicht zwangsläufig eine Rechtsfähigkeit. In Bezug auf das Rechtssubjekt lassen sich nun vier Arten von Eigentümern unterscheiden. Das Rechtssubjekt – das Subjekt eines Eigentumsrechts – kann ein Individuum (eine Einzelperson), eine Gemeinschaft, eine öffentliche Institution und, was umstritten ist, die Natur sein. Vor diesem Hintergrund kann Eigentum entsprechende Formen annehmen, die sich auf die jeweilige Art des Rechtssubjekts beziehen. Demnach gibt es vier *Eigentumsformen*: individuelles Eigentum beziehungsweise Privateigentum, Gemeineigentum, öffentliches Eigentum und, was erklärungsbedürftig ist, Natureigentum. Solche Eigentumsformen können sich auch mischen und *Hybridformen* bilden. An denselben Gütern wird anteilig von verschiedenen Rechtssubjekten Eigentum gehalten. In einer Private-public-Partnership koexistieren Privateigentum und öffentliches Eigentum beispielsweise an Infrastruktureinrichtungen wie Straßen, Häfen und Bildungsinstitutionen. Wohnraum kann anteilig sogar zugleich privaten, öffentlichen und genossenschaftlichen Eigentümern gehören. Aber auch in diesen Hybridformen werden klare Trennlinien zwischen den verschiedenen Eigentumsformen gezogen.

1.1.1 Privateigentum

Wenn der Eigentümer eine einzelne Person ist, dann nimmt Eigentum die Form von individuellem Eigentum oder, um den geläufigen Begriff zu verwenden, von Privateigentum an. Privateigentümer bestimmen über ihre Güter individuell: Sie entscheiden über sie allein und dürfen jede andere Person von dieser Entscheidung ausschließen.[15]

Privateigentum umfasst auch kollektive Formen der Eigentümerschaft. Dazu zählen Vereine sowie Kapitalgesellschaften wie Aktiengesellschaften, Kommanditgesellschaften, Gesellschaften mit beschränkter Haftung (GmbH) und der Trust im angloamerikanischen Common Law. In diesen privatrechtlichen Körperschaften werden die jeweiligen Anteile beispielsweise an einem Unternehmen von den einzelnen Mitgliedern je individuell gehalten. Die einzelnen Anteilseigner können ihr jeweiliges Eigentum ohne die Zustimmung anderer verkaufen, wenn es keine anderslautenden Verträge gibt. Der Verkauf eines Unternehmens im Ganzen bedarf zwar einer Mehrheitsentscheidung seiner Aktionäre. Jeder Aktionär aber kann seine Anteile abziehen, ohne dass seine Entscheidung von anderen Eigentümern abhängt. Eine kollektive Form von Privateigentum sind beispielsweise auch Bauherrengemeinschaften oder Eigentümergemeinschaften, deren Mitglieder sich die Bau- und Wartungskosten eines Gebäudes mit privaten Wohn- oder Gewerberäumen teilen. Zwar müssen Entscheidungen über große Bau- und Wartungsvorhaben zwangsläufig kollektiv organisiert werden, weil beispielsweise ein gemeinsam genutzter Hauseingang unteilbar ist. Das jeweilige Mitglied einer Bauherren- und Eigentümergemeinschaft entscheidet jedoch individuell über den Verkauf seines jeweiligen privaten Wohnraums. Auch für privatrechtliche Kollektive gilt also die Besonderheit des Privateigentums, dass über Güter individuell entschieden wird.

Das Rechtssubjekt kann sich dabei in unterschiedliche Statusgruppen aufgliedern. Es setzt sich dann aus unterschiedlichen Eigentümergruppen zusammen und weist insoweit eine gewisse Eigentümerdiversität auf. Beispielsweise können Vorzugsaktionäre,

15 Einen ideengeschichtlichen Überblick über die Entstehung des Privateigentums gibt Peter Garnsey, *Thinking about Property. From Antiquity to the Age of Revolution*, Cambridge 2007.

Aktionäre und Gläubiger gleichzeitig Eigentümer einer Aktiengesellschaft sein und dabei unterschiedlich prioritäre Rechte an den Vermögenswerten haben. Obwohl sie sich auf dasselbe Rechtssubjekt (Privateigentümer) und dieselbe Rechtsperson (Aktiengesellschaft) beziehen, gehören sie unterschiedlichen Gruppen von Privateigentümern an.

1.1.2 Gemeineigentum

Das Rechtssubjekt kann zudem eine Gemeinschaft sein. In diesem Fall des Gemeineigentums entscheiden die Mitglieder gemeinsam über ihr Eigentum. Entscheidungen werden hier demokratisch getroffen; es sind also Mehrheiten erforderlich, um über die Nutzung, Verwertung und Übertragung beispielsweise eines Unternehmens oder von Wohnraum zu bestimmen. Der individuelle Abzug eines Anteils ist (im Unterschied zu privatrechtlichen Eigentümergemeinschaften) nicht möglich, wenn ihm eine Mehrheit nicht zugestimmt hat. Zum Gemeineigentum zählen nicht nur die sogenannten Commons oder Allmende, deren Paradebeispiel die gemeinschaftliche Verwaltung von nachwachsenden Naturgütern wie Weideland und Fischereigewässern ist.[16] Zu ihm gehören auch selbstverwaltete Betriebe,[17] Genossenschaften mit Stimmgleichheit ihrer Mitglieder,[18] manche Open-Source-Software und digitale Plattformen wie jene sozialen Netzwerke, die um das ActivityPub-Protokoll entstanden sind.[19] In allen diesen Fällen ist jedes

16 Elinor Ostrom, *Governing the Commons. The Evolution of Institutions for Collective Action*, Cambridge 1990; Margaret A. McKean, »Common Property. What Is It, What Is It Good For, and What Makes It Work?«, in: Clark C. Gibson, Margaret A. McKean u.a. (Hg.), *People and Forests. Communities, Institutions, and Governance*, Cambridge, MA 2000, S. 27-55.

17 Massimo De Angelis, *Omnia Sunt Communia. On the Commons and the Transformation to Postcapitalism*, London 2017.

18 Historische Beispiele für selbstverwaltete Betriebe sind die Arbeiterselbstverwaltung in Jugoslawien und der Anarchosyndikalismus. Ein Beispiel aus der Gegenwart ist der Genossenschaftsverband Mondragon; siehe dazu: Erik Olin Wright, *Reale Utopien. Wege aus dem Kapitalismus*, Berlin 2017, S. 336-343.

19 Einen Vorschlag, wie sich Dateneigentum genossenschaftlich organisieren lässt, unterbreitet: Dominik Piétron, »öffentliche Plattformen und Datengenossenschaften. Zur Vergesellschaftung digitaler Infrastrukturen«, in: Timo Daum, Sabine Nuss (Hg.), *Die unsichtbare Hand des Plans*, Berlin 2021, S. 110-124.

Gemeinschaftsmitglied zugleich Miteigentümer des Guts, das gemeinschaftlich verwaltet wird. In der Regel sind Nutzer und Eigentümer identisch: Die Arbeiterinnen und Arbeiter sind Miteigentümer ihres Unternehmens, in dem sie arbeiten; Bewohnerinnen und Bewohner sind Miteigentümer des Wohnraums, den sie bewohnen; die Nutzerinnen und Nutzer sind die Miteigentümer der digitalen Plattformen, die von ihnen genutzt werden.

1.1.3 Öffentliches Eigentum

Eigentum kann drittens in der öffentlichen Hand liegen. Eigentümer sind hier der Staat (Bund und Land) oder die Kommune (Landkreis und Gemeinde). Staat und Kommune sind hier also das Rechtssubjekt; Staaten sind Rechtssubjekte auch im Sinne des Völkerrechts. Öffentliches Eigentum hat die Rechtsform von öffentlichen Körperschaften, Anstalten und Stiftungen. Es umfasst unter anderem Infrastrukturen wie Verkehrswege und Schulen sowie öffentliche Unternehmen, Betriebe, Verwaltungen und Gerichtsbarkeiten. Staatliche und kommunale Regierungen bestimmen als öffentliche Eigentümerinnen über die Nutzung, Verwertung und Übertragung öffentlicher Güter.

Öffentliches Eigentum unterliegt in Demokratien einer besonderen Einschränkung. Privateigentümer schulden anderen Personen keine Rechenschaft über ihr Eigentum. Was sie mit ihrem Vermögen anstellen, ist ihnen überlassen. Die öffentliche Hand kann in Demokratien hingegen nicht ohne die Zustimmung anderer über ihr Eigentum verfügen. Obwohl eine Regierung und ihre Organe die Eigentümer an öffentlichen Gütern sind, bestimmen sie nicht uneingeschränkt über öffentliches Eigentum. Denn sie unterliegen der demokratischen Kontrolle. Anders als beim Gemeineigentum, bei dem Nutzerinnen und Eigentümerinnen in eins fallen, sind Bürgerinnen und Bürger zwar nicht Eigentümer der von ihnen genutzten öffentlichen Einrichtungen; Eigentümer sind vielmehr die Regierung und ihre ausführenden Organe. Allerdings ist deren Ausübung der öffentlichen Eigentumsrechte gegenüber Bürgerinnen und Bürgern in drei Hinsichten zustimmungsabhängig. Erstens wird die jeweilige Regierung durch Wahlen als Eigentümerin öffentlicher Güter eingesetzt (oder eben abgesetzt). Zweitens unterliegt sie den parlamentarischen Kontroll- und

Durchgriffsrechten. Die öffentlichen Eigentümer – also staatliche und kommunale Regierungen – sind gegenüber dem Parlament rechenschaftspflichtig und können daher nicht uneingeschränkt über öffentliches Eigentum bestimmen. Und drittens können Bürgerinnen und Bürger durch Maßnahmen der direkten Partizipation Einfluss auf die öffentliche Eigentümerschaft ausüben. Zum einen könnten sie die Leitungsgremien öffentlicher Einrichtungen direktdemokratisch wählen. Zum Beispiel wird jedes Mitglied des Verwaltungsrats des Energieversorgungsunternehmens SMUD in der kalifornischen Hauptstadt Sacramento von den Bürgerinnen und Bürgern, die seine Leistungen beanspruchen, gewählt. Durch diese direktdemokratische Beteiligung wurde hier bereits 1989 das einzige betriebseigene Atomkraftwerk abgeschaltet. Zum anderen kann eine demokratische Beteiligung am öffentlichen Eigentum durch Bürgerhaushalte (»partizipatives Budget«) ausgeübt werden, die mit einer begrenzten Budgethoheit ausgestattet sind. Ausführlich dokumentiert sind die Erfahrungen mit dieser Haushaltsbeteiligung in Porto Alegre.[20]

1.1.4 Natureigentum

Sollte die Natur Rechte an ihren Gütern haben, so müsste sie als ein Rechtssubjekt gelten. Schon die bisherigen Überlegungen machen aber deutlich, wie groß die Verständnisschwierigkeit ist, vor die uns eine solche Vorstellung stellt. Beim Privateigentum, Gemeineigentum und öffentlichen Eigentum sind jeweils Menschen in unterschiedlichen Konstellationen das Rechtssubjekt: Rechtssubjekt ist eine individuelle Person, eine Gemeinschaft oder eine Institution, die von Menschen gegründet, gesteuert und aufgelöst wird. Wenn die Natur Rechte an ihren Gütern hätte, wäre das offenkundig anders. Die Natur ist hier sowohl Objekt als auch Subjekt des Eigentums. Ebendiese Identität von Subjekt und Objekt wird vom Begriff des Natureigentums zum Ausdruck gebracht: An der Natur wird Eigentum gehalten; und die Natur selbst ist Eigentümerin.[21] Was

20 Siehe zu Porto Alegre und weiteren Beispielen: Archon Fung, Erik Olin Wright, *Deepening Democracy. Institutional Innovations in Empowered Participatory Governance*, London 2003.

21 Diese konzeptionelle Identität von Subjekt und Objekt des Eigentums ist von der klassischen Bedeutung des Selbsteigentums zu unterscheiden, da zwischen

Letzteres betrifft, hat die Natur den Rang eines Rechtssubjekts. Diese Vorstellung ist nicht nur äußerst erklärungsbedürftig, sondern ruft oftmals so spontanen wie verbissenen Widerspruch hervor.

Warum zaudern wir bei dieser Vorstellung? Drei Stolpersteine lassen sich leicht ausräumen. Erstens könnten Bedenken hinsichtlich der Rechtsfähigkeit bestehen. Rechte könnten von der Natur nicht ausgeübt werden – sie könne sie weder wahrnehmen noch setzen oder durchsetzen. Das trifft zwar zu, aber Rechte können auch stellvertretend ausgeübt werden. Diese advokatorische (oder repräsentative) Rechtsausübung ist, wie bereits erwähnt, in Bezug auf Kinderschutz, Tierschutz und handlungsunfähige Patienten eine übliche Praxis. Es gibt deshalb keinen Grund, weshalb sie im Fall der Natur nicht möglich sein sollte. Gut vorstellbar ist, dass staatliche Institutionen, zivilgesellschaftliche Akteure und Privatpersonen stellvertretend für die Natur deren Rechte ausüben. In ihrem Namen können Staaten Gesetze verabschieden sowie Recht sprechen und können Privatpersonen klagen (dazu später mehr).

Zweitens könnte eingewendet werden, dass die Natur aufgrund ihres Gegensatzes zur Kultur kein Rechtssubjekt sein könne. Dieser Einwand unterstellt eine strikte Trennung von Kultur und Natur: Rechtssubjekte seien Rechtskonstruktionen; sie gehörten deshalb zur Kultur als dem Bereich alles Gemachten. Unter Kultur falle alles, was von Menschen hergestellt wird. Zur Kultur gehöre deshalb auch das Recht, das sich Menschen geben, und daher die Konstruktion eines Rechtssubjekts. Die Natur sei hingegen nichts Gemachtes, im Gegenteil: Seit Aristoteles gelte die Natur als der Gegensatz zu allem Gemachten. Die Natur sei demnach mit Kultur und also auch mit dem Recht unvereinbar. Ein Rechtssubjekt könne sie deshalb nicht sein. Dieser Einwand greift zu kurz, weil sich die strikte Trennung von Kultur und Natur nicht aufrechterhalten lässt. In bestimmten Rechtstraditionen wird diese Trennung aufgehoben, indem das Recht als Naturrecht oder als »zweite Natur« bezeichnet wird.[22] Zudem ist das, was unter Natur verstanden werden kann, selbst notwendigerweise eine Konstruktion. Die Natur lässt sich

Subjekt und Objekt zugleich ein Unterschied liegt: Ökosysteme sind Subjekt des Eigentumsrechts und natürliche Ressourcen das Objekt; später dazu ausführlicher.

22 Georg Wilhelm Friedrich Hegel, *Grundlinien der Philosophie des Rechts*, Frankfurt/M. 1986, S. 46, 301, vgl. S. 292.

nämlich weder wahrnehmen noch nutzen noch erkennen, ohne dass sie als Natur erst entworfen wird. Im Alltag begegnet uns die Natur als schön, bedrohlich oder heilsam nur deshalb, weil sie eine solche Gestalt vor dem Hintergrund menschlicher Wahrnehmungen annimmt. Wiederum erscheint sie als wertvolle und ausgebeutete Natur nur aufgrund ihres Nutzens für Menschen. Und in der Wissenschaft bezieht man sich auf die Natur als einen Gegenstand überprüfbarer Erkenntnis. Die Natur wird demnach von menschlichen Vermögen der Wahrnehmung, des Bewertens oder der Erkenntnis erst entworfen. Die Vorstellung von einer (gegebenen) Natur an sich, die nicht zugleich entworfen (gemacht) wird, trifft schlechterdings nicht zu. Wenn unsere Naturvorstellungen grundsätzlich auf begriffliche Konstruktionen zurückgehen, dann entfällt der Einwand, sie als ein Rechtssubjekt nicht entwerfen zu können. Rechtssubjekte werden vom Gesetzgeber festgelegt. Und sofern die Natur wie jede andere Naturvorstellung entworfen wird, gibt es keinen Grund, sie nicht als Rechtssubjekt festzulegen.

Der dritte Einwand beruft sich auf die enge Verknüpfung von Rechten mit Pflichten. Wer Rechte hat, sei verpflichtet, die Rechte der anderen zu achten. Dieser Grundsatz der Reziprozität verpflichte Rechtsträger dazu, sich wechselseitig zu respektieren. Die Natur könne jedoch keine Pflichten haben, weil sie keine Handlungsfähigkeit (*agency*) besitzt. Sofern die Natur ohne eine Handlungsfähigkeit keine Pflichten erfüllen könne, sei es sinnlos, Pflichten an sie zu adressieren. Ohne Pflichten könne, so der Einwand, die Natur auch keine Rechte besitzen; sie sei deshalb kein Rechtssubjekt. Dieser Einwand geht von der bestreitbaren Annahme aus, dass Rechte die Handlungsfähigkeit ihrer Inhaber voraussetzen – also von einer Annahme über die Freiheit der Rechteinhaber. Nur wer handlungsfähig sei, besitze Rechte und insoweit auch Pflichten. Um zu zeigen, dass Rechte ohne Pflichten möglich sind, muss deshalb aufgewiesen werden, dass Rechte ohne die Handlungsfähigkeit ihrer Träger denkbar sind. Nun trifft zwar zu, dass für handlungsfähige Personen das Prinzip der Reziprozität gilt. Rechte handlungsfähiger Personen implizieren Pflichten ihres wechselseitigen Respekts. Bezweifelt werden kann allerdings, dass nur handlungsfähige Personen Rechte besitzen. Rechte werden von der Handlungsfähigkeit ihrer Träger entkoppelt, wenn sie sich ohne die Annahme von deren Freiheit begründen lassen. Die Rechte der Natur müssten sich demnach ohne den Rückgriff auf irgendeine Freiheit des Rechtssubjekts begründen lassen. Wenn sich zeigen lässt, dass Rechte nicht zwangsläufig auf der normativen Grundlage von Freiheit beruhen, dann können der Natur Rechte zugesprochen werden, unabhängig davon, dass für sie keine Pflichten gelten. Die Rechte der Natur wären dann Rechte ohne Pflichten; und zwar deshalb, weil ihre Geltung nicht auf der normativen Grundlage einer vermeintlichen Freiheit der Natur beruht. (Dazu mehr in Kapitel 6.)

Die genannten Einwände lassen sich also aus dem Weg räumen. Eine ernsthafte Verständnisschwierigkeit bereitet hingegen die Frage, welche Gründe in der Lage sind, die Vorstellung von Rechten der Natur zu rechtfertigen. Einerseits sind die Freiheitsgründe, auf die sich wichtige Rechte stützen, nicht auf die Natur übertragbar. Denn im Unterschied zu Menschen ist die Natur kein freies Wesen. Freiheit kann deshalb kein Grund für die Rechte der Natur sein. Andererseits können die Gründe für ökologische Eigenrechte nicht prinzipiell anderer Art sein als die Gründe, die bestehende Rechte rechtfertigen. Denn stünden die Gründe außerhalb der Rechtslogik, würden sie eine andere Rationalität besitzen und sich jedenfalls nicht als Rechte begründen lassen. Religiöse Vorstellungen von der Natur als Schöpfung beispielsweise folgen einer anderen Logik. Einerseits also stützen sich die Rechte der Natur nicht wie andere Rechte auf Freiheitsgründe. Andererseits müssen sie doch der gleichen Rationalität wie der des Rechts entspringen. Diese Verständnisschwierigkeit soll später aufgelöst werden, indem dargelegt wird, weshalb die Gründe, auf denen die Eigentumsrechte der Menschen beruhen, diejenigen sind, die auch die Rechte der Natur rechtfertigen. Rechte der Natur, so meine zentrale These, ergeben sich aus der Rationalität geltender Eigentumsrechte.

1.2 Eigentumsarten

Ein Subjekt des Eigentumsrechts gibt es nicht ohne das Objekt, über das dieses Recht ausgeübt wird. Formal betrachtet schließt Eigentum notwendig ein bestimmtes Objekt mit ein. Dabei müssen zwei Sichtweisen aufs Objekt unterschieden werden: Sacheigentum und Gütereigentum. Das Objekt wird entweder als Sache oder als Gut kodiert.

Die Kodierung von *Sacheigentum* erfolgt in drei Schritten. Zunächst wird das Eigentumsobjekt ausgehend vom Anspruch des Rechtssubjekts in den Blick genommen. Dadurch wird von seinen Besonderheiten abstrahiert und das Objekt als Sache entworfen. Schließlich werden damit sämtliche Güter trotz ihrer Unterschiede als dieselbe Sache betrachtet und einander angepasst. Unter dem Gesichtspunkt von Eigentum verhalten sich die unterschiedlichsten Güter somit allesamt gleich. Die Kodierung von Sacheigentum will ich nun im Einzelnen betrachten.

Im Sacheigentum wird das Objekt erstens ausschließlich vom *Anspruch des Rechtssubjekts* her kodiert. Eigentümer besitzen den Rechtsanspruch, über das, was ihnen gehört, frei zu verfügen. Was als Objekt des Eigentums zählt, wird ausgehend vom Freiheitsrecht bestimmt. Es reicht für eine Vorstellung vom Eigentumsobjekt aus, dass Eigentumsrechte über es ausgeübt werden können. Zu solchen subjektiven Ansätzen gehören unter anderem die Entitlement-Theorie des Eigentums von Robert Nozick und die Okkupationstheorie des Eigentums von Immanuel Kant, die in folgendem Zitat zum Ausdruck kommt:

> Da nun die reine praktische Vernunft keine anderen als formale Gesetze des Gebrauchs der Willkür zum Grunde legt, und also von der Materie der Willkür, d. i. der übrigen Beschaffenheit des Objekts, *wenn es nur ein Gegenstand der Willkür* ist, abstrahiert, so kann sie in Ansehung eines solchen Gegenstandes kein absolutes Verbot seines Gebrauchs enthalten, weil dieses ein Widerspruch der äußeren Freiheit mit sich selbst sein würde.[23]

Die »formale[n] Gesetze des Gebrauchs der Willkür« müssen sich widerspruchsfrei – ohne »Widerspruch der äußeren Freiheit mit sich selbst« – auf einen Gegenstand anwenden lassen, damit dieser als ein Objekt von Eigentum gelten kann. Jeder »Gegenstand der Willkür« gilt demnach als Eigentumsobjekt; als ein Objekt des Eigentums zählt alles, worüber ein Subjekt seine Freiheitsrechte widerspruchsfrei ausüben kann. Damit wird das Eigentumsobjekt ausgehend vom Rechtssubjekt und dessen Freiheitsanspruch kodiert. Kurzum: Objekt von Eigentum ist, worüber sich widerspruchsfrei bestimmen lässt.

Durch die Kodierung des Eigentumsobjekts als Sache wird

23 Kant, *Metaphysische Anfangsgründe der Rechtslehre*, S. 58 (AA VI 246).

zweitens von seinen güterspezifischen Besonderheiten *abgesehen*, es wird, wie Kant sagt, von »der Beschaffenheit des Objekts [...] abstrahiert«. Das Eigentumsobjekt wird also unabhängig von den Besonderheiten der unterschiedlichen Güter als Sache kodiert.[24] Die einzige Beschaffenheit, die eine Sache formal besitzt, ist ihre Operationalisierbarkeit. Um als eigentumsförmige Sache zu gelten, muss ein Objekt so beschaffen sein, dass es sich vom Eigentümer frei nutzen, verwerten und übertragen lassen können muss. Die materiellen Eigenschaften eines Objekts müssen es zulassen, dass die Nutzungs-, Verwertungs- und Übertragungsrechte eines Eigentümers ausgeübt werden können. Für das Sacheigentum ist dabei entscheidend, dass die Operationalisierbarkeit eine hinreichende Bestimmung für ein Eigentumsobjekt ist. Solange sich Güter frei nutzen, verwerten und übertragen lassen, gelten sie als Eigentumsobjekte; ganz gleich, welche Besonderheiten sie haben. Indem das Objekt als Sache entworfen wird, werden seine Besonderheiten als nicht relevant fürs Eigentum kodiert. Der Rechtskode »Sache« tilgt alle Besonderheiten eines Eigentumsobjekts. Im Sacheigentum werden Güter folglich in Sachen verwandelt, so dass ihre Besonderheiten nicht mehr ins Gewicht fallen.

Die Kodierung von Sachen ermöglicht drittens die *Identität* unterschiedlicher Güter. Unterschiedliche Güter gelten eigentumstheoretisch als dieselbe Sache. Sämtliche Güter werden somit trotz ihrer Unterschiede unter eine einzige Objektvorstellung gestellt. Für das Sacheigentum gibt es nur eine Art von Objekt. Die Sache ist das Allgemeine, unter das unterschiedliche Güter als gleiche Fälle fallen; Güter erscheinen trotz ihrer Unterschiede als Exemplare derselben Art. Es macht formal keinen Unterschied, an welchen Gütern Eigentum gehalten wird. Mittels ihres Status als Sache werden somit unterschiedliche Güter gleichgestellt: Als Sache betrachtet, können beispielsweise Naturgüter wie Gebrauchsgüter behandelt werden. Naturgüter – Mineralöl, Kohle, Kupfer, Wälder, Gewässer etc. – dürfen demnach genauso wie Gebrauchsgüter – Hemden, Tische, Zahnbürsten etc. – genutzt, verbraucht, verwertet und übertragen werden. Auch Bedarfsgüter wie beispielsweise Wohnraum

24 Die Bezeichnung des Eigentumsobjekts als Sache (*res*) geht auf das römische Eigentumsrecht – Eigentum als das Recht an einer Sache: *ius in re* – zurück und prägt den deutschen Namen »Sachenrecht«, der für das Eigentumsrecht verwendet wird.

dürfen demnach wie Gebrauchsgüter verwertet, verbraucht oder ungenutzt gelassen werden. Mit anderen Worten: In einem ersten Schritt werden Eigentumsobjekte als Sachen kodiert; im zweiten Schritt werden die jeweiligen Besonderheiten der Güter ausgeblendet. Auf dieser Grundlage lassen sich dann in einem dritten Schritt alle Güter als gleiche Fälle behandeln und einander anpassen.

Vertreter des Sacheigentums bestreiten keineswegs, dass es verschiedene Güter gibt und dass Eigentumsrechte dementsprechend unterschiedlich reguliert werden müssen. So werden Sachen (im Sinn von § 90 BGB) als körperliche Gegenstände von Immaterialgütern abgegrenzt. Ebenso werden Arten einer Sache unterschieden: bewegliche und unbewegliche Sachen, vertretbare und unvertretbare Sachen, teilbare und unteilbare Sachen. Diese formalen Unterschiede leiten sich jedoch allein aus der eigentumsrechtlichen Operationalisierbarkeit her. Sachen unterscheiden sich bloß darin, wie sich Ansprüche über sie realisieren und durchsetzen lassen. Damit wird aber nicht den Besonderheiten der Güter Rechnung getragen, die sich aus ihren unterschiedlichen Arten ergeben. Zudem erlaubt Sacheigentum eine Regulierung des Eigentums nur von außen und nachträglich – etwa von einem umweltethischen Standpunkt aus, der *außerhalb* der Eigentumsrechte liegt und zu einem Ausgleich zwischen Eigentumsrechten und öffentlichen Interessen beitragen soll, *nachdem* die Besonderheiten der Güter ihre Bedeutung für die Eigentumsrechte verloren haben. Aus Sicht der Umweltethik ist es durchaus geboten, Eigentum an Naturgütern anders zu regulieren als Eigentum an Gebrauchsgütern. Diese Unterscheidung erfolgt jedoch wie gesagt nachträglich und gehört nicht bereits zur formalen Bestimmung dessen, was Eigentum ist. Die Besonderheiten unterschiedlicher Güter sind allenfalls zufällige und äußerliche Eigenschaften, die für den Status eines Objekts als Eigentum nicht zählen. Eigentum verhält sich hier indifferent zu seinem Objekt: Im Sacheigentum macht es keinen Unterschied, an welchen Gütern Eigentum gehalten wird.

Unterschiedliche Güter werden kraft ihrer eigentumsrechtlichen Kodierung als Sache einander angeglichen. Diese Kodierung kennzeichnet nicht nur das Sacheigentum, das in der römisch-germanischen Rechtstradition steht. Auch in der Bündeltheorie, die eher im Common Law vertreten wird, werden Güter so kodiert, dass sie trotz ihrer Unterschiede als dasselbe Eigentumsobjekt erscheinen.

Eigentum wird hier in Anschluss an Wesley Newcomb Hohfeld als eine Beziehung zwischen Personen verstanden, die eine Vielzahl von Ansprüchen auf dieselbe Sache haben.[25] Güter kommen somit nur in Bezug auf die Ansprüche in Betracht, die an ihnen bestehen. Zudem werden sie als das Identische kodiert, worauf sich die verschiedenen Ansprüche richten. Das Objekt des Eigentums erscheint nur im Rang eines »Dasselbe«, worauf sich Eigentümer beziehen und was sie miteinander verbindet. Kritiker der Bündeltheorie haben diese Kodierung, die die Besonderheiten der Güter zum Verschwinden bringt, als »Entdinglichung« (*dephysicalization*) des Eigentumsobjekts bezeichnet.[26] Die Bündeltheorie läuft also auf das gleiche Ergebnis wie das Sacheigentum hinaus. Beide gleichen Güter trotz ihrer Unterschiede einander an.

Das Sacheigentum und die Bündeltheorie beruhen auf der Annahme, dass es für Eigentum nur eine Art von Objekt gibt. Es macht keinen Unterschied, ob Eigentumsrechte etwa über Gebrauchsgüter oder über Naturgüter ausgeübt werden. Diese Vorstellung hält indes einer Prüfung nicht stand. Ohne dass die güterspezifischen Besonderheiten berücksichtigt werden, lässt sich nämlich nicht beurteilen, ob Eigentum seinem Freiheitsanspruch gerecht wird oder nicht. Ob Eigentumsrechte ihren Freiheitsanspruch erfüllen, kann

25 Wesley Newcomb Hohfeld, »Some Fundamental Legal Conceptions as Applied in Judicial Reasoning«, in: *The Yale Law Journal* 23 (1913), S. 16-59; ders., »Fundamental Legal Conceptions as Applied in Judicial Reasoning«.

26 Kenneth J. Vandevelde, »The New Property of the Nineteenth Century. The Development of the Modern Concept of Property«, in: *Buffalo Law Review* 29 (1980), S. 325-367, hier: S. 330, 361; Jeanne L. Schroeder, »Chix Nix Bundle-O-Stix: A Feminist Critique of the Disaggregation of Property«, in: *Michigan Law Review* 93 (1994), S. 239-319, hier: S. 239; Merrill/Smith, »What Happened to Property in Law and Economics?«, S. 358; Adam Mossoff, »What is Property? Putting the Pieces Back Together«, in: *Arizona Law Review* 45 (2003), S. 371-443, hier: S. 372; Craig Anthony Arnold, »The Reconstitution of Property: Property as a Web of Interests«, in: *Harvard Environmental Law Review* 26 (2002), S. 281-364; Henry E. Smith, »Mind the Gap: The Indirect Relation between Ends and Means in American Property Law«, in: *Cornell Law Review* 94 (2009), S. 959-989, hier: S. 963; Stephen R. Munzer, »A Bundle Theorist Holds on to His Collection of Sticks«, in: *Econ Journal Watch* 8 (2011), S. 265-273, hier: S. 266; Henry E. Smith, »Property as the Law of Things«, in: *Harvard Law Review* 125 (2012), S. 1691-1726, hier: S. 1697; Nicole Graham, »Dephysicalised Property and Shadow Lands«, in: Robyn Bartel, Jennifer Carter (Hg.), *Handbook on Space, Place and Law*, Northampton 2021, S. 281-292.

nur anhand jener artspezifischen Güter überprüft werden, über die sie ausgeübt werden. So lässt sich Kants Rechtsprinzip der gleichen Freiheit nicht auf bloße Sachen, sondern nur auf bestimmte Güter anwenden. Ob ein bestimmtes Eigentumsrecht »ein Widerspruch der äußeren Freiheit mit sich selbst« ist, kann nicht ohne eine Vorstellung der jeweiligen Gütereigenschaften überprüft werden. Dieser Einwand trifft auf alle Eigentumsverhältnisse – Eigentumsförmigkeit, Eigentumsordnung, Eigentumspflicht – zu. Die Frage der *Eigentumsförmigkeit*, ob also Freiheit beispielsweise durch die Einstufung von Körperorganen als Sache verletzt wird, lässt sich nur unter Berücksichtigung des Umstands entscheiden, dass es sich bei Körperorganen um eine bestimmte Art von Gütern handelt. Ebenso wenig lässt sich die Eigentumsförmigkeit von Wissen, Daten und Arbeitskraft unter Absehung von ihren Gütereigenschaften überprüfen. Auch die Frage, ob die Freiheit von Privateigentümern durch ihre Beschränkung im Namen sozialer oder ökologischer *Eigentumspflichten* verletzt wird, kann nur entschieden werden, wenn feststeht, ob sich diese Pflichten nur auf Gebrauchsgüter wie Kleidungsstücke oder auch auf Natur- und Bedarfsgüter wie Energieträger und Energieerzeuger beziehen. Schließlich bleibt auch die Frage nach der *Eigentumsordnung* offen. Ob Freiheit durch die Transformation von Privateigentum in gemeinschaftliches oder öffentliches Eigentum verletzt wird, lässt sich nicht angemessen beurteilen, wenn nicht zwischen Gebrauchsgütern (Kleidung, Möbeln etc.) einerseits und Bedarfsgütern (Wohnraum, Infrastrukturen etc.) andererseits unterschieden wird.

Die Vorstellung vom Sacheigentum geht also auf einen subjekttheoretischen Ansatz zurück: Unterschiedliche Güter gelten unabhängig von ihren Besonderheiten als dieselbe Sache, weil das Eigentum ausschließlich vom Rechtssubjekt und seinen (Freiheits-) Ansprüchen her betrachtet wird. Eigentumsvorstellungen über Sachen sind jedoch formalistische Abstraktionen, denen in der Welt nichts entspricht. Denn es lässt sich kein Eigentum ohne die Vorstellung bereits bestimmter Güter auch nur formal betrachten.

Die Vorherrschaft der Idee des Sacheigentums hat nun zwei Folgen für den Eigentumsdiskurs. Zum einen verarmen unsere Eigentumsvorstellungen. Die Einseitigkeit, Eigentum nur vom Rechtssubjekt her zu verstehen, macht nicht nur unserer Vorstellungskraft eine vereinfachende Vorgabe, was wir überhaupt unter Eigentum verstehen können. Sie wirkt auch auf die Vorstellung möglicher Rechtssubjekte zurück. Denn die jeweiligen Arten von Gütern machen, so der Einwand, unterschiedliche Rechtssubjekte erforderlich. Wenn nun Naturgüter wie jede andere Art von Gütern als Sachen betrachtet werden, dann stellt sich erst gar nicht die Frage, wem die Natur gehört. Die Natur kommt damit als Rechtssubjekt und mögliche Eigentümerin von vornherein nicht infrage. Indem alle Güter, an denen Eigentum gehalten wird, in einen Topf geworfen werden, verarmt auch ein Verständnis möglicher Rechtssubjekte.

Zum anderen werden partikulare Eigentumsvorstellungen fälschlicherweise verallgemeinert und für das Ganze des Eigentums gehalten. Wenn alle Güter als dieselbe Sache gelten, Güter aber unverwechselbare Besonderheiten besitzen, dann kann eine besondere Güterart unter der Hand zum Paradigma für Eigentum insgesamt erhoben werden. Eigentumsrechte an Gebrauchsgütern wie Kleidung, Möbeln und Computern werden insgeheim zur Blaupause für Eigentumsrechte an Naturgütern: Kohle, Land und Bäume werden eigentumsrechtlich so wie Gebrauchsgüter behandelt – und nicht umgekehrt. Willkürfreiheit in Bezug auf Gebrauchsgüter kann es durchaus geben; denn warum sollte man nicht über seine eigene Kleidung nach Belieben bestimmen können? Es ist jedoch zu bezweifeln, dass sie auch für das Eigentum an Naturgütern gilt. Sofern Gebrauchsgüter und Naturgüter als dieselbe Sache gelten, kann die Willkürfreiheit aufs Natureigentum übertragen werden und der Eindruck entstehen, dass Naturgüter genauso wie Gebrauchsgüter verwertet und verbraucht werden dürfen.

Auf beide Tendenzen, Verarmung des Subjektverständnisses und Generalisierung des Partikularen, gehen meinungsstarke Vereinfachungen zurück, die heutige Eigentumsvorstellungen prägen. Um ein Angebot zu machen, was unter Eigentum sonst noch verstanden werden kann, muss der Eigentumsdiskurs also über das Sacheigentum hinausgehen und die ganze Bandbreite von Gütern und ihrer Besonderheiten berücksichtigen. Der erste Schritt auf dem Weg, das generische Rechtsverhältnis zu multiplen Eigentumsverhältnissen auszudifferenzieren, besteht somit darin, den multiplen Güterarten Rechnung zu tragen.

Genau betrachtet gibt es kein Sacheigentum, sondern nur unterschiedliche *Eigentumsarten* wie Gebrauchseigentum, Bedarfseigentum, Produktiveigentum und Natureigentum[27] – wobei diese Eigentums*arten* nicht mit den oben behandelten Eigentums*formen* (Privateigentum, Gemeineigentum, öffentliches Eigentum, Natureigentum) zu verwechseln sind. Die Eigentumsarten fallen unter den Begriff des *Gütereigentums*, denn die Grundlage, auf der sich die Eigentumsarten ausdifferenzieren, wird von den unterschiedlichen Arten von Gütern gebildet. Sachen und Güter stellen konkurrierende Konzepte des Eigentumsobjekts dar. Güter besitzen den Status eigenständiger Entitäten und gehen insoweit über die Bedeutung von bloßen Objekten eines Rechtsanspruchs hinaus. Sie erschöpfen sich nicht darin, Gegenstand eines Anspruchs zu sein, sondern bilden eine Größe, an der sich umgekehrt auch die Ansprüche ausrichten müssen. Eigentum ist eine Weltbeziehung, weil ebenso wie die Eigentumsansprüche auch die Güter, über die sie ausgeübt werden, Entitäten bilden. Beide stehen als eigenständige Größen in einem Verhältnis zueinander. Unter einem Eigentumsverhältnis ist demnach die *Beziehung zwischen Eigentümern und ihren Gütern* zu verstehen, die jeweils selbstständige Entitäten bilden. Sie wird weiter unten zu den pluralen Eigentumsverhältnissen der Eigentumsförmigkeit, Eigentumsordnung und Eigentumspflicht ausdifferenziert.

Dass Güter eine eigenständige Größe bilden, erklärt sich aus ihren artspezifischen Besonderheiten und aus den Anforderungen, die sich aus diesen Besonderheiten für die Geltung von Eigentumsansprüchen ergeben. Erstens zeichnen sich Güter durch Besonderheiten aus, die sie in verschiedene Arten unterteilbar machen. Naturgüter beispielsweise unterscheiden sich von allen anderen Gütern durch Ökosystemdienstleistungen und bilden deshalb eine eigene Güterart. Diese artspezifischen Besonderheiten sind zweitens für die Art und Weise bedeutsam, wie Eigentumsrechte ihre Geltungsbedingungen erfüllen. Eigentumsrechte verdanken ihre Geltung bestimmten Bedingungen, die eine normative Geltung erfüllen können muss. Die Besonderheiten der Güter stellen nun jeweils bestimmte Anforderungen an die Art und Weise, wie sich die Geltungsbedingungen erfüllen lassen. Aufgrund ihrer Ökosystemdienstleistungen machen etwa Naturgüter eine bestimmte

27 Ob Dateneigentum eine eigenständige, neue Eigentumsart darstellt, ist eine berechtigte Frage, die ich jedoch hier nicht behandeln werde.

Ausgestaltung des Eigentumsrechts erforderlich, damit es seine Geltungsbedingungen einlöst. Eigentumsrechte nehmen in Bezug auf Naturgüter eine andere Gestalt an als in Bezug auf Gebrauchsgüter, um ihren Geltungsbedingungen gerecht zu werden. Obwohl sie dieselben Geltungsbedingungen besitzen, unterscheiden sich Natureigentum und Gebrauchseigentum bei der eigentumsrechtlichen Ausgestaltung hinsichtlich dessen, wie diese Bedingungen erfüllt werden. In Bezug auf Naturgüter und Gebrauchsgüter verwirklichen Eigentumsrechte je anders die Bedingungen, denen sie ihre Geltung verdanken. Natureigentum und Gebrauchseigentum nehmen somit unterschiedliche Gestalten an, in denen sie ihre Geltungsbedingungen erfüllen. Dieser Gedanke soll im weiteren Verlauf dieses Buches an Klarheit gewinnen.

Das Verhältnis zwischen Eigentümern und ihren Gütern variiert also nach Maßgabe der jeweiligen Art von Gütern. Jedes Eigentum an einer anderen Güterart macht ein besonderes Eigentumsverhältnis (eine bestimmte Eigentumsförmigkeit, Eigentumspflicht und Eigentumsordnung) erforderlich, damit es als Eigentum überhaupt Geltung besitzt. In Bezug auf Naturgüter müssen demnach die Eigentumsverhältnisse anders als in Bezug auf Gebrauchsgüter ausgestaltet werden. Zwar sind Güter selbst keine normative Quelle. Ihnen entspringt keinerlei normativer Inhalt, der Eigentumsrechte prägen könnte. Trotzdem sind ihre jeweiligen Qualitäten für die normative Bestimmung von Eigentumsverhältnissen unverzichtbar. Denn wie gesagt: Ihre Besonderheiten stellen jeweils bestimmte Anforderungen an die normative Ausgestaltung des Eigentums, damit seine erforderlichen Geltungsbedingungen eingelöst werden.

Die Güter des Eigentums bilden zwar eine eigenständige Größe. Es muss aber auch die Gegenrechnung aufgemacht und das Rechtssubjekt als eine gleichermaßen selbstständige Größe anerkannt werden. Eigentumsrechte gehen zwangsläufig mit Ansprüchen von Eigentümern in Bezug auf ihre Güter einher. Ohne den Status eines Rechtssubjekts wäre nicht erklärbar, weshalb Güter überhaupt ein Objekt des Eigentums sind und Eigentumsansprüche über sie ausgeübt werden. Die Ansprüche des Rechtssubjekts und die Eigentumsgüter stellen zwei Entitäten dar, die sich nicht gegeneinander ausspielen lassen; Eigentumsverhältnisse sind Beziehungen zwischen zwei Entitäten, die sich nicht miteinander verrechnen lassen. Daher geht auch das Gütereigentum von Ansprüchen des Rechtssubjekts aus. Es trägt beidem gleichermaßen Rechnung: sowohl dem Rechtssubjekt als auch den verschiedenen Gütern und ihren Besonderheiten.

Gütereigentum setzt demnach eine Typologie voraus, die unterschiedliche Arten von Gütern zu klassifizieren vermag. Eigentumstheoretisch sind vier Güterarten zu unterscheiden: Gebrauchsgüter, Bedarfsgüter, Produktivgüter und Naturgüter.[28] Diese Güterarten werde ich zunächst überblickshaft und äußerst schematisch einführen. Ihre Darstellung beschränkt sich auf den Zweck, im Kontrast zu anderen Gütern das Profil der Naturgüter zu schärfen, die allein für den weiteren Verlauf wichtig sind.

1.2.1 Gebrauchsgüter

Aus wirtschaftswissenschaftlicher Sicht stellen Gebrauchsgüter neben den Verbrauchsgütern eine Untergruppe der Konsumgüter dar, die durch ihre graduelle Nachfrage (von Alltagsgegenständen bis zu Luxusartikeln) definiert und von Produktionsgütern unterschieden werden. Das Konzept »Konsumgüter« ist als solches jedoch für eine Eigentumstheorie zu unspezifisch, weil es je andersartige Güter wie Naturgüter (Mineralöl, Sand etc.), Bedarfsgüter (Wohnraum, Medikamente etc.) und Gebrauchsgüter (Lebensmittel, Kleidung etc.) unterschiedslos zusammenfasst. Ich verwende den Ausdruck »Gebrauchsgut« hingegen in einem engen Sinn für jedes Objekt, das für den persönlichen Gebrauch bedeutsam ist und zu dem – im Unterschied zu einem Bedarfsgut – sich jede Person einen Zugang (vor allem durch Kauf) verschaffen kann. Dazu zählen Lebensmittel und Gebrauchsgegenstände wie Computer, Möbel und Kleidung. Neben diesen materiellen Gegenständen können Gebrauchsgüter auch von immaterieller Art sein wie Musikdateien oder E-Books.

28 Wissens- und Informationsgüter bilden meines Erachtens aus zwei Gründen keine eigenständige Güterart. Erstens trägt ihre Klassifikation als Immaterialgüter, mit der sie vom Eigentum an körperlichen Dingen abgegrenzt werden, allein der Operationalisierbarkeit von Eigentumsansprüchen Rechnung. Immaterialgüter bilden eine eigenständige Gruppe nur in Hinblick auf die Frage, wie sich Eigentümeransprüche durchsetzen lassen, und verbleiben somit innerhalb der Grenzen des Sacheigentums. Zweitens lassen sie sich den anderen vier Güterarten zuordnen, wenn sie inhaltlich bestimmt werden: Gensequenzen sind recht betrachtet Naturgüter, kulturelles Wissen gehört zu den Bedarfsgütern, das Werk – beispielsweise ein Buch – ist für seine Autorin ein Produktivgut etc.

Gebrauchsgüter haben zumeist eine persönliche Bedeutung, die von funktionaler, symbolischer und freiheitsphänomenologischer Art ist. Erstens besteht ihre funktionale Bedeutung in der Verfügbarkeit von Gütern, die wegen ihres häufigen Gebrauchs jederzeit zugänglich sein sollten: Lebensmittel, Esstisch, Stuhl, Fahrrad, Telefon, Computer, Musikanlage usw. Hiervon unterscheiden sich Gebrauchsgegenstände, die seltener benötigt werden, wie Bohrmaschinen, Autos oder einmalig gelesene Bücher. Aufgrund ihres geringen Gebrauchs sind sie für eine Ausleihe oder das Teilen mit anderen geeignet.

Gebrauchsgüter haben zweitens eine symbolische Bedeutung, und zwar in unterschiedlichen Hinsichten. In kultureller Hinsicht kann durch sie eine persönliche Umwelt geschaffen werden. Eine Wohnungseinrichtung beispielsweise ermöglicht es, sich als gastfreundlich oder weltoffen zu zeigen sowie sich geborgen oder angeregt zu fühlen oder einfach nur wohl. Zudem können Gebrauchsgüter die soziale Wertschätzung steigern, wenn man etwas besitzt, das bei anderen Gefallen, Lob und Begeisterung auslöst; dies kann natürlich bis zum Besitz von Statussymbolen gesteigert werden, um die man beneidet werden soll. Schließlich tragen Gebrauchsgegenstände zur Identitätsbildung bei. Die persönliche Identität ist zumeist mit einigen Gebrauchsgegenständen verbunden, die zur Biografie gehören: mein Ehering, mein Schreibtisch, mein Lieblingshemd, mein Arbeitsexemplar von Hegels *Phänomenologie des Geistes*, meine Urlaubsandenken und das eigene Bett.[29] Zur Identitätsbildung tragen nicht nur Gebrauchsgüter bei, sondern auch Bedarfsgüter wie die Schule oder die Universität, die ich besucht habe, oder das Haus, in dem ich aufgewachsen bin, oder die Klinik, in der ich arbeite. Um eine biografische Identität auszubilden, sind Gebrauchsgüter sicherlich nicht das einzige, aber doch ein mögliches Medium.

Drittens besteht die freiheitsphänomenologische Bedeutung der Gebrauchsgüter darin, dass ihr Eigentum eine Alltagserfahrung von Freiheit ermöglicht. Wenn Eigentum das Recht ist, über Güter selbst zu bestimmen, dann eröffnet das Eigentum an Gebrauchsgü-

29 Siehe zur identitätsstiftenden Bedeutung des Gebrauchseigentums: Margaret Jane Radin, »Property and Personhood«, in: dies., *Reinterpreting Property*, Chicago, London 1993, S. 35-71; Andreas Gehrlach, *Das verschachtelte Ich. Individualräume des Eigentums*, Berlin 2020.

tern die Möglichkeit, im Alltag Freiheit wahrzunehmen. Personen können sich der eigenen Freiheit vergewissern, indem sie als Eigentümer über Gebrauchsgüter bestimmen. Natürlich ist diese Eigentumsfreiheit äußerst einseitig. Deshalb sollte sie auch weder überbewertet werden noch andere Freiheiten ersetzen. Trotzdem besitzt sie einen Wert. Dieser ist zumeist unsichtbar, tritt aber dann mit Macht an die Oberfläche, wenn einem andere Freiheiten vorenthalten werden. Überlebende der Konzentrationslager berichten, wie wichtig es ihnen war, beispielsweise einen Kamm zu besitzen, obwohl dies mit dem Tod bestraft wurde. Das Verfügenkönnen über einen solchen Gebrauchsgegenstand kann als verzweifelter Versuch verstanden werden, zumindest ein wenig Kontrolle über das eigene Leben zurückzugewinnen.

1.2.2 Bedarfsgüter

Als Bedarfsgüter werden bestimmte Infrastrukturen verstanden, die sich durch zwei Merkmale auszeichnen. Erstens machen sie der gesamten Bevölkerung Güter und Dienstleistungen zugänglich, die für die Subsistenz, für einen minimalen Lebensstandard und für eine gewisse Lebensqualität benötigt werden: Elektrizität, Wasser, Wärme, Kommunikation, Mobilität, Gesundheitsleistungen, Wohnraum, Bildung, Kultur, Abfall- und Abwasserbeseitigung usw. Solche Güter und Dienstleistungen werden durch großflächige Infrastrukturen zur Verfügung gestellt: Kraftwerke versorgen die Bevölkerung mit Elektrizität; Schulen und Hochschulen schaffen die Voraussetzung für Bildung; Verkehrswege ermöglichen Mobilität; Rundfunkanstalten, Internetzugänge, Sendeanlagen und Dateninfrastrukturen sichern Kommunikationsflüsse; Kliniken und medizinisches Personal stellen Gesundheitsleistungen bereit. Nicht also die Produkte und Dienste, die den Endnutzern durch Infrastrukturen verschafft werden, sondern die Infrastrukturen, die sie erzeugen, sind Bedarfsgüter.

Zweitens bedürfen diese kostenintensiven Infrastrukturen einer kollektiven Organisation. Damit sie Güter und Dienstleistungen für die gesamte Bevölkerung bereitstellen, müssen sie kollektiv organisiert werden.[30] Nicht jede Person kann aus Organisations- und

30 Dirk van Laak, *Alles im Fluss. Die Lebensadern unserer Gesellschaft – Geschichte und Zukunft der Infrastruktur*, Frankfurt/M. 2018.

Kostengründen selbst für ihre Energieversorgung ein Kraftwerk oder für ihre Mobilität Straßen, Bahnhöfe und Flughäfen errichten. Für den Bau, die Wartung, die Verwaltung und den Betrieb von Infrastrukturen bedarf es einer kollektiven Koordination sowie einer breiten Streuung ihrer Kosten.

1.2.3 Produktivgüter

Zu den Produktivgütern zählen alle materiellen Gegenstände (Maschinen, Einrichtungen, Fahrzeuge, Werkzeuge, Telekommunikationsanlagen etc.), immateriellen Komponenten einer Betriebs- und Geschäftsausstattung (Software, Expertise etc.) und Investitionen, die im Produktionsprozess gebraucht, verbraucht oder verwertet werden. Solche Güter werden auch als Kapital oder *assets* bezeichnet. Die eigentumstheoretische Bezeichnung »Produktivgüter« ist jedoch geeigneter; denn sie erlaubt, unzweideutig zwischen Produktivgütern einerseits und Naturgütern sowie Bedarfsgütern andererseits zu unterscheiden. Produktivgüter besitzen drei Merkmale: Sie sind Produkte, sie erzeugen Produkte und sie schaffen Werte. Produktivgüter werden erstens hergestellt und sind demnach selbst Produkte; ihre Herstellung unterscheidet sie von Naturgütern. Produktivgüter wie Unternehmen, Maschinen und Finanzprodukte existieren nicht auf natürliche Weise, sondern werden gegründet, gebaut und beurkundet. Damit sie für die Produktion eingesetzt werden können, müssen sie selbst erst hergestellt werden.

Produktivgüter dienen zweitens der Produktion oder Weiterverarbeitung von Gütern, wobei zu diesen Gütern auch Dienstleistungen zählen, die ebenfalls vorbereitet, geschaffen und bereitgestellt werden. Mit Produktivgütern werden andere Güter, aber auch weitere Produktivgüter hergestellt. Unternehmen können Gebrauchsgüter wie Möbel und wiederum Maschinen produzieren, mit denen Möbel hergestellt werden. Die hergestellten Produkte können also selbst wieder als Produktivgüter verwendet werden.

Produktivgüter tragen drittens zu einer doppelten Wertschöpfung bei. Die erste Wertschöpfung bezieht sich auf die Erträge, die mit den Produkten erwirtschaftet werden. Aus dem Verkauf der Produkte fließen Erlöse, die als wirtschaftliche Erträge verbucht werden können. Solange eine Nachfrage besteht und Produkte sich mit Gewinn verkaufen lassen, wird mit ihrer Produktion ein Ertragswert erwirtschaftet. Werden beispielsweise Konsumgüter hergestellt, werden Werte in Gestalt von Erträgen mitgeschaffen. Die Erträge können für ein Einkommen, für Lohnzahlung, für Kreditbesicherung, für Investitionen und für die Bildung von Rücklagen genutzt werden. Die zweite Wertschöpfung betrifft die Produktivgüter selbst. Mit den Erträgen gewinnen die Produktivgüter, mit denen sie erwirtschaftet werden, selbst an Wert. Als Mittel, mit dem sich Erträge generieren lassen, werden die Produktivgüter selbst zu Vermögensgegenständen. Ein Unternehmen beispielsweise, das hohe Erträge erwirtschaftet, wird dadurch selbst besonders wertvoll. Je höher seine Erträge, desto wertvoller in der Regel das Unternehmen. Produktivgüter können also mittelbar ihren eigenen Wert selbst erzeugen.

Produktivgüter sind nicht auf einen Zweck festgelegt. Ob mit ihnen der Zweck der gewinnorientierten Wertschöpfung oder derjenige der gemeinnützigen Güterproduktion verfolgt wird, hängt von der entsprechenden Wirtschaftsordnung und von der jeweiligen Firmenpolitik ab. Gemeinnützige Unternehmen beispielsweise verfolgen selten Gewinnziele, sondern überwiegend das Ziel der Produktion bestimmter Güter für eben einen gemeinnützigen Zweck. Für privat organisierte Märkte ist jedoch insgesamt eher charakteristisch, dass umgekehrt die Wertschöpfung der Zweck der Güterproduktion ist. Güter werden hier entwickelt und produziert für den Zweck, Erträge zu erwirtschaften und damit den Unternehmenswert zu steigern. Mit dieser Wertschöpfung kann das Ziel der Wertvermehrung und der Wertspeicherung verfolgt werden. Ein Vermögen zu bewahren, ist nicht unbedingt leichter, als ein Vermögen zu bilden. Geld- oder Finanzeigentum ist dabei eine Unterform des Produktiveigentums, sofern es der Wertvermehrung und Wertspeicherung dient.

1.2.4 Naturgüter

Naturgüter zeichnen sich dadurch aus, dass sie genutzt, aber nicht hergestellt werden. Energieträger (Kohle, Öl, Sonnen-, Wind- und Wasserkraft etc.), Arzneisubstanzen, Baumaterialien (Sand, Holz, Metalle etc.), Land, Photosynthese, chemische Kreisläufe, pflanzliche und tierische Nährstoffe werden zwar von Menschen genutzt, jedoch nicht produziert. Sie lassen sich verwenden, bearbeiten, verändern, bebauen, anreichern, speichern und verbrauchen – aber nicht herstellen. Bestenfalls können sie, wie in der synthetischen Biologie, reproduziert werden.[31] Sie sind Ressourcen, nicht aber Produkte menschlicher Tätigkeit. Naturgüter dienen der Produktion von Gütern und Diensten, sind aber, im Unterschied zu Produktivgütern, keine Produkte von Arbeit. Sie bilden daher eine eigenständige Art von Gütern.

Naturgüter stellen bestimmte Materialien, Kräfte und Wirkungen bereit, die sich von Menschen für ihre Subsistenz und Lebensqualität nutzen lassen. Insoweit wird mit ihnen zur Wertschöpfung beigetragen. Solche Beiträge zur Wertschöpfung heißen Ökosystemdienstleistungen. Diese Ökosystemdienstleistungen machen die güterspezifische Besonderheit von Naturgütern aus. Im Sacheigentum wird von diesen Ökosystemdienstleistungen abgesehen, indem alle Güter unterschiedslos als Sache betrachtet werden; somit bleibt der Beitrag unbeachtet, der durch Naturgüter für die Wertschöpfung geleistet wird. Sacheigentum ermöglicht es, dass der Wert, der den Naturgütern aufgrund ihrer Ökosystemdienstleistungen zukommt, in der Wertschöpfungskette weggerechnet wird. Naturgüter werden als kostenfreie Naturschätze bilanziert und ihre Aneignung wird als leistungsloser Gewinn verbucht.

Ein Paradebeispiel für Sacheigentum an Naturgütern sind die Patente auf Gensequenzen. Eigentumsrechte an Gensequenzen werden hier als Immaterialgüterrechte ausgeübt. Sacheigentum ermöglicht es, dass Gensequenzen nicht als Naturgüter, sondern als Immaterialgüter erscheinen. Dieser Umstand ist besonders kontraintuitiv, weil Natur – wenn nicht sie, was sonst? – als Inbegriff von Materie betrachtet wird, aber ausgerechnet hier nun ein immaterielles, unstoffliches Gut sein soll.

Gensequenzen werden nicht produziert, sondern haben sich im Prozess der Evolution auf natürliche Weise entwickelt. Sie sind insoweit Naturgüter, die unabhängig von menschlicher Tätigkeit entstehen und gegeben sind. Sie lassen sich bearbeiten, nicht aber herstellen. Bearbeitet werden sie beispielsweise, indem sie gentechnisch verändert werden. Die computerunterstützte Veränderung einer Gensequenz ist jedoch nur eine Bearbeitung. Sie ist daher

31 Joachim Boldt u. a., *Synthetische Biologie. Eine ethisch-philosophische Analyse*, Bern 2009.

nicht gleichbedeutend mit ihrer Schöpfung. Gleichwohl soll die Veränderung einer Gensequenz das eigentumsrechtliche Patent auf sie begründen. Sie wird als Schöpfungsleistung verstanden, die zu einem Patentrecht an dem bearbeiteten Material berechtige. Die Vorstellung vom Patentrecht an Gensequenzen baut also auf ein Sacheigentum auf, das den Eigenheiten von Naturgütern nicht gerecht wird und sie mit Gebrauchsgütern eines Privateigentümers gleichsetzt.

Die Alternative hierzu bietet jenes Gütereigentum, das die güterspezifischen Besonderheiten der Naturgüter berücksichtigt. Eigentumsrechte an Naturgütern sind demnach nur unter der Bedingung gerechtfertigt, dass den Ökosystemdienstleistungen Rechnung getragen wird. Diesen Faden werde ich später wieder aufnehmen. Deutlich wird hier aber schon, dass die Kritik am Sacheigentum nicht auf einen Vorschlag eigentumsloser Gesellschaften hinausläuft, in denen sich Naturgüter dem Eigentumsrecht entziehen und die Naturnutzung mithilfe einer Alternative zum Eigentum organisiert werden würde.[32] Stattdessen führt die Kritik am Sacheigentum zu einem alternativen Eigentum: dem Gütereigentum. Das Gütereigentum an Naturgütern konkretisiert sich als nachhaltiges Eigentum.

Die vier Güterarten – Gebrauchs-, Bedarfs-, Produktiv- und Naturgüter – zeichnen sich jeweils durch artspezifische Besonderheiten aus. Diese Besonderheiten rechtfertigen, dass Eigentumsrechte von den jeweiligen Gütern her gedacht werden. Demnach lassen sich die Eigentumsarten des Gebrauchs-, Bedarfs-, Produktiv- und Natureigentums unterscheiden. Diese Eigentumsarten werden ausgehend von der jeweiligen Güterart bestimmt und lassen sich deshalb als Gütereigentum beschreiben.

Im Sacheigentum wird unterschlagen, dass die Geltung der Eigentumsrechte auch von den Besonderheiten ihrer Güter abhängt. Daraus kann aber nicht im Umkehrschluss die Forderung abgeleitet werden, Eigentum ohne einen Anspruch seines Subjekts und allein aus der Beschaffenheit seiner Güter zu begründen. Zwar lässt sich Eigentum allein aus subjektiven Ansprüchen nicht rechtferti-

32 Exemplarisch für eine Position, die eine gesellschaftliche Organisation von Naturgütern jenseits von Eigentumsverhältnissen vorschlägt, ist: Eva von Redecker, *Revolution für das Leben. Philosophie der neuen Protestformen*, Frankfurt/M. 2020.

gen – aber ebenso wenig allein aus seinen Gütern. Wie auch immer Eigentum begründet wird: Keine Eigentumsbegründung kommt darum herum, Freiheit als einen Grund anzuerkennen. Wenn Freiheit ein Strukturmerkmal des Eigentums und zugleich ein schützenswerter Anspruch ist, dann kann Eigentum nicht ohne Berücksichtigung dieses Freiheitsanspruchs begründet werden. Dazu nun ausführlicher.

2
Eigentumsfreiheit

Eigentum wurde bisher als ein Rechtsverhältnis zwischen Eigentümern und ihren Gütern rekonstruiert, die beide gleichermaßen je für sich eine Entität bilden. Diese Weltbeziehung besteht formal betrachtet in dem Recht, das von Eigentümern über Güter ausgeübt wird. Es schließt sich nun die Frage nach dem *Inhalt* dieses Rechts an. Auf die Frage, *wer* Eigentum *woran* hält, folgt nun die Frage, zu *was* das Eigentumsrecht befugt.

Eigentum berechtigt dazu, über eigene Güter zu bestimmen, und wird daher als ein Freiheitsrecht ausgeübt.[33] Eigentum ist das Recht, über das, was einem gehört, zu bestimmen oder, wie es häufig heißt, zu verfügen: *ius disponendi de re sua*. Über das Eigene zu bestimmen, ist eine Tätigkeit der Selbstbestimmung. Sie grenzt sich ab von Fremdbestimmung (durch andere bestimmt werden) und von Fremdherrschaft (über andere bestimmen). Freiheit ist ein anderes Wort für eine solche Selbstbestimmung. Sie bildet den Inhalt des Eigentumsrechts.

Freiheit ist das Vermögen, über Eigenes selbst zu bestimmen: über meine Gedanken, meinen Körper, meine Lebensziele oder über Gesetze, die mich betreffen etc. Sie tritt deshalb in vielerlei Gestalt auf, beispielsweise als Gedankenfreiheit, als Demokratie, als Freizügigkeit, als Selbstverwirklichung – und als Eigentum. Eigentum ist eine mögliche Weise neben anderen, Freiheit auszuüben. Sie unterscheidet sich von anderen Freiheitsausübungen dadurch, dass Freiheit hier nicht in Bezug auf Gedanken, Gesetze, Bewegungen oder Lebensziele, sondern in Bezug auf *äußere Güter* ausgeübt wird. Bezogen auf äußere Güter nimmt Freiheit die Gestalt von Eigentum an. Eigentum ist die bestimmte Weise, in der Freiheit im Verhältnis zu äußeren Gütern ausgeübt wird. Diesem Umstand wird Kant dadurch gerecht, dass er das Eigentum als das äußere Mein von dem inneren Mein – den sonstigen Freiheiten – unter-

33 Das Wort »Eigentum« bedeutet im Deutschen: über das Eigene bestimmen. Die Endung »-tum« verweist auf ein Bestimmen und Herrschen über etwas (Herzogtum, Brauchtum etc.).

scheidet.[34] Während das innere Mein – meine Gedanken, meine Gefühle, meine Wünsche, mein Körper, meine Interessen – untrennbar zur eigenen Person gehören, fällt das äußere Mein in die Welt, die ich mit anderen Personen teile. In Bezug auf äußere Güter üben Personen ihre Freiheit in der Rolle von Eigentümern aus. Die besondere Herausforderung des Eigentums springt hier schon ins Auge: Äußere Güter bilden keine natürliche Einheit mit einer Person wie deren Gedanken, Körper oder Lebensziele. Neben der Frage nach dem Umfang der Selbstbestimmung bedarf es zusätzlich der Klärung, welche äußeren Güter überhaupt mir oder anderen gehören. Eigentum ist deshalb weitaus stärker rechtfertigungsbedürftig und deutlich konfliktträchtiger als andere Freiheiten. Zur Abgrenzung gegenüber anderen Freiheiten verwende ich den Begriff der Eigentumsfreiheit.

Eigentum lässt sich also ohne Freiheit nicht ausüben. Eigentum und Freiheit sind miteinander analytisch verbunden. Sie lassen sich unterscheiden, aber nicht trennen. Sie unterscheiden sich insofern, als Freiheit der Oberbegriff und Eigentum nur eine mögliche Art der Freiheit ist. Sie lassen sich nicht trennen, weil Eigentum Freiheit bezogen auf äußere Güter ist. Freiheit gehört zum Begriff des Eigentums ebenso notwendig dazu wie sein Subjekt und sein Objekt, wie die Eigentümer und ihre Güter, kurzum: wie die Weltbeziehung. Sie ist ein Strukturmerkmal des Eigentums, ohne das Eigentum nicht ist, was es ist. Wie Demokratien ohne Freiheit sind auch Eigentumsvorstellungen jenseits der Freiheit ein hölzernes Eisen; wie der Demokratie wohnt Eigentum ein Freiheitsversprechen inne.

Freiheit ist der Grund dafür, warum Eigentum überhaupt ein normativer Anspruch ist. Sie verleiht dem Eigentum seinen *normativen* Gehalt. Weil Freiheit eine schützenswerte Norm ist und weil sie sich in Bezug auf äußere Güter als Eigentum konkretisiert, besitzt Eigentum eine normative Bedeutung, das heißt: Freiheit ist eine *inhärente* Norm des Eigentums. Die Freiheitsnorm wohnt dem Eigentum selbst inne und wird ihm nicht von außen erst verschafft. Eigentum *ist* ein normatives Freiheitsrecht und wird nicht dazu gemacht. Das individuelle oder kollektive Rechtssubjekt des Eigen-

34 Kant spricht auch vom »äußeren Mein und Dein« sowie von »der Art etwas Äußeres als das Seine zu haben«. Kant, *Metaphysische Anfangsgründe der Rechtslehre*, S. 53-54 (AA VI 245-248).

tums ist also Inhaber eines Freiheitsanspruchs. Eigentümerinnen – ob Einzelpersonen, Gemeinschaften oder Institutionen – üben hinsichtlich äußerer Güter Freiheitsrechte aus.

Normativ betrachtet läuft das Eigentumsrecht, so mein Beweisziel in diesem Buch, auf ein liminales Eigentum hinaus, dem seine Grenzen selbst innewohnen und das sich in Bezug auf Naturgüter als nachhaltiges Eigentum konkretisiert. Es liegt in der Mitte zwischen zwei Extremen, ist mehr als eine normativ entkernte Eigentumsvorstellung und weniger als ein moralisches Eigentumsrecht. Es bewegt sich oberhalb konstruktivistischer Eigentumstheorien und unterhalb von Naturrechtslehren des Eigentums, wie sie im Liberalismus und Libertarismus vertreten werden. Diese Zwischenposition wird durch eine formale Eigentumsbegründung möglich gemacht (dazu gleich mehr). Damit wird ein Junktim zwischen Freiheit und ihren Grenzen geschaffen. Die normative Bedeutung des Eigentums setzt sich aus der Freiheit wie auch aus ihren Grenzen zusammen. Letztere werden das Thema von Kapitel 3 sein, wo das untrennbare Band zwischen Freiheit und ihren Grenzen dargelegt und begründet wird, weshalb Eigentum ein verbindliches Freiheitsrecht nur unter der Bedingung seiner Begrenzung sein kann. Es gibt keinen berechtigten Freiheitsanspruch ohne seine Grenzen. Solche Grenzen legen für Eigentümer fest, was nicht mehr unter ihren Freiheitsanspruch fällt. Sie bestimmen, was zu tun oder zu unterlassen von ihnen erwartet werden darf. Nachhaltige Eigentumsrechte laufen beispielsweise darauf hinaus, dass von Eigentümern eine nachhaltige Nutzung erwartet wird.

In diesem Kapitel soll die Eigentumsfreiheit näher betrachtet und der Frage nach ihrer Begründung nachgegangen werden. Was überhaupt befugt Eigentümerinnen dazu, über Güter selbst zu bestimmen? Zunächst soll erläutert werden, zu welchen Entscheidungen Eigentümerinnen befugt sind. Eigentumsfreiheit wird als das Bestimmungsrecht über die Nutzung, Verwertung und Übertragung der eigenen Güter ausgeübt (2.1). Eine freiheitstheoretische Begründung dieser Eigentumsrechte ist unumgänglich. Denn sofern Freiheit eine dem Eigentum inhärente Norm ist, wird Eigentum zwangsläufig im Rückgriff auf Freiheit begründet (2.2). Allerdings macht das Begründungsverfahren den Unterschied. Eigentum wird durch Freiheit auf unterschiedliche Art und Weise begründet. Die Theorie liminalen Eigentums, die in diesem Buch vertreten wird, setzt sich von liberalen, libertären und utilitaristischen Eigentumstheorien ab, weil sie einen anderen Begründungsweg einschlägt. Ganz gleich aber, wie die Eigentumsfreiheit begründet wird, sie erzeugt einen zusätzlichen Regulierungsbedarf. Freiheit verleiht zwar dem Eigentum den normativen Status eines schützenswerten Rechts. Jedoch ist ihre Kehrseite, dass Eigentum dadurch zur Quelle zahlreicher Konflikte wird (2.3). Die Eigentumsfreiheit ist Ursprung von Emanzipation und Herrschaft gleichermaßen. Diese Eigentumskonflikte erzeugen einen Regulierungsbedarf, der erst durch die Grenzen des Eigentums gedeckt wird.

2.1 Nutzung, Verwertung, Übertragung

Was tun Eigentümer eigentlich, wenn sie über etwas verfügen? Eigentümer bestimmen über Güter, indem sie darüber entscheiden, wofür und wie ihre Güter verwendet werden. Ihr Entscheidungsrecht betrifft den Zweck, für den Güter gebraucht werden. Formal betrachtet können Güter nur drei Arten des Gebrauchs haben: Güter lassen sich entweder nutzen, verwerten oder übertragen. Worüber Eigentümer entscheiden, sind deshalb die Nutzung, die Verwertung und die Übertragung ihrer Güter. Eigentumsrechte sind insoweit *Entscheidungsrechte*[35] und fächern sich auf in *Nutzungsrechte, Verwertungsrechte und Übertragungsrechte.*[36] Im Unterschied

35 Menke, *Kritik der Rechte*, S. 208.

36 »Die Rechtswissenschaft hat diese Machtbefugnisse schon seit langem auf insgesamt drei reduziert: das *jus utendi*, das *jus fruendi* und das *jus abutendi*. Beim ersten handelt es sich um das Recht, die Sache so, wie sie ist, zu benutzen, in einem Haus zu wohnen, auf einem Pferd zu reiten, in einem Wald spazierenzugehen usw. Das *jus fruendi* ist das Recht an den Früchten der Sache, an den Früchten der Bäume und des Bodens, an den Zinserträgen aus einer Geldsumme, an den Mieteinnahmen eines Hauses usw. Wie man sieht, sind *jus utendi* und *jus fruendi* allenfalls durch eine Nuance unterschieden: beide umfassen das Recht, die Sache zu benutzen, ohne sie materiell oder rechtlich zu denaturieren, das heißt, ohne ihre körperliche Beschaffenheit oder ihre rechtliche Verfassung zu verändern. Die letztgenannte Machtbefugnis ist im *jus abutendi* enthalten. Darunter versteht man das Recht, die Sache zu verändern oder gar zu vernichten, entweder indem man sie zum Beispiel verbraucht oder aber indem man sie veräußert, also ihren rechtlichen Status verändert.« Émile Durkheim, *Physik der Sitten und des Rechts. Vorlesungen zur Soziologie der Moral*, Frankfurt/M. 1998, S. 195. Weil das

zum Begriff des Eigentumsrechts im Singular, der auf das Eigentum als berechtigten Anspruch zutrifft, verwende ich den Begriff der Eigentumsrechte im Plural für diese drei Entscheidungsrechte. Mittels Eigentumsrechten wird demnach die positive Freiheit ausgeübt, Zwecke der Nutzung, Verwertung und Übertragung selbst zu setzen. Sofern es dazu berechtigt, über die Nutzung, Verwertung und Übertragung insgesamt zu bestimmen, ist Eigentum ein *vollumfängliches Entscheidungsrecht*.

2.1.1 Nutzungsrechte

Das Recht auf die Nutzung (*ius utendi*) berechtigt dazu, Güter zu gebrauchen und zu verbrauchen. Dazu gehört auch das Recht auf Substanzänderung: Ein Eigentümer darf im Rahmen geltenden Rechts auf seinem Datenträger neue Daten speichern, seine Wohnung umbauen und seine Zeitung verbrennen, um damit das Kaminfeuer zu entzünden. Das Nutzungsrecht schließt ebenfalls das Recht auf Leitung ein, beispielsweise, um ein Unternehmen zu steuern. Schließlich gehört zu ihm das Recht, die Leitung zu übertragen, etwa einem Management. Aber letztlich bleibt die Entscheidungsbefugnis, ein Management einzusetzen und abzuberufen sowie zu kontrollieren, aufgrund ihres Nutzungsrechts bei den Eigentümern.

Die Unterscheidung zwischen Sacheigentum und Gütereigentum ist für die Auslegung der Nutzungsrechte besonders folgenreich. Je nachdem, ob von Sachen oder Gütern ausgegangen wird, ergeben sich in zwei Hinsichten unterschiedliche Konsequenzen: hinsichtlich der Nichtnutzung und hinsichtlich des Gebrauchs beziehungsweise Verbrauchs.

Der erste Unterschied betrifft das Recht auf Nichtnutzung der eigenen Güter. Das Nutzungsrecht schließt das Recht auf Nichtnutzung mit ein, weil Rechte grundsätzlich nicht dazu verpflichten, sie auch wahrzunehmen. Rechte im Allgemeinen schließen nicht die Pflicht ihrer Ausübung ein, sondern erlauben, sie nicht auszuüben. Eigentümer von Büchern, Hemden und Musikinstrumenten sind nicht dazu verpflichtet, ihr Eigentumsrecht auszuüben und

Recht, eine Sache zu verbrauchen oder zu verändern oder sie nicht zu nutzen, vom Recht auf den Gebrauch einer Sache (*ius utendi*) gedeckt ist, umfasst das *ius abutendi* meines Erachtens vor allem das Recht auf die Übertragung einer Sache, die sich wiederum nicht durch das Recht auf ihren Gebrauch erklärt.

sie zu lesen, zu tragen und zu spielen. Das Recht auf die Nichtnutzung der eigenen Güter garantiert zunächst einen wichtigen Eigentumsschutz. Bücher, Hemden oder Musikinstrumente dürfen nicht verloren gehen, wenn man sie nicht liest, trägt oder spielt. Auch wenn ihr Eigentümer sie also nicht nutzt, bleiben sie sein Eigentum. Allerdings gibt es Grenzen dieses Rechts auf Nichtnutzung, und diese liegen je nach Sach- oder Gütereigentum weit auseinander. Aus Sicht des Sacheigentums fallen alle Güter unterschiedslos unter das Recht der Nichtnutzung. Denn wenn Eigentum sich auf eine Sache bezieht und somit von der besonderen Güterart entkoppelt wird und wenn es das Recht auf Nichtnutzung einschließt, dann ist es unbedeutend, welche Güter nicht genutzt werden. Der Unterschied zwischen Gebrauchsgütern und Bedarfsgütern wie Wohnraum wird damit eingeebnet. Der Leerstand von Wohnraum[37] und das Brachliegen von Ackerland[38] werden auf diese Weise der Nichtnutzung von Büchern, Hemden und Musikinstrumenten gleichgestellt. Hingegen trägt Gütereigentum der Eigenlogik unterschiedlicher Güter Rechnung. Infolgedessen kann das Recht auf Nichtnutzung gütersensibel ausgelegt und auf Gebrauchsgüter beschränkt werden, wohingegen Leerstand von Wohnraum nicht durch das Eigentumsrecht gedeckt ist. Der Eigentumsschutz geht hier verloren, weil das Recht auf Nichtnutzung in Bezug auf Bedarfsgüter wie Wohnraum missbraucht wird.

Der zweite Unterschied bezieht sich auf den Umfang des Nutzungsrechts. Das Nutzungsrecht erlaubt zwar den Gebrauch und Verbrauch von Gütern, aber in unterschiedlichem Umfang, je nachdem ob es sich um Sach- oder Gütereigentum handelt. Wie gezeigt, werden im Sacheigentum verschiedene Güter gleichgesetzt; durch die Kodierung als Sache werden Eigentumsrechte von den Besonderheiten ihres Objekts entkoppelt. Damit wird eine Identität zwischen unterschiedlichen Güterarten hergestellt. Sacheigentum ermöglicht deshalb, dass Gebrauchsgüter und Naturgüter gleichermaßen nach Belieben ge- und verbraucht werden dürfen.

37 Daniel Loick deutet den Leerstand von Wohnraum zu Recht als Missbrauch von Eigentum. Allerdings unterscheidet er nicht die verschiedenen Arten des Gütereigentums, weshalb seine Eigentumskritik zu einer totalen Kritik am Eigentum tendiert, die ich aus den oben dargelegten Gründen nicht für zielführend halte. Siehe hierzu: Daniel Loick, *Der Missbrauch des Eigentums*, Köln 2016.

38 Hegel, *Philosophie des Rechts*, S. 138.

Demnach verbrauchen, um nur ein Beispiel zu nennen, Energiekonzerne Kohle genauso, wie eine Privatperson ihre Weinvorräte verbraucht. Der unumkehrbare Verlust von nichterneuerbaren Naturgütern wird wie der Verbrauch von vermehrbaren Gebrauchsgütern behandelt. Gütereigentum hingegen erkennt die Besonderheiten der Naturgüter an und kann deshalb ihren Verbrauch anders regulieren als den Verbrauch von Gebrauchsgütern. Die Nutzung von Naturgütern wird hier unter den Vorbehalt ihrer Nachhaltigkeit gestellt.

2.1.2 Verwertungsrechte

Eigentumsrechte befugen zur Verwertung (*ius fruendi*) der eigenen Güter. Eigentümern gehört demnach nicht nur das materielle oder immaterielle Gut, sondern auch der ökonomische Wert, den dieses Gut hat. Verwertungsrechte übersetzen insoweit das Recht an Gütern in ein Recht an Vermögenswerten. Durch sie wird also das Eigentum an Gütern mit einer Verfügung über deren Werte verknüpft.

Verwertungsrechte besagen lediglich, dass Eigentum an Gütern ein Eigentum an ihren Werten einschließt. Vermag eine Person nicht über den Wert von Gütern zu verfügen, so gilt sie nicht als Eigentümerin dieser Güter. Auf diesen Zusammenhang zwischen Verwertung und Eigentum beschränkt sich jedoch die Erklärungskraft der Verwertungsrechte. Sie können weder erklären, wie die Inwertsetzung von Gütern erfolgt, also weshalb und inwieweit Güter überhaupt einen ökonomischen Wert besitzen. Noch lässt sich aus ihnen schlussfolgern, dass alle Güter in Wert gesetzt werden können. Sofern die Verwertungsrechte nur die Güter betreffen, an denen Eigentum gehalten wird, schließen sie nicht aus, dass es Güter wie menschliche Körperorgane gibt, die kein Eigentum sind und sich nicht in Wert setzen lassen. Verwertungsrechte sind in fünf Hinsichten für die Wirtschaft bedeutsam.

Verwertungsrechte ermöglichen erstens den Handel von Gütern. Güter werden durch die Übertragung von Eigentumstiteln an ihnen gehandelt. In diesem Handel üben Werte eine Stellvertreterfunktion aus: Güter werden transferiert, indem ihre Werte getauscht werden. Die Güterallokation vollzieht sich im Medium von Verwertungsrechten, die übertragen werden. Ein bestimmtes

Gut wird zu seinem Wert im Tausch gegen den gleichen Wert – in der Regel: Geldwert – veräußert oder erworben oder beliehen. Ich tausche in der Buchhandlung den Wert eines Buchs gegen den entsprechenden Geldwert und erhalte deshalb das Buch im Tausch gegen mein Geld. Über den wechselseitigen Transfer des (Geld-) Werts werden also die Eigentumstitel an diesen Gütern übertragen. Güter lassen sich nur deshalb handeln, weil die Rechte an ihren Werten übertragen werden können. Ohne Verwertungsrechte würde kein Handel und insoweit keine Allokation von Gütern stattfinden. Verwertungsrechte sind also eine wichtige Voraussetzung für die Wirtschaft, weil erst sie eine Verfügbarkeit über die Vermögenswerte von Gütern und damit eine Voraussetzung für deren Handel schaffen.

Das Verwertungsrecht stellt zweitens die Grundlage für Entschädigungen dar. Damit ein Eigentümer einen Entschädigungsanspruch erheben kann, muss er das Recht an dem Wert des beschädigten Guts haben, der ihm vom Schadensverursacher erstattet werden muss. Auch wenn ein Gut durch einen Schaden nutzlos geworden ist, bleibt doch das Recht an seinem Wert erhalten. Das Verwertungsrecht begründet somit den Entschädigungsanspruch.

Verwertungsrechte machen drittens eine Wertspeicherung möglich. Vermögenswerte lassen sich durch Eigentum speichern. Da Eigentum ein dauerhaftes Recht an einem Gut ist und das Recht an dessen Wert einschließt, ist auch die Verfügung über den Vermögenswert auf Dauer gestellt. Vermögenswerte lassen sich demnach durch das Eigentum an Gütern (Wertpapieren, Immobilien, Kunstwerken etc.), die Träger dieser Werte sind, aufbewahren. Von wirtschaftlichem Interesse ist die eigentumsbasierte Wertspeicherung aus Gründen des Werterhalts. Ebenso herausfordernd wie das Erwirtschaften von Vermögenswerten ist es, erwirtschaftete Vermögenswerte zu sichern. Inflation, Zins- und Geldpolitik, Marktschwankungen, Marktversagen, fallende Nachfrage, sinkende Wettbewerbs- und Konkurrenzfähigkeit lassen Vermögenswerte dahinschmelzen. Bestimmte Güter wiederum halten diesen Wertverlusten besser stand als andere. Das Eigentum an ihnen stellt demnach ein geeignetes Mittel zur Wertspeicherung dar. Das Verwertungsrecht schafft also erst die Grundlage dafür, dass die Nachfrage nach sicheren Vermögensanlagen gestillt werden kann. Daran schließt sich die Frage an, ob und, falls ja, welche Güter, wie beispielsweise Wohnraum, dem preistreibenden Markt stabiler Vermögensanlagen entzogen werden sollten.

Die Verwertungsrechte ermöglichen viertens eine Wertvermehrung. Vermögenswerte lassen sich durch Eigentum nicht nur speichern, sondern auch vermehren. Da Eigentum das Recht am Wert eines Guts einschließt, gehört dem Eigentümer auch der Wert, den ein Gut dazugewinnt. Wenn der Wert eines Weins durch seine Lagerung steigt, dann gehört dem Weineigentümer auch dieser Wertzuwachs. Nicht die Güter sind hier gewachsen, sondern ihr Wert; und um diese Wertsteigerung wurde das Eigentum vermehrt. Diese *Eigentumsvermehrung* wird also durch das Verwertungsrecht ermöglicht: Aus Eigentum wird mehr Eigentum. Das Verwertungsrecht erstreckt sich auf alle Erträge, die als Einnahmen, Einkommen oder Pacht aus bereits bestehendem Eigentum erwachsen. Wertspeicherung und Wertvermehrung setzen dabei das Eigentum an einem Wertträger (Wertgegenständen, Unternehmen, Wertpapieren, Immobilien etc.) voraus. Das Verwertungsrecht kann zwei Gerechtigkeitsprobleme erzeugen. Es vergrößert die soziale Ungleichheit. Ungleich verteilte Vermögen führen durch Wertsteigerungen zu verschärfter Ungleichheit. Wer schon mehr Eigentum als andere besitzt, gewinnt durch Wertsteigerung noch mehr Eigentum dazu. Das Kapitalvermögen kann deshalb schneller wachsen als ein Vermögen aus Arbeit.[39] Das zweite Problem betrifft die Vereinnahmung der Zukunft als Eigentum. Es gibt keinen Grund, warum auch eine Gewinnerwartung als Eigentum gelten und somit ihr fremdverschuldeter Verlust zu Schadenersatz berechtigen sollte, wie es in der Rechtspraxis vor allem von Unternehmensseite gefordert wird und von Gerichten teilweise bestätigt wurde.[40] Denn das Verwertungsrecht setzt Eigentum an einem Gut voraus. Existiert dieses Gut (noch) nicht, kann es, jedenfalls aus Sicht des Gütereigentums, auch kein Eigentumstitel an ihm und insoweit auch kein Recht an seinem zukünftigen Wert geben.

Verwertungsrechte bilden fünftens die Grundlage für eine Fi-

39 Thomas Piketty, *Das Kapital im 21. Jahrhundert*, München 2014. Nicht das Eigentum als solches, sondern insbesondere sein Verwertungsrecht wird von John Christman zu Recht als die Bedingung der Möglichkeit von sozialer Ungleichheit gedeutet: John Christman, *The Myth of Property. Toward an Egalitarian Theory of Ownership*, Oxford 1994.

40 Pistor, *Der Code des Kapitals*, S. 32.

nanzwirtschaft. Die eigentumstheoretische Besonderheit der Finanzwirtschaft besteht darin, dass hier Vermögenswerte das Eigentumsobjekt bilden. Eigentum wird nicht an materiellen oder immateriellen Trägern von Werten gehalten, sondern an den Werten selbst. Das Objekt des Eigentums und sein Wert sind hier identisch. Vermögenswerte sind hier also nicht Zuschreibungen an bestimmte Eigentumsobjekte, sondern sie sind selbst das, woran Eigentum gehalten wird. Als solche Vermögenswerte gelten Kontoguthaben, Spareinlagen, Aktien, Arbeitsentgelt, Kredite, Bargeld etc.

Eigentum an Vermögenswerten berechtigt dazu, sie zu verwerten. Ein solches Geldeigentum lässt sich entweder im Sinn von Sacheigentum oder im Sinn von Gütereigentum deuten: Vermögenswerte werden entweder als Sachen oder als Güter betrachtet. Gelten Vermögenswerte als Sachen, so können sie wie jede andere Sache verwertet werden. Vermögenswerte werden in diesem Fall von den Gütern entkoppelt, auf die sie sich jeweils beziehen. Sie erscheinen insoweit nicht als der Wert eines Unternehmens; nicht als das Kontoguthaben, das aus einem Arbeitseinkommen generiert wird; nicht als Spareinlagen, die der Alterssicherung dienen; und nicht als Kredite, mit denen Wohnraum und kommunale Bedarfsgüter finanziert werden. Unternehmenswerte, Kontoguthaben, Spareinlagen und Kredite erscheinen vielmehr unterschiedslos als dieselbe Sache. Vermögenswerte verselbstständigen sich somit zu einer eigenständigen Größe – zu etwas, an dem wie an jeder anderen Sache (Wein, Auto, Buch etc.) Eigentum gehalten wird.

Diese Verselbstständigung der Vermögenswerte zu einer eigenständigen Sache hat zwei Konsequenzen. Zum einen lassen sich Vermögenswerte unabhängig von der Güterart handeln, auf die sie sich beziehen. Im Börsenhandel mit Wasser beispielsweise wird »nur« mit den jeweils entsprechenden Vermögenswerten gehandelt, ohne dass berücksichtigt wird, dass Wasser ein knappes Bedarfsgut ist, das für jede Person überlebenswichtig ist, und dass weltweit ein ungleicher Zugang zu ihm besteht.[41] Werden Vermögenswerte zu Sachen verselbstständigt, kann auch Wohnraum »nur« als ein Anlageobjekt erscheinen, mit dem unabhängig von der Bedeutung

41 Maude Barlow, *Das Wasser gehört uns allen! Wie wir den Schutz des Wassers in die öffentliche Hand nehmen können*, München 2020.

des Wohnraums als Bedarfsgut und unabhängig von den sozialen Folgen gehandelt wird. Zum anderen wird es auf der Grundlage von Sacheigentum möglich, Vermögenswerte als ein eigenständiges (Finanz-)Produkt zu handeln. Kredite, Anleihen und Verbriefungen gelten genauso wie Wein, Autos oder Bücher als Sachen, deren Wert sich speichern und vermehren lässt. Als Sachen erscheinen Vermögenswerte wie ein Eigentumsobjekt, das sich herstellen, gebrauchen, verbrauchen oder verkaufen lässt. Sie erscheinen ebenso wie Autos, Wein und Bücher als Produkte, an denen Eigentum gehalten wird. Vermögenswerte werden sachenrechtlich als Produkte entworfen, die sich verwerten lassen. Sacheigentum stellt demnach die Grundlage für den Handel auch von Derivaten dar.

Sacheigentum stellt eine wichtige Voraussetzung für die sogenannte Finanzialisierung dar. Die Finanzwirtschaft kann als eine von der Realwirtschaft unabhängige Sphäre nur deshalb erscheinen, weil Sacheigentum Vermögenswerte als eine eigenständige Sache erscheinen lässt. Die eigentumstheoretische Entkoppelung der Vermögenswerte von Gütern und ihre Verselbstständigung zu eigenständigen Sachen schafft somit die Voraussetzung dafür, dass sich der Handel von Vermögenswerten und Finanzprodukten gegenüber der Realwirtschaft zu einer unabhängigen Wirtschaftssphäre verselbstständigt.

Gütereigentum verhindert demgegenüber eine verselbstständigte Finanzialisierung, weil Vermögenswerte stets auf die entsprechenden Güter bezogen bleiben. Die Vermögenswerte, an denen Eigentümer Verwertungsrechte halten, sind unvermeidlich Werte von bestimmten Gütern. Sie beziehen sich auf einen Unternehmenswert, den Wert von Naturgütern, den Wert eines Arbeitseinkommens, den Wert von Wohnraum, den Wert persönlicher Daten etc. Wenn Vermögenswerte nicht von den jeweiligen Gütern getrennt werden, kann sich auch kein Markt von Vermögenswerten gegenüber der Realwirtschaft verselbstständigen.

Gütereigentum lässt sich auch über Vermögenswerte ausüben. Ohne Verwertungsrechte gibt es keine Kreditwirtschaft. Wenn Eigentümer ein Verwertungsrecht an ihren Gütern haben und wenn Vermögenswerte selbst, wie in der Kreditwirtschaft, Güter sind, dann haben Eigentümer ein Recht darauf, ihre Vermögenswerte zu verwerten. Insoweit gelten Vermögenswerte zwar selbst als Güter, sie stellen aber keine eigenständige *Art* von Gütern dar. Denn sie kommen nicht losgelöst von anderen Gütern vor, sondern sind immer Werte von Gütern einer bestimmten Art: von Gebrauchsgütern (Autos, Wein, Bücher etc.), Bedarfsgütern (Wohnraum, Kraftwerke, Bahnhöfe etc.), Produktivgütern (Unternehmen, Wertpapiere, Anleihen etc.) oder Naturgütern (Öl, Sand, Holz etc.). Weil sie sich nicht unabhängig von diesen verwerten lassen, bilden Vermögenswerte keine eigenständige Güterart. Und daher bildet auch Geldeigentum keine selbstständige Eigentumsart wie Gebrauchs-, Bedarfs-, Produktiv- und Natureigentum.

Das Verwertungsrecht an Vermögenswerten bedeutet hier nichts anderes, als dass seine soeben aufgezählten Eigenschaften auch auf Vermögenswerte zutreffen. Es ist die Grundlage für Handel: Ich kann einen Kredit erhalten und mit ihm Dinge erwerben. Es erlaubt Entschädigungsansprüche: Gehen Kontoguthaben fremdverschuldet verloren, können Ansprüche auf Entschädigung geltend gemacht werden. Es kann der Wertspeicherung dienen: Mithilfe von Spareinlagen können Werte für einen späteren Lebensabschnitt aufbewahrt werden. Und es berechtigt dazu, Wertsteigerungen einzubehalten: Gewinnen Wertpapiere und Anlagen an Wert, verbleibt der Wertzuwachs im Besitz ihrer Eigentümer.

2.1.3 Übertragungsrechte

Eigentum beinhaltet das Recht auf die Übertragung von Gütern (*ius abutendi*). Güter werden durch den Transfer der Eigentumstitel übertragen. Eigentumstitel werden wiederum übertragen, indem sie entweder erworben oder veräußert oder beliehen werden. Die Standardfälle für den Erwerb und die Veräußerung sind die Schenkung und der Tausch. In der Schenkung werden Eigentumstitel einseitig erworben oder veräußert. Sie erfolgt entweder als Rechtsübertragung durch freiwillige Zustimmung und testamentarischen Willen oder als unfreiwillige Rechtsübertragung kraft gesetzlichen Erbes und Heimfalls. Im Tausch werden Eigentumstitel wechselseitig erworben oder veräußert. In der Regel werden sie durch Zustimmung als Gegenleistung für andere Eigentumstitel transferiert. Tausch ist aber auch ohne Zustimmung möglich, wie im Fall der Enteignung mit verfassungsrechtlich garantierter Entschädigung und offenem Rechtsweg oder der Pfändung zum Zweck der Schuldentilgung. Die Veräußerung schließt jedoch auch ein, dass Eigentumstitel erlöschen, indem die entsprechenden Güter vom Eigentümer zerstört werden. Wenn ich eine Flasche als Altglas entsorge, gebe ich damit den Eigentumstitel an ihr auf; womit nicht gesagt wird, dass jegliche Güter vom Eigentümer zerstört werden dürfen.

Nachdem die Eigentumsrechte in Nutzungs-, Verwertungs- und Übertragungsrechte ausdifferenziert sind, lässt sich nun der Unterschied zwischen Eigentum und *Besitz* besser erklären. Der Begriff »Besitz« hat drei Bedeutungen. Erstens wird er unspezifisch und ähnlich wie das Hauptverb »haben« als Zuschreibung gebraucht. In diesem Sinn besitzt jemand eine Fähigkeit (ein gutes Erinnerungsvermögen, ein besonderes Talent etc.), eine Eigenschaft (einen guten Ruf etc.) oder einen Anspruch (einen Urlaubsanspruch etc.). Zweitens wird das Wort »besitzen« (im Deutschen) als Verbalform des Eigentumsbegriffs verwendet. Insoweit ersetzt es umgangssprachlich die umständliche Rede von »Eigentum an etwas halten«, »Eigentümerin von etwas sein« oder »Eigentumsrechte über etwas ausüben«. Drittens lässt sich ein enger Begriff des Besitzes (*possessio*) vom Eigentumsbegriff (*dominium*) unterscheiden. Unter Besitz im engen Sinn wird das Nutzungsrecht an einem Gut verstanden. Ein Mieter kann eine Mietwohnung besitzen, wohingegen der Vermieter ihr Eigentümer ist. Ebenso kann eine Person einen Personalausweis besitzen, der aber in der Regel Eigentum des Staates ist, als dessen Mitglied das Dokument sie ausweist. Während sich der Besitz auf das Nutzungsrecht beschränkt, umfasst Eigentum darüber hinaus auch das Verwertungs- und Übertragungsrecht. Kann das Verwertungs- oder das Übertragungsrecht nicht ausgeübt werden, handelt es sich nicht um Eigentum, sondern um Besitz. Sofern menschliche Körperorgane dem Verwertungsverbot unterliegen, sich aber nutzen und durch eine Organspende übertragen lassen, gelten sie als Besitz und nicht als Eigentum. Im Unterschied zum Besitz ist Eigentum ein vollumfängliches Entscheidungsrecht. Denn es berechtigt dazu, über Nutzung, Verwertung und Übertragung insgesamt zu bestimmen.

Der Unterschied zwischen Besitz und Eigentum ist mit Blick auf Immaterialgüter besonders folgenreich. Nutzerinnen einer App beispielsweise erwerben mit ihrer Bezahlung nur Besitzrechte an Dateien, um deren Inhalte wie Filme, Musik und Texte zu konsumieren. Diese Dateien lassen sich aufgrund von Übertragungssperren nicht weitergeben, verleihen, verschenken etc. Ihre Übertragung wäre zugleich ihre Reproduktion. Mit dem Kauf wird nur der Zugang (*access*) zu ihrer Nutzung erworben, nicht aber das Recht auf ihre Übertragung. Nutzerinnen haben hier kein Eigentum an den Gütern, die sie kaufen. Rechte an Immaterialgütern ohne Übertragungsrechte sind Besitzrechte, aber keine Eigentumsrechte. Denn Letztere berechtigen, wie gesagt, sowohl zur Nutzung als auch zur Verwertung und zur Übertragung.

Im Unterschied zu menschlichen Körperorganen entziehen sich jedoch Immaterialgüter nicht dem Eigentumsrecht. Denn sie sind und bleiben das Eigentum der Anbieter oder Rechteinhaber. Verkünder einer Vision von der Eigentumslosigkeit digitaler Dienstleistungsgesellschaften werfen daher Nebelkerzen, indem sie verschleiern, dass Eigentum erhalten bleibt, und zwar in den Händen der Rechteinhaber.[42] Die Eigentümer der Immaterialgüter verdienen am Verkauf, ohne dass sie dabei irgendein Eigentum übertragen – wie es bei allen anderen Gütern der Fall ist. Sie erhalten Einnahmen aus dem Verkauf von Nutzungsrechten, ohne dabei ihre Verwertungsrechte abzutreten. Ihr Geschäftsmodell ist aufgrund einer Zangenstrategie besonders ertragreich: Einerseits können sie dieselben Güter ohne Grenzkosten endlos verkaufen; andererseits üben sie als Gatekeeper eine monopolbildende Eigentumsmacht aus, mit der diese Güter künstlich knapp gehalten werden.

Um den ganzen Umfang der Entscheidungsbefugnis hervorzuheben, wird auch vom Volleigentum oder vollen Eigentum gesprochen. Der Begriff »voll« bedeutet hier »uneingeschränkt« und steht im Kontrast zum Besitz, der sich auf das Nutzungsrecht beschränkt. Eigentum befugt dazu, die Nutzungs-, Verwertungs- und Übertragungsrechte im Ganzen auszuüben. Das Attribut »voll« wird jedoch missverstanden, wenn es mit einem unbegrenzten Eigentum gleichgesetzt wird. Eigentum gilt zwar uneingeschränkt, aber nicht unbegrenzt. Es gilt uneingeschränkt, sofern es im Unterschied zum Besitz nicht auf die Nutzung beschränkt ist, sondern über Nutzung, Verwertung und Übertragung insgesamt zu entscheiden berechtigt. Hingegen gilt Eigentum nicht unbegrenzt, da ihm auch Grenzen gezogen sind, wie noch zu zeigen ist.

42 Jeremy Rifkin, *Die Null-Grenzkosten-Gesellschaft. Das Internet der Dinge, kollaboratives Gemeingut und der Rückzug des Kapitalismus*, Frankfurt/M. u. a. 2016.

2.2 Eigentum als Freiheitsrecht

Wenden wir uns nun der normativen Geltung des Eigentums zu. Unter Normen werden berechtigte Ansprüche verstanden, deren Achtung erwartet und Missachtung kritisiert werden darf. Sie bestimmen, was zu tun oder zu unterlassen ist. Eigentumsrechte müssen als berechtigte Ansprüche gelten. Ihre normative Geltung bezieht sich auf zwei Inhalte: Freiheit und ihre Grenzen sind die berechtigten Ansprüche, mit denen Eigentumsrechte verwoben sind. In diesem Kapitel wird zunächst die Freiheit untersucht. Ihr zufolge dürfen kollektive oder individuelle Eigentümer über die Nutzung, Verwertung und Übertragung ihrer Güter selbst entscheiden. Doch was ist der Grund für dieses Freiheitsrecht? Drei Arten seiner Begründung lassen sich unterscheiden. Entsprechend der Begründungsart können Eigentumstheorien in folgende Gruppen aufgeteilt werden: konstruktivistische Eigentumstheorien, Naturrechtstheorien des Eigentums und normative Eigentumstheorien.

2.2.1 Konstruktivismus

In konstruktivistischen Theorien wird Eigentum als Konvention begriffen, die anderen gesellschaftlichen Erwartungen angepasst wird. Eigentumsrechte folgen hier keiner normativen Eigenlogik, sondern den gesellschaftlichen Anforderungen eines Gemeinwohls, eines individuellen Wohls, eines Tierwohls oder des Naturerhalts. Eigentumsrechte sind in solchen Theorien deshalb eine Konstruktion, weil sie selbst keinen normativen Gehalt besitzen, sondern diesen von der Werteordnung einer Gesellschaft her empfangen. Er wird ihnen von außen verliehen anstatt von innen entnommen. Eigentum dient dem Schutz oder der Förderung eines äußeren Werts und wird somit instrumentell begründet. Eigentum rechtfertigt sich aus dem Schutz oder der Förderung eines Gemeinwohls, individuellen Wohls, Tierwohls oder des Naturerhalts. Konstruktivistische Eigentumstheorien unterteilen sich in drei Traditionslinien: Kommunitarismus, Utilitarismus und Ökozentrismus.

Eigentum wird erstens im Kommunitarismus aus dem sozialen Wert des Gemeinwohls begründet. Eigentumsrechte gelten als gerechtfertigt, sofern sie den kollektiven Interessen der Gemeinschaft dienen. Sie sind in soziale Praktiken eingebettet und so auszugestalten, dass sie dem Gemeinwohl am besten dienen. Infrastrukturen wie Schulen, Kraftwerke oder Wohnraum, aber auch Unternehmen gehören beispielsweise unter kollektive Verwaltung, damit sie allen Mitgliedern einer Gruppe zugutekommen. So sollten auch städtische Parks Gemeineigentum sein, weil das Interesse einer Stadtbevölkerung an Erholung und Geselligkeit am besten dadurch befriedigt wird, dass die entsprechende Nachbarschaft das gemeinschaftliche Eigentum an ihrem Park hält.[43]

Eigentum wird zweitens im Utilitarismus instrumentell begründet: »Die utilitaristische Theorie [...] behandelt das Eigentum und die Eigentumsrechte als Hilfsmittel für ein grundlegenderes Gut – den Nutzen oder die Wohlfahrt.«[44] Eigentumsrechte dienen dem gesellschaftlichen Nutzen, der im größtmöglichen Wohl aller besteht. Dieses Wohl bemisst sich daran, dass möglichst viele ihre individuellen Präferenzen verwirklichen können. Diese maximale Präferenzerfüllung wird nun durch die Einführung von Privateigentum ermöglicht, das als individuelles Freiheitsrecht ausgeübt wird.[45] Weil der größte wirtschaftliche Nutzen für alle durch die individuelle Freiheit jedes Einzelnen erreicht wird und weil individuelle Freiheit sich in Bezug auf äußere Güter als Privateigentum konkretisiert, gilt das Recht auf Privateigentum. Eigentum gilt zwar als Freiheitsrecht, aber nicht aus Gründen der Freiheit. Vielmehr verdankt es seine normative Geltung dem wirtschaftlichen Nutzen, der durch die Freiheit des Privateigentums maximiert wird.

Auch im Ökozentrismus wird, drittens, Eigentum instrumentell begründet. Struktur, Grenzen und Möglichkeiten des Eigentums werden vom Wert der Natur vorgegeben. Eigentumsrechte werden nicht nach deren Eigenlogik ausgerichtet, sondern nach den ökologischen Erfordernissen für den Erhalt einer an sich wertvollen Natur. Eigentumsrechte an Naturgütern sind nur insoweit gerecht-

43 Amnon Lehavi, *The Construction of Property. Norms, Institutions, Challenges*, Cambridge 2013, S. 166 f.

44 Gregory S. Alexander u. a., *An Introduction to Property Theory*, Cambridge 2012, S. 17.

45 Die Property Rights Theory geht von diesem utilitaristischen Grundsatz aus, auch wenn sich ihre Vertreter (Coase und Demsetz) nicht ausdrücklich als Utilitaristen bezeichnen. Siehe hierzu: Ronald H. Coase, »The Problem of Social Cost«, in: *The Journal of Law and Economics* 3 (1960), S. 1-44; Harold Demsetz, »Toward a Theory of Property Rights«, in: *The American Economic Review* 57 (1967), S. 347-359.

fertigt, als sie dem Schutz der Natur dienen. Wo sie der Natur schaden, sind Eigentumsrechte verboten.

Eigentumsrechte werden im Konstruktivismus normativ entkernt. Sie selbst besitzen keinen normativen Inhalt. Dieser wird ihnen vielmehr von sozialen, ökonomischen oder ökologischen Werteordnungen verliehen. Damit tragen konstruktivistische Eigentumstheorien zwar den güterspezifischen Besonderheiten Rechnung. Naturgüter sind Güter einer an sich schützenswerten Natur. Ebenso dienen Bedarfsgüter zur Befriedigung menschlicher Grundbedürfnisse, die einen besonderen Schutz verdienen. Konstruktivistische Theorien greifen jedoch zu kurz. Die Eigentumsvorstellung einer an sich normativ stummen Konvention muss entweder behaupten, dass Eigentum mit Freiheit nichts zu tun hat, oder bestreiten, dass Freiheit ein berechtigter Anspruch ist. Entweder bestünde Eigentum nicht im Recht, über Güter selbst zu bestimmen, oder Freiheit wäre nur eine Konvention, die nicht an sich schützenswert ist. Tatsächlich aber lassen sich Eigentum und Freiheit nicht trennen. Und sofern Freiheit eine schützenswerte Norm ist, macht sie den normativen Inhalt des Eigentums aus.

Ein normativer Gehalt wird Eigentumsrechten also nicht erst durch soziale, ökonomische und ökologische Werteordnungen verliehen. Vielmehr wohnt ihnen selbst schon eine Freiheitsnorm inne. Wenn Eigentumsfreiheit – die Selbstbestimmung über die Nutzung, Verwertung und Übertragung von Gütern – ein Strukturmerkmal des Eigentums ist, und Freiheit ein schützenswerter Anspruch, dann kann Eigentum nicht ohne Berücksichtigung der Freiheit begründet werden. Eigentumsrechte lassen sich deshalb nicht ohne die normative Geltung von Freiheit rechtfertigen.

2.2.2 Naturrechtslehren

Eigentum wird in den Naturrechtslehren aus dem Personenstatus hergeleitet, den Menschen als Menschen besitzen. Die Person wird als gattungsspezifische Entität begriffen, der ein unbedingter Schutz zusteht.[46] Diese Unantastbarkeit der Person stellt die Grundlage des Eigentumsrechts dar. Weil die individuelle Person

46 Hans Joas, *Die Sakralität der Person. Eine Genealogie der Menschenrechte*, Berlin 2011.

und ihr Wille unantastbar sind und weil dieser Wille in Bezug auf äußere Güter als Eigentum ausgeübt wird, ist Eigentum schützenswert. Seine normative Geltung entspringt der Unantastbarkeit der individuellen Person und ihres Willens. Weil Personen einen unbedingten Schutz verdienen, steht auch ihrem Eigentum der Rang eines unantastbaren Rechts zu.

Zu den Naturrechtslehren des Eigentums zählen unter anderem John Lockes Theorie des Selbsteigentums und Robert Nozicks libertäre Eigentumstheorie. Zudem knüpfen die Traditionen des Privatrechts und der subjektiven Rechte an das Naturrechtskonzept der Person an.[47] Als Naturrecht rechtfertigt sich Eigentum aus einem Status unantastbarer Freiheit, den Personen von Natur aus – als Personen – haben. Eigentum gilt als ein berechtigter Anspruch, dem ein Rechtsschutz zusteht, ohne ihn schon zu besitzen, und der es deshalb verdient, in positives Recht überführt zu werden. Das Naturrecht des Eigentums geht deshalb den positiven Rechten voraus. Diese vorpositive Geltung ist jedoch kein Alleinstellungsmerkmal des Naturrechts, sondern trifft auch für die normative Eigentumstheorie zu. Das Naturrecht zeichnet sich vielmehr dadurch aus, dass sich seine überpositive Geltung aus dem Personenstatus herleitet.[48] Der Rang einer Person als unantastbares Individuum ist der Grund für die Geltung des Naturrechts auf Eigentum. Der gattungsspezifische Status einer Person als freies Wesen rechtfertigt, dass sie einen Anspruch auf Eigentum hat.

In den Naturrechtslehren werden dem Eigentum fünf Merkmale zugesprochen. Eigentum wird erstens in ein elementares Persönlichkeitsrecht verwandelt, das wie die Rechte auf körperliche Unversehrtheit und Meinungsfreiheit ein starkes Abwehrrecht ist. Freiheit darf von jeder Person kraft ihres Personenstatus auch in Gestalt unantastbaren Eigentums ausgeübt werden. Eigentum besitzt den gleichen schutzwürdigen Rang wie Meinungsfreiheit, Bewegungsfreiheit und körperliche Unversehrtheit. Aufgrund der gleichen Unantastbarkeit, mit der Personen über ihre Gedanken, Wünsche und ihren Körper bestimmen, entscheiden sie auch frei über äußere Güter. Eigentumsrechte sind demnach mit einer starken Abwehr gegen staatliche Eingriffe ausgestattet.

47 Marietta Auer, *Der privatrechtliche Diskurs der Moderne*, Tübingen 2014.

48 Siehe zur Kritik am Eigentum als Naturrecht: Menke, *Kritik der Rechte*, S. 210-213.

Im Naturrecht findet zweitens eine gewisse Moralisierung des Eigentums statt. Eigentum wird wie ein moralischer Anspruch betrachtet, den eine Person im gleichen Sinn hat wie das Recht auf körperliche Unversehrtheit. Der Eigentumsschutz erscheint wie ein moralisches Verletzungsverbot. Sofern sich Eigentum aus dem Personenstatus rechtfertigt, wird eine Person durch Eigentumsverstöße genauso direkt und elementar verletzt wie durch Angriffe auf ihren Körper, ihre Gesundheit und ihr Leben. Pflichten gegenüber Personen schließen die Pflicht zum Eigentumsschutz ein. Diese moralische Gleichbehandlung von Eigentum und Leben wird von Locke nahegelegt: »Im *Naturzustand* herrscht ein natürliches Gesetz, das jeden verpflichtet. Und die Vernunft, der dieses Gesetz entspricht, lehrt die Menschheit, [...] daß niemand einem anderen, da alle gleich und unabhängig sind, an seinem Leben und Besitz [*possessions*], seiner Gesundheit und Freiheit Schaden zufügen soll.«[49]

In der Naturrechtsvorstellung wird Eigentum drittens von vornherein zu Privateigentum individualisiert. Denn aus dem Status individueller Personen folgt klarerweise lediglich ein Anspruch auf individuelle Freiheit, die sich wiederum nur als Privateigentum einer Einzelperson realisiert. Individuelle Freiheit hat hier den Rang eines unantastbaren Rechts, das jede Person besitzt und zu Privateigentum berechtigt. Sofern individuelle Freiheit ein unantastbarer Anspruch ist und sich in Bezug auf äußere Güter als Privateigentum konkretisiert, gilt ein ebenso unantastbarer Anspruch auf Privateigentum. Privateigentum wird somit zum einzigen grundlegenden Eigentumsrecht naturalisiert.

Die Naturrechtslehren führen viertens dazu, dass sich Privateigentum zu einem Selbstzweck verselbstständigt. Fundamentale Rechte auf Leben, körperliche Unversehrtheit und Meinungsfreiheit sind um ihrer selbst willen schützenswert. Wird Privateigentum als unantastbares Persönlichkeitsrecht betrachtet, erscheint es ebenfalls als ein Ziel, das um seiner selbst willen Schutz verdient. Daraus folgt seine Überhöhung. Privateigentum erscheint wie ein Ziel, das *an sich* erstrebenswert ist. Auf diese Weise wird dem Privateigentum der Weg geebnet, sich als vorherrschende Eigentumsform zu etablieren und andere Eigentumsformen (Gemeineigentum und öffentliches Eigentum) zu verdrängen. Eigentum insgesamt wird

49 John Locke, *Zweite Abhandlung über die Regierung*, Frankfurt/M. 2007, S. 14 (§ 6).

also auf Privateigentum verengt, das allein einen elementaren Schutz verdient, da nur mit ihm eine Freiheit von gleicher Unantastbarkeit wie die der Meinungsfreiheit und der körperlichen Unversehrtheit ausgeübt wird. Eigentumsrechte zahlen für ihre Moralisierung den Preis eines Besitzindividualismus, der jeden moralischen Zusammenhalt zu zersetzen droht.[50]

Naturrechtslehren leisten fünftens dem Sacheigentum Vorschub. Sacheigentum wird, wie wir gesehen haben, allein im Rückgriff auf den Anspruch seines Subjekts begründet. Der Anspruch auf Freiheit ist der Grund des Eigentums und die Sache der Gegenstand, in dem Freiheit sich verwirklicht. Gelten Eigentumsrechte als Ansprüche von Personen, werden sie allein von den Ansprüchen ihrer Subjekte her entworfen. Das Eigentumsobjekt erscheint so bloß als Sache, in der sich Freiheitsansprüche erfüllen. Die Besonderheiten verschiedener Güter kommen dabei nicht in Betracht. Indem also Eigentum naturrechtlich als ein Anspruch von Personen begründet wird, wird von Anforderungen abstrahiert, die an eine Eigentumsbegründung aufgrund der Verschiedenheit der Güter gestellt werden.

Zwar tragen Naturrechtslehren der Freiheit als einer inhärenten Norm des Eigentums Rechnung. Sie scheitern aber an ihrer Begründung. Die Begriffe der Person, ihrer Individualität und ihres Willens sind von vornherein mit dem moralischen Inhalt der Unantastbarkeit und Schutzwürdigkeit aufgeladen. Der Personenbegriff ist per se ein moralischer Begriff. Indem Eigentum und sein Freiheitsgehalt der Unantastbarkeit der Person und ihres Willens entspringen, werden sie in einer moralisch gehaltvollen Entität verankert, die als gegeben vorausgesetzt wird. Damit werden sie ebenfalls etwas Gegebenes und Vorausgesetztes. Eigentum erscheint als die besondere Gestalt eines allgemeinen Freiheitsanspruchs, der bereits Geltung besitzt. Mit Eigentumsrechten wird nur ein bereits allgemein geltender Freiheitsanspruch in der besonderen Hinsicht auf äußere Güter realisiert.

Der Freiheitsanspruch selbst aber bedarf der Begründung. Eigentumsrechte zu begründen heißt auch und insbesondere, Gründe für ihre Freiheitsnorm zu geben. Dieser Begründungsbedarf wird nicht durch den Verweis auf einen moralischen Personenstatus ge-

50 C. B. Macpherson, *Die politische Theorie des Besitzindividualismus*, Frankfurt/M. 2011.

deckt. Hingegen wird der Personenstatus in den Naturrechtslehren, wie im Fall von John Locke, in religiöse Vorstellungen der Unantastbarkeit, des Heiligen und der Schöpfung eingebettet.[51]

2.2.3 Normative Theorien

Normative Theorien begründen Eigentumsrechte allein im Rückgriff auf die *Form* normativer Geltung. Unter der Form normativer Geltung werden die Bedingungen verstanden, die von der Geltung einer Norm – unabhängig vom Inhalt dieser Norm – vorausgesetzt werden. Normen müssen formale Geltungsbedingungen erfüllen, damit sie gelten. Eine solche formale Begründung von Normen wird in Kants formaler Ethik, in Fichtes Anerkennungstheorie, in der Diskursethik und insbesondere in der Rechtsphilosophie Hegels vertreten, auf die sich die folgenden Überlegungen vor allem stützen. Dabei wird nur Hegels Methode einer formalen Normenbegründung, aber nicht seine Eigentumstheorie übernommen. In seiner Philosophie des Vernunftrechts werden Normen aus der Vernunft, das heißt aus der Erfüllung von Geltungsbedingungen hergeleitet. Sein Begriff des Rechts, das berechtigter Anspruch bedeutet, geht über die subjektiven Rechte (das »abstrakte« Recht) wie auch über die Moralität hinaus und wird mit dem Vernunftrecht gleichgesetzt. Mit normativer Eigentumstheorie ist also nicht nur gemeint, dass Eigentumsrechte als berechtigte Ansprüche gelten sollen. Diese Bedeutung von »normativ« trifft vielmehr auf jede Vorstellung von Eigentumsrechten zu, die ihrerseits aus den formalen Geltungsbedingungen begründet werden, unter denen sie als berechtigte Ansprüche tatsächlich gelten. Eigentumsrechte stichhaltig zu begründen, gelingt nur im Rahmen einer formalen Begründung, die nicht mehr als die Geltungsbedingungen voraussetzt. Der normative Gehalt des Eigentums wird weder konstruktivistisch von außen importiert noch naturrechtlich vorgegeben, sondern aus der Form seiner Norm hergeleitet.

Normative Theorien unterscheiden sich von Naturrechtslehren in zwei Hinsichten. Erstens werden sie dem Gütereigentum gerecht. Naturrechtslehren leisten dem Sacheigentum Vorschub, normative

51 Siehe zu den theologischen Prämissen von Lockes Eigentumstheorie: Jeremy Waldron, *God, Locke and Equality. Christian Foundations in Locke's Political Thought*, Cambridge 2002.

Theorien dem Gütereigentum. Aus naturrechtlicher Sicht erscheinen Gegenstände als Sachen, in denen Personen ihre Freiheitsansprüche realisieren. In normativen Theorien wird demgegenüber die Begründung in der *Form* normativer Geltung verankert und somit vom moralischen Personenstatus entkoppelt. Damit wird Raum geschaffen, um Güter nicht nur als Realisierungsmöglichkeit moralischer Ansprüche, sondern in ihrer Eigenlogik zu betrachten. Güter stellen je besondere Anforderungen an die Erfüllung von Geltungsbedingungen und führen deshalb zu unterschiedlichen Ausgestaltungen von Eigentumsrechten. Sie haben beispielsweise andere ökologische Eigentumsverhältnisse zur Konsequenz. In Naturrechtslehren wird das Eigentum an Naturgütern ausschließlich durch moralische Pflichten gegenüber Personen beschränkt: allein durch Pflichten gegenüber Personen mit Ansprüchen auf eine gesunde Umwelt und gegenüber zukünftigen Generationen. Normative Eigentumsbegründungen ziehen hingegen auch Pflichten gegenüber der Natur nach sich, die ökologisch zu ganz anderen Eigentumsverhältnissen und insbesondere zu nachhaltigen Eigentumsrechten ausgestaltet werden. Sie zeigen, wie sehr der Inhalt einer Gerechtigkeitsvorstellung von der Art ihrer Begründung abhängt. Die Art und Weise, wie Eigentum begründet wird, entscheidet über das Ergebnis, was als gerechtes Eigentumsverhältnis gilt.

Normative Theorien tragen zweitens den gesellschaftlichen Funktionen des Eigentums besser Rechnung als Naturrechtslehren. Eigentum ist mit Funktionen, Normen und Werten verknüpft.[52] Eigentumsrechte sind sozusagen dreidimensionale Rechte, die eine gesellschaftliche Funktion erfüllen, eine normative Geltung besitzen und einen Wert für das gute Leben haben. Naturrechtslehren erklären nicht nur, welche Eigentumsrechte – insbesondere Privateigentum – berechtigt sind, sondern auch, warum es sie überhaupt geben sollte. Freiheitsgründe rechtfertigen im Naturrecht hinreichend einen Anspruch auf Privateigentum. Tatsächlich aber sind Eigentumsrechte nicht deshalb erforderlich, weil es einen Anspruch auf sie gibt, sondern weil sie eine gesellschaftliche Funktion erfüllen. Normative Theorien lösen die normative Geltung des Eigentums vom moralischen Personenstatus und können deshalb seine Funktionen anerkennen. Funktionen begründen, warum es über-

52 Siehe dazu Wesche, »Der Wert des Eigentums«.

haupt Eigentumsrechte gibt, Normen hingegen, welche bestimmten Eigentumsrechte es geben sollte. Funktionen sind der Grund für ihre Existenz, Normen sind der Grund für ihre bestimmte Ausgestaltung. Normativ lässt sich nicht erklären, warum es Eigentumsrechte gibt, sondern lediglich, wie sie inhaltlich zu bestimmen und institutionell auszugestalten sind. Eigentumsrechte werden in Gesellschaften benötigt, weil sie in ihnen wichtige Funktionen erfüllen. An diese funktionale Bedeutung des Eigentums schließt sich seine normative Geltung an. Wenn die Eigentumsfreiheit – das Bestimmen über die Nutzung, Verwertung und Übertragung von Gütern – eine gesellschaftliche Funktion erfüllt und Freiheit einen normativen Gehalt hat, dann wird die normative Geltung des Eigentums in Gesellschaften relevant. Funktionen und Normen des Eigentums ergänzen einander wechselseitig. Eigentumsbegründungen stützen sich also sowohl auf funktionale als auch auf normative Gründe.

Freiheit ist demnach eine inhärente Norm des Eigentums aus zweierlei Gründen. Um Eigentumsrechte zu begründen, muss gezeigt werden, dass die Eigentumsfreiheit eine funktionale Bedeutung (a) und eine normative Geltung (b) besitzt. Nur weil die Eigentumsfreiheit eine gesellschaftliche Funktion erfüllt und zugleich eine normative Geltung besitzt, ist Eigentum schützenswert.

(a) Eigentum hat mindestens sieben *Funktionen*. Es dient der Stabilisierung und Pazifizierung, der Effizienz (durch funktionale Entlastung), der Besteuerung (indem Adressat der Steuerpflicht und das besteuerbare Vermögen bestimmbar werden), der Kreditbesicherung (dem sogenannten Kollateral), der Versicherheitlichung und der Wertspeicherung. Die wohl wichtigste Funktion des Eigentums aber besteht in der *Allokation* von Gütern in arbeitsteiligen Gesellschaften mit knappen Ressourcen; wobei zwischen funktionaler Allokation und normativer Distribution im Sinne einer gerechtigkeitsrelevanten Verteilung zu unterscheiden ist. Güter zirkulieren zwischen Produzenten, Konsumenten und Händlern und sind im Güterverkehr ständig im Fluss. Dieser Prozess der Allokation verläuft über das Medium des Eigentums. Eigentum dient, wie wir oben gesehen haben, als ein rechtlich kodifiziertes Allokationsmedium, um Güter unter Bedingungen der Arbeitsteilung und Ressourcenknappheit zu verteilen.

Güter werden kraft der Ausübung von Eigentumsrechten verteilt – indem über ihre Nutzung, Verwertung und Übertragung entschieden wird. Ihre Allokation erfolgt also dadurch, dass Eigentümer über Güter entscheiden und somit ihre Freiheit ausüben, wobei die Eigentümer hier Individuen, Gemeinschaften oder die öffentliche Hand sein können. Güter werden kraft der Entscheidungen verteilt, die individuelle oder kollektive Eigentümer über sie treffen. Diese »freie« Güterallokation ist nicht mit einem freien Markt zu verwechseln. Märkte werden reguliert, indem vom Gesetzgeber die Rahmenbedingungen abgesteckt werden, unter denen die Güterallokation stattfindet. Innerhalb dieses gesetzlichen Rahmens aber werden Güter dadurch verteilt, dass Einzelpersonen, Gemeinschaften und staatliche Institutionen ihre Eigentumsfreiheiten wahrnehmen. Güter zirkulieren zwischen Produzenten, Konsumenten und Händlern kraft der Eigentumsfreiheit, die von individuellen oder kollektiven Eigentümern ausgeübt wird. Mit der Ausübung von Eigentumsrechten wird also eine Funktion der Allokation erfüllt, die in komplexen Gesellschaften unverzichtbar ist. Die gesellschaftliche Funktion der Güterallokation verleiht dem Eigentum vier Merkmale: seine instrumentelle Begründung, seine variable Gestalt, seine Kontingenz und seine mögliche Legitimationseinbuße.

Erstens: Güter werden verteilt, indem Eigentümer ihre Freiheiten ausüben; ihre Freiheit dient der Güterverteilung und wird demnach *instrumentell begründet.* Sofern Eigentumsrechte dem Zweck der Güterallokation in arbeitsteiligen Gesellschaften mit Ressourcenknappheiten dienen, sind sie kein Selbstzweck, sondern ein Mittel zur Güterversorgung. Eigentumsrechte sind demnach nicht um ihrer selbst willen, sondern nur aus instrumentellen Gründen schützenswert. Eigentum ist also nur so lange gerechtfertigt, wie es tatsächlich eine solche Allokation ermöglicht. Führen Eigentumsrechte hingegen zu einer dysfunktionalen Allokation, büßen sie ihre Rechtfertigung ein. Verursachen Verstaatlichungen von Land Hungersnöte oder verhindern pharmazeutische Patentrechte die Heilung von Krankheiten, verlieren sie recht betrachtet ihren Eigentumsschutz.

Zweitens: Die funktionale Begründung führt dazu, dass Eigentumsrechte *institutionell variabel* sind. Sofern sie der Güterallokation dienen, muss ihre institutionelle Ausgestaltung dieser Funktion angepasst werden. Dementsprechend ist Eigentum gesellschaftlich so zu organisieren, dass es seine Funktion am besten erfüllt. Seine gesellschaftliche Organisation führt dazu, dass Eigentum umgestaltet, geformt, variiert, verwandelt und transformiert wird. Die institutionelle Gestalt des Eigentums verändert sich im Verhältnis zu den sozialen, kulturellen und ökonomischen Bedingungen, unter denen die Güterallokation stattfindet. Die Gestalten des Eigentums hängen somit vom gesellschaftlichen Kontext ab, in den sie eingebettet sind. Neue Produktionsweisen, technologische Innovationen und veränderte Sozialbeziehungen stellen die Allokation vor neue Herausforderungen, die nur durch entsprechend ausgestaltete Eigentumsrechte bewältigt werden. Eigentum unterliegt daher einem Strukturwandel, der von gesellschaftlichen Veränderungen ausgeht. Diesen gesellschaftlichen Veränderungen ist das Verhältnis zwischen Eigentümern und ihren Gütern je anzupassen. Dass Eigentum ein historisch wandelbares Rechtsinstitut ist, unterstreicht John Stuart Mill: »Die Idee des Eigentums ist nicht ein und dasselbe, das im Lauf der Geschichte gleich und unveränderlich ist, sondern sie ist variabel, wie alle anderen Erzeugnisse des menschlichen Geistes.«[53] Auch Karl Marx betont, dass Eigentum keine erstarrte Naturkonstante, sondern eine gesellschaftliche Variable ist: »In jeder historischen Epoche hat sich das Eigentum anders und unter ganz verschiedenen gesellschaftlichen Verhältnissen entwickelt.«[54]

Drittens: Die funktionale Begründung verleiht dem Eigentum einen *kontingenten Stellenwert.* Eigentum ist keine unentrinnbare Notwendigkeit. Denn in Gesellschaften ohne Arbeitsteilung und Ressourcenknappheit verliert die Institution des Eigentums ihre Berechtigung. Wenn Eigentum der Güterallokation in arbeitsteiligen Gesellschaften mit knappen Ressourcen dient, dann bedarf es in Gesellschaften ohne Arbeitsteilung und Ressourcenknappheit keiner rechtlich kodifizierten Allokation und insoweit keines Eigentums. Eigentumslose Gesellschaften sind deshalb durchaus vorstellbar, vorausgesetzt, dass Arbeitsteilung und Ressourcenknappheit eben überwunden sind. Jenseits der Arbeitsteilung und Ressourcenknappheit sind also Alternativen zum Eigentum grundsätzlich denkbar, sofern sie eine bessere Güterallokation leisten.

Viertens: Eigentumsrechte *verlieren ihre Rechtfertigung*, wenn

53 John Stuart Mill, *Socialism*, New York 1891, S. 136.

54 Karl Marx, *Das Elend der Philosophie*, in: *Marx-Engels-Werke*, Bd. 4, Berlin 1959, S. 63-182, hier: S. 165.

sie zur künstlichen Verknappung eingesetzt werden. Denn Ressourcenknappheit ist zwar eine Bedingung, nicht aber der Zweck von Eigentum. Sie ist eine Not, die Eigentum erforderlich macht, weshalb es ohne diese Not keines Eigentums bedarf. Ohne Ressourcenknappheit fehlt eine Bedingung, unter der es legitim ist, Eigentumsrechte einzurichten. Werden beispielsweise Immaterialgüter künstlich verknappt, verlieren sie eigentlich ihren Eigentumsschutz. Geringe Reproduktions- und Vertriebskosten, die Kopierbarkeit ohne Qualitätsverlust, die Nichtrivalität und die zentrale Bereitstellung von digitalen Daten beispielsweise rechtfertigen einen nur temporären Eigentumsschutz, der sich aus dem Aufwand für die anfängliche Herstellung legitimiert. Werden sie über diesen Scheitelpunkt hinaus durch geistige Eigentumsrechte verknappt, büßen sie genau betrachtet ihren Eigentumsschutz ein.

(b) Die Funktion der Güterallokation erklärt, weshalb Eigentumsrechte überhaupt erforderlich sind. Es stellt sich nun die Frage nach dem normativen Grund, warum sie nicht nur eine Funktion haben, sondern auch ein Recht oder Anspruch sind. Was verschafft dem Recht, mit dem individuelle oder kollektive Eigentümer über ihre Güter bestimmen, seine *normative Geltung*?

Güter werden verteilt, indem individuelle oder kollektive Entscheidungen über die Nutzung, Verwertung und Übertragung von Gütern getroffen werden. Mit diesen Entscheidungen wird Freiheit und damit eine normative Handlung ausgeübt. Die gesellschaftliche Funktion der Allokation zieht also unweigerlich eine normative Geltung des Eigentums nach sich. Wenn Eigentümer über ihre Güter entscheiden und wenn Freiheit ein berechtigter Anspruch ist, dann gilt auch Eigentum als ein berechtigter Anspruch. Als Entscheidungsrecht ist Eigentum immer auch ein Freiheitsrecht. Und als Freiheitsrecht besitzt Eigentum zwangsläufig eine normative Geltung. Freiheit wird in Bezug auf äußere Güter in Gestalt von Eigentum ausgeübt. Und weil Freiheit ein berechtigter Anspruch ist, besitzt auch Eigentum eine normative Geltung. Diesen Schluss zu bestreiten heißt, zu leugnen, dass Freiheit ein berechtigter Anspruch ist. Freiheit macht den normativen Inhalt des Eigentums aus. Eigentum wohnt eine Freiheitsnorm inne.

Die Eigentumsfreiheit wird in normativer Hinsicht als das Recht auf materielle Selbstbestimmung ausgeübt. Ihre funktionale Bedeutung bezieht sich auf die Entscheidungen der Eigentümer, mit denen Güter verteilt werden. Ihre normative Geltung hingegen betrifft das Recht auf materielle Selbstbestimmung. Liegt ihre Funktion in der Allokation von Gütern, so liegt ihre normative Geltung in dem Anspruch, sich selbst mit Gütern versorgen zu können. Die anfangs formal beschriebene Selbstbestimmung über die Nutzung, Verwertung und Übertragung eigener Güter wird also zum einen hinsichtlich ihrer Funktion der Allokation und zum anderen hinsichtlich ihres normativen Anspruchs auf die Verfügung über bestimmte Güter ausdifferenziert.

Freiheit wird niemals als solche oder abstrakt ausgeübt, sondern stets in einer bestimmten Gestalt. Freiheit konkretisiert sich auf den unterschiedlichen Handlungsebenen zu bestimmten Gestalten der Selbstbestimmung: zur personalen, epistemischen, politischen und materiellen Selbstbestimmung. In der personalen Selbstbestimmung entscheiden Personen selbst über ihre Handlungsziele, Ausdrucksweisen und Lebensführungen. Epistemisch bestimmen sich Personen selbst, wenn sie sich der Gründe für Handlungsanweisungen und Wertvorstellungen vergewissern können. Politische Selbstbestimmung wird von Bürgerinnen ausgeübt, die sich am Prozess der Meinungs- und Willensbildung wirksam beteiligen können. Und auf der ökonomischen Ebene können Menschen kraft materieller Selbstbestimmung ohne patriarchale Versorgungsabhängigkeiten selbst (und gemeinsam mit anderen) für ein Auskommen sorgen. Diese Weisen von Selbstbestimmung sind Unterarten, zu denen sich der Oberbegriff Freiheit auf unterschiedlichen Handlungsebenen ausdifferenziert.

Freiheit nimmt auf der ökonomischen Ebene die normative Gestalt eines Rechts auf materielle Selbstbestimmung an: Gesellschaftsmitgliedern steht das Recht auf materielle Selbstbestimmung zu. Diese ermächtigt dazu, sich frei von dirigistischen Zuteilungen mit Gütern aus eigener Kraft zu versorgen. Personen bestreiten hier ihren Lebensunterhalt frei von einem bevormundenden Versorger und Ernährer, der den Seinen gibt, was sie brauchen. Damit können sie frei von Angst vor Sanktionen einen Willen ausbilden und öffentlich vertreten. Diese materielle Selbstbestimmung wird durch das allgemeine Recht auf Eigentum garantiert. Das Eigentumsrecht verbürgt, dass Personen sich unabhängig von sozialer Stellung, Herkunft, Ansehen, Gesinnung und Geschlecht mit lebensrelevanten Gütern versorgen können; es sichert ihnen das Recht, Eigentum an Gütern zu erwerben und über sie zu verfügen; das Recht auf Eigentum verschafft ihnen eine Verfügungsmacht über Güter, die sie benötigen. Es befreit somit aus feudalen, paternalistischen und hegemonialen Abhängigkeiten. Materielle Selbstbestimmung wird also in Form von Eigentumsrechten institutionalisiert.

Universelle Eigentumsrechte treten damit an die Stelle von Privilegien. Privilegien bezeichnen Vorrechte von Würdenträgern oder Begünstigten, während andere von den Entscheidungsrechten ausgeschlossen und zu bloßen Empfängern einer Zuteilung gemacht werden. Über sie hinweg wird entschieden, was sie bekommen und was nicht. Eigentumsrechte hingegen garantieren jeder Person das Recht, sich mit wichtigen Gütern zu versorgen. Materielle Selbstbestimmung wird historisch auch als »bürgerliche Selbstständigkeit« bezeichnet, womit allerdings eine Vorentscheidung getroffen wird.[55] In der bürgerlichen Gesellschaft wird materielle Selbstbestimmung nämlich vorwiegend oder gar ausschließlich in Gestalt von Privateigentum ausgeübt. Dagegen ist einzuwenden, dass sich Mitglieder einer Gemeinschaft auch durch soziale Kollaboration mit Gütern versorgen können, so dass materielle Selbstbestimmung kollektiv durch Gemein- oder öffentliches Eigentum garantiert wird. Insbesondere in Bezug auf Bedarfsgüter und Produktivgüter kann und sollte materielle Selbstbestimmung kollektiv organisiert werden.[56]

Die Vorentscheidung zugunsten des Privateigentums in der bürgerlichen Gesellschaft wird auf der Grundlage der Naturrechtslehren getroffen. Indem der Eigentumsanspruch auf die moralische Unantastbarkeit der Person zurückgeführt wird, werden Eigentumsrechte von vornherein auf individuelle Personen und damit auf Privateigentum verengt. In normativen Eigentumstheorien werden hingegen Eigentumsrechte im Rückgriff allein auf die Form normativer Geltung, das heißt die Geltungsbedingungen begründet. Dieser formale Ansatz entkoppelt Eigentum vom Personenstatus und schafft die Voraussetzung dafür, dass nicht nur Individuen, sondern auch Kollektive Ansprüche auf Eigentum erheben können.

Somit kann nun eine Zwischenbilanz zur normativen Geltung

55 Kant, *Rechtslehre*, S. 130-132 (AA VI 313-315); Hegel, *Philosophie des Rechts*, S. 359.

56 Die materielle Selbstbestimmung in Bezug auf Produktivgüter wie Unternehmen wird ausgeführt in: Tilo Wesche, »Demokratie und ihr Eigentum. Von der Marktfreiheit zur Wirtschaftsdemokratie«, in: *Deutsche Zeitschrift für Philosophie* 62:3 (2014), S. 443-486.

des Eigentums gezogen werden. Sie lässt sich in folgenden Schritten entwickeln: Zunächst besagt die funktionale Bedeutung der Eigentumsfreiheit, dass Güter kraft der Entscheidungen von individuellen oder kollektiven Eigentümern verteilt werden. Sodann schließt sich eine normative Geltung an, da mit diesen Entscheidungen Freiheit in Bezug auf äußere Güter ausgeübt wird und Freiheit ein berechtigter Anspruch ist. Freiheit bildet den normativen Inhalt des Eigentums. Schließlich konkretisiert sich die Eigentumsfreiheit als das Recht der materiellen Selbstbestimmung, an Gütern Eigentum zu erwerben und über sie zu verfügen.

Die Begründung der normativen Geltung des Eigentums steht dabei noch aus. Zu begründen wäre konkret, warum Freiheit in Gestalt des Eigentums ein berechtigter Anspruch und materielle Selbstbestimmung daher ein Recht ist. Die normativen Gründe des Eigentums lassen sich erklären mittels eines Verständnisses dessen, was es heißt, dass eine Norm gilt. Auf diese Weise wird der normative Inhalt des Eigentums durch die Form einer Norm begründet. Eine solche formale Normenbegründung baut auf vier Voraussetzungen auf.

Erstens setzen Eigentumsrechte die *Verleihung eines Anspruchs* voraus. Ansprüche werden ihren Trägern erst verliehen. Im Unterschied dazu wird in den Naturrechtslehren von einem Personenstatus ausgegangen, der als solcher bereits zu Ansprüchen berechtigt. Ansprüche auf Eigentum bestehen hier aufgrund eines gegebenen, natürlichen Personenstatus; in den Naturrechtslehren scheinen Personen von Natur aus Eigentümer zu sein. In normativen Theorien werden Ansprüche vom Kopf auf die Füße gestellt. Personen besitzen nicht an sich – als Person, Mensch oder Geschöpf – einen Anspruch. Vielmehr wird der Träger eines Anspruchs erst geschaffen, indem ihm ein Anspruch verliehen wird. Durch die Verleihung eines Anspruchs auf Eigentum werden individuelle oder kollektive Inhaber von Eigentumsrechten gebildet. Indem Ansprüche auf Eigentum verliehen werden, wird ein Subjekt des Eigentums und somit eine Rechtssubjektivität erst erzeugt.

Zweitens leiten sich Ansprüche aus einer Handlungsregel ab. Ansprüche verdanken sich der *Geltung einer Regel.* Weil bestimmte Regeln gelten, deren Achtung erwartet werden darf, besitzen Personen bestimmte Ansprüche, die von anderen zu respektieren sind. Ein Eigentumsanspruch lässt sich einem individuellen oder kollektiven Subjekt nur deshalb verleihen, weil Eigentumsansprüche als berechtigte Handlungsregeln gelten. Für Eigentumsrechte gilt die Regel, über äußere Güter selbst bestimmen zu dürfen. Eigentümer besitzen also den Anspruch auf die Selbstbestimmung über Güter, wenn diese Selbstbestimmung als eine Regel gilt.

Drittens geht die Geltung einer Regel aus deren *Verallgemeinerbarkeit* hervor, wobei diese Verallgemeinerbarkeit im Begriff der Regel liegt. Ihre Gesetzmäßigkeit macht sie erst zur Regel. Eine Regel (wenn a, dann b) wird aufgrund ihrer Gesetzmäßigkeit (wenn a, dann immer b) zu einem allgemeinen Gesetz, das für jeden besonderen Fall gleichermaßen gilt, der unter die Regel fällt. Wenn Ansprüche aus Regeln hervorgehen und Regeln allgemein gelten, dann also gelten Ansprüche (*rights*) aufgrund eines allgemeinen Gesetzes (*law*). Eigentum ist demnach nur dann ein berechtigter Anspruch, wenn sich sein Freiheitsrecht zu einer Regel verallgemeinern lässt.

Ein Anspruch setzt viertens bestimmte *Geltungsbedingungen* voraus. Diese Geltungsbedingungen sind das Kriterium für die Verallgemeinerbarkeit einer Regel. Eine Regel muss sich widerspruchsfrei verallgemeinern lassen. Damit Widersprüche vermieden werden, müssen bestimmte Bedingungen erfüllt werden. Eine Regel gilt, wenn sie die Bedingungen erfüllt, unter denen sie sich widerspruchsfrei verallgemeinern lässt. Insgesamt sind vier solcher Geltungsbedingungen zu unterscheiden: Konsistenz, Kohärenz, Faktizität und Transformation. Diesen Bedingungen verdankt eine Regel ihre Geltung. Wenn also eine Regel ihre Geltungsbedingungen erfüllt, werden bestimmte Ansprüche an Personen verliehen.

Eigentumsrechte werden demnach im Rückgriff auf ihre Geltungsbedingungen begründet. Ihre normativen Gründe liegen in den Geltungsbedingungen. Die normative Begründung erfolgt lediglich aus dem, was eine Norm formal ausmacht: aus den Bedingungen, denen sie ihre Geltung verdankt. Eigentumsrechte leiten sich formal allein aus den Bedingungen her, unter denen sie als berechtigte Ansprüche gelten.

Freiheit macht den normativen Inhalt des Eigentums aus. Weil Freiheit sowohl ein Strukturmerkmal des Eigentums als auch eine schützenswerte Norm ist, ist sie eine inhärente Norm des Eigentums. Sofern Freiheit ein berechtigter Anspruch ist und in Bezug auf äußere Güter als Eigentum ausgeübt wird, gelten auch Eigentumsrechte als berechtigte Ansprüche. Die Freiheit ist aber nicht wie in den Naturrechtslehren der Ausgangspunkt, sondern das Resultat der Begründung. Eigentumsrechte zu begründen heißt, ihre Freiheitsnorm aus den Geltungsbedingungen zu entfalten. Ihr normativer Inhalt – Freiheit – ist aus den formalen Geltungsbedingungen des Eigentums erst herzuleiten. Der Inhalt der Norm wird hier aus ihrer Form entwickelt. In der Begründung der Freiheitsnorm wird nichts außer der Form einer Norm, das heißt den formalen Bedingungen vorausgesetzt, denen eine Norm ihre Geltung verdankt.

Normative Eigentumstheorien gehen damit über den Konstruktivismus und die Naturrechtslehren gleichermaßen hinaus. Mit der Annahme einer inhärenten Norm setzen sie sich von konstruktivistischen Eigentumstheorien ab. Der normative Gehalt und seine institutionelle Ausgestaltung werden formal aus den Geltungsbedingungen hergeleitet, die von Eigentumsrechten vorausgesetzt werden. Diese Geltungsbedingungen müssen von Eigentumsrechten erfüllt sein, wenn sie als berechtigte Ansprüche gelten sollen. Auch wenn bestehende Eigentumsrechte sie nicht erfüllen, werden sie von ihnen kontrafaktisch vorausgesetzt, sofern sie als Eigentumsrechte gelten *sollen*. Mit den Geltungsbedingungen wird somit eine inhärente Norm rekonstruiert, die dem Eigentum selbst innewohnt. Diese normative *Re*konstruktion steht im Kontrast zum Konstruktivismus normativ entkernter Konventionen, denen ein normativer Gehalt von außen verschafft wird.

Normative Eigentumstheorien setzen sich zugleich vom Naturrecht ab. Die Freiheitsnorm wird nicht aus der moralisch gehaltvollen Entität eines Personenstatus, sondern aus der Form normativer Geltung hergeleitet. Die Unantastbarkeit der Person und ihres Willens wird als ein normativer Inhalt vorausgesetzt. Sofern Freiheit von Natur aus gilt und in Bezug auf äußere Güter als Eigentum ausgeübt wird, erscheint auch das Eigentum als ein Recht, das Personen von Natur aus haben. Der normative Gehalt der Eigentumsrechte ist hingegen erst im Rückgriff auf jene Geltungsbedingungen zu begründen, die sie formal erfüllen müssen, um Geltung zu erlangen. Konstruktivistische und naturrechtliche Eigentumstheorien bilden zwei Extreme, die gleichermaßen umgangen werden. Eine normative Entkernung des Eigentums wird ebenso vermieden wie seine Moralisierung zu einem Naturrecht.

Ich werde die normative Begründung nicht hier, sondern an

späterer Stelle zum Abschluss bringen, wenn ich mich dem liminalen Eigentum zuwende. Denn die Eigentumsfreiheit lässt sich nicht ohne ihre Grenzen begründen: Der normative Gehalt des Eigentums erschöpft sich nicht in der Freiheit, sondern schließt ihre Grenzen mit ein. Die inhärente Norm des Eigentums umfasst Freiheit wie auch ihre Grenzen. Ebenso wie Freiheit dem Eigentumsrecht eingeschrieben ist, wohnen ihm auch Grenzen inne, daher *liminales* Eigentum. Würden zuerst die Eigentumsfreiheit und danach ihre Grenzen begründet, entstünde der Eindruck, als ob Eigentum zunächst als Freiheitsrecht gelte und erst nachträglich begrenzt werde. Dies gilt zwar fürs Sacheigentum, nicht aber fürs Gütereigentum. Die Eigentumsfreiheit wird kraft ihrer Geltungsbedingungen zwar begründet, jedoch auch begrenzt. Diese Bedingungen ermöglichen eine normative Geltung und begrenzen sie zugleich. Die Eigentumsfreiheit wird also nur im Verbund mit ihren Grenzen begründet – und deshalb später im Abschnitt über liminales Eigentum vollständig ausgeführt.

2.3 Konflikte des Eigentums

Eigentum wird als ein Exklusionsrecht ausgeübt. Wer selbst über etwas bestimmt, schließt andere von der Mitbestimmung aus. Eigentum befugt also dazu, andere von der Verfügungsmacht auszuschließen. Eigentümer entscheiden unabhängig von der Zustimmung anderer und schulden deshalb niemandem Rechenschaft darüber, wie sie ihr Hab und Gut gebrauchen. Formal betrachtet wirkt sich dieses Exklusionsrecht als ein neutraler Eigentumsschutz aus, der in zweierlei Richtungen wirkt: Ebenso wie Privateigentum vor kollektiven Interessen ist kollektives Eigentum vor Privatinteressen geschützt. Das Exklusionsrecht gilt für alle Eigentumsarten und schützt sowohl privaten Besitz vor Vergemeinschaftung als auch Gemeingüter vor Privatisierung. Privateigentümer sind geschützt vor dem Zugriff eines (überlegenen) Kollektivs auf ihre Güter. Aber genauso dürfen kollektive Eigentümer andere daran hindern, sich ihre Güter als Privateigentum anzueignen. Mit Eigentumsrechten kann eine Exklusionsmacht also in die eine oder in die andere Richtung ausgeübt werden. Sie sind auf den Schutz des Privateigentums ebenso wenig festgelegt wie auf den des Gemeineigentums und können zum Schutz *von* Privateigentum genauso dienen wie zum Schutz *vor* Privateigentum.

Eigentum ist neben dem Vertragsrecht das einzige Freiheitsrecht, das mit einem solchen Exklusionsrecht verbunden ist.[57] Freiheitsrechte sind im Allgemeinen Abwehrrechte, die vor fremden Eingriffen schützen. Sie sollen für andere unüberwindbare Barrieren errichten, die Übergriffe abwehren. Die Meinungsfreiheit schützt vor Denkverboten; die Religionsfreiheit soll Einschränkungen religiöser Rituale verhindern; die körperliche Selbstbestimmung untersagt Eingriffe am Körper ohne Zustimmung; politische Freiheiten gebieten Unterdrückung Einhalt. Die eigentumsförmige Exklusionsmacht geht jedoch über die Abwehrkraft solcher Freiheitsrechte hinaus.

Diese Besonderheit ergibt sich aus dem Zusammentreffen zweier Faktoren: der Freiheit und der Weltbeziehung. Eigentum ist Freiheit in Bezug auf äußere Güter. Äußere Güter sind Güter einer gemeinsamen Welt, die Menschen miteinander teilen. Eigentum an äußeren Gütern ist deshalb eine Beziehung auf eine gemeinsame Welt und betrifft somit unvermeidbar andere Personen. Auch wenn Eigentümer anderen Personen keine Rechenschaft schulden, stehen sie vermittelt über die Güter einer gemeinsamen Welt in Beziehung zueinander. Weil Eigentumsrechte stets für die Nichteigentümer Folgen haben, wirken sie nicht nur als Abwehrrechte. Eigentum kann sich aufgrund seiner Exklusionsmacht von einem Abwehrrecht zu einem Herrschaftsinstrument verkehren. Die Lebensführung anderer Personen wird durch meine Religionsfreiheit, Meinungsfreiheit und körperliche Selbstbestimmung nicht beeinträchtigt. Hingegen geht mein Eigentum auf Kosten der (Mit-) Bestimmung anderer über meine Güter, die auch zu ihrer Welt gehören. Anderen wird eine Mitsprache über die Güter einer gemeinsamen Welt entzogen. Hauseigentümer, Unternehmenseigentümer oder Landeigentümer üben gewollt oder ungewollt auch einen Einfluss auf das Leben anderer in ihrer Umwelt aus.

Diese Exklusionsmacht macht Eigentumsrechte zu einer janusköpfigen Erscheinung. Sie können zur Emanzipation beitragen,

57 Christoph Möllers, *Freiheitsgrade. Elemente einer liberalen politischen Mechanik*, Berlin 2020, S. 117 f. Die Exklusionsmacht ist zwar eine Besonderheit, die Eigentumsrechte von anderen Freiheitsrechten unterscheidet. Eigentumsrechte können jedoch nicht auf sie reduziert werden.

sich aber auch ins Gegenteil verkehren. Dass Eigentümer über ihre Güter bestimmen, hat immer auch den Preis der Fremdbestimmung über die Nichteigentümer. Die Selbstbestimmung der einen geht auf Kosten der Selbstbestimmung anderer. Diese Ambivalenz des Eigentums lässt sich nicht auflösen, sondern nur einhegen. Auflösen ließe sie sich nur durch die Abschaffung des Eigentums oder die Leugnung seines Freiheitsgehalts. Die Exklusionsmacht von Eigentumsrechten ist eine nie versiegende Quelle möglicher Konflikte. In Eigentumsgesellschaften drohen Großkonflikte stets aufzubrechen, die sich zwar nicht handstreichartig abschütteln, aber durch gerechte Eigentumsverhältnisse begrenzen lassen. Aufgrund dieses Konfliktpotenzials stehen Eigentumsrechte unter hohem Legitimationsdruck. Sie können vier Gesellschaftskonflikte befeuern: Die Exklusionsmacht schafft die Voraussetzungen für Schädigungen, Schließungen, Ungleichheiten und soziale Macht.

2.3.1 Schädigung

Eigentümer entscheiden über Güter in einer gemeinsamen Welt, zu der andere Personen gehören, und können damit andere Personen schädigen. Obwohl Eigentümer in keinem Vertragsverhältnis zu den Nichteigentümern stehen, können sie ihnen schwere Schäden zufügen. Diese außervertragliche Beziehung zwischen einem Verursacher und den Betroffenen wird die Drittwirkung des Eigentums genannt. Schadstoffe, die ein Eigentümer auf seinem Grund und Boden einsetzt, verunreinigen das Grundwasser und gefährden die Gesundheit von Anwohnerinnen; Eigentümer können mit ihrem Kohle- oder Atomkraftwerk eine intakte Umwelt schädigen und die allgemeine Lebensqualität und Gesundheit beeinträchtigen; unternehmerisches Eigentum an persönlichen Daten und der Handel mit ihnen ermöglichen es, die informationelle Selbstbestimmung von Nutzerinnen zu verletzen.

Die Ökologiekrisen der Gegenwart lassen sich als eigentumsinduzierte Schädigungen begreifen. In ihrem Verlauf werden Eigentumskonflikte in zwei Richtungen ausgetragen. Zum einen werden Erderwärmung, Artensterben, Ressourcenerschöpfung und Globalvermüllung durch Eigentumsverhältnisse und insbesondere durch das vorherrschende Privateigentum an Naturgütern mitverursacht. Zum anderen drückt sich in den Ökologiekrisen ein Eigentumskonflikt aus, weil in ihnen – auf erklärungsbedürftige Weise – die Eigentumsrechte der Natur verletzt werden. Mit der Zerstörung von Ökosystemen wird nicht nur (biologisch betrachtet) ihre Reproduktion unterbunden und damit ein organischer Zusammenhang beschädigt. Ebenso wenig werden nur (anthropozentrisch betrachtet) zukünftige Generationen geschädigt. Darüber hinaus wird auch der Natur selbst schwerer Schaden zugefügt. Zwar wird sie nicht (ökozentrisch betrachtet) als ein Lebewesen verletzt. Wohl aber lässt sich die Schädigung der Natur als Verletzung ihrer Eigentumsrechte begreifen.

2.3.2 Schließung

Durch Eigentum wird der Zugang zu bestimmten Gütern für Eigentümer geöffnet und zugleich für die Nichteigentümer verschlossen. Für jene wächst die Ressourcenausstattung, während sie für diese schrumpft. Den Nichteigentümern kann ein Zugang verschlossen werden, weil Eigentum als Exklusionsrecht zum Ausschluss anderer Personen berechtigt. Öffnung für die einen, Schließung für die anderen: das sind zwei Seiten einer Medaille. Mit der Schließung werden Güter für andere Personen verknappt, wobei diese Verknappung wiederum zu einem Mangel führen kann. Durch Eigentum muss nicht, kann aber ein Mangel für andere Personen entstehen. Agrarindustrieller Großgrundbesitz kann zum Mangel an Ackerland und Nahrungsmitteln für andere führen. Beispielsweise verknappt der großflächige Anbau von Exportfrüchten in der Regel die Lebensgrundlagen der lokalen Agrarbevölkerung. Privateigentum an Wohnraum kann unter Bedingungen eines nicht regulierten Immobilienmarkts den Wohnraum für Geringverdiener verteuern. Und Privateigentum an Informationen kann den Zugang zu Wissen erschweren; beispielsweise können pharmazeutische Patentrechte die Medikamentenforschung anderer Unternehmen behindern.

2.3.3 Ungleichheit

Nicht nur Öffnung und Schließung sind Erscheinungsformen ungleicher Verteilung. Eigentumskonzentrationen führen zudem zu ungleichen Freiheiten. Hier sind nicht nur der Besitz, sondern die

Entscheidungs- und Mitbestimmungsmöglichkeiten ungleich verteilt. Eigentum wird als Freiheitsrecht ausgeübt; durch seine ungleiche Verteilung werden deshalb auch Freiheiten ungleich verteilt. Eigentumskonzentrationen führen insbesondere zu ungleichen Wahlfreiheiten und Selbstwirksamkeitserwartungen. Großeigentümer können die Freiheit, über Güter zu bestimmen, in einem größeren Umfang ausüben als Personen mit geringem oder keinem Eigentum. Dabei wächst nicht nur ihre Wahlfreiheit, eine größere Auswahl von Handlungszielen und Lebensvorstellungen verwirklichen zu können. Es steigt auch die Selbstwirksamkeitserwartung, die Welt stärker mitgestalten und in ihr etwas bewirken zu können. Wer nur die Kleider am eigenen Leib besitzt, erfährt eine geringere Selbstwirksamkeit als jemand, der über umfangreichen Immobilien- und Unternehmensbesitz verfügt. Philanthropie mag zwar zu einer weniger ungleichen Besitzverteilung führen. Aber selbst wenn mit Großspenden ein gemeinnütziges Ziel verfolgt wird, zementieren sie die ungleiche Verteilung von Selbstwirksamkeitsmöglichkeiten. Die Spenderin gestaltet die Welt nach ihrer Vorstellung, der Empfänger hingegen nicht.

2.3.4 Soziale Macht

Eigentumskonzentrationen erzeugen soziale Macht. Soziale Macht übt aus, wer über andere bestimmt. Sie entsteht aufgrund der Abhängigkeit von Gütern, die in den Händen weniger liegen, jedoch von allen benötigt werden: Bedarfsgüter wie Wohnraum, Energie und Wasser, aber auch Daten sowie Produktionsstätten mit ihren Einkommensmöglichkeiten. Diese soziale Eigentumsmacht kann wiederum für Wertabschöpfungen, Extraktionen und Okkupationen verwendet werden. Das klassische Beispiel für eine solche Eigentumsmacht ist das Privateigentum an Großunternehmen. Einerseits besteht ein breiter gesellschaftlicher Bedarf an Einkommen, die dem Lebensunterhalt dienen und durch die Produktion von Gütern geschaffen werden. Andererseits entscheiden private Eigentümer über ihre Unternehmen weitgehend selbst und damit auch über die Erwerbsbedingungen, unter denen Lohnempfänger ihren Lebensunterhalt bestreiten. Soziale Macht wird also ausgeübt, sofern Eigentümer und nicht die Erwerbstätigen selbst über die Bedingungen ihres Einkommenserwerbs entscheiden. Ein jüngeres

Beispiel entstammt der globalen Finanzwirtschaft. Finanzeigentum verwandelt sich hier von einem Abwehrrecht zu einem sozialen Machtinstrument, das Gesetzgeber, Staaten und selbst Staatenverbünde unter Druck setzen kann; während der Finanzkrise von 2008 hat das Argument der Systemrelevanz von Banken, die ihre Rettung durch öffentliche Gelder erzwangen, eine solche Erpressungsmacht vor Augen geführt.[58] Ein informeller Einfluss wird von Großeigentümern auf dem globalen Finanzmarkt ausgeübt durch Investitionsversprechen oder die Drohung mit Kapitalabzug, durch monetäre Markteffekte, Kreditverknappung und Zinssteuerung.

58 Pistor, *Der Code des Kapitals.*

3
Liminales Eigentum

Die Konflikte des Eigentums erzeugen einen hohen Bedarf an normativer Regelung. Eigentum bleibt aufgrund seiner Exklusionsmacht eine unversiegbare Quelle von Konflikten. Indes brechen diese Konflikte nicht zwangsläufig aus. Die Exklusionsmacht schafft zwar die Voraussetzungen für Schädigungen, Schließungen, Ungleichheiten und soziale Macht. Sie macht sie aber nur möglich, nicht jedoch zu einem unentrinnbaren Schicksal. Nur die Sozialfantasie eigentumsloser Gesellschaften verheißt, dass sich Eigentumskonflikte ein für alle Mal aus der Welt schaffen lassen. Mehr *down to earth* ist die Einsicht, dass solchen Konflikten ein Riegel vorgeschoben wird, indem Eigentumsrechte schlichtweg reguliert werden. Und Eigentumsrechte werden reguliert, indem sie begrenzt werden. Solche Grenzen legen fest, was von Eigentümern zu unterlassen erwartet werden darf. Die Konflikte des Eigentums werden auf diese Weise zwar nicht zum Verschwinden gebracht, aber kraft seiner Begrenzung eingedämmt. Der Regelungsbedarf wird also dadurch gedeckt, dass dem Eigentum Grenzen gezogen werden.

Aus Sicht normativer Eigentumstheorien zeichnet sich eine wirksame Regulierung dadurch aus, dass die Grenzen dem Eigentum selbst eingeschrieben sind. Die Bezeichnung *liminales Eigentum* drückt dies aus.[59] Darunter verstehe ich, dass dem Eigentum seine Grenzen selbst innewohnen. Der Grund, der Eigentum zu begrenzen erlaubt, liegt hier im Eigentum selbst. In diesem Verständnis wird Eigentum durch innere Grenzen reguliert beziehungsweise von innen begrenzt. Unter der Liminalität des Eigentums wird also seine Regulierung durch innere Grenzen verstanden.[60]

59 Ich danke Stefan Gosepath und Bertram Lomfeld dafür, dass sie mich auf den Begriff der Liminalität aufmerksam gemacht haben. »Liminalität« (lat. *limes*: Grenze, Grenzwall) bezeichnet ihnen zufolge die zeitlich begrenzte Dauer eines Eigentumsrechts, wodurch beispielsweise das Erbrecht eingeschränkt wird. Hingegen verwende ich den Begriff des liminalen Eigentums im weiten Sinn für die unterschiedlichen Grenzen, die das Eigentum einhegen und ihm zugleich inhärent sind.

60 Im Kontrast zu den äußeren Schranken des Eigentums werden seine inneren Grenzen auch als der »Inhalt« des Eigentums bezeichnet; beispielsweise in

Das Konzept des liminalen Eigentums beruht auf dem Gedanken, dass Eigentumsrechte durch deren eigene *Geltungsbedingungen* begrenzt werden. Geltungsbedingungen werden allgemein von jeder normativen Geltung vorausgesetzt. Eigentum ist insoweit ein bestimmter Anwendungsfall dieser Geltungsbedingungen. Unter Geltungsbedingungen werden, wie oben erwähnt, formale Bedingungen verstanden, die von einer Norm erfüllt werden müssen, damit sie Geltung erlangt. Formal betrachtet (also unabhängig von ihrem bestimmten Inhalt) besteht eine Norm in der Geltung eines Anspruchs, dessen Achtung erwartet und dessen Missachtung kritisiert werden darf. Diese Geltung verdankt sie bestimmten Bedingungen. Die Form einer Norm besteht insoweit in den Bedingungen, die ihr Geltung verschaffen. Damit also Eigentum als berechtigter Anspruch gilt, muss es solche Geltungsbedingungen erfüllen.

Die Geltungsbedingungen sind zugleich *liminale Bedingungen*, die das Eigentum begrenzen. Sie ermöglichen es und schränken es zugleich ein. Zum einen verschaffen sie dem Eigentumsrecht seine Geltung. Zum anderen wird das Eigentum kraft dieser Bedingungen begrenzt. Bedingungen zeichnen sich im Allgemeinen durch diesen Doppelcharakter aus. Jede Bedingung ist Ermöglichungsgrund und Grenze zugleich.[61] Wenn etwas durch anderes ermöglicht wird, dann gewinnt es zwar eine Selbstständigkeit, gerät aber auch in Abhängigkeit von dem, was seine Selbstständigkeit ermöglicht. Geltungsbedingungen ermöglichen Eigentumsrechte und entziehen sich zugleich ihrer Verfügungsmacht. Das Konzept des liminalen Eigentums baut auf diesem Doppelcharakter von Bedingungen auf. Die Geltungsbedingungen verschaffen dem Eigentum normative Geltung und begrenzen diese Geltung zugleich. Dasselbe also, was seine Geltung ermöglicht, begrenzt auch seine Geltung. Eigentumsrechte stoßen auf eigene Grenzen in Gestalt ihrer Geltungsbedingungen, die ihnen selbst innewohnen. Die Geltungsbedingungen bilden insoweit ihre inneren Grenzen. Limi-

Grundgesetz Art. 14 Abs. 1: »Inhalt und Schranken werden durch die Gesetze bestimmt.« Eigentumspositionen besitzen von Anbeginn einen begrenzten Inhalt. Um die Liminalität des Eigentums und ihren begrenzenden Einfluss zu betonen, verwende ich weiterhin den Begriff der inneren Grenzen.

61 Dieser Gedanke geht auf Hegels Theorie der Immanenz zurück, vgl. *Philosophie des Rechts*, S. 30, 84 (§§ 2, 31).

nales Eigentum bedeutet, dass Eigentumsrechte durch die eigenen Geltungsbedingungen begrenzt werden.

Liminales Eigentum macht verständlich, warum Freiheit und ihre Grenzen untrennbar zusammengehören. Wir haben gesehen: Eigentum ist ein Freiheitsrecht. Sofern es diese Geltung den Bedingungen verdankt, die es auch begrenzen, lassen sich Freiheit und ihre Grenzen nicht trennen. Dieselben Bedingungen, die dem Eigentum seine Geltung als Freiheitsrecht verschaffen, begrenzen das Freiheitsrecht auch. Eigentum ist also ein mit inneren Grenzen versehenes Freiheitsrecht. Dieses Junktim von Freiheit und ihren Grenzen ist ein Strukturmerkmal des Eigentums. Ebenso wie die Weltbeziehung und die Freiheit gehören zum Eigentum notwendig seine Grenzen. Das liminale Eigentum wird später in Bezug auf Naturgüter als nachhaltiges Eigentum konkretisiert. Nachhaltigkeitspflichten, die Eigentum an Naturgütern begrenzen, lassen sich dem Eigentum selbst entnehmen und regulieren es bereits in seinem Kern.

Eigentum wird jedoch nicht nur kraft seiner inneren Grenzen reguliert. Zu den normativen Grundlagen gehören auch die Schranken des Eigentums, die ihm von außen auferlegt werden. Zunächst soll deshalb der Unterschied zwischen den Schranken und den Grenzen des Eigentums herausgearbeitet werden (3.1). Die Grenzen des Eigentums ergeben sich dabei aus den vier Geltungsbedingungen der Konsistenz, Kohärenz, Faktizität und Transformation. Nachdem geklärt ist, welche Geltungsbedingungen Eigentum erfüllen können muss, ist zu bestimmen, wie sie sich tatsächlich erfüllen lassen. Wie muss Eigentum institutionell ausgestaltet werden, damit seine Geltungsbedingungen realisiert werden? Die Antwort lautet: Eigentum erfüllt seine Geltungsbedingungen in Gestalt bestimmter Eigentumsverhältnisse (3.2). Diese Eigentumsverhältnisse betreffen die Eigentumsförmigkeit, die Eigentumsordnungen und die Eigentumspflichten. In diesen Eigentumsverhältnissen konkretisieren sich somit die Grenzen, die das Eigentum von innen regulieren. Die Grenzen des Eigentums entfalten eine wirksame Regulierungskraft erst in Gestalt solcher Eigentumsverhältnisse.

3.1 Die Schranken und Grenzen des Eigentums

Eigentum wird kraft seiner Schranken und seiner Grenzen reguliert. Handlungen werden Schranken auferlegt, die sich aus den Ansprüchen *anderer* ergeben. Handlungen können auch auf *eigene* Grenzen stoßen. Schranken werden von außen gegen das Eigentum in Anschlag gebracht, während es durch eigene Grenzen von innen eingehegt wird. Als eigene Grenzen fallen sie in das Eigentum selbst. Vier Arten von Schranken und Grenzen lassen sich dabei unterscheiden: kontextuelle Schranken, die von konstruktivistischen Theorien vertreten werden; dann die allgemeine Vorstellung von moralischen Schranken; zudem interne Grenzen, die für das Naturrecht charakteristisch sind; und schließlich inhärente Grenzen, durch die sich normative Theorien auszeichnen.

3.1.1 Kontextuelle Schranken

Im Konstruktivismus wird Eigentum normativ entkernt, wie wir gesehen haben. Eigentumsrechte führen hier kein normatives Eigenleben. Damit ist nicht gemeint, dass sie normativ neutral seien. Eigentumsrechte sind keine normfreien Rechte. Nur speist sich ihre Normativität nicht aus eigenen Strukturmerkmalen (Weltbeziehung, Freiheit und Liminalität), sondern aus den umfassenden normativen Auffassungen jener Gesellschaftsformation, deren Teil sie sind. Eigentumsrechte sind eine Teilmenge von sich wechselseitig durchdringenden Sozialpraktiken, die selbst normativ verfasst sind. Auch Regulierungen des Eigentums folgen dabei der konstruktivistischen Strategie normativer Entkernung. Eigentumsrechte besitzen von sich aus keinen normativen Kern, aus dem eine Begrenzung hervorgehen könnte.

Stattdessen werden Eigentumsrechte durch ihre gesellschaftlichen Kontexte beschränkt, in die sie eingebettet sind. Schranken werden ihnen durch ihre sittliche Einbettung auferlegt. Sie sind in gesellschaftliche Kontexte eingebunden, die sie von Haus aus beschränken. Anders gesagt: Eigentumsrechten wird ihr normativer Inhalt durch das gesellschaftliche Ethos verschafft, welches festlegt, wie weit Eigentumsrechte reichen, was Eigentumsrechte vermögen und was nicht, was in Eigentum übergehen darf und was nicht, wem was gehört und wem nicht. Eigentumsrechte werden so durch die Bedürfnisorientierung einer Wirtschaftsweise, durch die Solidarbeziehungen einer Gesellschaftsformation oder durch die Stabilitätsanker einer Friedensordnung beschränkt. Eigentumsrechte an Bedarfsgütern werden beispielsweise beschränkt durch das Verbot, Grundnahrungsmittel als Spekulationsobjekte zu handeln, um allen Menschen ihre Existenzsicherung zu ermöglichen. Auch sollte der Zugang zu städtischem Wohneigentum so geregelt werden, dass Stadtteile die soziale Vielschichtigkeit urbaner Pluralität widerspiegeln. Eigentum an Agrarland wiederum sollte so organisiert werden, dass kulturelle Praktiken ländlicher Gemeinschaften erhalten bleiben. Entscheidend dabei ist die Begründungsstrategie dieser Schranken. Sie sollen sich aus den umfassenden normativ geprägten Sozialpraktiken rechtfertigen, auf die Eigentumsrechte angewiesen sind.

Mit der konstruktivistischen Vorstellung kontextueller Schranken werden jedoch die Beharrungskräfte unterschätzt, die Eigentumsrechte gegenüber einem gesellschaftlichen Ethos entfalten. Sie sind nämlich zu Institutionen geronnene Freiheitsansprüche, die für sich betrachtet als schützenswert gelten und sich aufgrund ihrer normativen Eigendynamik nur schwer durch ein gesellschaftliches Ethos beschränken lassen. Sittliche Schranken zerschellen auf dem harten Boden geltender Eigentumsrechte. Konstruktivistische Vorstellungen normativ entkernter Eigentumsrechte verkennen dabei, dass nicht nur Freiheitsansprüche, sondern auch deren Grenzen den normativen Kern des Eigentums ausmachen.

3.1.2 Moralische Schranken

Moralische Schranken werden dem Eigentum insbesondere durch das Verletzungsverbot errichtet. Pflichten der Nichtschädigung sind allgemeine Handlungsregeln, die über Eigentumsfragen hinaus für jeden Handlungskontext gelten. Das Recht auf körperliche Unversehrtheit beispielsweise schränkt nicht nur Eigentum, sondern jede Art von Handlung und Institution ein. Auch wenn ein Eigentümer frei über das Seine bestimmt, darf er sein Messer, so Robert Nozicks drastisches Beispiel, nicht in der Brust seines Nachbarn platzieren.[62] Auf der gleichen Linie bewegen sich umweltethische Verbote, die

62 Robert Nozick, *Anarchie, Staat, Utopia*, München 1976, S. 161.

Gesundheit von Menschen durch Verunreinigungen ihrer Umwelt zu gefährden. Solche Schranken werden dem Eigentum durch zahlreiche Schutzrechte gesetzt: durch Rechte des Lebensschutzes, des Verbraucherschutzes, des Arbeitsschutzes, des Gesundheitsschutzes, des Umweltschutzes und des Tierschutzes. Eigentum wird hier aus Gründen des allgemeinen Verletzungsverbots beschränkt.

Moralische Schranken des Eigentums besitzen einen ausgeprägt antagonistischen Charakter. Das Arsenal von Beschränkungen, Kontrollen und Verboten wird von Eigentümern als ein fremdes Hindernis wahrgenommen, das ihre Freiheits- und Eigentumsrechte bedroht und dessen Bekämpfung geboten zu sein scheint. Dieser Antagonismus zwischen Eigentum und seinen Schranken rührt daher, dass sich hier zunächst gleichberechtigte Ansprüche unversöhnlich gegenüberstehen. Eigentumsrechte und konkurrierende Schutzrechte besitzen gleichermaßen Geltung. Denn Eigentum ist ebenfalls ein Schutzrecht, das Freiheitsverletzungen abwehren soll. Eigentum und sonstige Schutzrechte schützen gleichermaßen vor Verletzungen und besitzen deshalb formal die gleiche Geltung. Der Konflikt zwischen beiden lässt sich insoweit nicht durch Klärung ihrer Geltung schlichten. Er wird nicht durch den Rückgriff auf die Geltungskraft eines Schutzrechts entschieden. Das Maß, wie stark Eigentum durch Verbraucherschutz, Arbeitsschutz, Gesundheitsschutz, Umweltschutz und Tierschutz eingeschränkt wird, ergibt sich weder aus der Geltung des Eigentums noch aus der Geltung des entgegenstehenden Schutzrechts. Ein solches Maß liegt nicht in den widerstreitenden Rechten, sondern bleibt der gesellschaftlichen Aushandlung und Einflussnahme überlassen.

Moralische Schranken haben aufgrund ihres antagonistischen Charakters nur eine geringe Wirksamkeit, und zwar aus zwei Gründen. Erstens führt der Antagonismus dazu, dass Eigentumskonflikte nicht normativ, sondern durch Macht beendet werden. Wird eine Normenkollision nicht durch Gründe aufgelöst, wird sie anfälliger dafür, durch Macht entschieden zu werden. Wo sich aus dem Entscheidungsprozess Gründe zurückziehen, entstehen Lücken, die durch Einflussnahme gefüllt werden. Dabei besitzen Eigentümer einen Machtvorteil gegenüber Interessengruppen des Verbraucher-, Umwelt- oder Tierschutzes. In der Regel verleiht die ökonomische Macht von Eigentümern ihren eisenharten Wirtschaftsinteressen einen unbezwinglichen Nachdruck, mit dem die weichen Interessen beispielsweise von Umweltgruppen abgewehrt werden.

Zweitens haben moralische Schranken den Geburtsfehler, dass sie Eigentumsrechte nur nachträglich regulieren. Eigentum wird *ex post* eingeschränkt, weil die Schranken seiner Geltung nachgeordnet sind. Eine solche Ex-post-Beschränkung drückt sich in BGB § 903 aus: »Der Eigentümer einer Sache kann, soweit nicht das Gesetz oder Rechte Dritter entgegenstehen, mit der Sache nach Belieben verfahren und andere von jeder Einwirkung ausschließen.« Eigentum wird durch Rechte eingeschränkt, die ihm »entgegenstehen«. Eigentumsrechte gelten so weit, wie *andere* Rechte reichen. Durch andere Rechte also wird Eigentum beschränkt. Es hat demnach keine eigene Grenze; ohne andere Rechte gilt es scheinbar unbegrenzt. Für sich betrachtet gilt es unbegrenzt und wird anschließend durch andere Rechte eingeschränkt. Die Einschränkungen des Eigentums sind somit seiner Geltung nachgeordnet. Durch Schranken werden Eigentumsrechte aufwendig und mit hohem Begründungsbedarf nachkorrigiert. Die vorgängige Geltung des Eigentums und seine nachträgliche Einschränkung erklären sich dabei aus dem Sacheigentum: Der Freiheitsanspruch bezieht sich auf äußere Güter und gilt unabhängig von ihren Besonderheiten, deren moralische Bedeutung anschließend berücksichtigt wird. Sacheigentum wird also durch äußere Schranken erst nachträglich eingeschränkt.

Das Zusammenwirken beider Faktoren – der formal gleichen Geltung von Schutzrechten und der unbegrenzten Geltung des Eigentums, das durch andere Rechte erst nachträglich eingeschränkt wird – führt dazu, dass moralische Schranken nur eine geringe Wirksamkeit gegen Eigentumsrechte haben. Wenn Eigentum ebenfalls ein Schutzrecht ist und wenn andere Schutzrechte ihm nachgeordnet sind, dann kann es durch andere Schutzrechte nur schwer übertrumpft werden. Man kann sagen: Eigentum sticht (fast) immer; seine Schranken sind bestenfalls gleich stark. Verbraucherschutz und Umweltschutz beispielsweise können Eigentumsrechte nicht übertrumpfen, solange sie als moralische Schranken auftreten.

Solche Nachteile entfallen bei den Grenzen des Eigentums, deren normative Kraft in der Eigentumsidee selbst verankert ist. Anstatt die Geltung des Eigentums nachträglich zu mindern, ist sie schon von vornherein begrenzt. Bevor seine Geltung anschwellen und mit anderen Geltungsansprüchen kollidieren kann, wird sie bereits durch innere Grenzen reguliert. Dabei werden zwei unterschiedliche Konzeptionen solcher inneren Grenzen des Eigentums vertreten. In der Naturrechtstheorie werden sie als *interne* Grenzen und in der normativen Eigentumstheorie als *inhärente* Grenzen entworfen.

3.1.3 Interne Grenzen

Naturrechtslehren gehen von der Annahme aus, dass Eigentumsrechte durch interne Grenzen reguliert werden, die sich aus der Verallgemeinerbarkeit von Freiheitsansprüchen ergeben. Interne Grenzen entstehen aufgrund der generalisierbaren Form eines Anspruchs. Normen werden stets in Gestalt von Regeln, Rechten und Gesetzen verallgemeinert und bilden insoweit eine Einheit von Besonderheit und Allgemeinheit: Das Recht eines Einzelnen ist zugleich das allgemeine Recht aller. Das Naturrecht der Freiheit schließt deshalb das Prinzip gleicher Freiheit ein. Das Freiheitsrecht muss demnach auf alle Personen gleich angewandt werden. Wenn einer Person kraft ihres unantastbaren Personenstatus ein Freiheitsrecht zusteht, dann muss dieses Freiheitsrecht auch für jede andere Person gelten: Jede Person besitzt das gleiche Freiheitsrecht. Die individuelle Freiheit einer Person wird also durch die Gleichheit der Freiheit aller Individuen begrenzt.

Eigentumsrechte gelten demnach nur unter der Bedingung formaler Gleichheit und werden durch das Prinzip gleicher Freiheit begrenzt. Sie stehen von vornherein unter dem Vorbehalt der Gleichheit. Damit Eigentumsrechte Geltung erlangen, muss jede Person das gleiche Recht auf Eigentum besitzen und effektiv ausüben können. Die Gleichheit der Eigentumsrechte schließt die formale Reziprozität (*sic utere ut alienum non laedas* – gebrauche dein Eigentum so, dass es nicht das Eigentum anderer verletzt) und den »fairen Wert« eines Rechts ein, das von allen gleichermaßen wahrgenommen werden können muss.[63] Eigentumsrechte müssen die Bedingung formaler Gleichheit erfüllen. Gleichheit macht sich deshalb als eine interne Grenze des Eigentums geltend. Sollen Eigentumsrechte berechtigte Ansprüche sein, müssen sie als gleiche

63 John Rawls, *Politischer Liberalismus*, Frankfurt/M. 1998, S. 69.

Rechte gelten. Das Selbstverständnis von Eigentumsgesellschaften beinhaltet deshalb – jedenfalls recht besehen – ein hohes Maß an Gleichheit. Soziale Ungleichheiten hingegen schwächen die Geltung der bestehenden Eigentumsrechte. Eigentum darf für einzelne kein leeres Versprechen bleiben, sondern muss für alle zugänglich sein. Mit der zunehmenden Eigentumskonzentration in einer Gesellschaft nimmt die Legitimation ihrer Eigentumsrechte entsprechend ab.

Auf das Prinzip der gleichen Freiheit berufen sich zahlreiche Naturrechtstheorien des Eigentums. Erstmalig wurde es von Locke als interne Grenze des Eigentums bezeichnet. »Dasselbe Gesetz der Natur, das uns […] Eigentum gibt, *begrenzt* dieses *Eigentum* auch.«[64] Insbesondere Kant hat seine Eigentumstheorie auf die Grundlage gleicher Freiheiten aufgebaut. Die Freiheit in Bezug auf äußere Güter (das »äußere Mein«) muss sich gemäß dem kategorischen Imperativ als Gesetz verallgemeinern lassen und deshalb für alle auf die gleiche Weise gelten. Unter der Bezeichnung relationaler Gerechtigkeit (*relational justice*) wird die Gleichheit als interne Grenze in liberalen Eigentumstheorien berücksichtigt.[65] Beispielsweise müssen alle Mitglieder einer Gesellschaft gleichermaßen in der Lage sein, privates Wohneigentum zu bilden. Das liberale Prinzip gleicher Eigentumsfreiheiten bietet eine Grundlage allerdings nur für den gleichen Zugang zu Privateigentum, wohingegen sich mögliche alternative Eigentumsformen ihm entziehen. Es bietet keine normative Grundlage für eine Beurteilung, ob Wohnraum in genossenschaftlicher oder öffentlicher Hand besser aufgehoben ist als in privater.

In liberalen Positionen wird eine Theorie des Sacheigentums vertreten, sofern die Gleichheitsbedingung von den Ansprüchen der Eigentümer her und unabhängig von den spezifischen Güterarten bestimmt wird. Wenn Eigentum als berechtigter *Freiheitsanspruch* einer Person gelten soll, dann muss er aus Gründen formaler Gleichheit für alle Personen gleich gelten. Auf der Grundlage gleicher Freiheiten lässt sich eine intergenerationelle Umwelt- und Klimagerechtigkeit rechtfertigen. Wenn die gleichen Freiheiten für alle

64 Locke, *Zweite Abhandlung über die Regierung*, S. 33.

65 Hanoch Dagan, *A Liberal Theory of Property*, Cambridge, New York 2021, S. 68-71.

Personen gelten, dann dürfen zukünftigen Generationen Freiheiten nicht vorenthalten werden, die in der Gegenwart in Anspruch genommen werden. Gegenwärtige Generationen dürfen demnach nur so viel Eigentum an Naturgütern haben, dass auch zukünftigen Generationen das gleiche Eigentum an diesen Naturgütern möglich ist. Die Schwäche liberaler Eigentumstheorien besteht somit nicht darin, dass sie keine internen Grenzen des Eigentums kennten, sondern darin, dass sie nur diese eine Grenze anerkennen. Eigentumsrechte werden hier nur durch das Prinzip gleicher Freiheit begrenzt, von vornherein auf Privateigentum verengt und lediglich als Sacheigentum entworfen.

3.1.4 Inhärente Grenzen

Ein alternatives Verständnis von innewohnenden Grenzen bietet die normative Eigentumstheorie mit der Annahme inhärenter Grenzen, die sich aus den Geltungsbedingungen des Eigentums ergeben. Inhärente Grenzen werden dem Eigentum durch seine Geltungsbedingungen gezogen. Geltungsbedingungen zählen deshalb zu den normativen Grundlagen, die Eigentumsrechte zu regulieren vermögen. Die normative Bedeutung des Eigentums erschöpft sich ebenso wenig im Inhalt einer Norm – dem Freiheitsanspruch als solchem – wie in naturrechtlichen Annahmen über den Menschen, etwa hinsichtlich seiner Würde, seiner Freiheitsfähigkeit, seines Personenstatus, seiner Schmerzfähigkeit und seiner Bedürftigkeit. Die normative Kraft inhärenter Grenzen speist sich vielmehr aus den Geltungsbedingungen, die eine Norm formal erfüllen muss. Die formalen Geltungsbedingungen liegen im Eigentumsrecht und begrenzen es daher von innen beziehungsweise: durch inhärente Grenzen. Eigentum, das kraft seiner eigenen Geltungsbedingungen begrenzt wird, lässt sich als liminales Eigentum bezeichnen. Liminales Eigentum wird durch Bedingungen begrenzt, denen es zugleich seine Geltung verdankt.

Eigentum verdankt seine Geltung vier Bedingungen: der Konsistenz (a), der Kohärenz (b), der Faktizität (c) und der Transformation (d) der Geltung.[66] Diese Geltungsbedingungen ermöglichen

66 Im Folgenden greife ich auf Formulierungen aus einem Beitrag zurück, in dem die vier Geltungsbedingungen ausführlicher erläutert werden: Tilo Wesche, »Vernünftige Freiheit. Ein unvollendetes Projekt«, in: Stefan Müller-Doohm u. a.

und begrenzen Eigentum zugleich. Sie bilden somit die Grundlage für das liminale Eigentum. Diese Geltungsbedingungen werden im Folgenden jeweils in einem Dreischritt beschrieben: Eingeführt werden sie als Bedingungen, die von Normen grundsätzlich für ihre Geltung vorausgesetzt werden. Sie werden anschließend als die Geltungsbedingungen des Eigentums im Allgemeinen und schließlich als die Geltungsbedingungen des Eigentums an Naturgütern im Besonderen konkretisiert.

(a) Eine Begründung ist konsistent, wenn eine Schlussfolgerung regelkonform aus Annahmen gezogen wird, die selbst begründet sind. Es dürfen deshalb keine unbegründeten Annahmen vorausgesetzt werden. Aus diesem *Anspruch auf Konsistenz* ergeben sich wiederum vier Konsequenzen. Konsistenz bedarf einer Methode der normativen Rekonstruktion (1), schließt das Konzept der unbedingten Geltung oder Idee ein (2), macht eine formale Begründung erforderlich (3) und führt zu einer inhaltlichen Bestimmung der Freiheit (4).

(1) Die am Anfang von Teil I eingeführte Methode der *normativen Rekonstruktion* ist aus Gründen der Konsistenz motiviert. Eine konsistente Begründung kann zwar keine Annahmen voraussetzen, muss aber doch bei etwas anfangen. Sie setzt deshalb beim Bestehenden an. Ausgehend vom Bestehenden wird eine normative Geltung hergeleitet, und zwar in den drei oben genannten Schritten: Mit der Rekonstruktion der Voraussetzungen, die dem Bestehenden zugrunde liegen, wird zunächst nur ausdrücklich gemacht, was in der Wirklichkeit selbst liegt. Diese Voraussetzungen werden sodann als die Geltungsbedingungen nachgezeichnet, die von bestehenden Normen für ihre Geltung beansprucht werden. Schließlich werden die Wirklichkeitsbedingungen entworfen, unter denen Normen ihre Geltungsbedingungen tatsächlich erfüllen.

(2) Wenn keine Annahmen vorausgesetzt werden dürfen, die selbst unbegründet sind, dann bedarf es für eine konsistente Begründung letztlich einer Annahme, deren Geltung von keiner weiteren Annahme abhängt. Ohne sie würde ein infiniter Regress entstehen, in dem Annahmen durch endlos weitere Annahmen begründet werden müssten und deshalb unterm Strich unbegründet

(Hg.), *Vernünftige Freiheit. Beiträge zum Spätwerk von Jürgen Habermas*, Berlin 2024 (i. E.).

blieben. Die Geltung einer solchen obersten Annahme hängt von keiner weiteren Bedingung ab. Insoweit besitzt sie eine *unbedingte Geltung*. Sie ist von selbsterklärender oder unzweifelhafter Gewissheit und gilt unbedingt. Zwei Besonderheiten zeichnen demnach eine unbedingte Geltung aus: Sie gilt als das Oberste und als ein Selbstständiges. Sie ist eine oberste Annahme, aus der sich weitere herleiten lassen. Eine unbedingte Norm gilt an sich und als Oberstes, das alle anderen Normen miteinschließt (An-sich-sein; *supremum*). Zudem ist sie eine letzte Annahme, deren Geltung nicht von anderen abhängt und sich insoweit selbst bestimmt; sie gilt selbstständig (Für-sich-sein; *consumatum*). Eine solche unbedingte Geltung wird in der Philosophie *Idee* genannt. Ideen haben eine unbedingte Geltung, die von nichts anderem als sich selbst abhängt. Für Kant und Hegel stellt die Freiheit eine solche Idee dar, aus der sich jede weitere Sollgeltung ergibt und deren Geltung selbst von keiner anderen Norm abhängt.

(3) Auch wenn eine Norm unbedingt gilt, kann ihre Geltung nicht einfach vorausgesetzt werden. Sie bedarf vielmehr selbst einer Begründung. Allerdings kann sie nicht durch weitere, inhaltliche Vorstellungen begründet werden, die ihrerseits begründungsbedürftig wären. Begründet wird sie vielmehr kraft ihrer *Form* (griech. *εἶδος/eidos*), die sie als Idee hat. Aus Gründen der Konsistenz bildet nicht der Inhalt, sondern die Form einer Norm die Grundlage ihrer Begründung. Aus dem Erfordernis der Konsistenz motiviert sich also auch die oben bereits angewandte *formale Normenbegründung*. Eine Norm besteht formal aus den Bedingungen, die ihre Geltung erfüllen können muss. Eine konsistente Begründung kann deshalb von nichts anderem als ebendiesen Geltungsbedingungen ausgehen, die von einer normativen Geltung formal vorausgesetzt werden. Eine normative Begründung gelingt nur in Gestalt einer formalen Begründung. Der bestimmte Inhalt – also die Bestimmung, *welche* Norm unbedingte Geltung besitzt – muss sich aus der formalen Konsistenz einer Begründung herleiten lassen.

(4) In normativen Gefügen nimmt die Freiheit eine Sonderstellung ein, weil allein sie eine unbedingte Geltung besitzen kann. Hegel begründet die unbedingte Geltung der Freiheit aus der Identität von Form und Inhalt dieser Begründung.[67] Eine unbedingte

67 Hegel, *Philosophie des Rechts*, S. 57-59 (§§ 8,9).

Geltung hat unabhängig von anderen Annahmen Bestand und bestimmt sich insoweit aus sich selbst. Die Begründung hat demnach die Form der Unabhängigkeit und Selbstbestimmung. Diese Form der Freiheit gibt nun Aufschluss über den *Inhalt der Geltung*. Freiheit ist die inhaltliche Entsprechung zu dieser Form: Wenn in einer konsistenten Begründung nichts anderes als die Form der Freiheit (Für-sich-sein) vorausgesetzt wird, dann kann der Inhalt in nichts anderem bestehen als in ebendieser Freiheit. Eine Sollgeltung lässt sich nicht konsistent begründen, ohne dass Freiheit ihr Inhalt ist. Wenn sich Normen überhaupt begründen lassen, dann muss – wegen der Konsistenz dieser Begründung – Freiheit ihr wesentlicher Inhalt sein. Normative Begründungen gelingen also nur insofern, als sich die unbedingte Geltung einer Norm *formal* begründen lässt und *Freiheit* der Inhalt dieser Norm ist. Normative Begründungen erfolgen demnach durch eine normative Rekonstruktion insbesondere der Freiheit.

Aus der Konsistenz erklärt sich lediglich, weshalb nur Freiheit – und nicht Gleichheit, Selbsterhaltung, Solidarität, Wohlergehen oder Nachhaltigkeit – die grundlegende Norm sein kann; Konsistenz ist zwar eine notwendige, aber noch keine hinreichende Geltungsbedingung. Um zu begründen, dass Freiheit innerhalb bestimmter Grenzen tatsächlich ein berechtigter Anspruch ist, müssen noch drei weitere Geltungsbedingungen erfüllt werden.

Für die Begründung von Eigentum bedarf es einer zusätzlichen Ergänzung. Freiheit lässt sich formal begründen, Eigentum – Freiheit in Bezug auf äußere Güter – jedoch nur im Rückgriff auf seine Weltbeziehung. Hier bedarf es einer spezifischeren Begründung im Hinblick auf die unterschiedlichen Güterarten. Für die Konsistenz der Begründung macht es einen Unterschied, ob Freiheit mit oder ohne Bezug auf äußere Güter begründet werden soll. Denn die Besonderheiten der jeweiligen Güter stellen unterschiedliche Anforderungen an eine konsistente Begründung. Freiheit erlangt in Bezug auf verschiedene Güter auf je andere Weise eine konsistente Geltung. In Bezug auf äußere Güter mit ihren jeweiligen Besonderheiten bedarf es demnach zusätzlicher Begründungsschritte, um die Bedingung der Konsistenz zu erfüllen.

Eine konsistente Begründung von Eigentum an Naturgütern setzt voraus, so viel sei vorweggenommen, dass die Natur eigene Rechte hat. Eigentum an Naturgütern lässt sich konsistent nur dann begründen, wenn sie *auch* der Natur gehören. In Bezug auf Naturgüter besitzt Freiheit also eine konsistente Geltung, wenn auch der Natur Eigentumsrechte zustehen. Dieses *eigentumstheoretische Argument für die Rechte der Natur* leitet sich demnach aus dem Erfordernis einer konsistenten Begründung her. Die Geltungsbedingung der Konsistenz wird mithilfe des eigentumstheoretischen Arguments ökologischer Rechte erfüllt.

In Teil II des Buchs werde ich das eigentumstheoretische Argument für die Rechte der Natur ausführen, das auf zwei Prämissen aufbaut. Die erste Prämisse lautet: Aus Gründen der Freiheit gilt die Regel »Wertschöpfung rechtfertigt Eigentum« (siehe Kapitel 4). Die zweite Prämisse lautet: Arbeit und Ökosystemdienstleistungen sind zwei Arten der Wertschöpfung (siehe Kapitel 5). Daraus folgt die Konklusion, dass die Regel »Wertschöpfung rechtfertigt Eigentum« auch für die Natur gilt. Demnach kommt der Natur das Recht auf das Eigentum an ihren Gütern zu. Eigentumsrechte können also nur dann konsistent begründet werden, wenn auch die Natur ein Eigentumsrecht besitzt. Eigentumsrechte besitzen – aus Gründen der Konsistenz – keine Geltung, wenn sie nicht auch für die Natur gelten. Oder anders gesagt: Wenn Menschen Eigentumsrechte besitzen, gibt es keinen Grund, sie der Natur vorzuenthalten.

(b) Normen setzen zweitens voraus, dass ihre Begründung kohärent ist. *Kohärenz* sichert die Einheit in der Vielfalt von Geboten, Verboten und Erlaubnissen. Diese müssen in einem widerspruchsfreien Zusammenhang stehen. Denn laut dem Satz vom ausgeschlossenen Widerspruch verliert ein Anspruch seine Geltung, wenn er im Widerspruch zur Geltung eines konkurrierenden Anspruchs steht. Die Geltung der einen Norm wird so durch die Geltung einer anderen infrage gestellt und widerlegt; im Widerspruch miteinander machen sie sich ihre Geltung wechselseitig streitig. Geltungsansprüche dürfen sich nicht widersprechen; ansonsten gelten sie nicht. Eine Sollgeltung muss deshalb nicht nur in sich stimmig sein; dies, also die Geltung einer sogenannten Prima-facie-Pflicht wird durch die Konsistenz garantiert.[68] Sie muss zudem stimmig mit anderen Normen sein. Diese *All-things-considered*-Geltung wird wiederum durch die Kohärenz gesichert. Kohärenz bedeutet, dass die Normen im Ganzen miteinander vereinbar sind.

68 David Ross, *The Right and the Good*, Oxford 2002.

Kohärenz hat zur Folge, dass die Geltung einer Norm nicht ohne ihre Begrenzung möglich ist. Wenn konkurrierende Ansprüche auf kohärente Weise gelten, dann wird die Geltung des einen Anspruchs durch die Geltung eines anderen Anspruchs begrenzt. Ohne ihre Kohärenz würden unterschiedliche Ansprüche einander widersprechen und neutralisieren. Infolge ihrer Kohärenz hingegen begrenzen sie sich wechselseitig und bewahren so ihre jeweilige Geltung, wenn auch mit einer begrenzten Reichweite.

Normative Begründungen stehen deshalb vor der Herausforderung, gegensätzliche Ansprüche in ein kohärentes Verhältnis miteinander zu bringen. Obwohl von unbedingter Geltung, muss Freiheit in Einklang mit anderen Ansprüchen wie Gleichheit, Solidarität, Selbsterhaltung, Nachhaltigkeit und Wohlergehen stehen, wobei Wohlergehen die Befriedigung von Bedürfnissen und die Erfüllung gesellschaftlicher Mindeststandards der Lebensqualität umfasst. Eine solche Kohärenz wird durch die normative Integration der Freiheit hergestellt. Andere Ansprüche müssen in die Geltung von Freiheit integriert werden. Freiheit muss Gleichheit oder Nachhaltigkeit einschließen und wird so zu einer kohärenten Gestalt konkretisiert.

Eine Kohärenz wird dadurch hergestellt, dass sich gegensätzliche Ansprüche wechselseitig voraussetzen. Sie geht damit über das bloß negative Verständnis einer zu vermeidenden Normenkollision hinaus. Ansprüche kollidieren nicht nur nicht miteinander, wie beim Prinzip gleicher Freiheit. Vielmehr ermöglichen sie sich wechselseitig. Sie verhalten sich kohärent zueinander, indem sie einander ermöglichen. Gleichheit, Solidarität und Nachhaltigkeit beschränken die Freiheit und stehen ihr zunächst unvereinbar gegenüber. Zugleich aber erlangt Freiheit überhaupt erst Geltung unter der Bedingung von Gleichheit, Solidarität und Nachhaltigkeit. Freiheit, wie sich Hegel ausdrückt, entspricht ihrem Begriff erst unter der Voraussetzung beispielsweise von Solidarität. Hegel hat diese Kohärenz mit der Gedankenfigur des Im-anderen-bei-sich-selbst-Seins beschrieben. Freiheit kommt demnach erst in der Solidarität zu sich selbst. Im Anschluss an Hegel wird sie als »kommunikative Freiheit«[69]

69 Michael Theunissen, *Sein und Schein. Die kritische Funktion der Hegelschen Logik*, Frankfurt/M. 1978, S. 46: »Kommunikative Freiheit bedeutet, daß der eine den andern nicht als Grenze, sondern als die Bedingung der Möglichkeit seiner eigenen Selbstverwirklichung erfährt.« Jürgen Habermas, *Faktizität und Geltung*.

oder »soziale Freiheit«[70] ausgeführt. Gemeinwohl, Intersubjektivität und Gemeinschaft begrenzen zwar die Freiheit, schaffen aber zugleich die Voraussetzungen dafür, dass Freiheit eine unverkürzte Geltung besitzt.

Auch nachhaltiges Eigentum erfüllt diese Kohärenzforderung. In ihm wird Nachhaltigkeit und Eigentum in Einklang gebracht. Eigentumsrechte und Nachhaltigkeitspflichten bilden zunächst gegensätzliche Geltungsansprüche. Eigentumsrechte berechtigen zur freien Entscheidung über die Nutzung, Verwertung und Übertragung von Naturgütern. Nachhaltigkeitspflichten wiederum begrenzen diese Eigentumsfreiheit. Obwohl beide einen Gegensatz bilden, setzen sie sich wechselseitig voraus. Ihre Kohärenz wird durch das *eigentumstheoretische Argument ökologischer Nachhaltigkeit* begründet, das in Teil III ausgeführt wird. Wenn Naturgüter auch der Natur gehören, dann werden sie von Menschen als fremdes Eigentum genutzt. Der Schutz fremden Eigentums wiederum verpflichtet dessen Nutzer zur nachhaltigen Nutzung. Menschen sind demnach dazu verpflichtet, Naturgüter nachhaltig zu nutzen. Diese Nachhaltigkeitspflicht leitet sich somit aus dem Eigentumsrecht selbst her.

Es soll also nicht nur eine Normenkollision zwischen Eigentum und Nachhaltigkeit vermieden werden. Eigentumsrechte und Nachhaltigkeitspflichten setzen sich vielmehr wechselseitig voraus: Ökologische Nachhaltigkeit wird im Rückgriff aufs Eigentumsrecht begründet. Eigentumsrechte wiederum erlangen Geltung erst durch die Anerkennung von Nachhaltigkeitspflichten. Sie erfüllen ihre Geltungsbedingungen erst, wenn sie durch Nachhaltigkeitspflichten begrenzt werden. Diese Kohärenz von Eigentum und Nachhaltigkeit wird auf den Begriff des nachhaltigen Eigentums gebracht, der scheinbar Unvereinbares vereint.

(c) Jede Sollgeltung setzt drittens ihre *Faktizität* voraus. Normative Gründe verlangen eine faktische Geltung, weil ansonsten ein Zirkel in der Begründung entsteht. Würde ein Anspruch, der gelten soll, aus etwas begründet werden, das gelten soll, so würde das Seinsollende vorausgesetzt werden, das erst noch zu begrün-

Beiträge zur Diskurstheorie des Rechts und des demokratischen Rechtsstaats, Frankfurt/M. 1994, S. 152.

70 Frederick Neuhouser, *Foundations of Hegel's Social Theory. Actualizing Freedom*, Cambridge, MA 2003, S. 5 f.; Honneth, *Das Recht der Freiheit*, S. 8.

den wäre. Anstatt einen Anspruch (Sollen) zu begründen, würde er unbegründet vorausgesetzt werden.[71] Normative Gründe sollen nicht nur gelten, sondern sie gelten bereits. Ihre Geltung wird nicht bloß beansprucht, sondern ist faktisch in Kraft. Normative Gründe müssen also eine faktische Geltung haben. Jede normative Geltung ist deshalb zugleich eine faktische Geltung. Mittels normativer Rekonstruktion werden normative Gründe nachgezeichnet, die schon Geltung haben.

In der Philosophiegeschichte werden vier Konzepte der Faktizität vertreten: der Naturalismus, der Empirismus, die Transzendentalphilosophie und die Praxisphilosophie.

(1) Im aristotelischen *Naturalismus* und seinen neoaristotelischen Spielarten wird die Faktizität mithilfe einer natürlichen Teleologie erklärt, der zufolge jedes Vermögen »durch sich selbst« oder »von selbst« nach seiner guten Ausübung strebt. Im Handlungsvermögen selbst liegt das Ziel einer guten Handlung. Ihm ist das Gute als ein notwendiges Ziel eingeschrieben, das nur durch widrige Umstände gewaltsam blockiert werden kann. Ohne äußere Blockaden strebt eine Handlung jedoch notwendig zum Guten. Das Gute, nach dem Handlungen unvermeidlich streben, besitzt also eine faktische Geltung.

(2) Im *Empirismus* wird die normative Geltung mit der Geltung von Tatsachen enggeführt. Normen gelten so wie Naturgesetze als Tatsachen, die sich naturwissenschaftlich beweisen lassen. Laut David Hume lässt sich beispielsweise die Sympathie (Mitleid) als ein Interesse erkennen, zu dem jeder Mensch veranlagt ist. Diese Verallgemeinerung rechtfertigt er aus der empirischen Erkenntnis der Sympathie als einer Tatsache. Ein weiteres Beispiel sind die Spiegelneuronen, mit denen sich eine moralische Empathie naturwissenschaftlich belegen lassen soll. Im Empirismus gelten also Normen als Tatsachen naturwissenschaftlicher Erkenntnis, die ebenso notwendig gelten wie Naturgesetze.

(3.) In Kants *Transzendentalphilosophie* wird Freiheit als eine transzendentale Idee entworfen, die eine Bedingung der Möglichkeit von Handlungen überhaupt ist. Sie muss für jede Art von

71 Sofern Faktizität dazu dient, einen Begründungszirkel und insoweit eine inkonsistente Begründung zu vermeiden, leitet sie sich aus dem Begründungsstandard der Konsistenz her. Sie ist zudem nur eine Bedingung *normativer* Geltung, also eine Geltungsbedingung für praktisches, nicht für theoretisches Wissen.

Handlung unhintergehbar vorausgesetzt werden. Ohne Freiheit lassen sich Handlungen nicht denken. Als Bedingung der Möglichkeit besitzt Freiheit demnach eine faktische Geltung, an der sich jede Handlung notwendig messen lassen muss.

(4) Die *Praxisphilosophie* beispielsweise von Hegel bietet eine vierte Deutung der Faktizität an und stellt den Vollzugscharakter in den Mittelpunkt. Die faktische Geltung einer Norm drückt sich in deren Praxis aus. Damit eine Norm gilt, muss ihre Praxis vollzogen werden. Der Freiheit wird eine faktische Geltung durch ihren praktischen Vollzug verliehen. Freiheit wird hier als eine Norm ausdrücklich gemacht, die in der bestehenden Praxis schon Geltung besitzt. Zu dieser Praxis gehört die Institutionalisierung von Freiheitsrechten ebenso wie die vorinstitutionelle Anerkennung von Freiheit durch Handlungen und Haltungen. Freiheit erlangt durch ihre Verrechtlichung, Institutionalisierung oder Habitualisierung eine faktische Geltung. Sie objektiviert sich in politischen Institutionen, sozialen Interaktionen, individuellen Handlungen, rechtlichen Praktiken und gesellschaftlichen Ritualen. Um ihre faktische Geltung auszuweisen, müssen sich politische, soziale und individuelle Praktiken als Verkörperungen von Freiheit beschreiben lassen. Damit Normen also eine verbindliche Geltung erlangen, müssen sie in Gesellschaft und Kultur objektiviert sein. Normen gelten nicht, ohne dass ihre Geltung von konkreten Praktiken verkörpert wird.

An die Praxisphilosophie knüpft die hier entfaltete Theorie nachhaltigen Eigentums an. Nachhaltiges Eigentum baut auf einer praxisphilosophischen Geltungsbedingung der Faktizität auf. Einerseits ist nachhaltiges Eigentum ein kontrafaktischer Anspruch, sofern ihm – abgesehen von den Ausnahmen Ecuador, Kolumbien, Neuseeland etc. – in Gesellschaften eine Geltung bislang fehlt. Andererseits besitzen seine Gründe bereits faktische Geltung, denn sie sind identisch mit denen der bestehenden Eigentumsrechte. Seine Geltung leitet sich aus den Freiheitsgründen her, auf denen bestehende Eigentumsrechte beruhen. Nachhaltige und bestehende Eigentumsrechte teilen sich den gleichen Geltungsgrund. Im bestehenden Eigentumsrecht wird somit eine Praxis von normativen Gründen vollzogen, die ebenso nachhaltiges Eigentum rechtfertigen. Nachhaltiges Eigentum stützt sich also auf eine faktische Geltung seiner Gründe.

Die Gründe für nachhaltiges Eigentum werden in der Praxis bestehender Eigentumsrechte bereits anerkannt und müssen lediglich ausdrücklich gemacht werden – weiter nichts. Die Geltung nachhaltiger Eigentumsrechte muss nicht herbeigewünscht werden, denn sie ist in der bestehenden Eigentumspraxis schon angelegt. Nachhaltigkeitspflichten berufen sich demnach auf Gründe, die im bestehenden Recht bereits gelten, und markieren daher Grenzen des Eigentums, die den geltenden Eigentumsrechten selbst innewohnen. Bestehende Eigentumsrechte und Nachhaltigkeitspflichten gehen aus den gleichen Gründen hervor. Dieselben Gründe, denen die bestehenden Eigentumsrechte ihre Geltung verdanken, rechtfertigen auch ihre Grenzen. Im Gegensatz zu den zuvor genannten Konzepten kommt die Praxisphilosophie erkennbar ohne die Annahme überzeitlicher Normen aus, wie einer zeitlosen Natur (Naturalismus), anthropologischer Interessen (Empirismus) oder einer transzendentalen Idee (Transzendentalphilosophie), dafür aber nicht ohne eine weitere Geltungsbedingung.

(d) Eine Sollgeltung setzt viertens ihre *Transformation* voraus. Die Geltungsbedingung der Transformation schließt an diejenige der Faktizität an. Mit ihr wird dem kontrafaktischen Charakter von Normen Rechnung getragen, die beides besitzen: eine faktische und eine kontrafaktische Geltung. Der Vollzug einer Norm verschafft ihr noch keine Geltung, wenn sie nicht zugleich eine kontrafaktische Geltung besitzt. Einerseits ist Freiheit aufgrund ihrer faktischen Geltung bereits Teil der Wirklichkeit. Sie hat in Gestalt bestimmter Institutionen, Handlungen und Haltungen bereits Geltung. Andererseits ist Freiheit ein kontrafaktischer Anspruch, der in Kraft treten soll, wo ihr eine Geltung bislang fehlt. Ihre Geltung soll dort erst noch Wirklichkeit werden. Dieses Ineinandergreifen von faktischer und kontrafaktischer Geltung lässt sich im Rückgriff auf den Gedanken der Transformation erklären.

Die kontrafaktische Geltung richtet sich gegen die Nichtgeltung einer Norm. Freiheit gilt in einem bestimmten Handlungsbereich bislang nicht als ein verletzbarer Anspruch. Sie *soll* hier aber als ein solcher Anspruch gelten. Die Nichtgeltung betrifft also weder die Verletzung noch die mangelnde Umsetzung einer geltenden Norm, sondern ihre fehlende Geltung in der Praxis. Diese Nichtgeltung lässt sich nicht dadurch beheben, dass die Reichweite geltender Normen kurzerhand vergrößert wird. Denn die Nichtgeltung wird durch die bestimmte Art und Weise, wie Freiheit institutionalisiert wird, miterzeugt und nimmt somit die Gestalt eines *Widerspruchs* an. Freiheit und ein Handlungsbereich, in dem sie nicht gilt, stehen im Widerspruch zueinander. Die Nichtgeltung einer Norm kommt in Gestalt solcher Widersprüche zur Erscheinung.

Die Ursache für den Widerspruch liegt dabei in der Verwirklichung einer Norm selbst. *Durch* ihre Objektivation verstrickt sich Freiheit in Widersprüche.[72] Sie wird von einer Praxis verkörpert, die zwangsläufig ins Gegenteil umschlägt. Institutionalisierte Freiheiten erzeugen hier neue Unfreiheiten, Zwänge und Herrschaft. Sie verkehren sich in das Gegenteil dessen, als was sie gelten sollen. Freiheit wird auf eine Art und Weise verwirklicht, die zugleich einen Handlungsbereich jenseits ihrer Geltungsreichweite errichtet. Einerseits wird Freiheit in Gesellschaft und Kultur objektiviert, womit sich ihre faktische Geltung realisiert. Andererseits wird damit ein Handlungsbereich miterzeugt, der sich ihrem Geltungsanspruch entzieht. Ihre Geltung und Nichtgeltung treten in einen Widerspruch zueinander, wobei die Nichtgeltung innerhalb ihres Geltungsbereichs zunächst nicht beanstandet werden kann; sie übersteigt diesen Geltungsbereich und wird aus der Binnenperspektive der geltenden Kategorien nicht als Unrecht erkennbar. Die kontrafaktische Geltung bezieht sich darauf, dass sich dieser Widerspruch auflöst und Freiheit auch in dem errichteten Handlungsbereich als ein berechtigter Anspruch gelten soll.

Die kontrafaktische Geltung der Freiheit betrifft beispielsweise ihren Universalismus. Freiheit soll als ein allgemeiner Anspruch auch für diejenigen gelten, denen dieser Anspruch vorenthalten bleibt. Ein Beispiel für den Widerspruch zwischen Freiheit und ihrer universalen Geltung ist Kants Demokratietheorie, wonach politische Freiheitsrechte für alle Bürger, aber nicht für Friseure, Hauslehrer, indische Schmiede etc. gelten.[73] In dem gleichen Wi-

72 Zwei Arten der Ursache für den Widerspruch werden unterschieden: eine praktische und eine logische Ursache. Da sich Kontingenzen, Abhängigkeiten und Natur niemals restlos eliminieren lassen, bleibt Freiheit in der Praxis an sie gebunden. Von dieser praktischen ist die logische Ursache zu unterscheiden, der zufolge Freiheit mit ihrem Gegenteil logisch verknüpft ist. Siehe zum logischen Zusammenhang von Freiheit und ihrem Gegenteil: Christoph Menke, *Eine Theorie der Befreiung*, Berlin 2022.

73 Immanuel Kant, *Über den Gemeinspruch: Das mag in der Theorie richtig sein, taugt aber nicht für die Praxis*, Hamburg 1992, S. 27 (AA VIII 246); ders., *Metaphysische Anfangsgründe der Rechtslehre*, S. 131 (AA VI 314 f.). Kant macht diesen

derspruch verfängt sich ein »allgemeines« Wahlrecht, das Frauen ausschließt. Ein weiteres Beispiel sind Privatrechtsgesellschaften, in denen Freiheitsrechte zwar formal für alle gelten, nicht aber von jedem tatsächlich ausgeübt werden können.

Vor dem Hintergrund solcher Widersprüche durchläuft die Geltung der Freiheit einen Prozess der Transformation. Die Transformation wird dadurch vollzogen, dass jeder Widerspruch der Freiheit durch eine neue Gestalt der Freiheit aufgehoben wird.[74] Die Transformation verläuft in den Bahnen einer fortwährenden Aufhebung von Widersprüchen. Widersprüche entstehen dabei unumgänglich neu, sobald Freiheit auf eine bestimmte Weise verwirklicht wird. Jede Objektivation von Freiheit in Gesellschaft und Kultur lässt neue Widersprüche entstehen, die durch eine anspruchsvollere Gestalt der Freiheit aufgehoben werden. Den Widersprüchen lässt sich nur durch den fortschreitenden Prozess der Ausgestaltung von Freiheit entkommen. Mit der wachsenden Institutionalisierung von Freiheit werden somit ihre Geltungsbedingungen zunehmend erfüllt; in der Transformation werden die Geltungsbedingungen fortschreitend anerkannt. Die Geltung der Freiheit entwickelt sich, indem ihre Konsistenz, Kohärenz, Faktizität und Transformation zunehmend erfüllt werden. Mit ihrer Anerkennung wird Freiheit fortschreitend verwirklicht.

Der Gedanke geschichtlicher Transformation erklärt, wie faktische und kontrafaktische Geltung in Einklang kommen. Freiheitsansprüche gelten faktisch. Um dabei zugleich ihrer kontrafaktischen Geltung gerecht zu werden, wird Faktizität zu einem Prozess verzeitlicht, der sich als eine geschichtliche Entwicklung der Geltung von Freiheit vollzieht. Einerseits gilt Freiheit aufgrund ihrer institutionellen Verkörperung faktisch. Andererseits soll sie kontrafaktisch an Geltung gewinnen. Die faktische und kontrafak-

Unterschied, weil materielle Selbstbestimmung Bürger vor Sanktionen schützen soll, die ihnen wegen ihrer politischen Überzeugung und Wahlentscheidung von Arbeitgebern und Auftraggebern angedroht werden könnten. Ein solcher Schutz wird jedoch nicht durch Eigentum, das der Perückenmacher im Unterschied zum Friseur besitzt, gewährleistet, sondern durch Rechtsgarantien der Meinungsfreiheit, des Arbeitsrechts etc.

74 Das Paradigma für diesen Transformationsprozess der Freiheit wird von Hegel in der Einleitung seiner Rechtsphilosophie beschrieben: Hegel, *Philosophie des Rechts*, S. 60-79 (§§ 10-27).

tische Geltung verbinden sich zu einem Transformationsprozess, in dem Freiheit zunehmend verwirklicht wird. Ohne diese geschichtliche Transformation der Freiheit lässt sich ihre normative Geltung nicht erklären.

Die Transformation der Freiheit ist also eine Bedingung ihrer Geltung. In dieser Hinsicht setzt die Geltung der Freiheit ihre Genesis voraus. Selbstverständlich erschöpft sich eine Geltung nicht in der Genesis, denn sie wird ja von allen vier Geltungsbedingungen ermöglicht. Ohne ihre Genesis kommt sie jedoch nicht zustande. Zeitlichkeit und Veränderbarkeit einer Norm führen deshalb nicht zwangsläufig zum Relativismus, im Gegenteil: Sie ermöglichen die robuste Geltung einer Handlungsregel. Normen haben keine unveränderliche Geltung. Die Praxis, die einer Norm ihre Geltung verleiht, unterliegt vielmehr einem geschichtlichen Wandel. Dieser Wandel ist eine Voraussetzung für die normative Geltung. Normen besitzen eine Geltung dadurch, dass sie sich – nur scheinbar paradox – verändern. Damit Normen ihre Geltung behalten, müssen sie sich wandeln.

Was für Freiheitsrechte im Allgemeinen, gilt für Eigentumsrechte im Besonderen. Ihre Transformation findet statt, wenn es einem neuen Eigentumsrecht besser als den bestehenden Rechten gelingt, die Geltungsbedingungen zu erfüllen. Jedes Eigentumsrecht, das sie zunehmend erfüllt, gewinnt die Geltung eines neuen Eigentumsrechts. Die Transformation der Eigentumsrechte ist demnach eine Bedingung ihrer Geltung. Eigentumsrechte unterliegen einem Wandel, der eine Bedingung ihrer Geltung ist. Ihre Geltung schließt ein, dass sie sich verändern, gestalten und umformen lassen. Zwar lässt sich ihr normativer Freiheitskern nicht überwinden: Es gibt kein Eigentum ohne Freiheit, weil Eigentum nichts anderes ist als Freiheit in Bezug auf äußere Güter. Eigentumsrechte müssen aber fortlaufend so ausgestaltet werden, dass sie die Bedingungen, unter denen sie als Freiheitsrechte gelten, zunehmend erfüllen.

In Bezug auf Naturgüter verstricken sich bestehende Eigentumsrechte in einen Widerspruch. Denn Eigentum schlägt hier in Enteignung um. Naturgüter werden im bestehenden Recht als herrenlose Dinge betrachtet, die niemandes Eigentum sind. Damit wird die Natur enteignet, der, wie später noch gezeigt wird, die Naturgüter *auch* gehören. Durch bestehende Eigentumsrechte werden der Natur ihre Eigentumsrechte aberkannt. Eigentumsrechte werden somit institutionalisiert und zugleich verletzt. Die Institutionalisierung von Eigentum verkehrt sich hier in ihr Gegenteil: in die Enteignung der Natur, wobei aus der Binnenperspektive bestehender Eigentumsrechte diese Enteignung nicht als solche und damit nicht als Widerspruch erkennbar wird. Dieser Widerspruch wird durch die Transformation von bestehenden Eigentumsrechten in nachhaltige Eigentumsrechte aufgehoben. In ihr werden Eigentumsrechte auf die Natur ausgeweitet und mit Nachhaltigkeitspflichten ausgestattet. Eigentumsrechte werden so ausgestaltet, dass auch die Natur ein Subjekt von Eigentumsrechten ist und ihr gegenüber Nachhaltigkeitspflichten bestehen. Die Transformation bestehender Eigentumsrechte in nachhaltiges Eigentum ist eine Geltungsbedingung von Eigentum. Ihr widme ich mich in Kapitel 8 über die sozialökologische Transformation.

Damit lässt sich ein Vorausblick auf das liminale Eigentum an Naturgütern werfen. Konsistenz, Kohärenz, Faktizität und Transformation insgesamt sind die Bedingungen, die den Eigentumsrechten Geltung verschaffen und sie zugleich begrenzen. Sie lassen sich in Gestalt nachhaltigen Eigentums erfüllen. Eigentum an Naturgütern ist nur dann ein berechtigter Anspruch, wenn es durch Nachhaltigkeitspflichten begrenzt wird. Nachhaltigkeit bildet eine innere Grenze des Eigentums, weil sie sich aus seinen Geltungsbedingungen herleitet. Nachhaltigkeitspflichten gegenüber der Natur wohnen Eigentumsrechten insoweit selbst inne. Nachhaltiges Eigentum erweist sich als eine Gestalt liminalen Eigentums.

3.2 Eigentumsverhältnisse

Um das Mosaik von der Natur des Eigentums zu vervollständigen, bedarf es noch eines letzten Elements. Bisher wurden die Geltungsbedingungen rekonstruiert, die von Eigentum erfüllt werden müssen. Nun ist zu untersuchen, wie sie sich erfüllen lassen. Geltungsbedingungen stellen einen Geltungs*anspruch* auf. Sie werden von Eigentumsrechten vorausgesetzt, die Geltung beanspruchen. Der Geltungsanspruch ist erst verwirklicht, wenn die Geltungsbedingungen auch erfüllt sind. Wie lassen sich die Geltungsbedingungen und damit der Geltungsanspruch einlösen?

Mit dieser Frage gehen wir zu den *Eigentumsverhältnissen* über.

Geltungsbedingungen machen eine normative Geltung möglich. Sollen Eigentumsrechte auch tatsächlich gelten, müssen ihre Geltungsbedingungen verwirklicht sein. Die Geltungsbedingungen werden durch bestimmte Eigentumsverhältnisse erfüllt. Damit Eigentumsrechte ihre Geltungsbedingungen einlösen, müssen sie sich in bestimmten Eigentumsverhältnissen realisieren. Anders gesagt: Sie werden ihren Geltungsbedingungen in Gestalt konkreter Eigentumsverhältnisse gerecht. Eigentumsverhältnisse bilden somit die gesellschaftliche Realität, in der der Geltungsanspruch des Eigentumsrechts eingelöst wird. Während also bisher mit den Geltungsbedingungen die Möglichkeitsbedingungen rekonstruiert wurden, sind nun mit den Eigentumsverhältnissen die Wirklichkeitsbedingungen nachzuzeichnen.

Erst in Teil II und III des Buchs werde ich die Eigentumsverhältnisse detailliert ausbuchstabieren, mit denen Geltungs- und Wirklichkeitsbedingungen in Bezug auf Naturgüter tatsächlich erfüllt werden. Andersartige Güter (Gebrauchsgüter, Bedarfsgüter, Produktivgüter, Naturgüter) führen zu je besonderen Eigentumsverhältnissen, das heißt, Geltungsbedingungen werden in Bezug auf sie unterschiedlich realisiert. In Bezug auf verschiedene Güterarten stellen sich jeweils andere Anforderungen an ein Eigentumsverhältnis, um die Geltungsbedingungen zu erfüllen. Zwar setzen alle Eigentumsrechte die gleichen Geltungsbedingungen voraus. Diese werden aber in Bezug auf unterschiedliche Güter je andersartig erfüllt und deshalb auf vielfältige Weise als besondere Eigentumsverhältnisse verwirklicht. Im weiteren Verlauf dieses Buches werde ich ausschließlich die Eigentumsverhältnisse in Bezug auf Naturgüter untersuchen. Zuvor aber ist das Konzept der Eigentumsverhältnisse zu erläutern.

Eigentumsverhältnisse umfassen alle Regulierungen, denen das Eigentum in einer Gesellschaft unterworfen ist. Eigentum wird kraft äußerer Schranken und innerer Grenzen reguliert. Durch innere Grenzen werden Eigentumsverhältnisse auf besondere Weise gestaltet. Eigentumsrechte bilden sich zu bestimmten Eigentumsverhältnissen aus, indem sie ihre Geltungsbedingungen erfüllen. Eigentumsverhältnisse beschreiben also, wie Eigentum gesellschaftlich zu begrenzen ist, damit es als berechtigter Anspruch gilt. Sie werden dabei zu drei Arten von Eigentumsverhältnissen ausgestaltet: hinsichtlich der Eigentumsförmigkeit, Eigentumsordnungen und Eigentumspflichten. Mit der *Eigentumsförmigkeit* wird unterschieden zwischen dem, was überhaupt in Eigentum übergehen kann, und dem, was sich ihm entzieht. *Eigentumsordnungen* strukturieren Gesellschaften anhand von Grenzlinien, die zwischen individuellem, gemeinschaftlichem und öffentlichem Eigentum verlaufen. Schließlich sind Eigentumsrechte an *Eigentumspflichten* gebunden.

Den globalen Ökologiekrisen lässt sich mit Eigentumsverhältnissen gegensteuern, die nachhaltige Eigentumsrechte einschließen. Eigentumsrechte an Naturgütern sind nur dann gerechtfertigt, wenn sie ihre Geltungsbedingungen erfüllen. Und sie erfüllen ihre Geltungsbedingung, indem sie zu nachhaltigen Eigentumsrechten ausgestaltet werden. Sie werden dabei in drei Hinsichten ausgestaltet. Eigentumsförmigkeit bedeutet in Bezug auf Naturgüter, dass die Natur nicht nur Objekt, sondern auch Subjekt von Eigentumsrechten ist. Naturgüter stehen zudem in einer ökologischen Eigentumsordnung, sofern Mensch und Natur gemeinschaftliches Eigentum an ihnen besitzen. Und schließlich werden Eigentumsrechte an Naturgütern durch Nachhaltigkeitspflichten begrenzt.

Mit den Eigentumsverhältnissen schließt sich der Kreis, der mit dem generischen Rechtsverhältnis begann. Eigentum wurde anfangs als das generische Rechtsverhältnis eingeführt, in dem Eigentümer zu ihren Gütern stehen. Jenes Rechtsverhältnis lässt sich nun zu vielfältigen Eigentumsverhältnissen ausdifferenzieren. Die Weltbeziehung zwischen Eigentümern und ihren Gütern konkretisiert sich in bestimmten Eigentumsverhältnissen.

3.2.1 Eigentumsförmigkeit

Das Kriterium der Eigentumsförmigkeit ermöglicht es, zu unterscheiden, welche Güter (und Dienstleistungen) die Form des Eigentums annehmen können und welche nicht. Mit ihr wird die *Verfügungsreichweite* begrenzt, indem bestimmt wird, auf welche Güter sich die Eigentumsmacht erstreckt und auf welche nicht. Dieses Kriterium zieht also die Trennlinie zwischen Eigentumsgütern und Gütern, die kein Eigentum sind. Eigentumsförmigkeit lässt sich auch als *Propriation* bezeichnen, mit der beschrieben wird, was in Eigentum übergehen kann im Unterschied zu dem, was sich ihm widersetzt. Die Frage ist also nicht, wie Eigentumsrechte an bestimmten Gütern auszugestalten sind. Vielmehr sind unter diesem Aspekt Eigentumsverhältnisse so zu gestalten, dass bestimmte Güter vom Eigentumsrecht ausgeschlossen werden.

Vom Eigentum sind zum Beispiel Körperorgane ausgenommen.[75] Schwer vorstellbar ist, dass Personen ihre eigenen Organe aus freien Stücken zu Geld machen wollen. Vielmehr werden sie durch Not zum Verkauf ihrer Organe für einen Lebensunterhalt gezwungen. Das Eigentum an Organen lässt sich deshalb nicht konsistent begründen: Wenn Freiheit in Bezug auf physische Güter als Eigentum ausgeübt wird und wenn Organe nicht freiwillig verwertet werden, dann sind Organe keine eigentumsförmigen Güter. Eigentum an Organen würde also der Freiheit widersprechen, die den normativen Gehalt des Eigentums ausmacht. Es verliert mit der Freiheit auch den Grund für seine eigene Geltung. Aus Gründen der Konsistenz kann grundsätzlich nur eigentumsförmig sein, was selbst keinen freien Willen hat.[76] Auch Personen entziehen sich deshalb dem Eigentum. Eigentum an Personen und ihre Freiheit schließen sich gegenseitig aus. Daraus ergibt sich ein Argument gegen die Sklaverei. Eigentum gilt als Freiheitsrecht und würde, erstreckte es sich auf Personen, den Trägern dieses Freiheitsrechts ihre Freiheit rauben. An Menschen kann kein Eigentum gehalten werden, weil es sich in diesen Selbstwiderspruch verstrickt. Das Eigentum an Sklaven kann also kein geltendes Recht sein.

Indes gibt es keine Gründe dafür, warum Naturgüter vom Eigentum ausgeschlossen sein sollten. Der häufig bemühte Vergleich zwischen Sklaven und Naturgütern hinkt. Er besagt: Ebenso wie sich die Einsicht durchgesetzt habe, dass Menschen kein Eigentum seien, werde einst entdeckt werden, dass sich Naturgüter dem Eigentum entzögen.[77] Nun trifft zwar zu, dass Naturgüter kein vollständiges Eigentum von Menschen sind – jedoch nicht deshalb, weil sie sich grundsätzlich dem Eigentum entziehen, sondern weil sie *auch* Eigentum der Natur sind. Naturgüter entziehen sich der menschlichen Verfügungsmacht, aber nicht der Eigentumsförmigkeit insgesamt. Die Natur besitzt keinen freien Willen und gehört insoweit nicht zu den Fällen, die sich der Eigentumsförmigkeit von vornher-

75 Anne Philips, *Our Bodies, Whose Property?*, Princeton 2013.

76 Hegel, *Philosophie des Rechts*, S. 122-124 (§ 57).

77 Karl Marx, *Das Kapital. Dritter Band*, in: *Marx-Engels-Werke*, Bd. 25, Berlin 1988, S. 784.

ein entziehen. Demnach sind Naturgüter prima facie eigentumsförmige Güter. Ihre Nutzung lässt sich daher nicht durch die Unterscheidung zwischen Eigentum und Nichteigentum regulieren. Das Eigentum an Naturgütern wird vielmehr durch Eigentumspflichten begrenzt, die Eigentümer an eine nachhaltige Nutzung binden.

3.2.2 Eigentumsordnungen

Zudem wird Eigentum innerhalb von Eigentumsordnungen begrenzt. Eigentumsordnungen setzen sich aus zwei Variablen zusammen, die einander unterschiedlich zugeordnet werden können: aus verschiedenen Rechtssubjekten und aus Güterarten. Zum einen lassen sich vier Arten von Gütern unterscheiden, die das Objekt des Eigentums bilden: Gebrauchsgüter, Bedarfsgüter, Produktivgüter und Naturgüter. Diese Güterarten lassen sich nun vier unterschiedlichen Rechtssubjekten zuordnen: einem Individuum, einer Gemeinschaft, einer öffentlichen Institution und der Natur.

Die Verschiedenartigkeit von Rechtssubjekten und Güterarten – von Subjekt und Objekt des Eigentums – eröffnet eine Vielzahl von Möglichkeiten, wie sich beide einander zuordnen lassen. Damit stellt sich die normative Frage nach der richtigen Zuordnung von Rechtssubjekten und Güterarten – daher die Bezeichnung Eigentums*ordnung*. Welche Rechtssubjekte und welche Güterarten passen zueinander? Eigentumsordnungen bestehen in der jeweiligen Passung von Rechtssubjekten und Güterarten und regulieren Eigentumsrechte demnach hinsichtlich ihrer *Verfügungsverteilung*: Über welche Güterart sollte welches Rechtssubjekt bestimmen? Eigentumsordnungen regeln, ob beispielsweise Bedarfsgüter wie Wohnraum, Energieversorger und Kliniken der öffentlichen Hand gehören oder von ihren Nutzerinnen gemeinschaftlich verwaltet oder Privateigentum von Einzelnen sein sollten;[78] oder ob diese Güter eine hybride Eigentumsform unter Beteiligung aller drei Rechtssubjekte erfordern.

78 Siehe zur wirtschaftsdemokratischen Eigentumsordnung, die dem Gemeineigentum an Produktivgütern wie Unternehmen, Fonds etc. Rechnung trägt, sofern deren Umfang eine gewisse Größe überschreitet: Tilo Wesche, Hartmut Rosa, »Die demokratische Differenz zwischen besitzindividualistischen und kommunitären Eigentumsgesellschaften«, in: *Berliner Journal für Soziologie* 28 (2018), S. 237-261.

Für die passende Zuordnung bedarf es eines Kriteriums. Dieses Kriterium entstammt dem Eigentumsrecht selbst und liegt in den liminalen Bedingungen, denen das Eigentumsrecht seine Geltung verdankt. Eigentumsordnungen realisieren die Bedingungen, unter denen Eigentumsrechte als berechtigte Ansprüche gelten. Eigentumsrechte müssen institutionell zu bestimmten Ordnungen ausgestaltet werden, damit sie ihre eigenen Geltungsbedingungen erfüllen. Aus Gründen der Konsistenz ist etwa bei Naturgütern gemeinschaftliches Eigentum gerechtfertigt. An ihm sind zwei Rechtssubjekte gleichermaßen beteiligt: Menschen und Natur. In Bezug auf Naturgüter sind die Rechtssubjekte einerseits die Natur und andererseits Einzelpersonen, Gemeinschaften und politische Institutionen. Das entsprechende Argument wurde bereits angedeutet, wird später ausführlich behandelt und hier schon einmal genannt: Die Verarbeitung der Naturgüter und deren Ökosystemdienstleistungen sind zwei Quellen der Wertschöpfung. Wertschöpfung berechtigt zum Eigentum an den geschaffenen Werten. Deshalb sind Menschen, die Naturgüter verarbeiten, und die Natur, durch deren Ökosystemdienstleistungen ebenfalls zur Wertschöpfung beigetragen wird, gleichermaßen Eigentümerinnen der Naturgüter: Menschen und Natur teilen sich gemeinschaftlich das Eigentum an Naturgütern, halten gemeinschaftliches Eigentum an ihnen. Beide sind durch ihr gemeinschaftliches Eigentum verbunden und gleichberechtigte Mitglieder einer Rechts- und Eigentumsgemeinschaft.

3.2.3 Eigentumspflichten

Eigentumsrechte werden durch bestimmte Pflichten begrenzt, an die Eigentümer gebunden sind. Diese Eigentumspflichten nehmen die Gestalt von *Verfügungssperren* an: Zwar dürfen Eigentümer über ihre Güter frei verfügen, ihren Freiheiten sind jedoch durch Pflichten gegenüber anderen und der Natur Grenzen gezogen. Eigentümern wird somit eine unbegrenzte Verfügung versperrt: Sie bestimmen über ihr Eigentum nicht nach Belieben, sondern nur unter besonderen Auflagen, die sich aus den Pflichten ergeben.

Der Bedarf an einer Regelung mithilfe von Eigentumspflichten ergibt sich im Anschluss an die Eigentumsordnungen und insbesondere an das Privateigentum. Gemeineigentum und öffentliches Eigentum ziehen kollektive Pflichten gegenüber den Mitgliedern einer

Gemeinschaft oder Gesellschaft nach sich. Entscheidungsträger der öffentlichen Hand sind an politische Pflichten gebunden, die beispielsweise die Einhaltung von Verfahren, Rechenschaftspflichten und Transparenzpflichten betreffen. Genossenschaftsmitglieder beispielsweise sind wiederum dem Gemeinwohl ihrer Genossenschaft verpflichtet. Beim Privateigentum jedoch entfallen diese Bindungen gegenüber Mitgliedern, weshalb der Eindruck entstehen könnte, dass mit ihm keine Eigentumspflichten einhergingen. Auch wenn das Recht auf Privateigentum gerechtfertigt ist, steht in vielen Fällen die Frage im Raum, ob es an eine Gemeinnützigkeit gebunden ist. Diese Sozialbindung nimmt die Gestalt von Eigentumspflichten an, die die Ausübung privater Eigentumsrechte begrenzen.

Eigentumspflichten unterscheiden sich von allgemeinen Pflichten, die, wie das allgemeine Verletzungsverbot, dem Eigentum Schranken von außen auferlegen (siehe oben). Sie sind nämlich besondere Pflichten, die Eigentum von innen begrenzen. Der kürzeste Satz im deutschen Grundgesetz lautet: »Eigentum verpflichtet.« (Art. 14 Abs. 2 S. 1 GG) Er drückt eine solche Verpflichtung aus, die dem Eigentumsrecht entspringt. Eigentum ist hier das Subjekt der Pflicht. Statt also eine Pflicht von außen ans Eigentum herantragen, geht sie vielmehr aus dem Eigentum hervor. Ihr Grund wohnt dem Eigentum selbst inne. Aus Eigentumsrechten ergeben sich Pflichten für die Eigentümer. Dieser Sachverhalt lässt sich ausgehend vom liminalen Eigentum folgendermaßen erklären: Eigentumsrechte erfüllen die Geltungsbedingungen nur dann, wenn sie von Eigentumspflichten begrenzt werden.

Eigentum verpflichtet Eigentümer vorab zum Schutz der Freiheit der Nichteigentümer. Denn wenn sich Eigentum aus Freiheit rechtfertigt, dann verpflichtet Eigentum zum Schutz auch der Freiheit derer, die über kein Eigentum verfügen. Derselbe Grund, der Eigentum überhaupt rechtfertigt, begründet somit auch seine Begrenzung. Geht die Freiheit von Nichteigentümern verloren, büßt mit deren Freiheit auch der Grund des Eigentums seine Geltung ein. Eigentum verpflichtet aus Gründen des Freiheitsschutzes der Nichteigentümer etwa zur betrieblichen Mitbestimmung, zu Wegerechten, zur Gemeinfreiheit der Wissensallmende und zum Mieterschutz, dem zufolge die Kündigung aus Eigenbedarfsgründen vereinbar mit dem Schutz vor willkürlichem Wohnungsverlust sein muss.

Auch Pflichten zur nachhaltigen Nutzung von Naturgütern gehören zu den Eigentumspflichten. Und auch sie leiten sich aus dem Eigentumsgedanken her: Eigentum selbst verpflichtet zur ökologischen Nachhaltigkeit. Das entsprechende Argument hierfür wird ebenfalls später ausgeführt und hier schon einmal vorweggenommen. Menschen nutzen Naturgüter auch als fremdes Eigentum, das der Natur gehört. Der Eigentumsschutz verpflichtet wiederum dazu, fremdes Eigentum nachhaltig zu nutzen. Was einem nicht gehört, darf weder beschädigt noch zerstört werden. Die Nutzung von Naturgütern unterliegt demnach der Nachhaltigkeitspflicht. Nachhaltigkeitspflichten lassen sich also dem Eigentumsrecht selbst entnehmen. Liminales Eigentum konkretisiert sich in Bezug auf Naturgüter als nachhaltiges Eigentum.

Teil II
Das Eigentum der Natur

»Die ganze Natur gleichsam wartet darauf,
daß wir das rechte Wort sagen.«
Max Horkheimer

Die bestehenden Eigentumsrechte sind ursächlich für die ökologischen Krisen der Gegenwart. Sie sind das Einfallstor dafür, dass Rohstoffvorkommen ausgebeutet, Naturkreisläufe übernutzt, Werte extrahiert, Müll verklappt, Schadstoffe freigesetzt und Treibhausgase emittiert werden und dass die Lebensräume von Tier- und Pflanzenarten verschwinden. Das Recht darauf, Naturgüter zu verbrauchen, erscheint wie eine Legalisierung des Raubbaus an der Natur. Es ist ja nicht so, dass ökologische Krisen deshalb aufkommen, weil unentwegt Rechte verletzt und Gesetze gebrochen werden. Die Ressourcenerschöpfung, die Klimakrise, der Artenverlust, die Verseuchung der Grundelemente Wasser, Luft und Boden sowie die Emissionszuwächse geschehen vielmehr auf einer Rechtsgrundlage. Und diese Rechtsgrundlage wird durch bestehende Eigentumsrechte geschaffen. Mit Eigentumsrechten haben sich Gesellschaften in die ökologischen Krisen hineinlegalisiert.

Angesichts der wachsenden Ökologiekrisen wird die Kritik am Eigentum immer lauter. Längst ist die Behauptung widerlegt, Privateigentum befördere mehr als jede andere Eigentumsform eine nachhaltige Nutzung von Naturgütern, weil individuelle Eigentümer ein Interesse am Erhalt ihres jeweils eigenen Besitzes hätten.[1]

1 Die funktionale Überlegenheit des Privateigentums an Naturgütern wird einflussreich von Garrett Hardin vertreten, der sie mit der sogenannten Tragödie der Allmende kontrastiert. Siehe dazu Garrett Hardin, »The Tragedy of the Commons«, in: *Science* 162 (1968), S. 1243-1248. Elinor Ostrom wendet gegen Hardin ein, dass Gemeineigentum von ihm irrtümlich für einen freien und unkontrollierten Zugang zu Gemeingütern gehalten wird. Siehe dazu Elinor Ostrom, *Governing the Commons. The Evolution of Institutions for Collective Action*, Cambridge 1990. Hardins Kritik richtet sich deshalb eher gegen Eigentumslosigkeit und verfehlt das Gemeineigentum, das teilweise eine bessere Bilanz hinsichtlich Effizienz und Nachhaltigkeit aufweist als Privateigentum. In Anschluss an Ostrom weist Daniel H. Cole eine höhere Nachhaltigkeit öffentlichen Eigentums im Sinne der effizienteren Vermeidung von Schadstoffemissionen nach. Siehe dazu Daniel H.

Aber auch gemeinschaftliches und öffentliches Eigentum schützt selten davor, dass Naturgüter übernutzt, Ressourcen erschöpft und Werte extrahiert werden. Öffentliches Eigentum führt zwar zu einer besseren Ökobilanz als Privateigentum, verhindert aber den Raubbau an der Natur keineswegs, solange sich die Staatskassen

Cole, *Pollution and Property. Comparing Ownership Institutions for Environmental Protection*, Cambridge 2002. Außer Ostroms ökonomischer Kritik lassen sich drei weitere Arten der Kritik am Privateigentum hinsichtlich seiner fehlenden Nachhaltigkeit unterscheiden. Erstens die ökozentrische Kritik, wonach Privateigentum durch den Eigenwert der Natur begrenzt wird. Siehe dazu u. a. David B. Hunter, »An Ecological Perspective on Property: A Call for Juridical Protection of the Public's Interests in Environmentally Critical Resources«, in: *Harvard Environmental Law Review* 12 (1988), S. 311-383; Roderick Frazier Nash, *The Rights of Nature. A History of Environmental Ethics*, Madison 1989; Joseph L. Sax, »Property Rights and the Economy of Nature: Understanding Lucas v. South Carolina Coastal Council«, in: *Stanford Law Review* 45 (1993), S. 1433-1455; Terry W. Frazier, »The Green Alternative to Classical Liberal Property Theory«, in: *Vermont Law Review* 20 (1995), S. 299-371; Lynda L. Butler, »The Pathology of Property Norms: Living Within Nature's Boundaries«, in: *South California Law Review* 73 (2000), S. 927-1015; Ronald J. Engel, »Property: Faustian Pact or New Covenant with Earth?«, in: Prue Taylor, David Grinlinton (Hg.), *Property Rights and Sustainability. The Evolution of Property Rights to Meet Ecological Challenges*, Leiden und Boston 2011, S. 63-86; Erin Fitz-Henry, »Challenging Corporate ›Personhood‹: Energy Companies and the ›Rights‹ of Non-Humans«, in: *Political and Legal Anthropology Review* 41 (2018), S. 85-102; Johanna Gibson, *Owned. An Ethological Jurisprudence of Property. From the Cave to the Commons*, London und New York 2020. Zweitens die kommunitaristische Kritik, der zufolge Privateigentum an Naturgüter sich aus seinem Wert für das Gemeinwohl rechtfertigt und durch ihn begrenzt wird. Siehe dazu u. a. Eric T. Freyfogle, »Ownership and Ecology«, in: *Case Western Resources Law Review* 43 (1993), S. 1269-1297; ders., *On Private Property. Finding Common Ground on the Ownership of Land*, Boston 2007; ders., »Taking Property Seriously«, in: Taylor/Grinlinton (Hg.), *Property Rights and Sustainability*, S. 43-61. Und drittens die liberale Kritik, wonach Privateigentum dem Prinzip gleicher Freiheit und der aus ihm ableitbaren Nachhaltigkeitspflicht gerecht werden muss. Siehe dazu u. a. Carol M. Rose, »Given-ness and Gift: Property and the Quest for Environmental Ethics«, in: *Environmental Law* 24 (1994), S. 1-31; Carl Circo, »Does Sustainability Require a New Theory of Property Rights?«, in: *Kansas Law Review* 58 (2009), S. 91-159. Nicht aus ökologischer, sondern aus gerechtigkeitstheoretischer Perspektive wird Privateigentum an Naturgütern kritisiert von: Christiaan von Boonen, Nicolás Brando, »Revisiting the Common Ownership of the Earth: A Democratic Critique of Global Distributive Justice Theory«, in: *Global Justice: Theory, Practice, Rhetoric* 9 (2016), S. 134-154.

mit ihm füllen lassen.[2] Staatseigene Kohlekraftwerke, öffentliche Bergbaugesellschaften und kommunale Energieunternehmen verbrauchen Naturgüter kaum anders als private Marktakteure. Ebenso wenig verhindert Gemeineigentum, dass Bodenschätze abgebaut und Ökosysteme verwertet werden. Genossenschaftliche Fischereien gehen zwar mit ihren Fischbeständen nachhaltiger um, weil der Erhalt dieser Bestände ihnen Einkommen und Lebensunterhalt sichert.[3] Was sich für diese Zwecke nicht verwerten lässt, verdient jedoch offenbar nicht den gleichen ökologischen Schutz, denn die Kohlendioxidemissionen ihrer Flotten und Vertriebswege sowie die Bodenversiegelung durch ihre Infrastrukturen gleichen denen der Privat- und Staatsunternehmen. Im Unterschied zu erneuerbaren Ressourcen wie Fischbeständen fällt die Nachhaltigkeitsbilanz von Gemeineigentum an nicht erneuerbaren Ressourcen noch schlechter aus. Oftmals extrahieren Gemeinschaften ihre Bodenschätze wie Öl, Kohle und Mineralien nicht anders als Privat- und Staatskonzerne, um möglichst hohe Einnahmen zu erwirtschaften und gemeinschaftliche Güter zu finanzieren.[4]

Durch Eigentumsrechte welcher Art auch immer – ob privates, gemeinschaftliches oder öffentliches Eigentum – wird den ökologischen Krisen der Weg geebnet. Zumindest auf den ersten Blick scheinen deshalb die Totalkritik des Eigentums und die Sozialfantasie von der eigentumslosen Gesellschaft verständlich zu sein. Eigentumslosigkeit oder vermeintliche Alternativen zum Eigentum sind zwar nicht per se, aber doch sehr oft ein Etikettenschwindel. Beispielsweise besitzen die Commons oder die Allmende häufig Merkmale des Gemeineigentums. Auch Gemeingüter unterliegen Zugangsregelungen, die dazu dienen, andere von ihrer Nutzung,

2 Siehe zu den größeren Nachhaltigkeitseffekten öffentlichen Eigentums: Cole, *Pollution and Property*; Carol M. Rose, »Big Roads, Big Rights: Varieties of Public Infrastructure and their Impact on Environmental Resources«, in: *Arizona Law Review* 50 (2008), S. 409-443.

3 Ostrom, *Governing the Commons*; Edella Schlager, Elinor Ostrom, »Property-Regimes and Natural Resources: A Conceptual Analysis«, in: *Land Economics* 68 (1992), S. 249-262. Siehe zu Beispielen für die ökologische Nachhaltigkeit gemeinschaftlichen Eigentums auch: Lee Godden, »Communal Governance of Land and Resources as a Sustainable Property Institution«, in: Taylor/Grinlinton (Hg.), *Property Rights and Sustainability*, S. 249-272.

4 Mary Christina Wood, *Nature's Trust. Environmental Law for a New Ecological Age*, New York 2014, S. 136.

Verwertung und Übertragung auszuschließen. Sie sollen Gemeingüter insbesondere vor Privatinteressen schützen. Die Organisation von Naturgütern als Commons soll unterbinden, dass sie von Privatpersonen für ihre individuellen Zwecke angeeignet werden. Mit ebendieser Exklusion wird diejenige Macht ausgeübt, die Merkmal von Eigentumsrechten ist. Die Commons sind also kraft des Rechts, Privateigentümer auszuschließen, ein Beispiel – nicht für Eigentumslosigkeit, sondern für eine gemeinschaftliche Form des Eigentums. Auch dass die Regeln ihrer Nutzung, Verwertung und Übertragung gemeinschaftlich bestimmt werden, ist nicht ein Merkmal von Eigentumslosigkeit, sondern von Gemeineigentum. Eigentumslosigkeit trifft vielmehr auf eine Gesellschaft zu, in der es keine Zugangsregeln beispielsweise für Naturgüter gibt. Wenn ihre Nutzung, Verwertung und Übertragung durch Eigentumsrechte reguliert werden, dann haben Personen oder Gruppen in eigentumslosen Gesellschaften einen ungehinderten Zugriff auf sie. Kurzum: Ohne Eigentumsrechte werden Naturgüter nicht davor geschützt, für Privatinteressen oder Allgemeininteressen ausgebeutet und verbraucht zu werden. Es darf deshalb bezweifelt werden, dass es um die Natur in eigentumslosen Gesellschaften besser bestellt wäre als in Eigentumsgesellschaften. Eigentumslose Gesellschaften würden die ökologischen Krisen nicht lösen, sondern im Gegenteil verschärfen.

Weder bestehende Eigentumsrechte noch ihre Abschaffung führen also aus den ökologischen Krisen heraus. Deshalb bedarf es einer Alternative zu beidem. Diese Alternative muss in einer bestimmten Vorstellung von Eigentumsrechten liegen, weil eben Eigentumslosigkeit keine Lösung ist. Ökologische Krisen lassen sich nicht ohne Eigentumsrechte bewältigen. Diese müssen zugleich über die bestehenden Eigentumsrechte hinausgehen, die überhaupt erst in die Krisen hineinführten. Es bedarf demnach eines alternativen Eigentumsverständnisses, das Eigentumsrechte und ökologische Nachhaltigkeit in Einklang miteinander bringt. Die Alternative läuft auf ein nachhaltiges Eigentum hinaus.

Für dieses nachhaltige Eigentum wurde in Teil I ein eigentumstheoretischer Unterbau geschaffen. Vor allem mit den Konzepten des Gütereigentums und des liminalen Eigentums wurde die Grundlage für ein nachhaltiges Eigentum gelegt. In Teil III wird das liminale Eigentum wieder aufgegriffen und ein eigentumstheoretisches Argument für Nachhaltigkeitspflichten ausgeführt. Zur Erinnerung: Liminales Eigentum bedeutet in Bezug auf Naturgüter, dass die ökologische Nachhaltigkeit dem Eigentumsrecht als eigene Grenze innewohnt. Eigentumsrechte an Naturgütern werden kraft ökologischer Nachhaltigkeitspflichten von innen begrenzt.

Zunächst aber soll in Teil II das Gütereigentum konkret bezogen auf Naturgüter ausgeführt und ein eigentumstheoretisches Argument für die Rechte der Natur entfaltet werden. Denn das Argument der Nachhaltigkeit leitet sich aus diesem Argument für die Eigenrechtsidee erst her. Dieses wird von jenem vorausgesetzt: Dass Eigentumsrechte Nachhaltigkeitspflichten einschließen, erklärt sich aus der Rechtssubjektivität der Natur. Ich werde daher zunächst die Rechte der Natur erläutern und im Rückgriff auf das Konzept des Gütereigentums begründen, weshalb die Natur insbesondere ein Subjekt von Eigentumsrechten ist. Gütereigentum an der Natur bedeutet, dass der Natur ihre Güter gehören und sie somit ein Subjekt von Eigentumsrechten ist.

Die bestehenden Eigentumsrechte zeugen von einer verblüffenden Fantasielosigkeit. Vor allem das Dogma des Sacheigentums hat, wie bereits dargelegt, unsere Vorstellungskraft, Eigentum anders zu denken, verarmen lassen. Indem alle Güter als dieselbe Sache kodiert werden, werden sie unterschiedslos als einerlei behandelt. Doch nicht nur von ihren Besonderheiten wird abstrahiert. Auch die Vielfalt der Rechtssubjektivität geht dabei verloren. Die Eigenlogiken unterschiedlicher Güter etablieren eine Vielfalt möglicher Rechtssubjekte, die Eigentum halten. Wer als berechtigter Eigentümer gilt, hängt auch von der jeweiligen Art der Güter ab, über die Eigentumsrechte ausgeübt werden. Wird von der Mannigfaltigkeit der Güter abstrahiert, geht deshalb auch die Vielfalt möglicher Rechtssubjekte verloren.

Die Eindimensionalität des Sacheigentums verstellt nicht nur den Blick für Eigentumsalternativen gegenüber dem Privateigentum. In gegenwärtigen Rechtsordnungen mangelt es an Vorstellungskraft auch hinsichtlich der Frage, was Eigentum an der Natur heißt. Die Aufgabe, Eigentum vielfältiger zu denken, betrifft insbesondere die Naturgüter. Sie machen einen besonderen Einfallsreichtum nötig. Unsere Vorstellungskraft sollte so weit reichen, dass auch nichtmenschliche Entitäten wie die Natur Eigentumsrechte besitzen. Wie ich bereits habe durchblicken lassen: Die sachenrechtliche Kodierung der Naturgüter ermöglicht es, dass sie in denselben Topf wie Gebrauchsgüter geworfen und genauso in jemandes Eigentum übergehen dürfen wie Gegenstände des alltäglichen Gebrauchs. Die Natur wird angeeignet, indem sie in eine Sache umgewandelt wird: Mithilfe des Eigentumsrechts wird sie zu einer Sache kodiert, die wie jede andere gebraucht, verbraucht, verwertet, entsorgt – und in Besitz genommen werden darf. Tatsächlich aber besitzen Naturgüter eine andere Geltungslogik als Gebrauchsgüter. Sie machen eine erweiterte Vorstellung von Rechtssubjektivität erforderlich. Es gibt gute Gründe für die Vorstellung, dass die Natur ein Subjekt von Eigentumsrechten ist.

Diese Gründe für die Eigentumsrechte der Natur auszuführen, ist Aufgabe des vorliegenden Teils. In Kapitel 4 wird dargelegt, dass ökologische Eigenrechte einen normativen Eigensinn der Natur voraussetzen, der plausibel macht, weshalb die Natur an sich schutzwürdig ist. Ein robuster Schutz der Natur vor Ausbeutung, Übernutzung und Zerstörung baut auf der Vorstellung auf, dass sie an sich Schutz verdient und ihr selbst Rechte zustehen. Dieser normative Eigensinn lässt sich jedoch nicht mit Vorstellungen vom Eigenwert der Natur begründen, wie ich in Kapitel 5 zeigen werde. Im Horizont bestehender Eigentumsrechte besitzt die Natur nur einen instrumentellen Gebrauchswert, der keinen hinreichenden Schutz bietet. Daraus wird oftmals der falsche Schluss gezogen, dass die Natur einen Eigenwert besitzen muss, damit ihr eigene Rechte verliehen werden können. Im Unterschied dazu ist die Idee ökologischer Eigenrechte vielmehr von Wertvorstellungen zu entkoppeln. Anstatt aus Wertvorstellungen sollen die Rechte der Natur aus dem geltenden Eigentumsrecht hergeleitet werden. Geltende Eigentumsrechte, so das Ergebnis von Kapitel 6, bieten die normative Grundlage für die Rechte der Natur.

4
Der normative Eigensinn der Natur

Rechte der Natur wurden mittlerweile weltweit in rund 200 Fällen von Parlamenten verabschiedet, von Regierungen erlassen oder von Gerichtsbarkeiten beschlossen – Tendenz steigend.[5] Erstmalig überhaupt hat die Gemeinde Tamaqua im US-Bundesstaat Pennsylvania 2006 einem Ökosystem eigene Rechte zuerkannt. Als Meilensteine der ökologischen Eigenrechtsidee gelten ihre Aufnahme 2008 in die Verfassung von Ecuador und die Auseinandersetzung um den Whanganui River in Neuseeland, dem 2017 vom nationalen Parlament eigene Rechte zugebilligt wurden. Seit Herbst 2022 sind die Rechte der Natur auch in der Europäischen Union anerkannt, indem der Salzwasserlagune Mar Menor in Spanien Rechte verliehen wurden.

Der Whanganui River, von dem ja bereits oben in der Einleitung die Rede war, dient oftmals als Vorbild dafür, insbesondere Flüsse mit Rechten auszustatten.[6] In Kolumbien verliehen Gerichte

5 Bis Januar 2021 sind in weltweit 178 Fällen Rechte der Natur anerkannt worden: Craig M. Kauffman, Pamela L. Martin, *The Politics of Rights of Nature. Strategies for Building a More Sustainable Future*, Cambridge, MA 2021, S. 30. Einen laufend aktualisierten Überblick über den Entwicklungsstand der Eigenrechte der Natur verschafft die Homepage des UN-Programms »Harmony with Nature«. Siehe für die Rechtsprechung: United Nations, *Rights of Nature Law and Policy*, ⟨www.harmonywithnatureun.org/rightsOfNature/⟩, letzter Zugriff 7.2.2022, und für die Gesetzgebung: United Nations, *Rights of Nature Law and Policy*, ⟨www.harmonywithnatureun.org/rightsOfNaturePolicies/⟩, letzter Zugriff 7.2.2022. Detailreiche Rekonstruktionen der historischen Entwicklung bieten: David Boyd, *Die Natur und ihr Recht. Sie ist klug, sensibel, erfinderisch und genügt sich selbst*, Salzburg und München 2018; Mihnea Tănăsescu, *Understanding the Rights of Nature. A Critical Introduction*, Bielefeld 2022. Eine nahezu vollständige Bibliographie zur Debatte über die Rechte der Natur (bis 2020) sowie eine Liste von Gerichtsurteilen, Dokumenten und Organisationen, die sich den Rechten der Natur widmen, finden sich in: European Economic and Social Committee (EESC), *Towards an EU Charter of the Fundamental Rights of Nature*, Brüssel 2019, S. 156-182.

6 Erin O'Donnell, Julia Talbot-Jones, »Creating Legal Rights for Rivers: Lessons from Australia, New Zealand, and India«, in: *Ecology and Society* 23 (2018), S. 1-10; Erin O'Donnell, »Rivers as Living Beings: Rights in Law, but No Rights to Water?«, in: *Griffith Law Review* 29:4 (2020), S. 643-668.

zuerst dem Río Atrato und anschließend dem Río Cauca, dem Río Magdalena und dem kolumbianischen Teil des Amazonas Rechte.[7] Im nordindischen Bundesstaat Uttarakhand wurden eigene Rechte den Flüssen Ganges und Yamuna und in Bangladesch dem Tuarag River durch jeweilige Gerichte verliehen. Im gleichen Jahr sprach das Verfassungsgericht von Guatemala mehreren Gewässern eigene Rechte zu. Rechte der Natur wurden von kommunalen Regierungen in den USA 2019 für den Klamath River und in Kanada drei Jahre später für den Megpie River beschlossen.

Doch nicht nur Flüssen können Rechte verliehen werden: Im Grunde kann jedes Ökosystem Inhaber eigener Rechte sein. Entsprechend wurde in Neuseeland eine ganze Landschaft durch den Te Urewera Act 2014 mit Rechten ausgestattet, und auch in den USA werden umfassenden Ökosystemen eigene Rechte zuerkannt – etwa in den Kommunen von Pittsburgh, Pennsylvania (2010), Santa Monica, Kalifornien (2013) und Toledo, Ohio (2019). In Uganda wurden gleich für alle Ökosysteme Eigenrechte der Natur beschlossen.

Rechte der Natur werden dabei auf vielfältige Weise geschaffen: durch Parlamente, Regierungen und Gerichte. In einigen Ländern wie Kolumbien treten sie durch Gerichtsentscheidungen in Kraft. In Ecuador hat die verfassungsgebende Versammlung den Rechten der Natur sogar Verfassungsrang verschafft.[8] In anderen Ländern,

7 Die Rechte der Natur in Kolumbien haben eine biokulturelle Grundlage und sind insoweit von indirekter Art. Biokulturelle Rechte garantieren indigenen Gemeinschaften, gemäß ihrem eigenen Naturverständnis zu leben, dem zufolge die Natur einen intrinsischen Wert hat und deshalb an sich schützenswert ist. Da es sich um einen Rechtsanspruch handelt, wirkt der Schutz des intrinsischen Naturwerts in der Rechtsform ökologischer Eigenrechte. Der grundsätzliche Zusammenhang zwischen biokulturellen Rechten und Rechten der Natur wird erläutert in: Sajeva, Giulia, »The Legal Framework Behind Biocultural Rights. An Analysis of their Pros and Cons for Indigenous Peoples and for Local Communities«, in: Fabien Girard, Ingrid Hall, Christine Frison (Hg.), *Biocultural Rights and Community Protocols. Protecting and Promoting Indigenous Peoples' and Local Communities' Ways of Life*, Oxon und New York 2022, S. 165-182.

8 Die Rechte der Natur in Ecuador üben eine Leuchtturmfunktion in der Theorie und Praxis ökologischer Eigenrechte nicht nur aufgrund ihres Verfassungsrangs aus, sondern auch deshalb, weil ein lehrreiches Erfahrungswissen über ihre Anwendung auf geltendes Recht und ihre Vereinbarkeit mit diesem wie nirgends sonst mittlerweile dokumentiert ist. Siehe Hugo Echeverria, Francisco José Bustamante Romo Leroux, »The Rights of Nature in Ecuador: An Overview of the New

etwa den USA, werden sie von kommunalen Regierungen beschlossen; hier werden sie erstmalig 2016 auch im Stammesrecht (Tribal Law) der Ho-Chunk Nation anerkannt. In Bolivien, Neuseeland und Spanien werden Rechte der Natur wiederum eingerichtet, indem sie vom Parlament verabschiedet werden. In nahezu allen Fällen jedoch ging ein zivilgesellschaftlicher Druck voraus, ohne den sich Regierungen, Parlamente und Gerichte nicht zur Anerkennung ökologischer Rechte durchgerungen hätten. Um nur einige Fälle zu nennen: Die Maori mussten für den Whanganui River einen jahrelangen Rechtsstreit führen, in Kolumbien und Ecuador wurden der Natur eigene Rechte nur aufgrund der Proteste von Indigenen eingeräumt, und soziale Bewegungen von Anwohnerinnen der Lagune Mar Menor erzeugten durch zahllose Aktionen eine politische Öffentlichkeit, der sich das spanische Parlament beugen musste. Die Anerkennung eigener Rechte der Natur wurde durch Proteste, Auseinandersetzungen, Rechtsstreitigkeiten, zivilen Ungehorsam, soziale Mobilisierungen und politische Öffentlichkeiten von der Zivilgesellschaft erkämpft und erstritten; sie musste den Regierungen, Parlamenten und Gerichten erst abgerungen werden.

Die Entwicklung ökologischer Eigenrechte wird auf internationaler Ebene durch Maßnahmen der Global Governance unterstützt. Die wichtigsten Instrumente sind hier Deklarationen und Netzwerke, die zwischen Organisationen, Staaten, Bürgerbewegungen, Nichtregierungsorganisationen, Wirtschaftsakteuren, Expertengruppen und Privatpersonen bestehen. Bereits 1987 wurde im Brundtland-Bericht eine »Erd-Charta« vorgeschlagen, die fünf Jahre später auf der Rio-Konferenz verabschiedet wurde und fortlaufend nachgebessert werden soll. 2010 trat die *Universal Declaration of the Rights of Mother Earth* in Kraft, die von Einzelpersonen, Organisationen und Staaten unterzeichnet wurde. Auf die Initiative von Bolivien hin haben die Vereinten Nationen das Programm »Harmony with Nature« aufgenommen, das für einen ständigen Austausch über Umweltfragen mit der Generalversammlung sorgt. 2018 wurden die *Hague Principles for a Universal Declaration on Re-*

Environmental Paradigm«, in: Cameron La Follette, Chris Maser (Hg.), *Sustainability and the Rights of Nature in Practice*, Boca Raton 2020, S. 279-294; Andreas Gutmann, *Hybride Rechtssubjektivität. Die Rechte der »Natur oder Pacha Mama« in der ecuadorianischen Verfassung von 2008*, Baden-Baden 2021.

sponsibilities for Human Rights and Earth Trusteeship unterzeichnet, die auf einen globalen Gesellschaftsvertrag mit der Natur abzielen. Steht hinter den umweltrechtlichen Regelwerken erst einmal eine Mehrheit, wird dadurch Druck auf Staaten aufgebaut, entsprechendes bindendes Recht zu beschließen. Zusätzlich zu diesen Deklarationen werden internationale Netzwerke wie die Global Alliance for the Rights of Nature (GARN), die Gaia Foundation, Stockholm+50, die Earth Trustee Initiative und das Earth Law Center (ELC) aufgebaut, die weltweit Umweltrechtsklagen unterstützen, Juristinnen für das Erstreiten von Rechten der Natur schulen und ökologische Öffentlichkeitsarbeit leisten.

Die Rechte der Natur haben längst die Höhenzüge utopischer Spekulationen verlassen und Einzug in die Rechtspraxis gehalten. Das bisher Erreichte darf jedoch nicht überschätzt werden, denn ihm gegenüber stehen nicht wenige ernüchternde Rückschläge, vor denen keineswegs die Augen verschlossen werden sollen. Für diese Rückschläge gibt es zwei Ursachen. Erstens fehlen häufig die entsprechenden politischen Rahmenbedingungen. Rechte der Natur werden zwar vom Gesetzgeber beschlossen oder durch Gerichte geschaffen. Für ihre Umsetzung mangelt es aber oftmals an Rechtsstaatlichkeit und demokratischer Kontrolle. Fehlende Rechtsstaatlichkeit und Demokratie kommen vor allem als Kluft zwischen Verfassungsnorm und Verfassungswirklichkeit zum Ausdruck. So wurden in Kolumbien bislang keine der 13 Anweisungen von der Regierung umgesetzt, die das Verfassungsgericht in Bezug auf den Río Atrato an sie adressiert hat.[9] In Ecuador wiederum trat bereits ein Jahr nach der neuen Verfassung ein Bergbaugesetz in Kraft, mit dem die Regierung die verfassungsrechtlich garantierten Rechte der Natur zugunsten einer extraktiven Industriepolitik wieder einschränkte.[10] Auch das Strafgesetz von 2014 und das Umweltgesetz von 2018 haben dort an der schwachen Umsetzung der ökologischen Verfassungsnorm wenig geändert. Hingegen führte nach dem politischen Wandel 2015 die Stärkung einer unabhängigen Justiz

9 Marie-Christine Fuchs, Levon Theisen, »Nature – A Legal Subject. Could the Colombian Model Work for Germany?«, in: *Facts & Findings* 443 (2021), S. 1-12.

10 Die ecuadorianische Rechtsentwicklung wird dargestellt in: Kauffman/Martin, *The Politics of Rights of Nature*, S. 79-116. Ihnen zufolge gab es in Ecuador bis Anfang 2021 38 Klagen im Namen der Naturrechte, von denen 31 erfolgreich waren und sieben scheiterten.

dazu, dass die Rechte der Natur durch Gerichtsurteile zunehmend umgesetzt werden. In Bolivien wurden demokratisch vereinbarte Gesetzentwürfe ebenfalls von der Regierung nachträglich ausgehebelt. Die Implementierung des Gesetzes der Rechte von Mutter Erde (*Ley de Derechos de la Madre Tierra*) von 2010 wurde zwei Jahre später durch das Rahmengesetz für Mutter Erde und integrale Entwicklung für ein gutes Leben (*La Ley Marco de la Madre Tierra y Desarrollo Integral para Vivir Bien*) verhindert, mit dem Wirtschaftsinteressen zum Zweck ökonomischer Entwicklung ein Vorrang vor Umweltrechten eingeräumt wird.[11] In allen drei Fällen verschaffen sich Regierungen einen Spielraum, um die Umsetzung ökologischer Rechte zu verschleppen, aufzuweichen oder zu umgehen. Das bedeutet: Ohne demokratische Kontrolle und Rechtsstaatlichkeit sind Rechte der Natur nicht das Papier wert, auf dem sie stehen. Ihre Verwirklichung setzt also den Ausbau von Rechtsstaatlichkeit und Demokratie voraus.

Zweitens stagniert die Entwicklung ökologischer Eigenrechte, weil sie mit dem etablierten Rechtsverständnis unvereinbar zu sein scheinen. In den vorherrschenden Rechtsvorstellungen wirken sie wie Fremdkörper, was die Häufigkeit erklärt, mit der Klagen im Namen der Natur von Gerichten abgewiesen und Gesetzesnovellen aufgehoben werden. Der Fall *Sierra Club v. Morton*, der sich um das Mineral King Valley in der Sierra Nevada drehte und Christopher D. Stone zu seiner bahnbrechenden Schrift *Should Trees Have Standing?* Anlass gab, wurde 1972 vom Obersten Gerichtshof der Vereinigten Staaten abschlägig entschieden.[12] 1988 wurde in Deutschland im »Robben-Urteil« eine Klage im Namen der Natur mangels Rechtsfähigkeit durch Beschluss erst gar nicht zugelassen.[13]

11 Die sozioökonomischen Hintergründe für diese politische Entwicklung in Bolivien werden dargelegt in: Nancy Postero, *The Indigenous State. Race, Politics, and Performance in Plurinational Bolivia*, Berkeley 2017.

12 Die Klage der Umweltorganisation Sierra Club, die sich gegen die Pläne des Disney-Konzerns stemmte, Mineral King in ein gigantisches Skiressort zu verwandeln, wurde abgewiesen. Sie provozierte aber ein berühmtes Minderheitenvotum von Richter William O. Douglas (»Contemporary public concern for protecting nature's ecological equilibrium should lead to the conferral of standing upon environmental objects to sue for their own preservation. This suit would therefore be more properly labeled as *Mineral King v. Morton*«).

13 Ausgehend von der »Robben-Klage« wird die Entwicklung in der deutschen Rechtsprechung und ihr Entwicklungspotenzial dargelegt in: Michael W. Schrö-

Erfolgreiche Klagen sind weltweit äußerst seltene Einzelfälle, die nicht darüber hinwegtäuschen können, dass die Rechtslage seit einem halben Jahrhundert im Grunde unverändert ist. Zudem werden in den USA Gesetze, die auf kommunaler Ebene beschlossen werden, regelmäßig von höheren Gerichtsbarkeiten unter Berufung auf Bundesgesetze und die Verfassung kassiert. Solange Bundesgesetze nicht geändert und die Verfassung ergänzt wird, führen solche Gesetzesinitiativen nicht weit. Bei Lichte betrachtet sind auch die Rechte der Natur in Neuseeland nicht mehr als ein Achtungserfolg. Denn sie bilden einzigartige Ausnahmen innerhalb der nationalen Rechtsordnung. Die Rechte des Whanganui River wurden zwar vom neuseeländischen Parlament beschlossen, beziehen sich jedoch bloß auf ein einzelnes Ökosystem, beschränken sich auf ein kleines Territorium und gelten nur für bestimmte Verwaltungsaufgaben. Ökologische Eigenrechte und alle anderen Landesgesetze – etwa private Eigentumsrechte an Naturgütern – koexistieren wie getrennte Sphären nebeneinander, wohingegen es doch darauf ankäme, dass sie für alle Naturgüter landesweit gelten. Sie in den Rang nationaler Gesetze zu heben, die für eine Rechtsordnung insgesamt gelten, steht noch aus. Zudem fehlt es den internationalen Deklarationen, Netzwerken und Initiativen an rechtlicher Verbindlichkeit. Ihre Interventionen erschöpfen sich im informellen Bereich und drücken damit ungewollt die Ohnmacht gegenüber bindendem Recht aus, in das sie keinen Einlass finden. Klagen werden also zurückgewiesen, beschlossene Gesetze kassiert, Rechte der Natur als zweitrangige Rechte deklassiert oder als nichtbindendes Regelwerk betrachtet.

Diese Abwehr gegen die Rechte der Natur erklärt sich – wie gesagt – aus dem Eindruck, dass sie mit den geltenden Rechten unvereinbar zu sein scheinen. Um ihm entgegenzutreten, werde ich nun zunächst die drei Strukturmerkmale genauer darstellen, durch die sich die Rechte der Natur auszeichnen. Mit ihnen sind eine Politik (4.1), eine Rechtssubjektivität (4.2) und der normative Eigensinn der Natur (4.3) verbunden.

ter, Klaus Bosselmann, »Die Robbenklage im Lichte der Nachhaltigkeit«, in: *Zeitschrift für Umweltrecht* 4 (2018), S. 195-205.

Die bestehenden Rechte der Natur von Ecuador über Spanien bis Neuseeland haben die Form positiver Rechte. Positive Rechte sind zwangsbewehrte Rechte mit Klagebefugnis und der Chance auf die Durchsetzbarkeit einer Handlungsregel.[14] Sie müssen von einem Gesetzgeber beschlossen werden, sind deshalb das Ergebnis eines politischen Willens und haben insoweit eine *politische* Geltung. Rechte sind erst dann bindende Gesetze, wenn ein Gesetzgeber sie beschließt und positivrechtlich kodifiziert. Die demokratische Gesetzgebung verschafft den Rechten dabei die nötige Legitimation. Aufgrund ihrer demokratischen Legitimation darf erwartet werden, dass positive Rechte befolgt und von anderen respektiert werden.[15]

Die kodifizierten Naturrechte beispielsweise in Neuseeland sind vom demokratischen Gesetzgeber beschlossen und besitzen insoweit eine politische Geltung, die andere zu ihrer Anerkennung verpflichtet. Konzernen, Bürgerinnen und Regierungen werden somit Nachhaltigkeitspflichten auferlegt, die eingeklagt und notfalls mittels Zwangs durchgesetzt werden können. Indem Rechte der Natur in zwangsbewehrte Rechte mit Klagebefugnis und Durchsetzungschance gegossen werden, gewinnen sie eine rechtlich bindende Wirksamkeit. Kraft bindender Gesetze kann die Einhaltung ökologischer Nachhaltigkeit auch gegen Wirtschaftsverbände, Staatsmächte und Eigentümerinteressen notfalls erzwungen werden. Durch diese Durchsetzungschance zeichnen sich die Rechte der Natur gegenüber Nachhaltigkeitsforderungen aus, die allein auf kulturellen Praktiken, moralischer Verantwortung oder ethischer Wertschätzung beruhen. Die Natur genießt somit einen bindenden Rechtsschutz, der nicht zugunsten ökonomischer Verwertungsdynamiken und ähnlicher Interessen ausgehebelt werden kann. Aufgrund dieses unverhandelbaren Rechtsschutzes sind ökologische Eigenrechte Bergbau- und Agrarunternehmen sowie Regierungen oftmals ein Dorn im Auge. Ein Meilenstein war hier das Urteil des Verfassungsgerichts von Ecuador in 2021, mit dem einem Konzern zwei Bergbaukonzessionen im Biosphärengebiet Los Cedros aberkannt und zum Schutz

14 Max Weber, *Wirtschaft und Gesellschaft*, Tübingen [5]1972, S. 368 f.

15 John Rawls, *Politischer Liberalismus*, Frankfurt/M. 1998; Jürgen Habermas, *Faktizität und Geltung. Beiträge zur Diskurstheorie des Rechts und des demokratischen Rechtsstaates*, Frankfurt/M. 1994.

des Nebelwaldes Bergbautätigkeiten untersagt wurden. Ebenso in Ecuador hat das Gericht von Imbabura in zweiter Instanz im April 2023 eine millionenschwere Minengesellschaft in die Knie gezwungen und deren Bergbauaktivität im artenreichen Intag-Tal gestoppt.

Die bestehenden Rechte der Natur besitzen allerdings nur eine begrenzte Geltung. Durchsetzbar sind sie nur innerhalb des jeweiligen Gesetzgebungsraums (Legislatur). Weil zwangsbewehrte Rechte durch eine Gesetzgebung beschlossen werden, die sich auf ein – in der Regel: nationalstaatliches – Territorium begrenzt, sind die Rechte der Natur nur innerhalb nationalstaatlicher Grenzen bindend. Ihre politische Geltung ist von begrenzter Reichweite. Die Rechte der Natur, die in einem Staat gelten, sind zwar von anderen Staaten und internationalen Unternehmen zu respektieren. Andere Staaten können aber nicht durch die kodifizierten Rechte der Natur beispielsweise von Ecuador dazu verpflichtet werden, selbst ökologische Rechte zu institutionalisieren. Sie gelten nur innerhalb der nationalstaatlichen Grenzen Ecuadors. Insoweit fehlt ihnen bislang eine globale Wirksamkeit.

4.2 Rechtssubjektivität

Ökologische Eigenrechte setzen eine *juristische* Konstruktion voraus, die es überhaupt möglich macht, dass eine nichtmenschliche Entität wie die Natur ein Subjekt von Rechten sein kann. Einer solchen Rechtssubjektivität der Natur steht im Recht grundsätzlich nichts im Weg. Im Gegenteil: Die etablierte Rechtsfiktion der juristischen Person bietet hierfür eine bewährte Grundlage. Rechte setzen die Fiktion einer juristischen Person voraus, die Trägerin von Rechten ist. Eine natürliche Person ist erst kraft einer solchen Rechtsfiktion auch eine juristische Person. Sie wird durch die Rechtsfiktion zu einer Rechteinhaberin kodiert. Die Rechtssubjektivität ist deshalb von vornherein nicht auf natürliche Personen beschränkt. Denn die Rechtsfiktion leitet sich nicht aus den Eigenschaften einer natürlichen Person her, sondern aus dem formalen Status, dass eine Entität Inhaberin von Rechten ist. Die Rechtsfiktion der juristischen Person leistet also die Abstraktion, einer Entität unabhängig von ihren Eigenschaften den Rechtsstatus zu verleihen. Mithilfe dieser Abstraktionsleistung kann die Trägerschaft von Rechten auch auf Körperschaften des öffentlichen Rechts oder des Privatrechts sowie auf Staaten erweitert werden. In diesem Sinn gelten nicht nur natürliche Personen, sondern auch Unternehmen, Vereine und Stiftungen als Rechtssubjekte.

Die Rechtssubjektivität ist eine rein formale Statuszuschreibung und enthält keine Vorentscheidung über ihre Vor- oder Nachteile. Die Rechtsfiktion ist von Haus aus neutral und kann je nach gesetzgeberischer Ausgestaltung entweder abträgliche oder zuträgliche Folgen haben. Beispielsweise kann die Rechtssubjektivität von multinationalen Unternehmen zur Umgehung von Besteuerungen genutzt werden, indem Tochtergesellschaften als selbstständige Rechtssubjekte gelten und deshalb nach der nationalen Rechtsordnung ihrer Niederlassung günstig besteuert werden. Einnahmen des Mutterkonzerns lassen sich so in Gebiete verschieben, in denen keine oder nur geringe Steuern anfallen. Umgekehrt wird die Rechtssubjektivität zum Zweck der globalen Mindestbesteuerung genutzt, indem der Mutterkonzern als unteilbares Rechtssubjekt gilt, wodurch seine Gewinne unabhängig von weitverzweigten Tochterkonzernen nach den nationalen Steuergesetzen seiner Niederlassung besteuert werden. Die Rechtsfiktion selbst ist eine formale Statuszuschreibung, ohne dass dadurch vorentschieden ist, welchen Zwecken die Rechtssubjektivität dient.

Nicht nur Menschen also, sondern auch Institutionen gelten als Trägerinnen von Rechten. Diese Erweiterung muss jedoch nicht bei Unternehmen, Vereinen und ähnlichen Körperschaften enden. Erst einmal von natürlichen Personen entkoppelt und auf Institutionen ausgeweitet, lässt sich diese Erweiterung fortsetzen.[16] Wenn Unternehmen und Vereine als Rechtssubjekte gelten, warum also nicht auch die Natur? Formal betrachtet gibt es keinen Grund, weshalb nicht die Natur oder konkrete Ökosysteme Rechtssubjektivität besitzen. Die Rechtsfiktion der juristischen Person ließe

16 Siehe zu Überlegungen, ob auch Systeme Künstlicher Intelligenz als juristische Personen gelten, kritisch: Günter Teubner, »Digitale Rechtssubjekte?«, in: *Archiv für civilistische Praxis* 218 (2018), S. 155-205; Kate Darling, *The New Breed. How to Think About Robots*, London 2021. Für die Rechtssubjektivität von KI-Systemen wurde vom Europäischen Parlament der Begriff »elektronische Person« eingeführt: Europäisches Parlament, »BERICHT mit Empfehlungen an die Kommission zu zivilrechtlichen Regelungen im Bereich Robotik«, 21.1.2017, 2015/2103 (INL), ⟨https://www.europarl.europa.eu/doceo/document/A-8-2017-0005_DE.html?redirect⟩, letzter Zugriff 22.11.2021.

sich problemlos auf die Natur übertragen, um ihr den Rang eines Rechtssubjekts zu verschaffen.[17]

4.3 Normativer Eigensinn

Globale Ökologiekrisen erfordern Gegenmaßnahmen von globaler Reichweite. Die Erderwärmung, das weltweite Artensterben, die planetare Ressourcenerschöpfung und die Globalvermüllung lassen sich nicht aufhalten, wenn sich Nachhaltigkeitsmaßnahmen auf einzelne Staatsterritorien und Rechtsgemeinschaften beschränken. Sie sind gemeinsame Probleme, die sich allen Menschen, Staaten und sozialen Klassen stellen, wenn auch unterschiedlich stark. Sollen die Rechte der Natur global wirksam sein, müssen sie in nahezu jeder Rechtsordnung als bindendes Recht verankert werden. Sie müssen als universale Ansprüche gelten, deren Achtung weltweit erwartet werden darf. Sie besitzen demnach eine normative Geltung, der zufolge Staaten und Gesellschaften zugemutet werden darf, Rechte der Natur einzurichten. Die Rechte der Natur setzen einen normativen Grund voraus, der es rechtfertigt, dass die juristische Erweiterung der Rechtssubjektivität auf die Natur und die politische Schaffung entsprechender Gesetze erwartet werden darf. Die Rechte der Natur sind deshalb auf den *normativen Eigensinn der Natur* angewiesen.

Global wirksam sind Rechte der Natur erst, wenn sie von (nahezu) allen Staaten kodifiziert oder in überstaatliche Rechtsordnungen (beispielsweise EU-Recht) aufgenommen oder ihre völkerrechtliche Vereinbarung als rechtlich bindend anerkannt wird. Ihre globale Wirksamkeit setzt die normative Geltung von Rechten

17 Die rechtstheoretische Möglichkeit, der Natur Rechtssubjektivität zu verleihen, wird erörtert in: Andreas Fischer-Lescano, »Natur als Rechtsperson – Konstellationen der Stellvertretung im Recht«, in: *Zeitschrift für Umweltrecht* 4 (2018), S. 205-216; Erin Fitz-Henry, »Challenging Corporate ›Personhood‹: Energy Companies and the ›Rights‹ of Non-Humans«, in: *Political and Legal Anthropology Review* 41 (2018), S. 85-102; Jens Kersten, »Natur als Rechtssubjekt. Für eine ökologische Revolution des Rechts«, in: *Aus Politik und Zeitgeschichte* 11 (2020), S. 27-32; ders., »Die Rechte der Natur und die Verfassungsfrage des Anthropozän«, in: Jens Soentgen, Ulrich M. Gassner u. a. (Hg.), *Umwelt und Gesundheit*, Baden-Baden 2020, S. 87-120; Laura Burgers, Jessica den Outer, *Das Meer klagt an! Der Kampf für die Rechte der Natur*, Stuttgart 2023.

der Natur voraus. Die normative Geltung schließt die berechtigte Erwartung mit ein, dass Rechte der Natur weltweit eingerichtet werden. Also darf nicht nur die Anerkennung, sondern auch die Schaffung ökologischer Eigenrechte erwartet werden. Die normative Geltung von Rechten bedeutet, dass einer Entität bindender Rechtsschutz zusteht. Aufgrund ihrer normativen Geltung stehen der Natur zwangsbewehrte Rechte mit Klagebefugnis und Durchsetzungschance zu. Von Politik und Gesellschaft darf deshalb verlangt werden, dass sie der Natur solche Rechte zubilligen. Von Staaten darf nicht nur gefordert werden, dass sie die kodifizierten Rechte der Natur etwa in Ecuador anerkennen, sondern dass sie darüber hinaus selbst Rechte der Natur beschließen. Als grenzüberschreitende Nachhaltigkeitsstrategie haben die Rechte der Natur eine Rechtsform *und* eine normative Geltung. Ihre globale Wirksamkeit setzt also nicht nur bindende Gesetze voraus, sondern auch die normative Geltung, so dass die Einführung ebendieser Gesetze Gesetzgebern zuzumuten ist.

Zwischen der politischen und normativen Geltung von Rechten ist stets zu unterscheiden. Ich werde deshalb »Rechte der Natur« in zwei Bedeutungen verwenden: zum einen in der Bedeutung des positiven Rechts und zum anderen in der Bedeutung einer normativen Geltung.[18] Im Sinn des positiven Rechts spreche ich von den bestehenden, bewährten, bindenden oder kodifizierten Rechten der Natur in Ecuador, Neuseeland, Kolumbien etc. (*de lege lata* – bereits kodifizierte Rechte) sowie von den Rechten der Natur (*de lege feranda* – zu kodifizierende Rechte), die zu beschließen vom Gesetzgeber erwartet werden darf.[19] Davon unterscheide ich einen normativen Begriff des Rechts, der sich auf die normative Geltung von Rechten der Natur bezieht. Unter Rechten der Natur ist hier *der normative Eigensinn der Natur* zu verstehen. Normativer Eigensinn der Natur heißt, dass der Natur selbst ein Schutz zusteht. In

18 Diese Unterscheidung stammt von Hegel, der in § 2 seiner Rechtsphilosophie einen engen Rechtsbegriff im Sinn des positiven Rechts und einen weiten Rechtsbegriff im Sinn einer normativen Handlungsregel unterscheidet. Dieser normative Rechtsbegriff bezieht sich auf die normative Geltung einer Handlungsregel. Das abstrakte Recht, Moralität und Sittlichkeit sind Unterarten dieses normativen Rechtsbegriffs, der so viel bedeutet wie »berechtigter Anspruch« und eben auch im Titel von Hegels Schrift steht. Siehe dazu Georg Wilhelm Friedrich Hegel, *Grundlinien der Philosophie des Rechts*, Frankfurt/M. 1986, S. 30-32.

19 Die gleiche Unterscheidung betrifft die Eigentumsrechte.

diesem normativen Eigensinn der Natur liegt der Wahrheitsgehalt aller Vorstellungen von den Eigenrechten der Natur.[20] Und die drei nachfolgend genannten Merkmale kennzeichnen ihn.

Erstens: Unter dem normativen Eigensinn wird der Anspruch auf einen *intrinsischen Schutz der Natur* verstanden. Die Natur ist an sich schutzwürdig, und sie selbst verdient es, erhalten und vor Zerstörung, Ausbeutung und Verunstaltung bewahrt zu werden. Ihr gebührt ein Schutz unabhängig vom Nutzen oder Vorteil für Menschen. Der Schutz der Natur ist nicht nur für Menschen, sondern an sich gut. Der Natur selbst stehen kodifizierte Rechte zu, die sie wirksam schützen. Die ökologischen Eigenrechte stellen eine von vier möglichen Vorstellungen der an sich schützenswerten Natur dar. Im ästhetischen Naturverhältnis wird die Natur als eine eigenständige Größe wahrgenommen, die für sich steht und über die Menschen nicht frei verfügen, weil sie nicht von ihnen gemacht ist. Das ethische Naturverhältnis geht von einer beispielsweise kosmologischen Vorstellung des guten Lebens aus, der zufolge Natur und Mensch Teil einer an sich schützenswerten Lebendigkeit sind. Dem moralischen Naturverhältnis liegt ein Gebot zum Erhalt der Schöpfung einschließlich der Natur zugrunde. Von diesen ästhetischen, ethischen und moralischen Naturverhältnissen unterscheidet sich das Rechtsverhältnis, in dem der intrinsische Schutz der Natur positivrechtlich kodifiziert ist und notfalls erzwungen werden darf.

Zweitens: Die Natur besitzt eine *eigene Verletzbarkeit*. Sie selbst kann, in einem erklärungsbedürftigen Sinn, verletzt werden. Nach herkömmlichen Umweltrechten kann ein Ökosystem zwar zerstört, aber nicht verletzt werden. Die Verunreinigung eines Flusses ist nicht deshalb verboten, weil sie den Erhalt oder die Qualität des Flusses bedroht, sondern weil die Verunreinigung Menschen gefährdet. Nach dieser Auffassung können Ökosysteme nicht verletzt werden, sondern nur die Rechte, Ansprüche und Interessen von Anwohnerinnen, Nutzerinnen und Verbraucherinnen. Im Kontrast dazu steht die hier vertretene Auffassung, dass die Natur selbst durchaus verletzt werden kann, und zwar aufgrund ihres normativen Eigensinns. Die Verletzung der Natur unterscheidet sich

20 Würde die normative Geltung jedes Mal ausgeschrieben werden, müsste es immer »der normative Eigensinn der Natur« heißen. Um diese Umständlichkeit zu vermeiden, spreche ich schlicht von Rechten der Natur oder ihrer normativen Geltung.

von der Zerstörung der Integrität eines Ökosystems, weil durch sie nicht nur ein biologischer Zusammenhang beschädigt, sondern ein Anspruch missachtet wird.[21] Die Integrität allein erklärt nicht, warum sie schutzwürdig ist. Erst unter Berücksichtigung des normativen Eigensinns wird verständlich, weshalb mit der Zerstörung ökologischer Integrität auch ein Anspruch der Natur verletzt wird.

Drittens: Der normative Eigensinn schließt *ökologische Pflichten gegenüber der Natur* ein. Ist die Natur als solche schutzwürdig, gelten ihr gegenüber auch Pflichten. Der Natur gegenüber bestehen Pflichten der Sorge, des Erhaltens und Schützens. Wer Naturgüter nutzt, ist dazu verpflichtet, sie durch ihre Nutzung nicht zu gefährden, zu bedrohen oder zu zerstören. Nutzerinnen sind gegenüber der Natur zur ökologischen Nachhaltigkeit verpflichtet, damit sie trotz Nutzung erhalten bleibt. Auch hinsichtlich der ökologischen Pflichten gehen die Eigenrechte der Natur über herkömmliche Umweltrechte hinaus. Letztere verpflichten zur ökologischen Nachhaltigkeit, weil die Rechte anderer Menschen, einschließlich der Rechte zukünftiger Generationen, zu achten sind. Pflichten bestehen hier nicht gegenüber einem Ökosystem, sondern gegenüber (auch zukünftigen) Anwohnerinnen, Nutzerinnen und Verbraucherinnen. Diese Umweltpflichten werden durch ökologische Pflichten gegenüber der Natur ergänzt: Pflichten ökologischer Nachhaltigkeit gelten gegenüber Menschen *und* der Natur. Eine nachhaltige Naturnutzung schulden Menschen also nicht nur einander, sondern auch der Natur. Dabei ist zwischen Adressat und Inhalt einer

21 Siehe zur ökologischen Integrität u. a.: Laura Westra, *Ecological Integrity and Global Governance. Science, Ethics and the Law*, New York und London 2016; dies., Janice Gray, Antonio D'Aloia, *The Common Good and Ecological Integrity. Human Rights and the Support of Life*, London und New York 2016; Philip Roche, C. Sylvie Campagne, »From Ecosystem Integrity to Ecosystem Condition«, in: *Current Opinion in Environmental Sustainability* 29 (2017), S. 63-68; Stefan Knauß, »Pachamama als Ökosystemintegrität – Die Rechte der Natur in der Verfassung von Ecuador und ihre umweltethische Rechtfertigung«, in: *Zeitschrift für praktische Philosophie* 7 (2020), S. 221-244; Charles Martin, Raphaël Proulx, »Level-2 Ecological Integrity. Assessing Ecosystems in a Changing World«, in: *Perspectives in Ecology and Conservation* 18 (2020), S. 197-302; Laura Westra, Klaus Bosselmann, Matteo Fermeglia (Hg.), *The Perspective of Ecological Integrity in Science and Law*, Cham 2020; Jakub Zelený, Daniel Mercado-Bettín, Felix Muller, »Towards the Evaluation of Regional Ecosystem Integrity«, in: *Science of the Total Environment* 769 (2021), 148994.

Pflicht zu unterscheiden. Ausschließlich Menschen können der Adressat ökologischer Pflichten sein, weil nur sie handlungsfähig sind und Pflichten befolgen können: Diese Pflichten *richten sich an* Menschen. Hingegen betrifft der Inhalt ökologischer Pflichten auch die Natur: Sie *gelten gegenüber* der Natur, sofern sie an sich schutzwürdig ist. Der normative Eigensinn der Natur dient also als Grundlage für die Rechte der Natur und die entsprechenden Pflichten ihr gegenüber.

In der Debatte darüber, ob und, falls ja, warum die Natur einen normativen Eigensinn besitzt, werden drei Positionen vertreten: der Anthropozentrismus, der Ökozentrismus und eine Reihe von Zwischenpositionen, die sich von beiden gleichermaßen distanzieren. Im Anthropozentrismus wird ein normativer Eigensinn der Natur bestritten. Nur Menschen besitzen Rechte und schulden einander deren Anerkennung. Die Natur verdiene einen Schutz insoweit, als sie von Nutzen für Menschen ist. Sie sei allein aufgrund ihres Gebrauchswerts schützenswert und besitze deshalb keine eigenen Rechte. Im Ökozentrismus hingegen wird die Annahme eines normativen Eigensinns der Natur vertreten. Dabei wird sie im Rückgriff auf einen Eigen*wert* der Natur begründet. Die Natur besitze einen normativen Eigensinn, weil sie selbst einen Wert in sich trägt. Sie sei nicht nur für Menschen, sondern an sich von Wert. Die Vorstellung vom Eigenwert der Natur setzt dabei metaphysische Prämissen voraus, die sich zwar nicht bestreiten, aber auch nicht begründen lassen, das heißt: Ökozentrische Wertvorstellungen lassen sich letztlich nicht begründen. Der Wert der Natur ist deshalb kein normativer Grund für die Rechte der Natur. Die Debatte mündet somit in eine Pattsituation: Die eine Seite sagt, dass die Natur nur einen Gebrauchswert (Anthropozentrismus) und keinen normativen Eigensinn besitzt. Die andere Seite bestreitet das, kann aber den normativen Eigensinn nicht – wie behauptet – aus einem vermeintlichen Eigenwert der Natur (Ökozentrismus) begründen. Daraus ist zu schließen, dass sich die Rechte der Natur aus etwas anderem als ihrem Wert herleiten.

Die Debatte über die Rechte der Natur dreht sich so lange im Kreis, wie sie sich innerhalb der Bahnen von entweder Anthropozentrismus oder Ökozentrismus bewegt. Einen Ausweg bietet die Theorie nachhaltigen Eigentums, der dieses Buch verpflichtet ist. In ihr wird der normative Eigensinn der Natur nicht im Rückgriff auf eine Wertvorstellung, sondern aus der Rationalität geltender Eigentumsrechte begründet. Mit der Annahme ökologischer Eigenrechte geht sie also über den Anthropozentrismus hinaus. Zugleich überschreitet sie nicht, wie der Ökozentrismus, die Grenzen begründbaren Wissens. In der Theorie nachhaltigen Eigentums wird ein belastbares Argument für die Rechte der Natur jenseits von metaphysischen Naturvorstellungen entwickelt.

Dies soll, wie schon angedeutet, mithilfe der Annahme gelingen, dass sich die Geltung der Naturrechte aus der Rationalität geltender Rechtsvorstellungen herleitet. Dieser Weg wurde bereits von Roderick Frazier Nash eingeschlagen: »Die Ausweitung juristischer Rechte auf die Natur stellt die logische Fortentwicklung von Rechten dar.«[22] Das heißt: Die Rechte der Natur ergeben sich aus einer fortschreitenden Rationalisierung des Rechts. Um sich ihrer Geltung zu vergewissern, muss also lediglich ausdrücklich gemacht werden, was im bestehenden Rechtsverständnis bereits anerkannt ist. Die Rechte der Natur, so die These, leiten sich aus der Rechtsrationalität her. Unter Rechtsrationalität verstehe ich die Geltungslogik von Rechten, die sich aus den Bedingungen zusammensetzt, unter denen Rechte ihre Geltung erlangen. Ökologische Eigenrechte leiten sich demnach aus der Erfüllung von Geltungsbedingungen her, die im geltenden Recht bereits anerkannt sind. Rechte der Natur und die Grundrechte von Menschen widersprechen einander nicht. Beide lassen sich in einem gemeinsamen Rechtsverständnis vereinbaren. Diese Integration wird geleistet, indem gezeigt wird, dass ökologische Eigenrechte aus der Rationalität geltender Rechte hervorgehen. Geltende Rechtsvorstellungen schließen Rechte der Natur ein, weil sich deren Geltung aus ihnen herleitet.

Der Schlüssel für eine solche Begründung ökologischer Eigen-

22 Zitiert nach Boyd, *Die Natur und ihr Recht*, S. 131. Boyd verwendet das Zitat als Motto und gibt keine Quellenangabe an. Der Gedanke, dass die Rechtsentwicklung in den Bahnen eines stets erweiterten Kreises von Rechtsträgern verläuft, wird von Nash in Kapitel 3 seines Standardwerks in der Debatte über die ökologischen Eigenrechte ausgeführt, das immer noch als deren ausführlichste ideengeschichtliche Rekonstruktion gelten kann. Nash beschreibt hier eine zunehmende Inklusion von Rechten, die von Adelsprivilegien über Menschenrechte bis zu Tierrechten und Naturrechten in der Zukunft reicht. Siehe dazu Roderick Frazier Nash, *The Rights of Nature. A History of Environmental Ethics*, Madison 1989, bes. S. 55-86.

rechte liegt in ihrer eigentumstheoretischen Deutung. Rechte der Natur konkretisieren sich als Eigentumsrechte, die die Natur an ihren Gütern hat.[23] Die Natur besitzt Rechte, weil der Natur ihre Güter gehören und ihr insoweit Eigentumsrechte zustehen. Die Rechtssubjektivität der Natur erklärt sich also aus ihren Eigentumsrechten: Weil der Natur ihre Güter gehören, ist sie ein Subjekt von Eigentumsrechten und damit ein Rechtssubjekt; weil ihr ihre Güter gehören, verdient sie bindende Eigentumsrechte und damit eine Rechtssubjektivität. Und weil die Natur Ökosysteme sowie Tier- und Pflanzenarten umfasst, verfügen sowohl Ökosysteme wie Gewässer, Landschaften und Böden als auch Tierarten und Pflanzenarten über Eigentumsrechte.[24]

23 Einen ähnlichen Vorschlag, die Rechte der Natur als deren Eigentumsrechte zu konkretisieren, unterbreitet Christopher D. Stone. Während es mir aber um die Begründung von Naturrechten aus geltendem Eigentumsrecht geht, dienen die Eigentumsrechte bei Stone der bioökonomischen Bindung von Naturgütern an einen Preis: »Wo immer das Rechtssystem Rechte aus dem ›Eigentum‹ herleitet und entwickelt, ist es damit beschäftigt, den in Geld ausgedrückten Wert herauszuarbeiten: Beispielsweise hätte die literarische Arbeit eines Autors nur minimalen Geldwert, wenn jeder sie nach Belieben nachdrucken kann. [...] Mein Vorschlag geht dahin, Adler und Wildnisgebiete wie urheberrechtlich gesicherte Werke, patentierte Erfindungen oder die rechtlich geschützte Privatsphäre zu behandeln; ich schlage vor, die Verletzung ihrer Rechte zu einem Kostenfaktor zu erheben, und zwar durch die Kennzeichnung der an ihnen verübten ›Piraterie‹ als Eingriff in eine Art Eigentumsrecht. Wenn wir so verfahren würden, enthielten die sozialen Nettokosten, mit denen sich der Umweltsünder konfrontiert sähe, nicht mehr nur die umfangreichen anthropozentrischen Kosten seiner Umweltverschmutzung [...], sondern sie schlössen darüber hinaus auch die Kosten der Umwelt per se ein.« Christopher D. Stone, *Haben Bäume Rechte? Plädoyer für die Eigenrechte der Natur*, Klein Jasedow 2013, S. 40 f. Siehe zur Vorstellung der Natur als Inhaberin von Eigentumsrechten: Yaëll Emerich, »Property for Nature«, in: Sandy Lamalle, Peter Stoett (Hg.), *Representations and Rights of the Environment*, Cambridge 2023, S. 259-286. Den Vorschlag, dass Ökosysteme Inhaber von *Besitz*rechten sind, unterbreitet Carsten Herrmann-Pillath, »The Universal Commons: An Economic Theory of Ecosystem Ownership«, in: *Ecological Economics* 208 (2023), S. 1-11.

24 Einige Autorinnen und Autoren vertreten die Auffassung, dass Wildtiere Inhaber von Eigentumsrechten an Land sind: John Hadley, *Animal Rights. A Theory of Habitat Rights for Wild Animals*, Landham 2015; Karen Bradshaw, *Wildlife as Property Owners. A New Conception of Animal Rights*, Chicago 2020; Frank Adloff, Philipp Degens, »Wem gehört die Natur? Für ein erweitertes Commons-Verständnis«, in: Frank Adloff, Tanja Busse (Hg.), *Welche Rechte braucht die Natur? Wege aus dem Artensterben*, Frankfurt/M. 2021, S. 207-226. Ökosys-

Die Frage, ob es auch andere Rechte der Natur gibt, klammere ich hier aus. Rechte der Natur, die über Eigentumsrechte hinausgehen, mag es vielleicht geben. Eigentumsrechte bieten jedoch eine hinreichende Begründung ökologischer Eigenrechte, sofern deren Geltung aus der Rationalität geltender Eigentumsrechte hervorgeht. Sie ergeben sich, um es noch einmal zu sagen, aus der Geltungslogik anerkannter Eigentumsrechte, und das heißt: Die Bedingungen, unter denen Eigentumsrechte ihre Geltung erlangen, werden nur dann erfüllt, wenn auch der Natur Eigentumsrechte zukommen. Eigentumsrechte erfüllen ihre Geltungsbedingungen, *indem* sie auch für die Natur gelten. Wenn Menschen Eigentumsrechte haben, dann gibt es keinen vernünftigen Grund dafür, sie der Natur vorzuenthalten. Wer Ja zu Eigentumsrechten sagt, kann deshalb zu Rechten der Natur nicht Nein sagen. Die Natur besitzt also Eigentumsrechte unter einer Bedingung: wenn Menschen Eigentumsrechte haben.

Der normative Eigensinn der Natur erklärt sich also daraus, dass der Natur ihre Güter gehören. Die Begründung ökologischer Eigenrechte muss daher erklären können, warum sie ihr gehören. Das *eigentumstheoretische Argument für die Rechte der Natur* lautet wie folgt: Wenn eine Wertschöpfung das Recht auf Eigentum am geschaffenen Wert rechtfertigt und wenn Ökosystemdienstleistungen eine Art von Wertschöpfung sind, dann kommt der Natur das Recht auf das Eigentum an ihren Gütern zu. Mit diesem Argument wird die Begründung ökologischer Eigenrechte von Annahmen über einen Eigenwert der Natur entkoppelt. Mit ihm wird akzeptiert, dass der Wert der Natur nicht über ihren Gebrauchswert hinausgeht. Daraus folgt jedoch mitnichten, dass die Natur keinen normativen Eigensinn besitzt. Die Natur verdient an sich einen Schutz – unabhängig davon, dass sie keinen anderen Wert als ihren Gebrauchswert hat. Natürliche Ressourcen sind das Eigentum der Natur, weil mit ihnen zur Wertschöpfung beigetragen wird und

teme besitzen Bradshaw zufolge keine Eigentumsrechte, sondern gehören zum Management der Eigentumsrechte von Wildtieren. Ich gehe auf die Frage, inwiefern Tieren Eigentumsrechte zustehen, nicht gesondert ein, weil der von mir verwendete Naturbegriff Ökosysteme sowie Pflanzen- und Tierarten umfasst und beiden gleichermaßen Eigentumsrechte zuzugestehen sind. Siehe zu Tieren als Inhaber von Eigentumsrechten auch David Favre, »Equitable Self-Ownership for Animals«, in: *Duke Law Journal* 50:2, 2000, S. 473-502.

eine Wertschöpfung zum Eigentum an den geschaffenen Werten berechtigt.

Dieses eigentumstheoretische Argument für die Eigenrechte der Natur baut auf somit zwei Prämissen auf. Die erste besagt, dass Wertschöpfung zum Eigentum am geschaffenen Wert berechtigt. Die zweite lautet, dass Ökosystemdienstleistungen eine Art von Wertschöpfung sind. Beide Annahmen werde ich im Folgenden untersuchen. In Kapitel 5 werde ich zunächst die zweite Prämisse begründen. Dazu ist zu zeigen, dass Ökosystemdienstleistungen – oder kurz: Naturleistungen – gegenüber dem Gebrauchswert wie auch gegenüber dem Eigenwert der Natur eine eigenständige Größe bilden, indem sie als Beitrag gelten, der durch Naturgüter für eine Wertschöpfung geleistet wird. Die Naturleistungen allein sind jedoch kein hinreichender Grund für die Rechte der Natur. Die Tatsache, dass mit Naturleistungen zur Wertschöpfung beigetragen wird, bildet für sich genommen keinen Grund dafür, die Natur mit Rechten auszustatten. Daher werde ich den Gedanken der Naturleistungen um einen Grund ergänzen, der von eigentumstheoretischer Art ist. Er besagt, dass eine Wertschöpfung zum Recht auf das Eigentum am geschaffenen Wert berechtigt. In Kapitel 6 wird diese Regel, »Wertschöpfung rechtfertigt Eigentum«, und damit die erste Prämisse des Arguments begründet.

5
Der Wert der Natur

Vorstellungen ökologischer Nachhaltigkeit gehen unvermeidlich von bestimmten Annahmen über einen Wert der Natur aus. Wäre die Natur gänzlich ohne Wert, gäbe es keinen Grund, weshalb sie schützenswert sein sollte. Was keinen Wert – nicht: Preis! – hat, wird auch nicht vermisst. Nur weil Rohstoffe, Kreisläufe und Naturkräfte von Wert sind, kommt die Natur überhaupt als etwas in Betracht, das einen Schutz verdient. Ihr Wert ist eine notwendige Voraussetzung für Forderungen nach einer nachhaltigen Naturnutzung.

Der Zankapfel ist deshalb nicht, ob die Natur überhaupt von Wert ist, sondern von welcher Art ihr Wert ist. Es lassen sich drei Vorstellungen vom Wert der Natur und dementsprechend drei Positionen der Nachhaltigkeit unterscheiden, die wir im Ansatz bereits kennengelernt haben: die ökozentrische Vorstellung vom Eigenwert der Natur, die anthropozentrische Vorstellung vom Gebrauchswert der Natur und die Vorstellung von Ökosystemdienstleistungen, mit denen zur Wertschöpfung beigetragen wird. Letztere, so viel sei hier schon gesagt, liegt der Theorie nachhaltigen Eigentums zugrunde.

Im Ökozentrismus wird ein Eigenwert der Natur angenommen. Die Natur ist nicht nur für Menschen, sondern an sich wertvoll. Dieser Eigenwert der Natur macht den normativen Eigensinn der Natur aus. Weil die Natur an sich von Wert ist, ist sie auch an sich schützenswert und verdient eigene Rechte. Nachhaltigkeit wird im Ökozentrismus also im Rückgriff auf einen Eigenwert der Natur begründet. Aus Sicht des Anthropozentrismus besitzen Naturgüter hingegen bloß einen Gebrauchswert. Der Wert der Natur beschränkt sich auf ihren Nutzen für Menschen. Im Anthropozentrismus wird Nachhaltigkeit deshalb auch nicht aus einem Wert der Natur hergeleitet, sondern aus den Pflichten, die Menschen einander schulden. Zwar gibt es ohne einen Wert der Natur keinen Grund für ihren Schutz. Er ist aber kein hinreichender Grund. Im Anthropozentrismus setzt sich die wichtige Erkenntnis durch, dass die Nachhaltigkeit nicht im Rückgriff auf einen Eigenwert der

Natur begründet werden kann. Allerdings wird dabei die Möglichkeit verspielt, Nachhaltigkeit auf einen normativen Eigensinn der Natur zu gründen. Das ist die Pattsituation, von der in Kapitel 4 die Rede war.

Die Theorie nachhaltigen Eigentums versucht, diese Pattsituation aufzulösen und beide Einsichten zu retten: Einerseits wird an der Annahme eines normativen Eigensinns der Natur festgehalten, andererseits wird dieser normative Eigensinn nicht auf einen vermeintlichen Eigenwert der Natur zurückgeführt. Damit wird anerkannt, dass die Natur keinen Eigenwert, sondern nur einen Gebrauchswert hat. Naturgüter sind nicht an sich wertvoll, sondern von Wert für Menschen. Sie haben einen Wert nur insoweit, als sie für Menschen nützlich sind. Allerdings bedarf es einer Binnendifferenzierung der Kategorie »Gebrauchswert«. Denn der Gebrauchswert der Natur hebt sich vom Gebrauchswert aller anderen Dinge ab. Naturgüter werden nicht von Menschen gemacht, wohingegen alle anderen Dinge Artefakte sind, die von Menschen hergestellt wurden. Naturgüter entstehen unabhängig von menschlicher Tätigkeit. Artefakte und Naturgüter haben zwar gleichermaßen einen Gebrauchswert für Menschen – beide sind wertvoll, weil sie für Menschen von Nutzen sind. Artefakte aber werden von Menschen hergestellt, Naturgüter nicht. Kurzum: Im Fall von Artefakten bezieht sich der Gebrauchswert auf ein von Menschen Gemachtes, im Fall von Naturgütern hingegen auf ein Nichtgemachtes.

Durch Naturgüter wird ein Beitrag zur (Gebrauchs-)Wertschöpfung geleistet, der nicht von Menschen stammt und insoweit eine Naturleistung ist. Der Gebrauchswert der Natur zeichnet sich durch solche Naturleistungen aus, die ihn von allen anderen Gebrauchswerten abhebt. Der Wert der Natur besteht demnach im Gebrauchswert von Naturleistungen. Die Naturleistung macht den Gebrauchswert der Natur einzigartig; Naturleistungen verleihen den Naturgütern eine andersartige Geltungslogik als im Fall von beispielsweise Gebrauchs- und Produktivgütern. Im Sacheigentum wird von diesen Naturleistungen abstrahiert: Indem Naturgüter durch ihre sachenrechtliche Kodierung wie andere Güter behandelt werden, wird auch ihr Gebrauchswert mit dem Gebrauchswert anderer Güter gleichgesetzt. Im Gütereigentum wird hingegen den Naturleistungen eigens Rechnung getragen. Für Eigentumsrechte ist zu berücksichtigen, dass Naturgüter aufgrund ihrer Ökosystemdienstleistungen einen andersartigen Gebrauchswert und insoweit eine andere Geltungslogik haben. Eigentumsrechte an Naturgütern folgen aufgrund der Naturleistungen einer eigenen Geltungslogik, die der Natur einen normativen Eigensinn und insoweit eine Rechtssubjektivität verschafft. Die Rechte der Natur setzen zunächst die Annahme bloß eines Gebrauchswerts der Natur voraus. Seine Bestimmung als Naturleistung ermöglicht es jedoch, zugleich einen normativen Eigensinn der Natur anzuerkennen.

Die Theorie nachhaltigen Eigentums hält also am normativen Eigensinn der Natur fest, ohne dass sie über die Annahme eines Gebrauchswerts der Natur hinausgeht. Naturleistungen haben einerseits eine bestimmte Art von Gebrauchswert, andererseits bilden sie die Grundlage für den normativen Eigensinn der Natur. Während die Eigenleistung der Natur im Anthropozentrismus unterschlagen wird, wird sie im Ökozentrismus zu einem Eigenwert verselbstständigt. Im Folgenden soll zunächst diese vermeintliche Alternative zwischen Anthropozentrismus und Ökozentrismus genauer rekonstruiert werden (5.1), um dann vor diesem Hintergrund die Naturleistungen einzuführen, auf denen die Eigenrechtstheorie beruht (5.2).

5.1 Anthropozentrismus und Ökozentrismus

> »Das gute Leben der Gesellschaft zu garantieren bedeutet auch, die Natur als ›Subjekt‹ zu betrachten.«
>
> Floresmilo Simbaña

Anthropozentrismus und Ökozentrismus bilden ein unzertrennliches Begriffspaar. Sie erhalten ihre jeweilige Bedeutung aus dem Kontrast zur Gegenposition. So hat sich für eine Zahl von Umweltethiken und Umweltrechtstheorien der Begriff des Anthropozentrismus erst herausgebildet, nachdem sich der konkurrierende Theoriestandpunkt unter dem Namen »Ökozentrismus« formiert hat. In Abgrenzung zum Ökozentrismus wurden bereits bestehende Positionen erst später unter der Bezeichnung »Anthropozentrismus« zusammengefasst. Schon die nachträgliche Namensbildung legt die Vermutung nahe, dass das theoretische Potenzial mit diesem Begriffspaar nicht voll ausgeschöpft wird. Nicht jede Ablehnung des Ökozentrismus lässt sich als Anthropozentrismus verrechnen. Ebenso wenig schlägt sich jede Kritik am Anthropozentrismus automatisch auf die Seite des Ökozentrismus. Zudem läuft eine Theorie ökologischer Eigenrechte nicht zwangsläufig auf einen ökozentrischen Standpunkt hinaus. Es gibt also einen Korridor für Alternativen, die sich jenseits dieses Dualismus bewegen.

Im Ökozentrismus wird die Annahme vertreten, dass die Natur einen Eigenwert besitzt und deshalb Rechte verdient. Vertreterinnen des Anthropozentrismus haben gute Gründe für ihre Kritik, dass eine solche Vorstellung vom Eigenwert der Natur einer Prüfung nicht standhält. Daraus ziehen sie allerdings den falschen Schluss, dass die Rechte der Natur ins Reich der Legenden oder Träume gehören. Voreilig verabschieden sie die ökologische Eigenrechtsidee, denn Rechte der Natur hängen mitnichten von der Annahme eines Eigenwerts der Natur ab. Sie beruhen vielmehr darauf, dass die Natur einen normativen Eigensinn hat, der unabhängig von einem Eigenwert der Natur besteht. Es kommt somit darauf an, beide Klippen zu umschiffen: die Annahme eines Eigenwerts der Natur ebenso wie die Schlussfolgerung, dass es ohne einen solchen Eigenwert keine Rechte der Natur gebe. Dafür ist es erforderlich, beide Positionen erst einmal klar zu identifizieren, was als Nächstes geschieht. Zunächst wird der Anthropozentrismus und seine Vorstellung vom Gebrauchswert der Naturgüter erörtert. Anschließend wird der Ökozentrismus auf seine Begründungslücken hin untersucht.

5.1.1 Der Gebrauchswert der Natur

Naturgüter besitzen zunächst einen Nutz- oder Gebrauchswert. Sie sind von Wert, soweit sie von Nutzen für Menschen sind. Ihr Nutzen für Menschen ist der Grund, weshalb die Natur wertvoll ist. Der Gebrauchswert der Natur setzt dabei zwei Bedingungen voraus: einen anthropologischen Bedarf (a) und eine gesellschaftliche Praxis (b).

(a) Naturgüter verwandeln sich in natürliche Ressourcen, sobald Menschen einen Bedarf an ihnen haben. Vor dem Hintergrund eines solchen *anthropologischen Bedarfs* erscheinen sie als Konsum- und Produktionsgüter mit einem Gebrauchswert. Natürliche Ressourcen sind nützlich für Menschen, weil sie dazu beitragen, deren Bedürfnisse zu befriedigen. Der Wert von natürlichen Ressourcen in Form eines Gebrauchswerts wird somit erst durch ihre Bedeutung *für* Menschen geschaffen. Bedürfnisse, Interessen und Nachfrage sind demnach eine Bedingung für den Gebrauchswert von Naturgütern. Ihr Gebrauchswert kann dabei vielerlei Gestalt annehmen: Sie sind wertvoll für das Überleben und für das gute Leben; sie besitzen deshalb nicht nur einen Subsistenzwert, sondern auch einen kulturellen, sozialen und ästhetischen Wert im Hinblick auf die Lebensqualität.

Angesichts unterschiedlicher Bedarfsarten können Naturgüter verschiedene Gebrauchswerte besitzen: So variiert der Gebrauchswert von Wasser hinsichtlich seines Bedarfs als Lebensmittel, Transportmittel, Bewässerung, Hygiene- und Reinigungsmittel. Der Gebrauchswert von Kohle richtet sich wiederum nach dem Bedarf an Energieträgern, kann aber auch in seiner Nichtnutzung liegen, wenn dadurch Treibhausgasemissionen eingespart und das Klima als Lebensgrundlage geschützt wird. Die Naturgüter insgesamt lassen sich gedanklich zu einem einzigen Gebrauchswert zusammenfassen, den sie als die Existenzgrundlage der Menschen haben. Der Gebrauchswert *der* Natur liegt demnach in ihrer Bedeutung als Lebensgrundlage für die Menschen.

(b) Natürliche Ressourcen setzen eine *gesellschaftliche Praxis* voraus, mit der sie in Wirtschaftsgüter verwandelt sowie eigentumsrechtlich kodiert werden und einen ökonomischen Wert erhalten. Diese gesellschaftliche Praxis setzt sich aus der Verwaltung, dem Handel und der Organisation von natürlichen Ressourcen zusammen und betrifft insbesondere deren Verarbeitung. Nicht vermeintlich reine, unberührte, wilde und ursprüngliche Naturgüter werden genutzt, sondern natürliche Ressourcen, die erst durch ihre Verarbeitung nutzbar werden. Komplexe Arbeitsteilung macht es erforderlich, dass Produktions- und Konsumgüter verwaltet, gehandelt und organisiert werden. Das gilt auch für natürliche Ressourcen: Ihre arbeitsteilige Produktion, Förderung und Bearbeitung müssen verwaltet werden, sie werden über einen Handel verteilt und die Rahmenbedingungen für ihre Produktion, Förderung, Bearbeitung und ihren Handel müssen organisiert werden. Dadurch erhalten natürliche Ressourcen einen ökonomischen Wert, das heißt einen Preis, den ihre Verwaltung, ihr Handel und ihre Organisation kosten und der in der Regel als Tauschwert bestimmt wird. Naturgüter sind wertvoll also auch deshalb, weil sie einen ökonomischen Wert erhalten.

Einen Gebrauchswert hat die Natur zunächst unter den Bedingungen sowohl eines Bedarfs als auch einer gesellschaftlichen Praxis. Naturgüter besitzen dabei einen unmittelbaren Wert, wenn sie direkt als Produktions- und Konsumgüter verwendet werden. Kohlenstoffverbindungen werden direkt für die Energiegewinnung, Nährstoffe für die Ernährung und Sand oder Holz als Baumaterial genutzt. Einen mittelbaren Wert besitzen hingegen Ressourcen, mit denen die Voraussetzungen geschaffen werden, unter denen andere Naturgüter genutzt werden können. Beispielsweise besitzt ein regenerationsfähiger Boden indirekt einen Wert, indem auf ihm Nahrungsmittel gedeihen, die einen direkten Nutzen für die Grundversorgung haben.

Der Gebrauchswert von Naturgütern ist ein generischer Wert, das heißt einer, den eine Gattung im Ganzen besitzt. Er bezieht sich also nicht etwa auf einen einzelnen Fluss, auf eine begrenzte Menge Getreide oder auf ein bestimmtes Kohlereservoir, sondern auf beliebige Flüsse, Getreidepflanzen und Kohlevorkommen. Flüsse als solche haben einen Gebrauchswert, indem sie grundsätzlich Tiere und Pflanzen gedeihen lassen, Wasser reinigen und verteilen, nutzbare Wasserkraft erzeugen, als schön, erholsam und kulturell bedeutsam wahrgenommen werden sowie Sand abbauen, formen und transportieren etc. Dieser generische Wert ist vom individuellen Preis zu unterscheiden, den eine einzelne Ressource, zum Beispiel eine bestimmte Menge Kohle, besitzt und der als Tauschwert ermittelt wird.

In Bezug auf die ökologische Nachhaltigkeit wirkt sich der Gebrauchswert ambivalent aus. Er ist sowohl von Vorteil als auch von Nachteil für eine nachhaltige Nutzung. Einerseits befördert er die Nachhaltigkeit, sofern die Natur kraft ihres Gebrauchswerts nicht als etwas Wertloses erscheint, das auf niemandes Kosten zerstört werden könnte. Was ohne Wert ist, kann ohne den Verlust eines Werts verloren gehen. Ein Gebrauchswert schützt Güter deshalb zunächst einmal vor ihrer Zerstörung, weil sein Verlust negativ zu Buche schlägt. Sofern Naturgüter einen Gebrauchswert besitzen, hat ihr Verlust immer einen Preis, der von ihrer Zerstörung abhalten könnte.

Andererseits hat der Gebrauchswert auch Nachteile für einen nachhaltigen Schutz der Naturgüter, und zwar mehr als Vorteile. Denn er lädt zu einer unbegrenzten Nutzung ein. Die Nutzung findet in sich selbst keine Einschränkung. Diese unbegrenzte Nutzung führt dazu, dass Naturgüter übernutzt, Ressourcen erschöpft und Werte extrahiert werden. Solange sich die Bedeutung von Naturgütern in ihrem Gebrauchswert und Nutzen für Menschen erschöpft, erscheint es als uneingeschränkt gut, dass sie genutzt und verwertet werden. Sie stehen damit zwangsläufig im Dienst größtmöglicher Wirtschaftlichkeit. Der Gebrauchswert zieht deshalb die Frage nach den Grenzen der Naturnutzung nach sich. Diese Grenzen werden durch ihre Nachhaltigkeit markiert. Naturgüter werden nachhaltig genutzt, indem ihre Nutzung in einem näher zu bestimmenden Umfang begrenzt wird.

Im Anthropozentrismus wird die Naturnutzung durch die berechtigten Ansprüche eingeschränkt, deren Anerkennung Menschen einander schulden. Insbesondere aus den Rechten auf körperliche Unversehrtheit und auf Leben leitet sich das Gebot her, die Natur als Existenzgrundlage der Menschen zu erhalten. Aus diesem Gebot ergeben sich wiederum vielfältige Verbote, die eine schädliche Naturnutzung untersagen. Die Vergiftung von Nahrungsketten, die Verschmutzung der Luft und die Verseuchung von Böden und Wasser verletzen die Rechte auf körperliche Unversehrtheit oder gar das Recht auf Leben und sind deshalb verboten. Tiere, Pflanzen, Luft, Böden und Wasser verdienen also einen Schutz aufgrund von (Menschen-)Rechten, deren Anerkennung Menschen voneinander erwarten dürfen.

Der Gebrauchswert liegt hier im Nutzen der Natur als Existenzgrundlage für Menschen. Zwar ist dieser Gebrauchswert eine notwendige Voraussetzung für die Einschränkung der Naturnutzung, weil Naturgüter nur insoweit schützenswert sind, als sie einen Gebrauchswert für Menschen haben. Der Gebrauchswert stellt aber keinen normativen Grund für eine ökologische Nachhaltigkeit dar. Der normative Grund für Nachhaltigkeit besteht vielmehr in den berechtigten Ansprüchen, deren Achtung Menschen einander schulden. Die Ansprüche der Menschen dienen somit als normative Gründe für eine nachhaltige Naturnutzung beziehungsweise: Die Natur verdient als die Lebensgrundlage von Menschen einen Schutz. Anders gesagt: Weil Menschen Rechte auf Leben und Gesundheit haben und ihr Überleben und Wohlergehen von der Nutzbarkeit bestimmter Naturgüter abhängt, verdienen diese Naturgüter eine nachhaltige Nutzung. Da auch Menschen in der

Zukunft diese Rechte besitzen, erstreckt sich das Gebot, die Natur als Lebensgrundlage zu erhalten, auch auf Handlungen, die langfristige Folgen für zukünftige Generationen haben. Der Anthropozentrismus bildet die Grundlage einer Mehrzahl gegenwärtiger Umweltethiken und Umweltrechtstheorien. Darauf werde ich in Teil III ausführlich zu sprechen kommen.

Im Anthropozentrismus bilden also die berechtigten Ansprüche von Menschen das Zentrum, das der natürlichen Umwelt eine normative Bedeutung verleiht. Auch wenn Menschen in eine natürliche Umwelt eingebettet sind, von der ihr Überleben und Wohlergehen abhängt, wird dieser der Status einer schützenswerten Umwelt erst durch die Ansprüche von Menschen verschafft. Die Rechte der Menschen bilden die Achse, um die sich die normative Bedeutung der Natur dreht, die hier keinen normativen Eigensinn besitzt. Sie erscheint in normativer Hinsicht nur als *Um*welt, nicht aber als Welt eigenen Rechts. Die menschlichen Ansprüche bilden das Zentrum und die Natur bloß die dieses Zentrum umgebende Umwelt. Im Anthropozentrismus gibt es keinen Raum für einen normativen Eigensinn der Natur. Und ohne einen normativen Eigensinn gibt es keinen Grund, der Natur eine Rechtssubjektivität zu verleihen. Im Anthropozentrismus ist die Natur demnach kein Rechtssubjekt, das mit dem Menschen auf Augenhöhe steht.

5.1.2 Der Eigenwert der Natur

Der vorherrschende Ansatz in der Rechtspraxis, der Natur Rechte zu verleihen, ist der Ökozentrismus. Nahezu alle Rechte der Natur, die es heutzutage auf unserem Planeten gibt, von Ecuador über Neuseeland bis zu den USA, werden in Berufung auf ein ökozentrisches Weltbild verteidigt und als *Earth Jurisprudence* bezeichnet.[25] Sie gehen von der ökozentrischen Vorstellung eines inhärenten Werts der Natur aus. Der normative Eigensinn einer an sich erhaltenswerten Natur wird hier mit dem Wert erklärt, den die Natur selbst besitzt. Aufgrund dieses Werts stehen der Natur Rechte zu. Die weltweiten Rechte der Natur sind jeweils in unterschiedliche kulturelle, soziale

25 Catherine I. Magallanes, Linda Sheehan, »Reframing Rights and Responsibilities to Prioritize Nature«, in: Melissa K. Scanlan (Hg.), *Law and Policy for a New Economy*, Cheltenham, MA 2017, S. 70-96, hier: S. 74 f.; Kauffman/Martin, *The Politics of Rights of Nature*, S. 6.

und religiöse Kontexte eingebettet und lassen sich daher nicht über einen Kamm scheren. Die ökozentrische Vorstellung vom inhärenten Wert der Natur führt jedoch diese Unterschiede zusammen, ohne sie deswegen auf eine gemeinsame Linie zu bringen. Sie stellt die Einheit in der Vielheit ökozentrischer Konzepte dar.

Im Ökozentrismus wird eine *Wertontologie* vertreten. Ihr zufolge leitet sich der normative Eigensinn aus dem inhärenten Wert der Natur her, den sie aufgrund bestimmter Eigenschaften besitzt, die ihr einen Eigenwert verleihen. Und dieser Eigenwert rechtfertigt wiederum, dass sie eigene Rechte verdient. Die Wertontologie des Ökozentrismus setzt sich aus zwei Annahmen zusammen: einer axiologischen und einer ontologischen Annahme.

Die *axiologische Annahme* betrifft den Eigenwert der Natur. Der Wert der Natur erschöpft sich ihr zufolge nicht im Gebrauchswert, den Naturgüter für Menschen haben. Vielmehr besitzt die Natur selbst einen Wert, in den Worten Alberto Acostas. »Die Natur hat einen Wert an sich, unabhängig vom Nutzen für den Menschen und vom Gebrauch, den er von ihr macht.«[26] Dieser inhärente Wert der Natur ist der Grund, weshalb sie einen normativen Eigensinn besitzt. Die Natur hat hier einen normativen Eigensinn, weil sie einen Eigenwert besitzt. Sofern sie an sich wertvoll ist, verdient sie an sich einen Schutz. Dem Eigenwert der Natur wird durch ihre subjektiven Rechte normativ Ausdruck verliehen. Das heißt: Die Rechte der Natur werden durch den Eigenwert der Natur begründet.

Die *ontologische Annahme* des Ökozentrismus betrifft wiederum und je nach Spielart eine bestimmte Eigenschaft der Natur, aus der sich ihr Eigenwert herleitet. Die Natur besitzt demnach einen Eigenwert aufgrund einer bestimmten ontologischen Eigenschaft, durch die sich die Natur auszeichnet. Im Ökozentrismus sollen die Rechte der Natur letztlich also im Rückgriff auf eine Eigenschaft der Natur begründet werden: Rechte verdient die Natur aufgrund ihres normativen Eigensinns; ein normativer Eigensinn steht ihr wiederum aufgrund ihres Eigenwerts zu; und dieser Eigenwert leitet sich schließlich aus einer Eigenschaft der Natur her. Ontologische Annahmen über die Natur lassen hier also Rückschlüsse auf

26 Alberto Acosta, »Die Rechte der Natur: Über das Recht auf Existenz«, in: Adloff/Busse (Hg.), *Welche Rechte braucht die Natur?*, S. 119-132, hier: S. 130.

die normative Schutzwürdigkeit der Natur zu. Diese Ansicht ist der gemeinsame Nenner von verschiedenen Spielarten des Ökozentrismus, die Namen wie Physiozentrismus, Geozentrismus, Biozentrismus oder Integratismus tragen.

Die ökozentrischen Spielarten lassen sich grob in vier Gruppen einteilen, die von unterschiedlichen Eigenschaften der Natur ausgehen: von ihrer Ganzheit (a), ihrer Gabe (b), ihrem Selbstzweck (c) und ihren Interessen (d). Die Natur sei an sich wertvoll, weil sie sich durch Ganzheit, Gaben, Selbstzwecke oder eigene Interessen auszeichnet. In einigen Naturvorstellungen wie der lateinamerikanischen Kultur der Pachamama sind diese Eigenschaften teils miteinander verknüpft.

(a) Holistische Positionen des Ökozentrismus betrachten die Natur als eine *Ganzheit*. Diese Ganzheit kann unterschiedliche Gestalten annehmen. Sie tritt auf als ökologische Integrität,[27] als »Netz des Lebens«,[28] als das Netzwerk der Natur,[29] als das Geflecht ihrer Energiekreisläufe,[30] als die Lebendigkeit der Natur[31] oder der Materie,[32] als Gesamtorganismus[33] und als das planetarische (im

27 Für den ökologischen Integratismus ist die Annahme einschlägig: »Etwas ist gut, wenn es dazu tendiert, die Integrität, Stabilität und Schönheit der biotischen Gemeinschaft zu bewahren.« Aldo Leopold, *Ein Jahr im Sand County*, Berlin 2019, S. 174.

28 David Bohm, *Die implizite Ordnung – Grundlagen eines dynamischen Holismus*, München 1980; Fritjof Capra, *Lebensnetz*, Bern 1996.

29 Bruno Latour, *Kampf um Gaia. Acht Vorträge über das neue Klimaregime*, Berlin 2017; ders., *Das terrestrische Manifest*, Berlin 2018; Jason W. Moore, *Kapitalismus im Lebensnetz. Ökologie und die Akkumulation des Kapitals*, Berlin 2020; Corine Pelluchon, *Das Zeitalter des Lebendigen. Eine neue Philosophie der Aufklärung*, Darmstadt 2021.

30 Tyler Volk, *Gaia's Body. Toward a Physiology of Earth*, Cambridge, MA 2003.

31 Thomas Berry, *The Dream of the Earth*, San Francisco 1988; ders., *Das Wilde und das Heilige. The Great Work – Unser Weg in die Zukunft*, Uhlstädt-Kirchhasel 2011; J. Baird Callicott, *In Defense of the Land Ethic. Essays in Environmental Philosophy*, Albany 1989; Cormac Cullinan, *Wild Law. A Manifesto for Earth Justice*, Devon [2]2011.

32 Jane Bennett, *Vibrant Matter. A Political Ecology of Things*, Durham 2010.

33 James Lovelock, *Das Gaia-Prinzip. Die Biographie unseres Planeten*, Zürich und München 1991; Brian Swimme, *Das verborgene Herz des Kosmos*, München 1996; Lynn Margulis, *Symbiotic Planet. A New Look at Evolution*, London 1998; Arturo Escobar, »Thinking-Feeling with Earth: Territorial Struggles and the Ontological Dimension of the Epistemologies of the South«, in: *Revista de Antropologia Iberoamericana* 11 (2016), S. 11-32.

Unterschied zum globalen) Gedeihen.[34] Die Ganzheit wird durch ein Verhältnis der Interdependenz gebildet. Die einzelnen Sphären, Elemente und Kräfte der Natur hängen voneinander ab, stehen also in einem Abhängigkeitsverhältnis zueinander; sie sind aufeinander angewiesen und bilden aufgrund dieser Interdependenz eine Ganzheit. Erst kraft ihres Zusammenhangs stabilisiert sich die Natur und wird Leben möglich. Dieser symbiotische, energetische, ökosystemische oder organische Zusammenhang bildet, so die Annahme, die Grundlage, auf der die Natur überhaupt Bestand hat. Jeder ihrer einzelnen Teile wäre für sich nicht überlebensfähig. Erst als interdependente Ganzheit bildet die Natur eine Existenzgrundlage, auf der Leben möglich ist. Leben wird von der Natur kraft ihrer Ganzheit gestiftet. Ohne ihre Ganzheit wäre kein Leben möglich.

(b) Vorstellungen der Natur als *Gabe*, als »Mutter Erde« oder ihrer Fruchtbarkeit vereint die Auffassung, dass die Natur ein unverfügbarer Schöpfungsprozess ist. Naturgüter werden nicht von Menschen hergestellt, sondern gehen aus Naturprozessen hervor. Solche natürlichen Ergebnisse werden als Gabe interpretiert.[35] Mit der Gedankenfigur der Gabe wird die Unverfügbarkeit erfasst, durch die sich natürliche Schöpfungsprozesse auszeichnen. Diese Unverfügbarkeit der Natur wird mitunter anhand des Gefühls ihrer Erhabenheit, der Ehrfurcht vor ihr oder der Dankbarkeit gegenüber ihr beschrieben.[36] Da Naturgüter nicht von Menschen hergestellt werden, entzieht sich ihr Entstehen der menschlichen Handlungsmacht. Kreisläufe erneuern sich, Organismen wachsen und Rohstoffe entstehen, ohne dass Menschen die Akteure dieser Prozesse sind. Naturgüter besitzen einen Gebrauchswert für Menschen, werden aber nicht von Menschen gemacht. Menschen geben sich die lebensnotwendigen Naturgüter nicht selbst, sondern ihnen werden die Naturgüter, so die Gedankenfigur der Gabe, gegeben. Mit Eigentumsrechten an Naturgütern wird zwar eine Verfügungsmacht über sie ausgeübt, der aber die Unverfügbarkeit des Prozesses vorausgeht, aus dem die Naturgüter hervorgehen.

34 Dipesh Chakrabarty, *Das Klima der Geschichte im planetarischen Zeitalter*, Berlin 2022.

35 Michel Serres, »Naturvertrag«, in: ders., *Der Naturvertrag*, Frankfurt/M. 1994, S. 49-87; Adloff/Degens, »Wem gehört die Natur?«.

36 Albert Schweitzer, *Die Ehrfurcht vor dem Leben. Grundtexte aus fünf Jahrzehnten*, München [6]1991.

Diese Unverfügbarkeit stellt die Grundlage dar, auf der ökozentrische Gabe-Theorien einen Eigenwert der Natur herleiten. Diese Herleitung erfolgt in drei Schritten. Natur wird erstens als ein Prozess verstanden, aus dem nutzbare Güter hervorgehen. Dieser Prozess ist zweitens seinerseits wertvoll, weil aus ihm Güter entstehen, die einen Gebrauchswert haben. Der Wert der Natur liegt also nicht nur in den Gütern, sondern auch in diesem Prozess, ohne den es keine nutzbaren Naturgüter gibt. Dieser Schöpfungsprozess ist drittens unverfügbar, soweit er sich der menschlichen Machbarkeit entzieht. Daraus soll folgen, dass der Wert der Natur für Menschen unverfügbar ist und deshalb der Natur selbst zukommen muss. Als Schöpfungsprozess besitzt die Natur einen Wert, der nicht von Menschen erzeugt wird. Weil sich der Prozess der Machbarkeit entzieht, ist auch sein Wert für Menschen unverfügbar und der Natur inhärent. Über den Gebrauchswert hinaus besitzt die Natur insoweit einen Eigenwert: als Gabe, als »Mutter Erde« oder aufgrund ihrer Fruchtbarkeit.

(c) Teleologische Naturvorstellungen gehen davon aus, dass sich die Natur hinsichtlich einer Zweckhaftigkeit erklären lässt. Die Natur strebt von sich aus nach Stabilität, Gleichgewicht, Selbsterhaltung oder Gedeihen. Sofern die Natur von sich aus oder durch sich selbst nach ihnen strebt, werden sie als *Selbstzweck* verfolgt. Solche Selbstzwecke der Natur lassen sich anhand ihrer Selbstregulation,[37] der Entropie[38] oder des Wachstums[39] erkennen. Stabilität, Gleichgewicht und Gedeihen werden hier als Selbstzwecke der Natur begriffen, nach denen sie von sich aus strebt.

Selbstzwecke sind Ziele, die um ihrer selbst willen erstrebt werden. Sie gelten deshalb als intrinsisches Gut oder als Wert an sich. Stabilität, Gleichgewicht und Gedeihen erscheinen demnach als Selbstzwecke der Natur, die einen Eigenwert der Natur rechtferti-

37 Erich Jantsch, *Die Selbstorganisation des Universums*, München 1992; Stuart Kauffman, *Der Öltropfen im Wasser*, München 1998; und im Anschluss an Alfred North Whitehead: Stascha Rohmer, »Der Mensch und die Rechte der Natur«, in: ders., Georg Toepfer (Hg.), *Anthropozän – Klimawandel – Biodiversität. Transdisziplinäre Perspektiven auf das gewandelte Verhältnis von Mensch und Natur*, Freiburg i. Br. 2021, S. 212-249.

38 Axel Kleidon, »Beyond Gaia: Thermodynamics of Life and Earth System Functioning«, in: *Climate Change* 66 (2004), S. 271-319.

39 Paul W. Taylor, *Respect for Nature. A Theory of Environmental Ethics*, Princeton 1986.

gen. Als Selbstzwecke sind sie Werte, die der Natur selbst innewohnen. Sofern die Natur aufgrund ihres Selbstzwecks einen Eigenwert besitzt und dieser Eigenwert ihr einen normativen Eigensinn verleiht, verdient die Natur entsprechende Rechte. Die Rechte der Natur werden hier also teleologisch aus den Eigenschaften der Stabilität, des Gleichgewichts oder des Gedeihens begründet, die als Selbstzwecke der Natur gelten.

Der teleologische Ökozentrismus erscheint im Kontrast zur anthropozentrischen Gebrauchswertlehre auf den ersten Blick als plausibel. Der Gebrauchswert hat, wie wir gesehen haben, zunächst eine instrumentelle Bedeutung: Naturgüter dienen der menschlichen Bedürfnisbefriedigung und erscheinen insoweit nur als ein Mittel zum Zweck. Weil der normative Eigensinn der Natur mit diesem Gebrauchswert unvereinbar ist, muss er über die instrumentelle Bedeutung der Natur hinausgehen und sich auf die Natur als Zweck beziehen. Die Natur ist nicht bloß ein Objekt, das den Menschen dient. Wenn der Gebrauchswert auf die instrumentelle Bedeutung von Naturgütern verweist, dann beruht der normative Eigensinn der Natur auf einer nichtinstrumentellen Bedeutung der Natur. Für Naturgüter gilt demnach ein Instrumentalisierungsverbot, das sich aus ihrem Selbstzweck erklärt. Die Natur besitzt einen Eigenwert, weil sie sich einem instrumentellen Gebrauchswert entzieht. Naturgüter dürfen daher nicht bloß als Mittel, sondern müssen zugleich als Selbstzweck genutzt werden. Die Rechte der Natur wirken somit als Verbot der bloßen Instrumentalisierung von Naturgütern.

(d) Der vierten Spielart des Ökozentrismus liegt die Annahme von *Interessen* der Natur zugrunde. Eigenrechte der Natur werden hier mithilfe einer Interessentheorie des Rechts erklärt, die zu den wichtigsten Rechtstheorien gehört,[40] und hier auf den besonderen Fall ökologischer Eigenrechte angewendet wird. Interessentheo-

40 Eine Interessentheorie des Rechts wird vertreten von: Rudolf von Jhering, *Der Geist des römischen Rechts auf den verschiedenen Stufen seiner Entwicklung*, Dritter Theil, Leipzig 1865; Joel Feinberg, *Harm to Ohers*, Oxford 1984; Joseph Raz, *The Morality of Freedom*, Oxford 1986; Neil MacCormick, »Rights in Legislation«, in: Peter Hacker, Joseph Raz (Hg.), *Law, Morality and Society. Essays in Honour of H. L. A. Hart*, Oxford 1977, S. 189-209; Matthew H. Kramer, »Getting Rights Right«, in: ders. (Hg.), *Rights, Wrongs, and Responsibilities*, London und New York 2001, S. 28-95; John Finnis, *Natural Law and Natural Right*, Oxford [2]2011.

rien des Rechts gehen davon aus, dass berechtigte Interessen einen Schutz verdienen und ihren Trägern deshalb eine Rechtssubjektivität zusteht. Rechte erfüllen eine Schutzfunktion legitimer Interessen; wer Interessen hat, die Schutz verdienen, dem steht der Rang eines Rechtssubjekts zu. Um Interessen zu schützen, können Rechteinhaber vor Gericht ziehen, damit sie ihre Rechte wahrnehmen und durchsetzen können. Die Interessentheorie des Rechts auf die Natur zu erweitern heißt, der Natur eine Rechtssubjektivität zuzubilligen, weil ihren Interessen ein Schutz zusteht: »Tiere, Pflanzen und Landschaften, Wasser, Luft und Klima verfügen über subjektive Rechte, mittels derer sie ihre rechtlich geschützten Interessen wahrnehmen können.«[41] Rechtssubjektivität wird ökologischen Entitäten zugestanden, damit deren Interessen geschützt werden. So wie die Interessen von Menschen einen Rechtsschutz verdienen, steht auch den Interessen der Natur ein Rechtsschutz zu. Den Eigenrechten der Natur werden hier also berechtigte Interessen zugrunde gelegt, aus denen sich ihre Rechte rechtfertigen: Die Natur besitzt verletzbare Interessen, die einen eigenen Rechtsschutz verdienen.

Die Interessentheorie ökologischer Eigenrechte ist ein Sonderfall im Ökozentrismus, der sich von den anderen Spielarten durch zwei Besonderheiten unterscheidet: durch die Erweiterung der Rechte von Menschen auf die Natur (1) und durch die Möglichkeit des Interessenausgleichs (2).

(1) Auf die Natur werden Rechte übertragen, die in bestehenden Rechtsordnungen bereits gelten und auf den ökologischen Bereich *ausgedehnt* werden, beispielsweise Klagebefugnis, Eigentumsrechte und Abwehrrechte. Der Musterfall für diese Rechtserweiterung ist der Whanganui River, von dem schon mehrfach die Rede war. Ihm werden die gleichen Rechte verliehen, die seine Anwohnerinnen bereits haben. Der Fluss wird in den Rang eines Rechtsträgers er-

41 Kersten, »Die Rechte der Natur und die Verfassungsfrage des Anthropozän«, S. 101. Siehe zu den »Interessen« der Natur auch ebd., S. 90, 104, 107f. u. 116. Eine interessenbasierte Theorie ökologischer Eigenrechte vertreten auch: Guillaume Chapron, Yaffa Epstein, José Vicente López-Bao, »A Rights Revolution for Nature. Introduction of Legal Rights for Nature Could Protect Natural Systems from Destruction«, in: *Science* 363 (2019), S. 1392f.; Alfonso Donoso, »Toward a New Framework for Rights of the Biotic Community«, in: Daniel P. Corrigan, Markku Oksanen (Hg.), *Rights of Nature. A Re-Examination*, London und New York 2021, S. 140-155.

hoben, indem ihm Rechte zugesprochen werden, die andere Rechteinhaber bereits wahrnehmen. So werden deren Eigentumsrechte auf den Fluss erweitert, damit er sich selbst gehört und seine Eigentumsrechte gegenüber anderen wahrnehmen kann. Die ökozentrische Interessentheorie begreift Eigentumsrechte folgerichtig als ein »Netz von Interessen«. Mensch und Natur sind durch ihre jeweiligen Interessen miteinander verbunden, die sie als Eigentümerinnen teilen.[42] Eigentumsrechte der Natur schützen deren Interessen in gleicher Weise, wie die Interessen von Menschen durch ihre Eigentumsrechte geschützt werden. Die Interessentheorie des Rechts stellt den theoretischen Unterbau für diese Rechtserweiterung dar. Rechte können auf den Fluss erweitert werden, weil er Interessen besitzt, die den gleichen Rechtsschutz verdienen wie die Interessen von Menschen.

Die Interessentheorie ökologischer Eigenrechte unterscheidet sich durch diese Erweiterungsstrategie von anderen ökozentrischen Ansätzen, die dazu tendieren, der Natur eigene substanzielle Rechte zuzuschreiben. Rechte der Natur nehmen zwei unterschiedliche institutionelle Designs an: Sie folgen entweder einem Erweiterungsmodell oder einem Ergänzungsmodell.[43] Das Erweiterungsmodell baut auf der Interessentheorie auf und ist die Grundlage für die

42 »Eigentum ist ein ›Netz von Interessen‹ [*web of interests*], in dem *die Interessen durch bestimmte Merkmale des Eigentumsobjekts* (einschließlich natürlicher Merkmale und ökologischer Belastbarkeit) und durch die miteinander verbundenen Beziehungen, die Menschen, Entitäten und Institutionen in Bezug auf das jeweilige Objekt eingehen, definiert werden.« Craig Anthony Arnold, »Sustainable Webs of Interests: Property in an Interconnected Environment«, in: Taylor/Grinlinton (Hg.), *Property Rights and Sustainability*, S. 167-193, hier: S. 168 (meine Hervorh., T. W.); vgl. auch ders., »The Reconstitution of Property: Property as a Web of Interests«, in: *Harvard Environmental Law Review* 26 (2002), S. 281-364.

43 Dieser Unterschied zwischen zwei institutionellen Designs wird ausgeführt in Kauffman/Martin, *The Politics of Rights of Nature*, S. 14-17. Kauffman und Martin unterscheiden zwischen einem »Nature's rights model« und einem »legal personhood model« – jenes nenne ich Ergänzungsmodell, dieses wiederum Erweiterungsmodell. Denn die Unterscheidung eines »legal personhood model« suggeriert, dass das »Nature's rights model« keine Rechtssubjektivität der Natur einschließt. Jede Art von Eigenrechten der Natur setzt jedoch voraus, dass die Natur Trägerin von Rechten und damit ein Rechtssubjekt ist. Auch Kersten (»Die Rechte der Natur und die Verfassungsfrage des Anthropozän«) unterscheidet zwischen der Interessentheorie und anderen ökozentrischen Theorien wie derjenigen von Latour.

Rechte der Natur in Neuseeland, Kolumbien und Indien. Bereits geltende Rechte werden auf einzelne Ökosysteme übertragen. Ein bestimmter Fluss, Berg oder Wald wird somit als Rechtssubjekt in eine Rechtsordnung aufgenommen. Die Rechtsordnung wird dadurch nicht substanziell verändert, sondern gewinnt nur einen neuen Anwendungsfall hinzu. Am Ergänzungsmodell orientieren sich hingegen holistische, gabebasierte und teleologische Theorien ökologischer Eigenrechte. Diesem Modell folgen die Naturrechte in Ecuador, Bolivien und teilweise den USA. Bestehende Rechtsordnungen werden hier um substanzielle Eigenrechte der Natur ergänzt. Die Rechte der Natur leiten sich demnach aus Alleinstellungsmerkmalen her, die die Natur im Unterschied zu Menschen besitzt. Ganzheit, Gabe und Selbstzweck zeichnen die Natur aus und begründen spezifische Naturrechte, die sich von den Rechten der Menschen (die gleichwohl Teil der Natur sind) unterscheiden. Eigenständige Rechte, die die Natur auf eine substanzielle Weise besitzt, werden dem geltenden Recht hinzugefügt. Eine Folge dieser substanziellen Rechte der Natur ist, dass nicht nur ein bestimmtes Ökosystem, sondern die Natur als solche Rechte besitzt. Nicht ein einzelner Fluss, sondern alle Flüsse und Ökosysteme verdienen Eigenrechte.

(2) Zweitens zeichnet sich die Interessentheorie ökologischer Eigenrechte dadurch aus, dass der Mechanismus eines *Interessenausgleichs* fest institutionalisiert wird. Mit dem Interessenausgleich wird die Voraussetzung für eine ausgewogene Naturnutzung geschaffen. Die Nutzung natürlicher Ressourcen birgt stets die Gefahr eines Interessenkonflikts. Denn den Interessen der Menschen an ihrer Nutzung stehen die Interessen der Natur an ihrem Erhalt gegenüber. Eigenrechte der Natur sorgen dafür, dass die Interessen beider Seiten zum Ausgleich gebracht werden. Menschen haben ein berechtigtes Interesse daran, Naturgüter zu gebrauchen und zu verbrauchen. Naturgüter dürfen demnach für die Befriedigung menschlicher Bedürfnisse instrumentalisiert werden. Allerdings steht diese Instrumentalisierung unter einem Vorbehalt: Auch die Interessen der Natur müssen angemessen berücksichtigt und mit menschlichen Interessen gleichbehandelt werden. Die Natur darf demnach nur insoweit genutzt werden, als ihr Interesse am Erhalt respektiert wird. Mit der Interessentheorie wird also eine Ausgewogenheit in dem Sinne möglich, dass das Recht auf Naturnutzung ebenso gewahrt wird wie das Recht der Natur auf ihren Erhalt.

5.1.3 Die metaphysische Existenzannahme

Im Ökozentrismus – einerlei welcher Spielart – wird eine Begründung der Eigenrechte der Natur verfehlt. Diese Begründungslücke wird auf den naturalistischen Fehlschluss zurückgeführt.[44] Demnach ergibt sich aus einer Beschreibung dessen, was ist, keine Vorschrift dafür, was sein soll. Ein Sollen lässt sich nicht aus einem Sein herleiten. Die Beschreibung einer Ganzheit, einer Unverfügbarkeit, einer Teleologie und von Interessen der Natur schließt noch keine Erklärung des Grundes ein, warum diese auch schützenswert sind. Selbst wenn sich Ganzheit, Unverfügbarkeit, Teleologie und Interessen der Natur beschreiben ließen, bleibe unerklärt, weshalb sie Schutz verdienten. Es bedarf vielmehr eines normativen Grundes für den Schutz der Natur, der sich aber nicht einer ihrer Eigenschaften entnehmen lässt. Der diagnostizierte naturalistische Fehlschluss betrifft also die Wertontologie des Ökozentrismus und besagt, dass sich aus ontologischen Annahmen keine axiologischen Annahmen ergeben. Eine Eigenschaft allein erlaube noch keinen Rückschluss auf den Wert dieser Eigenschaft. Dass sich die Natur durch Ganzheit etc. auszeichnet, bedeute nicht, dass ihre Ganzheit auch schützenswert ist. Aus einem Eigenwert der Natur würde zwar tatsächlich folgen, dass die Natur einen normativen Eigensinn besitzt und insoweit Rechte verdient. Ein solcher Eigenwert leite sich aber nicht aus ihren Eigenschaften ab. Mit ontologischen Annahmen lasse sich keine normative Geltung begründen.

Der naturalistische Fehlschluss ist tatsächlich ein berechtigter Einwand gegen den Ökozentrismus. Zu Recht kann gegen dessen Wertontologie eingewandt werden, dass sich die Rechte der Natur nicht im Rückgriff auf eine Natureigenschaft begründen lassen. Indes wird dieser Einwand dem Selbstverständnis des Ökozentrismus nicht gerecht, denn dieser beansprucht für sich gar keine lupenreine Begründung der Naturrechte. Vielmehr sind sich seine Vertreterinnen durchaus dessen bewusst, dass ein Eigenwert der Natur sich nicht im strikten Sinn begründen lässt. Zwar lasse sich ein Sollen aus dem Sein nicht herleiten, aber das Sein sei nichtsdestotrotz schutzwürdig.

44 Vgl. Konrad Ott, Thomas Potthast, »Naturalistischer Fehlschluss«, in: Konrad Ott, Jan Dierks, Lieske Voget-Kleschin (Hg.), *Handbuch Umweltethik*, Stuttgart 2016, S. 55-60.

Dahinter steht der Gedanke vom *Wert der Existenz*. Existenz, so die Überlegung, ist an sich wertvoll und dem Vergehen, Tod und Nichtsein vorzuziehen. Sie verdiene einen Schutz, weil sie selbst von Wert ist. Die Vorstellung vom Wert der Existenz ist die gemeinsame Grundannahme des Ökozentrismus. Die Natur sei erhaltenswert, weil Existenz wertvoll und die Natur eine Erscheinungsweise von Existenz ist. Im Unterschied zur anthropozentrischen Frage ökologischer Nachhaltigkeit ist aus ökozentrischer Sicht die Frage nach der Bewohnbarkeit des Planeten »*nicht*, was Leben ist oder welche Machtinteressen es steuern, sondern eher, was einen Planeten zu einem freundlichen Umfeld für die dauerhafte Existenz komplexen Lebens macht«.[45] Diese wertvolle Existenz umfasst außer bewusstem und empfindungsfähigem Leben auch mikrobielles Leben und Materie, die wie der Kohlenstoffkreislauf Bausteine des Lebens sind[46] und konkretisiert sich zur erhaltenswerten Natur. Man kann also sagen: Die ökozentrische Wertontologie setzt letztlich den Wert von Existenz voraus. Der Wert, den die Natur besitzt, geht auf den Wert von Existenz zurück. Oder umgekehrt: Der Wert von Existenz drückt sich in Bezug auf Naturgüter als der Eigenwert der Natur aus.

Die Rechte der Natur bauen im Ökozentrismus auf dem Wert von Existenz auf und laufen folgerichtig auf ein Existenzrecht hinaus. Sie konkretisieren sich als das Recht der Natur auf ihre Existenz.[47] So heißt es in Artikel 71 der ecuadorianischen Verfassung: »Die Natur oder Pachamama, in der sich das *Leben* realisiert und reproduziert, hat das Recht, dass ihre Existenz, der Erhalt und die Regenerierung ihrer Lebenszyklen, Struktur, Funktionen und Entwicklungsprozesse umfassend respektiert werden.«[48] Das Existenzrecht der Natur differenziert sich zu ihren Rechten auf intakte Kreisläufe, auf Unversehrtheit, gesundes Wachstum und Regeneration aus. Das Recht der Natur auf ihre Existenz kommt zur Geltung als das allgemeine Recht auf einen dauerhaften Erhalt der Natur im Ganzen und als das besondere Recht jedes konkreten Ökosystems auf seinen Bestand.

45 Chakrabarty, *Das Klima der Geschichte im planetarischen Zeitalter*, S. 147.

46 Siehe zum Kohlenstoffkreislauf David Archer, *The Global Carbon Cycle*, Princeton 2010, S. 22.

47 Jörg Leimbacher, *Die Rechte der Natur*, Basel 1988; Acosta, »Die Rechte der Natur«.

48 Meine Hervorh., T. W.

Die Wertvorstellung von Existenz wird mit dem Begriff des Lebens zum Ausdruck gebracht; so etwa mit der Ausdrucksweise der Verfassung Ecuadors, in der Natur realisiere und reproduziere sich »das Leben«. Der Wert der Existenz wird durch die Gestalt des Lebens verkörpert. Auch wenn Flüsse, Berge und Landschaften kein bewusstes Leben wie Tiere und Menschen führen, haben sie ein Leben, das beschädigt oder ihnen geraubt werden kann. Ihre Existenz kann ausgelöscht werden und ihr Leben damit verloren gehen. Nicht nur, dass sie lebendig sind: Sie gehören zusammen mit Tieren und Menschen *derselben* Lebendigkeit an. Ihre Zugehörigkeit zur selben Lebendigkeit drückt aus, dass die Natur als solche schützenswert ist. Nicht nur Flüsse, Berge und Landschaften, sondern die Erde im Ganzen wird als verletzbares Lebewesen wahrgenommen, dem ein Schutz zusteht. Diese Vorstellung schutzwürdigen Lebens verweist auf den Wert von Existenz und liegt auch dem strafrechtlichen Konzept des Ökozids zugrunde.[49] Der Wert ihrer Existenz macht Natur zu etwas Lebendigem, das einen Rechtsschutz verdient.

Die Wertontologie einer an sich wertvollen Existenz stellt die Grundlage für jede der vier ökozentrischen Spielarten dar. So kommt erstens der Natur in der Begründungsfigur der interdependenten Ganzheit ein Wert nur deshalb zu, weil sie die schlechthinnige Existenzgrundlage von allem ist und weil ebendiese Existenz von Wert ist. Der Eigenwert von Existenz liegt zweitens auch dem Gabe-Gedanken zugrunde. Der Entstehungsprozess von Naturgütern ist eine wertvolle Gabe, weil er eine an sich wertvolle Existenz sichert. Drittens wird im teleologischen Ökozentrismus vorausgesetzt, dass die Zwecke der Natur nicht schlecht (Vergehen, Zerstörung), sondern gut (Stabilität, Gleichgewicht und Gedeihen) und deshalb schützenswert sind. Der Eigenwert eines Zwecks wie »Gedeihen« hängt vom intrinsischen Wert der Existenz ab. Viertens erklärt sich das Interesse der Natur an ihrem Erhalt aus dem intrinsischen Wert von Existenz. Ihre Interessen gelten der Selbsterhaltung und sind schützenswert, weil ihre Existenz von Wert ist. So werden dem Whanganui River nicht nur Rechte übertragen und Interessen unterstellt, sondern ihm wird auch der Status einer

49 Siehe zum Zusammenhang zwischen Rechten der Natur und Ökozid: Valérie Cabanes, *Un nouveau droit pour la Terre. Pour en finir avec l'écocide*, Paris 2016.

»lebendigen Ganzheit« zugeschrieben.[50] Seine Lebendigkeit verkörpert den Wert von Existenz. Nur unter der Voraussetzung eines Werts von Existenz kann der Fluss als schützenswertes Lebewesen wahrgenommen werden. Weil Existenz von Wert ist, darf der Natur ein schützenswertes Interesse an ihrem Erhalt unterstellt werden.

Im Ökozentrismus wird letzten Endes vorausgesetzt, dass die Existenz ein intrinsisches Gut ist und der Nichtexistenz vorgezogen wird. Das Sein verdient einen Vorrang gegenüber dem Nichtsein. Jede Vorstellung von einem inhärenten Wert der Natur setzt im Grunde die Annahme voraus, dass die Existenz an sich wertvoll, sinnhaft oder erstrebenswert sei. Solche Aussagen über den Wert, Sinn und Zweck von Existenz stellen jedoch Axiome dar, die sich nicht beweisen lassen. Soweit sich der Wert von Existenz nicht begründen lässt, gibt es auch keine Begründung eines Eigenwerts der Natur und ihrer Rechte. Gelegentlich bricht sich diese Einsicht Bahn durch das Eingeständnis, dass sich letztendlich kein »Beweis« für den Eigenwert der Natur und damit für den Ökozentrismus antreten lässt.[51]

Die unbeweisbare Vorstellung vom Eigenwert der Natur macht den Anteil von Metaphysik aus, den der Ökozentrismus unvermeidlich besitzt. Zu Recht betonen Craig Kauffman und Pamela Martin: »Für viele indigene Kulturen und Vertreter der Earth jurisprudence [...] enthält die natürliche Ordnung auch metaphysische Annahmen.«[52] Die Vorstellung, dass die Natur – wie überhaupt Existenz – an sich wertvoll ist und dem Nichtsein vorzuziehen ist, ist eine metaphysische Annahme. Metaphysische Annahmen lassen sich weder beweisen noch vernünftigerweise bestreiten. Ein solches Verständnis von natürlicher Metaphysik vertritt Kant in den Anfangssätzen der *Kritik der reinen Vernunft*. »Die menschliche Vernunft hat das besondere Schicksal in einer Gattung ihrer Erkenntnisse: daß sie durch Fragen belästigt wird, die sie nicht abweisen kann, denn sie sind ihr durch die Natur der Vernunft selbst aufgegeben, die sie aber auch nicht beantworten kann, denn sie

50 »Te Awa Tupua (Whanganui River Claims Settlement) Act 2017«, ⟨www.legislation.govt.nz/act/public/2017/0007/latest/whole.html⟩, letzter Zugriff 2.11.2021.

51 Paul W. Taylor, »Die Ethik der Achtung gegenüber der Natur«, in: Angelika Krebs (Hg.), *Naturethik. Grundtexte der gegenwärtigen tier- und ökoethischen Diskussion*, Frankfurt/M. 1997, S. 111-143, hier: S. 123.

52 Kauffman/Martin, *The Politics of Rights of Nature*, S. 150.

übersteigen alles Vermögen der menschlichen Vernunft. […] Der Kampfplatz dieser endlosen Streitigkeiten heißt nun *Metaphysik*.«[53] Der Ökozentrismus ist eine naturphilosophische Spielart dieser Metaphysik. Der Wert von Existenz lässt sich weder belegen noch widerlegen. Auf den Wert von Existenz zielt die Frage nach dem Grund, warum überhaupt etwas ist. Die sogenannte Grundfrage der Metaphysik, »Warum ist überhaupt Seiendes und nicht vielmehr nichts?«, lässt sich weder mit einer gesicherten Erkenntnis beantworten noch durch den Verweis auf ihre Unbeantwortbarkeit erledigen.[54] Adorno greift sie in seinen »Meditationen zur Metaphysik« als die Frage nach dem Sinn vergänglichen Lebens auf, die sich weder beantworten noch als Unsinn zurückweisen lässt.[55] Trotz ihrer Unbeantwortbarkeit behalten metaphysische Fragen aber ihren berechtigten Sinn.

Die Religion ist eine von mehreren Möglichkeiten, der Frage nach dem Wert, Sinn und Zweck von Existenz einen Ort zu geben, ohne dass Antworten dabei als überprüfbares Wissen ausgegeben werden. Die Unbegründbarkeit eines Eigenwerts der Natur wird von den religiösen Varianten des Ökozentrismus deshalb auch unverblümt anerkannt. Die religiöse Vorstellung von der Sakralität der Natur trägt dem Umstand Rechnung, dass sich ein Eigenwert der Natur nicht wissenschaftlich begründen lässt. Der normative Eigensinn der Natur nimmt hier die religiöse Gestalt einer Heiligkeit an.[56] Das Heilige steht für die Unantastbarkeit einer an sich erhaltenswerten Natur. So verdanken die Rechte der Natur in Ecuador, Bolivien und Kolumbien ihre Geltung der sakralen Naturvorstellung der Pachamama (»Mutter Erde«), die als lebenspendende

53 Immanuel Kant, *Kritik der reinen Vernunft*, Frankfurt/M. 1974, S. 11 (AA VII).

54 Martin Heidegger, »Was ist Metaphysik?«, in: ders., *Wegmarken*, Frankfurt/M. 1978, S. 121. Siehe zur Grundfrage der Metaphysik auch: Gottfried Wilhelm Leibniz, »Die Vernunftprinzipien der Natur und der Gnade«, in: ders., *Hauptschriften zur Grundlegung der Philosophie*, Teil II, Hamburg 1996, § 7, S. 597; Friedrich W. J. Schelling, »Einleitung in die Philosophie der Offenbarung oder Begründung der positiven Philosophie«, in: ders., *Ausgewählte Schriften*, Bd. 5.1, Frankfurt/M. 1985, S. 603-776, hier: S. 609; Ludwig Wittgenstein, *Tractatus logico-philosophicus*, Frankfurt/M. 1984, S. 84 (6.44).

55 Theodor W. Adorno, *Negative Dialektik*, in: ders., *Gesammelte Schriften*, Bd. 6, Frankfurt/M. 1997, S. 7-412, hier: S. 369-370.

56 Sonya Sachdeva, »The Influence of Sacred Beliefs in Environmental Risk Perception and Attitudes«, in: *Environment and Behavior* 49 (2017), S. 583-600.

Gottheit verehrt wird. Die maorische Mythologie stellt wiederum die Grundlage der Naturrechte in Neuseeland dar. Ihre Prinzipien sind Whanaungatanga (»Verwandtschaft«, die alle Naturgüter miteinander verbindet) und Kaitiakitanga (»Verantwortung« gegenüber allen Naturgütern). Die Indigenen Nordamerikas vertreten animistische und pantheistische Vorstellungen von der Heiligkeit der Natur, um die Rechte der Natur zu verteidigen.[57] Im Buddhismus wird der heilige Status der Natur unter anderem durch die religiösen Rituale des Opfers unterstrichen: Mit der Opfergabe wird eine Verpflichtung gegenüber der Natur zum Ausdruck gebracht, die sich aus ihrem normativen Eigensinn ergibt. Eine Heiligkeit des Lebens wird zudem in der christlichen Schöpfungstheologie gelehrt.[58] John Locke beruft sich in seinem Liberalismus auf sie, um die Pflicht zur Wahrung der Schöpfung zu begründen.[59] Schließlich wird in den Sozial- und Rechtswissenschaften mitunter die Ansicht vertreten, ökologische Rechte seien mithilfe einer neuen Mythologie zu etablieren. So wirbt Bruno Latour für sie, indem er den Mythos der Gaia, der Mutter Erde, wiederzubeleben versucht.[60] Und Christopher D. Stone hat schon früh in seinen einflussreichen Schriften zum Umweltrecht für eine Remythologisierung des Rechts plädiert.[61] In diesen unterschiedlichen sakralen Naturvorstellungen wird die Natur aufgrund ihrer Ganzheit, ihres Gabe-Charakters, ihres Selbstzwecks oder ihrer Interessen als etwas Heiliges anerkannt, und diese Heiligkeit verleiht ihr einen normativen Eigensinn, der sie unbedingt schützenswert macht.

Der religiöse Ökozentrismus akzeptiert die Unbegründbarkeit eines Eigenwerts der Natur und zieht die Konsequenz, dass die Vorstellung vom normativen Eigensinn der Natur letztlich auf einer Glaubensgewissheit beruht. Das Fehlen einer Begründung

57 Thomas Berry, *Das Wilde und das Heilige. The Great Work – Unser Weg in die Zukunft*, Uhlstädt-Kirchhasel 2011.

58 Papst Franziskus, *Enzyklika Laudato si'*, Freiburg i. Br. 2015.

59 John Locke, *Zweite Abhandlung über die Regierung*, Frankfurt/M. 2007.

60 Latour, *Kampf um Gaia*; ders., *Das terrestrische Manifest*.

61 »Die Zeit wird kommen, in der diese Gedanken [über die Rechte der Natur] und die ersten Veränderungen des Rechts […] in einem Mythos von Beziehungen des Menschen zur restlichen Natur – gefühlt und verstanden – zusammengefasst werden können. […] Was fehlt, ist ein Mythos, der unseren wachsenden Wissensstand auf dem Gebiet der Geophysik, der Biologie und des Kosmos insgesamt erfasst.« Stone, *Haben Bäume Rechte?*, S. 74f.

macht die Annahme des Werts der Existenz nicht falsch, da sie sich, wie dargelegt, ebenso wenig bestreiten lässt. Lässt sich eine Vorstellung weder begründen noch widerlegen, ist sie zumindest plausibel, wenn auch nicht zwingend. Mit der religiösen Vorstellung von der Sakralität der Existenz wird somit anerkannt, dass sich ein Eigenwert der Existenz nicht zwingend begründen, aber als plausibel annehmen lässt. Zunächst erscheint es als eine Schwäche, auf die Begründung eines Eigenwerts der Natur zu verzichten und sich stattdessen auf Glaubensgewissheiten zurückzuziehen. Dieser Verzicht kann jedoch auch als die Stärke gedeutet werden, der Unbegründbarkeit eines Existenzwerts Rechnung zu tragen. Theologische und mythologische Gedankenfiguren erkennen die Tatsache an, dass sich ein Eigenwert der Natur nicht im strikten Sinn begründen lässt. Zugleich geben sie die Vorstellung eines normativen Eigensinns der Natur nicht preis.

Diesem Selbstverständnis wird die weitverbreitete Polemik, ökozentrische Weltanschauungen seien nichts als Aberglaube, Hokuspokus und Magie, nicht gerecht. In der Polemik wird Metaphysik mit Aberglauben verwechselt. Metaphysik ist kein lässlicher Aberglaube, sondern ein unvermeidlicher Rest, der sich durch keine erkenntnistheoretische Aufklärung wegargumentieren lässt. Metaphysische Annahmen über den Wert der Existenz lassen sich weder belegen noch vernünftigerweise bestreiten. Im Aberglauben werden hingegen Meinungen für wahr gehalten, die sich durchaus widerlegen lassen. Ahnenverehrung, Schöpfungserzählungen, Fruchtbarkeitsrituale und Schutzgötter lassen sich nicht einfach als Aberglaube oder Ideologie abstempeln. Sie drücken vielmehr eine metaphysische Existenzannahme aus, die sie unter anderem mit modernen Ästhetiken und Naturbetrachtungen teilen.

Der Ökozentrismus macht sich dennoch angreifbar für Kritik. Denn er verfehlt sein eigenes Ziel. Um globale Ökologiekrisen zu bekämpfen, braucht es Gegenmaßnahmen von globaler Reichweite. Daher sollen die Eigenrechte der Natur zu einer weltweiten Praxis der Nachhaltigkeit ausgeweitet werden und einen globalen Wirkkreis erlangen. Dieses Ziel erreicht der Ökozentrismus jedoch nicht. Religiöse Existenzannahmen, für die es keine Gründe gibt, sind zwar nicht falsch. Ohne Gründe lassen sich aus ihnen jedoch keine Rechte herleiten, deren Anerkennung und Einführung allgemein erwartet werden darf. Hierfür fehlt es ihnen an

Überprüfbarkeit, Universalisierbarkeit und Verbindlichkeit. Wahrheitsfähigkeit, Universalisierbarkeit und Verbindlichkeit sind Alleinstellungsmerkmale von Gründen. Für sie ist die Formalität der Regeln verantwortlich, denen eine Begründung folgt und die als Geltungsbedingungen (Konsistenz, Kohärenz, Faktizität, Transformation – siehe oben, 3.1.4) wirken. Gründe zeichnen sich durch formale Regeln aus, die aufgrund ihrer Formalität allgemein gelten. Die Allgemeingültigkeit formaler Regeln ermöglicht drei Merkmale von Gründen.

Erstens: Mithilfe von Gründen werden Annahmen *überprüfbar*. Annahmen lassen sich überprüfen, indem sie hinsichtlich dessen unterschieden werden, ob sie wahr oder falsch sind; und diese Wahr/falsch-Unterscheidung wird durch Gründe geleistet. Dafür müssen Gründe formalen Regeln folgen. Sind diese Geltungsbedingungen erfüllt, gelten die entsprechenden Annahmen als wahr. Die Allgemeingültigkeit formaler Regeln erlaubt es, zwischen wahren und falschen Meinungen unabhängig von den Einstellungen einer Person zu unterscheiden, die sie vertritt. Gründe ermöglichen aufgrund ihrer formalen Allgemeingültigkeit somit eine Wahr/falsch-Unterscheidung losgelöst von den Überzeugungen einer Person.

Zweitens: Gründe ermöglichen eine *universelle Geltung*. Damit ökologische Eigenrechte weltweit gelten, muss sich ihre normative Geltung verallgemeinern lassen. Diese universalisierende Kraft speist sich aus der Formalität der Geltungsbedingungen. Gründe gelten aufgrund ihrer formalen Regeln überall und jederzeit für jeden Sachverhalt gleichermaßen. Vor Argumenten sind wir deshalb alle gleich. Annahmen gelten also aufgrund formaler Geltungsbedingungen allgemein. Weil ihre Begründung formale Kriterien erfüllt, die unabhängig von zeitlichen und räumlichen Kontexten gelten, lassen sich Annahmen generalisieren. Gründe verschaffen einer Norm somit eine kontextübersteigende, kurzum: eine universelle Geltung. Normen verdanken ihre universelle Geltung der Erfüllung formaler Geltungsbedingungen.

Drittens: Gründe besitzen eine *Verbindlichkeit* derart, dass ihre Anerkennung jeder Person zugemutet werden darf. Gründe verdanken ihren formalen Regeln, dass ihnen grundsätzlich jede Person zustimmen kann. Formale Regeln gelten unabhängig von inhaltlichen Wertvorstellungen für jede Begründung gleich. Die Anerkennung von Gründen kann deshalb grundsätzlich von jeder Person erwartet werden. Wahrheit und Universalismus führen zu dieser epistemischen Normativität in zwei Schritten. Zum einen ist Wahrheit mit einer epistemischen Normativität verbunden, weil die Anerkennung von *wahren* Annahmen *erwartet werden darf.* Weil eine Annahme wahr ist, darf ihre Anerkennung allen zugemutet werden. So wie erwartet werden darf, dass eine Tatsache (»Die Erde bewegt sich in einer elliptischen Bahn um die Sonne«) anerkannt wird, darf auch die Anerkennung einer normativen Geltung (»Die Natur verdient an sich einen Schutz«) erwartet werden, wenn sie sich als wahr erweist. Die Zustimmung wahrer Annahmen kann Personen also zugemutet werden. Zum anderen folgt aus der *universellen* Geltung von Gründen, dass die Anerkennung generalisierbarer Annahmen *von allen* erwartet werden darf. Begründete Annahmen erfüllen formale Geltungsbedingungen, weshalb sie von jeder beliebigen Person anzuerkennen sind.

Der Ökozentrismus hat seine Sollbruchstelle in der kontextgebundenen Geltung der Eigenrechte. Ökozentrische Rechte lassen sich nicht über ihre kulturellen Kontexte hinaus verallgemeinern und erlauben deshalb nicht die Erwartung, dass sie auch von anderen eingeführt werden. Sie haben deshalb eine begrenzte Reichweite. Rechte der Natur einzurichten, kann ohne ein ökozentrisches Weltbild nicht verlangt werden. Ihre weltweite Schaffung kann nur zugemutet werden, wenn ihnen durch die universalisierende Kraft der Gründe eine kontextunabhängige Geltung verschafft wird. Auf einer metaphysischen Grundlage lassen sie sich nicht universalisieren und zu einer weltweiten Rechtspraxis ausweiten. Deshalb verfehlt der Ökozentrismus sein eigenes Ziel, die Rechte der Natur als eine globale Maßnahme gegen die weltweiten Ökologiekrisen zu etablieren. Ihre Geltung bleibt an die kulturellen Kontexte gebunden, die von ökozentrischen Weltsichten geprägt sind. Ökozentrische Naturvorstellungen lassen sich nicht übernehmen für Rechtsordnungen des globalen Nordens mit ihren eigenen Rechtslogiken, Rechtfertigungsverhältnissen, Legitimationsbeschaffungen und Rationalisierungsprozessen.[62] Sie verfangen nicht in säku-

62 Nichtsdestotrotz gibt es Versuche, die ökozentrische Vorstellung vom Eigenwert der Natur in Rechtsordnungen des globalen Nordens zu etablieren; so im Bundesnaturschutzgesetz: »Natur und Landschaft sind auf Grund ihres eigenen Wertes als Grundlage für Leben und Gesundheit des Menschen auch in Ver-

laren Eigentumsgesellschaften. Den Rechten der Natur wird zwar in Ecuador und Kolumbien eine Legitimität verschafft, indem sie auf demokratische Weise beschlossen werden. Gesellschaften, die das ökozentrische Weltbild der Pachamama nicht teilen, bleiben aber der Erwartung entzogen, selbst ökologische Eigenrechte zu schaffen. Auch in Neuseeland bleiben die Rechte der Natur auf dasjenige Territorium beschränkt, wo ein maorischer Ökozentrismus vorherrscht; sie werden nicht auf die säkulare Rechtsordnung des ganzen Landes erweitert.

Sollen die Rechte der Natur eine Chance darauf haben, sich weltweit durchzusetzen, müssen sie sich ohne Metaphysik begründen lassen. Sie bedürfen einer *nachmetaphysischen Begründung*, weil nur die universalisierende Kraft von Gründen sie verallgemeinern kann. Normen bedürfen einer säkularen Begründung, deren Anerkennung jeder Person unabhängig von ihren Überzeugungen zugemutet werden kann. Niemand kann sich dann auf Einwände zurückziehen, die erklären sollen, weshalb geltende Normen nicht akzeptiert werden müssten. Eine nachmetaphysische Position bestreitet nicht, dass es metaphysische Fragen nach dem Wert, Sinn oder Zweck des Lebens oder nach dem Umgang mit der Sterblichkeit gibt, sondern dass metaphysische Annahmen als normative Grundlage für Recht, Politik und Moral taugen. Die nachmetaphysische Begründung der Rechte der Natur vollzieht demnach einen Kurswechsel. Sie muss ohne die metaphysische Annahme eines Eigenwerts der Natur auskommen. Der erste Begründungsschritt besteht folglich darin, die Geltung ökologischer Eigenrechte vom Wert der Natur zu entkoppeln. Der normative Eigensinn der Natur ist ohne ihren Eigenwert zu begründen.

Mit der nachmetaphysischen Begründung wird ein neuer Weg in Richtung ökologischer Eigenrechte eingeschlagen. Die Rechte der Natur leiten sich nicht aus einem Wert der Natur ab, sondern, so meine noch auszuarbeitende Hypothese, aus der Rationalität geltender Rechte: Sie entwickeln sich aus der Geltungslogik bestehender Eigentumsrechte. Die Rechte der Natur erschließen sich nicht von der Natur, sondern von den Rechten her. Sie sind vom Wert der Natur entkoppelt und stattdessen im Eigentumsrecht

antwortung für die zukünftigen Generationen im besiedelten und unbesiedelten Bereich [...] zu schützen [...].« (§1 BNatSchG).

verankert. Ökologische Nachhaltigkeit ist ein endogener Bestandteil gegenwärtiger Gesellschaftsformationen, weil sie sich aus der Geltungslogik des Eigentums herleitet und die Gestalt von nachhaltigen Eigentumsrechten annimmt. Der Prozess eigentumsrechtlicher Ausdifferenzierung mündet somit in die Anerkennung von ökologischen Rechten. Einerseits ergeben sich Rechte der Natur aus der Rationalität geltenden Eigentumsrechts. Andererseits konkretisieren sich diese Rechte der Natur in Gestalt von nachhaltigen Eigentumsrechten, die Nutzerinnen (Einzelpersonen, Gruppen, Organisationen und Staaten) zur ökologischen Nachhaltigkeit verpflichten.

Der Wahrheitsgehalt ökozentrischer Weltbilder lässt sich somit in einen kontrollierbaren Gedanken übertragen.[63] Der normative Eigensinn einer an sich schutzwürdigen Natur wird in ein nachmetaphysisches Konzept ökologischer Eigenrechte hinübergerettet. Die Rechte der Natur bedürfen weder des Mythos noch der Religion. Für Überheblichkeit gegenüber ökozentrischen Weltbildern gibt es allerdings keinerlei Anlass. Ihre Stigmatisierung als magisches Denken ist Ausdruck kolonialen Herrschaftswissens. Kritiker der ökologischen Eigenrechtsidee neigen gelegentlich zur repressiven Toleranz und ironischen Überlegenheitsgeste à la »das mag ja für Indigene im globalen Süden hilfreich sein, aber wir im globalen Norden haben unsere eigenen Rechtskulturen, in denen Rechte der Natur weder nötig noch sinnvoll sind«. Von ökozentrischen Weltbildern lässt sich hingegen vielerlei lernen: dass die Natur an sich schutzwürdig und erhaltenswert ist; wie sich nicht nur von der Natur, sondern mit ihr leben lässt; dass zahllose Nachhaltigkeitstechniken weltweit im kulturellen Wissen indigener Traditionen aufbewahrt sind und abgerufen werden können;[64] dass die Natur

63 Dieses Verständnis von Übersetzung folgt Jürgen Habermas' Vorschlag, unabgegoltene Potenziale der Religion in wahrheitsfähige Aussagen zu übersetzen: »Die Gehalte, die sich die Vernunft durch Übersetzung aneignet, müssen dem Glauben nicht verloren gehen.« Jürgen Habermas, »Religion in der Öffentlichkeit. Kognitive Voraussetzungen für den ›öffentlichen Vernunftgebrauch‹ religiöser und säkularer Bürger«, in: ders., *Zwischen Naturalismus und Religion. Philosophische Aufsätze*, Frankfurt/M. 2005, S. 119-154, hier: S. 149; vgl. ders., *Auch eine Geschichte der Philosophie*, Bd. 2: *Vernünftige Freiheit. Spuren des Diskurses über Glauben und Wissen*, Berlin 2019, S. 806.

64 Ein Meilenstein in der Forschung zu indigenen Kultur- und Wissensressourcen für ökologische Nachhaltigkeitspraktiken ist: Eugene N. Anderson, *Ecologies of*

Inhaberin von Rechten sein und sich selbst gehören kann; dass ihre Ökosystemdienstleistungen für Menschen überlebenswichtig sind; und dass bestehende Eigentumsrechte all diesen Einsichten zuwiderlaufen.

Der Ökozentrismus versteht sich als Kritik an den bestehenden Eigentumsrechten und ihrem kolonialen Erbe. Er versucht ein Naturverhältnis zurückzuerobern, das im Zuge der Kolonisation und der damit einhergehenden Etablierung europäischer Eigentumsrechte verdrängt wurde. Die kolonialen Eigentumsrechte dienten nicht nur der Okkupation einst indigenen Besitzes.[65] Mit ihnen wurden auch indigene Nachhaltigkeitspraktiken und entsprechende ökozentrische Weltbilder verbannt. Nun könnte man meinen, durch die Verankerung der Rechte der Natur ausgerechnet im Eigentum werde das koloniale Erbe verlängert. Das ist jedoch nicht der Fall. Zwar leiten sich die Rechte der Natur aus der Rationalität geltender Eigentumsrechte her, aber ebendiese Eigentumsrechte werden an Pflichten gegenüber der Natur gebunden. Mit ihnen wird der normative Eigensinn der Natur anerkannt, dem auch die indigenen Vorstellungen von einer an sich schützenswerten Natur Rechnung tragen. Die postkoloniale Eigentumskritik wird also unter nachmetaphysischen Prämissen fortgesetzt. Aus der Geltungslogik des Eigentums werden Rechte der Natur hergeleitet, die das Eigentum zugleich begrenzen.

Der Ökozentrismus und der alternative Eigentumsansatz sind also nicht Gegenspieler, sondern Verbündete im Kampf für die Eigenrechte der Natur. Anstatt einen Keil zwischen sie zu treiben und somit das Sektierertum gesinnungsethischer Splitterfraktionen zu befördern, sollten vielmehr Allianzen geschmiedet werden, um das gemeinsame Projekt voranzutreiben. Die beiden Ansätze berufen sich auf unterschiedliche Rechtfertigungsfiguren. Die ökozentrische Rechtfertigungsfigur stützt sich auf die metaphysische Existenzannahme, die zwar nicht bindend und verallgemeinerbar,

the Heart. Emotion, Belief, and the Environment, Oxford 1996. Anhand des agrarwissenschaftlichen Beispiels der Grasnutzung wird eine solche indigene Nachhaltigkeitstechnik eindrücklich erläutert von Robin Wall Kimmerer, *Geflochtenes Süßgras. Die Weisheit der Pflanzen*, Berlin 2021.

65 Einschlägig für den kolonialen Hintergrund individueller Eigentumsrechte ist Brenna Bhandar, *Colonial Lives of Property. Law, Land, and Racial Regimes of Ownership*, Durham und London 2018.

aber auch nicht falsch ist. Damit ist die Grundlage für einen Schulterschluss gegeben, um leichter Mehrheiten für die Idee ökologischer Eigenrechte zu bilden.

5.2 Ökosystemdienstleistungen

> »Vom Himmel blicket zu den Geschäftigen
> Durch ihre Bäume milde das Licht herab,
> Die Freude teilend, denn es wuchs durch
> Hände der Menschen allein die Frucht nicht.«
>
> Friedrich Hölderlin, *Mein Eigentum*

Aus der Einsicht, dass sich Rechte der Natur nicht auf einer ökozentrischen Grundlage begründen lassen, folgt die Konsequenz, ihre Begründung von einem Eigenwert der Natur zu entkoppeln. Ihre Begründung muss ohne einen Naturbegriff auskommen, der normativ oder metaphysisch aufgeladen ist. Ganz ohne Naturvorstellungen geht es jedoch auch nicht. Es wäre sonderbar, wenn die Natur ein Rechtssubjekt sein sollte, ohne dass verstanden wird, was Natur ist. Es muss einen Begriff der Natur als Trägerin von Rechten geben.

Ein einziger Begriff *der* Natur wird der Heterogenität aller Phänomene nicht gerecht, für die er traditionellerweise verwendet wird: Ökosysteme wie Flüsse und Bäume, Tiere mit Bewusstsein wie Menschen und Katzen, Viren und Bakterien, Gesteinsschichten und Schwerkraft, Erscheinungen im Universum wie Schwarze Löcher oder Sonnensysteme. Wichtig ist nicht, aus all diesen Phänomenen einen einheitlichen Sinn zu schlagen, sondern klar und deutlich die Bedeutung auszuweisen, in der ein Begriff der Natur jeweils verwendet wird. Unter Natur werden im Folgenden *Ökosysteme* verstanden. Ökosysteme definieren sich durch Einheiten von belebten und unbelebten Komponenten, die kraft ihrer Wechselwirkungen hervorgebracht, erneuert, stabilisiert, regeneriert oder umgewandelt werden. In Ökosystemen entstehen gewissermaßen solche Komponenten, die sich wiederum nutzen lassen und insoweit einen Gebrauchswert haben. In Ökosystemen entstehen demnach nutzbare Ressourcen. Dieses Entstehen von nutzbaren Ressourcen wird *Ökosystemdienstleistung* genannt. Anstelle eines solchen Zungenbrechers werde ich auch von Naturleistungen sprechen. Durch die Naturleistungen von Ökosystemen werden natürliche Ressourcen hervorgebracht. Rechte kommen demnach der Natur zu, die sich durch Naturleistungen auszeichnet. Vorausgreifend sei gesagt, dass diese Eigenschaft der Natur kein hinreichender Grund für die Eigenrechte der Natur ist; aus Naturleistungen allein ergeben sich noch keine Rechte der Natur. Ansonsten würde ihre Begründung ja auf die ökozentrische Vorstellung von Gaben zurückfallen.

Naturleistungen machen einen von drei Bestandteilen aus, aus denen sich der Begriff der Naturgüter zusammensetzt. Die Bezeichnung Naturgüter stellt einen Oberbegriff dar, der die Bedeutungen von natürlichen Ressourcen, Naturleistungen und ökologischer Wertschöpfung umfasst.

5.2.1 Natürliche Ressourcen

In nahezu allen Ketten der Wertschöpfung werden Naturgüter genutzt. So werden in digitalen Technologien seltene Erden, in Backwaren nährstoffreiches Getreide und für Arzneimittel organische und anorganische Substanzen verwendet. Winde werden als Windkraft genutzt und in Energie umgewandelt, dasselbe gilt für Sonnenstrahlen, Biogase und Wasser. Sand kommt als Baustoff für Gebäude, Straßen und Fundamente, als Rohstoff für Glas und als Ausgangsstoff für die Fertigung von Bauteilen in der Halbleitertechnik und -elektronik zum Einsatz. Aus Erdöl werden neben Energieträgern auch Kunststoffe, Arzneimittel, Farben und Reinigungsmittel hergestellt. In Lebensmitteln und Kleidungsstücken sind pflanzliche Bestandteile unersetzbar.

Solche nutzbaren Materialien, Kräfte und Prozesse lassen sich als *natürliche Ressourcen* bezeichnen. Aufgrund ihrer Nutzbarkeit besitzen sie stets einen Gebrauchswert. Natürliche Ressourcen umfassen alle nutzbaren Materialien, Kräfte und Prozesse, die für Menschen einen Gebrauchswert haben und durch die Natur hervorgebracht werden. Natürliche Ressourcen sind nicht einfach da, sondern entstehen. Sie gehen aus Naturleistungen hervor. Allerdings sind sie nicht allein das Werk der Natur. Natürliche Ressourcen müssen in der Regel erst nutzbar gemacht werden. Sie setzen jenen anthropologischen Bedarf (a) und jene gesellschaftliche Praxis (b) voraus, die Bedingungen für ihren Gebrauchswert sind. Obwohl natürliche Ressourcen aus Naturleistungen hervorgehen, hängen sie also zugleich von menschlichen Tätigkeiten ab. Durch Bedarf und Praxis wird auch von Menschen zur Formierung von natürlichen Ressourcen beigetragen.

(a) Materialien, Kräfte und Prozesse der Natur nehmen erst vor dem Hintergrund des Bedarfs an ihnen die Gestalt natürlicher Ressourcen an. Ressourcen dienen der Befriedigung von Bedürfnissen, Interessen und Nachfragen. Durch diesen Bedarf erst werden Naturgüter zu Ressourcen mit einem Gebrauchswert. Ohne einen solchen Bedarf hätten sie keinen Nutzen und wären insoweit keine Ressourcen.

(b) Natürliche Ressourcen entstehen zudem aus der gesellschaftlichen Praxis insbesondere ihrer Verarbeitung. Nur die wenigsten Naturgüter lassen sich unmittelbar verwerten; die meisten müssen zu nutzbaren Ressourcen erst verarbeitet werden. Steine werden zu Straßenpflaster geformt und Proteine für medizinische Zwecke verändert. Rohöl muss erschlossen, gefördert, transportiert und raffiniert werden. Nutzpflanzen werden kultiviert und gezüchtet. Selbst Wind muss erst eingefangen werden, um Windkraft in Energie zu verwandeln; dafür müssen Windräder gebaut, errichtet und gewartet werden. In der Regel werden natürliche Ressourcen erst durch solche Verarbeitungen nutzbar. Genutzt wird nicht die Natur in ihrer vermeintlichen Reinheit, Unberührtheit, Ursprünglichkeit oder Wildnis. Vielmehr sind natürliche Ressourcen häufig schon veränderte, angereicherte oder bearbeitete Naturgüter. Diese Verarbeitung ist eine Gestalt von Arbeit. Auch Arbeit ist somit eine Bedingung, unter der Naturgüter zu natürlichen Ressourcen werden.

5.2.2 Naturleistungen

Der Bedarf und die Verarbeitung sind zwar notwendige, aber keine hinreichenden Bedingungen für den Gebrauchswert der Natur. Eine weitere Bedingung wird von der Natur erfüllt. Naturgüter werden durch ihren Bedarf und ihre Verarbeitung nutzbar gemacht. Was dabei nutzbar gemacht wird, ist indes nicht von Menschen hergestellt, sondern wird durch die Natur beigetragen. Durch sie wird insoweit ein Beitrag zur Nutzbarkeit von Naturgütern geleistet. Ein solcher Beitrag wird Ökosystemdienstleistung oder Naturleistung genannt. Unter Ökosystemdienstleistungen werden »die direkten und indirekten Beiträge der Ökosysteme zum menschlichen Wohlergehen« verstanden.[66]

Zu den Naturleistungen zählen nicht nur Substanzen wie Kohlenstoffverbindungen oder Qualitäten wie Brennbarkeit, sondern auch Prozesse wie solare Einstrahlung, Nahrungskreisläufe und ökologische Gleichgewichte. Es werden vier Arten von Naturleistungen unterschieden.[67] Erstens sind Versorgungsleistungen wie Bodenbildung, Photosynthese und Nährstoffkreisläufe Prozesse, die das Erzeugen von überlebenswichtigen Gütern überhaupt ermöglichen. Zweitens stabilisieren Regulierungsleistungen wie Wasserreinigung, Bestäubung und die Regulierung von Schädlingen, Erosionen, Klima und Luftqualität eine Umwelt, in der menschliches und nichtmenschliches Leben gedeihen kann. Drittens fördern ästhetische und gesundheitliche Nutzeffekte das Wohlbefinden und Wohlergehen der Menschen, indem die Natur für Erholung, Kreativität, Heilung und Meditation genutzt wird. Mit Basisleistungen wie Rohstoffen, Arzneimitteln und Nahrungsmitteln werden viertens Güter für Menschen zugänglich gemacht, die für ihr Überleben und gutes Leben erforderlich sind.

Diese Eigenschaften werden nicht von Menschen, sondern durch die Natur hervorgebracht. Im Unterschied zum Bedarf und zur Verarbeitung bilden Naturleistungen denjenigen Bestandteil von Naturgütern, der nicht von Menschen gemacht wird. Naturgüter sind Ressourcen, sofern sie der Bedürfnisbefriedigung dienen. Sie sind indes *natürliche* Ressourcen, weil sie nicht hergestellt werden, sondern aus Naturleistungen hervorgehen. Natürliche Ressourcen werden von Menschen genutzt, aber nicht gemacht. Sie entstehen aus biologischen, chemischen und physikalischen (Langzeit-)Prozessen. Diese natürlichen Prozesse machen die Naturleistungen aus: »Natur« (*physis*) bedeutet zunächst dasjenige, was nicht von Menschen gemacht ist, aber trotzdem entsteht. Was ohne ein

66 United Nations Environmental Programme (UNEP), *The Economics of Ecosystems and Biodiversity (TEEB).* The Ecological and Economic Foundations, Kap. 1: *Integrating the Ecological and Economic Dimensions in Biodiversity and Ecosystem Service Valuation*, Genf 2010, S. 19.

67 World Wide Fund for Nature, *Living Planet Report 2016. Risk and Resilience in a New Era. WWF International*, Gland 2016, S. 16; James Boyd, Spencer Banzhaf, »What Are Ecosystem Services? The Need for Standardized Environmental Accounting Units«, in: *Ecological Economics* 63 (2007), S. 616-626.

Zutun von Menschen entsteht, bringt sich »durch sich selbst« oder »von selbst« (*physei*) hervor.[68] Natur bedeutet demnach die Naturwüchsigkeit von etwas, das sich selbst hervorbringt. Die Ursache für etwas Wirkliches liegt hier nicht in einer Handlung, sondern in diesem Wirklichen selbst. Die (Langzeit-)Prozesse, aus denen natürliche Ressourcen hervorgehen, sind demnach Prozesse der Selbstverursachung. Sie sind natürliche, das heißt selbstverursachte Prozesse. Durch diese selbstverursachten Prozesse entstehen nutzbare Naturgüter. Die Naturleistungen bestehen in diesen selbstverursachten Prozessen.

Natürliche Ressourcen und Naturleistungen sind demnach zu unterscheiden. Natürliche Ressourcen sind das Ergebnis von Naturleistungen. Beispielsweise wird durch Photosynthese zum Entstehen von Getreide beigetragen. Die Photosynthese ist hier die Naturleistung. Das Getreide wiederum ist die natürliche Ressource, die von Menschen genutzt wird. Die Unterscheidung zwischen natürlichen Ressourcen und Naturleistungen ist äußerst bedeutsam für die Eigentumsrechte der Natur. Sie schafft nämlich Klarheit darüber, was das Objekt des Natureigentums ist: woran genau die Natur Eigentumsrechte besitzt. Die Natur besitzt Eigentumsrechte an ihren Ressourcen. Im genannten Beispiel bestehen also Eigentumsrechte am Getreide, wohingegen die Photosynthese die Naturleistung ist. Die Eigentumsrechte der Natur an ihren Ressourcen bauen auf den Naturleistungen auf. Denn das eigentumstheoretische Argument für die Rechte der Natur lautet: Wenn eine Wertschöpfung das Eigentum am geschaffenen Wert rechtfertigt und wenn die Natur eine Quelle der Wertschöpfung ist, dann besitzt die Natur ein Eigentumsrecht an ihren Ressourcen. Naturleistungen sind eine Quelle der Wertschöpfung. Sie betreffen also die zweite Prämisse im genannten Argument.

5.2.3 Ökologische Wertschöpfung

Noch einmal: Durch Naturleistungen werden natürliche Ressourcen erzeugt, die von Menschen genutzt werden. Ihre Nutzbarkeit verleiht den Ressourcen einen Gebrauchswert. Durch Naturleistungen werden somit nicht nur Ressourcen hervorgebracht, son-

68 Aristoteles, *Nikomachische Ethik*, München 1991, S. 131 (1103a25).

dern auch Gebrauchswerte und ökonomische Werte geschaffen. Allein durch die biologische Vielfalt wird laut der *International Union for Conservation of Nature* (*IUCN*) jährlich ein ökonomischer Wert von 16 bis 64 Billionen US-Dollar erzeugt. Dieser Sachverhalt lässt sich als ökologische Wertschöpfung bezeichnen. Durch Naturleistungen wird ein Beitrag zur Wertschöpfung geleistet. Ökologische Wertschöpfung bedeutet, dass die Natur eine Quelle der Wertschöpfung ist. Die Natur ist eine Quelle der Wertschöpfung, die sich nicht mit der menschlichen Arbeit verrechnen lässt.[69] Arbeit und Naturleistungen sind zwei Arten von Leistungen. Arbeit ist die Weise, in der durch menschliche Tätigkeit, und Naturleistungen sind die Weise, in der durch Naturprozesse zur Wertschöpfung beigetragen wird. Als eine Quelle der Wertschöpfung besitzt die Natur mindestens die gleiche Bedeutsamkeit für die Reproduktion und Stabilität von Gesellschaften wie die Arbeit. Allerdings wird ihre Bedeutung bislang kaum berücksichtigt, wenn überhaupt. In Commons-Theorien wird ihre Bedeutung als Wertschöpfungsquelle häufig unter der Bezeichnung »ökologische Commons« oder »globale Commons« anerkannt.[70]

Arbeit und Natur sind unterschiedlich geartete Quellen der Wertschöpfung. Beide sind zwar Wertschöpfungsquellen, besitzen aber unterschiedliche Grammatiken. Für die Natur ist das Passiv – »durch Natur wird zur Wertschöpfung beigetragen« – angemessener als das Aktiv – »die Natur trägt zur Wertschöpfung bei«. Die

69 Auch für den Ökosozialismus ist die Vorstellung der Natur als Wertschöpfungsquelle zentral: James O'Connor, »The Second Contradiction of Capitalism, with an Addendum on the Two Contradictions of Capitalism«, in: ders., *Natural Causes. Essays in Ecological Marxism*, New York 1998, S. 158-177; John Bellamy Foster, *The Return of Nature. Socialism and Ecology*, New York 2020; Kohei Saito, *Natur gegen Kapital. Marx' Ökologie in seiner unvollendeten Kritik des Kapitalismus*, Frankfurt/M. 2016; ders., *Marx in the Anthropocene. Toward the Idea of Degrowth Communism*, Cambridge 2022; Nancy Fraser, »Klima des Kapitals – für einen transökologischen Öko-Sozialismus«, in: Sighard Neckel, Philipp Degens, Sarah Lenz (Hg.), *Kapitalismus und Nachhaltigkeit*, Frankfurt/M. 2022, S. 61-101.

70 Beispielsweise: Burns H. Weston, David Bollier, *Green Governance. Ecological Survival, Human Rights, and the Law of the Commons*, New York 2013. Eine neue Anerkennung von Ökosystemdienstleistungen im Ressourcenmanagement der öffentlichen Hand wird in Bezug auf die USA festgestellt in: J. B. Ruhl, James E. Salzman, »Ecosystem Services and Federal Public Lands: A Quiet Revolution in Natural Resources Management«, in: *University of Colorado Law Revue* 91 (2020), S. 677-708.

Natur ist eine Quelle der Wertschöpfung im passivischen Sinne von Naturleistungen, mit denen ein Beitrag zur Wertschöpfung *geleistet wird*. Dieser Unterschied macht deutlich, dass Natur keine *agency* besitzt. Die Natur ist zwar ein Rechtssubjekt, aber kein Handlungssubjekt. Sie handelt nicht. Es ist ein in der Ökologiedebatte verbreiteter Anthropomorphismus, ihr irgendeine Art von *agency* zu unterstellen.[71] Zweierlei spricht gegen eine *agency* der Natur. Erstens speist nicht die Natur einen Wert in die Wertschöpfung ein, sondern der Wert wird über den Bedarf und die Verarbeitung eingespeist. Dafür sind zwar Naturleistungen eine notwendige Voraussetzung, weil sie überhaupt erst Ressourcen erzeugen, die sich nutzen und verarbeiten lassen. Die ökologische Wertschöpfung darf man sich jedoch nicht so vorstellen, als ob die Natur selbst eine Art von Akteur wäre, als würde sie selbst Werte erschaffen oder etwas Wertvolles tun. Zweitens setzen Handlungen (etwa Arbeit) Freiheit, Urteilsvermögen und Ziele voraus. Ebendiese Eigenschaften unterscheiden Handlungen von der Natur. Die Natur verfolgt keine Ziele und besitzt keinen Willen, weshalb sie auch nicht handelt und daher keine *agency* besitzt.

Die ökologische Wertschöpfung zeichnet sich gegenüber der Arbeit durch eine Unverfügbarkeit aus. Sie entspringt den Naturleistungen und daher einer Quelle, die sich der menschlichen Machbarkeit entzieht. Die Quelle ökologischer Wertschöpfung ist demnach unverfügbar. Im Ökozentrismus – insbesondere in der Gabentheorie – wird die ökologische Wertschöpfung fälschlicherweise aufgrund ihrer Unverfügbarkeit zu einem eigenständigen Wert verselbstständigt. Der Wert von Naturgütern geht vielmehr auf den Bedarf an ihnen zurück und beschränkt sich deshalb auf ihren Gebrauchswert, und zwar unabhängig davon, ob die Quelle des Werts hergestellt wird oder unverfügbar ist. Der Wertschöpfungsquelle wird durch ihre Unverfügbarkeit kein zusätzlicher Wert verliehen. Sie besitzt ausschließlich einen Gebrauchswert. Naturleistungen und natürliche Ressourcen sind von Wert für Menschen und besitzen keinen Eigenwert, obwohl sie sich der Machbarkeit

71 Die Kritik an diesem Anthropomorphismus wird ausgeführt in: Andreas Malm, *The Progress of This Storm. Nature and Society in a Warming World*, London und New York 2018; Sighard Neckel, »Scholastische Irrtümer? Rückfragen an das Anthropozän«, in: Frank Adloff, Sighard Neckel (Hg.), *Gesellschaftstheorie im Anthropozän*, Frankfurt/M. 2020, S. 157-168.

entziehen. Im Eigentumsansatz werden deshalb die Rechte der Natur aus der ökologischen Wertschöpfung hergeleitet, ohne dass ein Eigenwert der Natur angenommen wird. Aus der ökologischen Wertschöpfung folgt, dass die Natur ein Eigentumsrecht an ihren Ressourcen hat – vorausgesetzt, es trifft zu, dass Wertschöpfung zum Eigentum am Ertrag berechtigt.

6
Die Rechte der Natur

»Die Philosophie ist eigentlich dazu da,
das einzulösen, was im Blick des Tieres liegt.«
Theodor W. Adorno

Damit kommen wir zu dem Grund, der dazu berechtigt, der Natur Eigentumsrechte zuzuschreiben. Wenn durch natürliche Ressourcen zur Wertschöpfung beigetragen wird, weshalb gehören sie dann der Natur? Es stellt sich die Frage nach dem normativen Grund dafür, warum natürliche Ressourcen das Eigentum der Natur sind. Mit dem normativen Grund wird das Bild von der Rechtssubjektivität der Natur vervollständigt. Die Rechtssubjektivität der Natur setzt sich aus vier Sachverhalten zusammen: Ökosysteme sind das Rechtssubjekt des Eigentums (a); natürliche Ressourcen sind das Objekt des Eigentums (b); Naturleistungen sind das Zuschreibungskriterium, um ein Subjekt zu bestimmen, dem Rechte möglicherweise zugeschrieben werden können (c); und die Geltungslogik bestehender Eigentumsrechte ist der normative Grund, der eine solche Zuschreibung von Rechten der Natur tatsächlich rechtfertigt (d).

(a) Ökosysteme bilden das *Rechtssubjekt*. Nicht der Natur als Gesamtsubjekt kommen Rechte zu, sondern konkreten Ökosystemen.[72] Das Subjekt des Eigentums – wer Eigentum hält – sind Ökosysteme, in denen Ressourcen entstehen: Landschaften, die Kohlevorkommen hervorgebracht haben; Pflanzenarten, die medizinische Substanzen oder Nahrungsmittel erzeugen (so besitzt die Reisart Manoomin eigene Rechte); Gewässer, die Fische beheimaten und nähren; Wälder, die Kohlenstoffe binden, Lebensraum für Tiere schaffen und vor Erosion schützen; Böden, die Wasser reinigen, speichern und transportieren. Hier besitzen jeweils eine Landschaft, eine Pflanzenart, ein Gewässer, ein Wald und eine Bodenfläche Eigentumsrechte. Ökosysteme besitzen einen gene-

72 Siehe zur Debatte über die ontologische Einheit, die die Natur als Trägerin von Rechten hat: Donoso, »Toward a New Framework for Rights of the Biotic Community«.

rischen Rechtsstatus, der alle Exemplare einer Gattung betrifft.[73] Nicht nur ein einzelner Fluss, sondern alle Flüsse sind Rechtssubjekte. Alle Flüsse haben, wie jedes Ökosystem, Eigentumsrechte an ihren Ressourcen.

Allerdings ist der Rechtsstatus der Natur begrenzt. Sie ist ein Rechtssubjekt, dem bloß Eigentumsrechte und solche ausschließlich an natürlichen Ressourcen zukommen. Ökosysteme haben weder soziale Rechte noch Vertragsrechte, sondern lediglich Eigentumsrechte. Und diese beschränken sich auf die Ressourcen eines jeweiligen Ökosystems. Die Natur besitzt kein Eigentum an Gütern wie Wohnungen, Wertpapieren oder Unternehmen, sondern an natürlichen Ressourcen wie Rohstoffen, organischen/anorganischen Substanzen und pflanzlichen/tierischen Nahrungsmitteln. Dabei beziehen sich die Eigentumsrechte eines Ökosystems nur auf die Ressourcen, die in ihm entstehen. Einem Fluss wie dem Whanganui River gehören demnach die Fische, die in ihm gedeihen, das Wasser, das in ihm zirkuliert, der Sand, den er formt, und die Pflanzen, die er nährt. Die natürlichen Ressourcen gehören dem Ökosystem, in dem sie entstehen.

(b) Ökosysteme besitzen Eigentumsrechte an ihren Ressourcen, die durch sie hervorgebracht werden. Diese *natürlichen Ressourcen* sind das *Objekt* des Eigentums. Es ist dabei kein Widerspruch, dass im Fall von Arbeit Eigentum an den Erträgen und im Fall der Natur Eigentum an Ressourcen gehalten wird. Denn natürliche Ressourcen gehen aus Naturleistungen hervor und sind demnach ebenso wie die Arbeitserträge Ergebnisse, die hervorgebracht werden. Nur aus der Perspektive ihrer Nutzbarkeit erscheinen sie als Ressourcen. Tatsächlich sind sie aber Ergebnisse von physikalischen, chemischen und biologischen Prozessen. Die Natur hält deshalb Eigentum nicht an den Naturleistungen, sondern an den Ressourcen, die aus ihnen hervorgehen. Nicht die Photosynthese, Nährstoffkreisläufe, Bestäubung etc. gehören der Natur, sondern das, was sich aus ihnen ergibt. Ebenso wie es kein Eigentum an der Arbeitskraft, sondern nur an ihren Erträgen gibt, besteht kein Eigentum an

73 Siehe zu diesem »kosmopolitischen« Konzept ökologischer Eigenrechte: Daniel P. Corrigan, »Human Rights and Rights of Nature. Prospects for a Linkage Argument«, in: ders., Markku Oksanen (Hg.), *Rights of Nature. A Re-Examination*, London und New York 2021, S. 101-120, hier: S. 102.

Naturleistungen, sondern nur an ihren Ergebnissen.[74] Gemeinsam ist beiden Fällen, dass Eigentum an den »Früchten« der Arbeit beziehungsweise der Naturleistungen gehalten wird. Die Rede vom Selbsteigentum der Natur oder vom Fluss, der sich selbst gehört, hat demnach nur eine metaphorische Bedeutung. Denn Natur bedeutet hier Unterschiedliches: Ökosystem und Ressource. Während die Ressourcen das Objekt des Eigentums sind, sind die Ökosysteme, in denen sie mittels Photosynthese, Regenerationsprozessen, Gleichgewichten etc. entstehen, das Rechtssubjekt. Ein Fluss mit seiner unmittelbaren Umwelt (Ufer, Flussgrund, Gewässeroberfläche, Strömung etc.) ist das Subjekt von Eigentumsrechten. Die Fische, das Holz, der Sand und das Wasser sind wiederum die nutzbaren Ressourcen, über die Eigentumsrechte ausgeübt werden.

(c) Die Naturleistungen sind ein *Zuschreibungskriterium*, mit dem das Rechtssubjekt (Ökosystem) und das entsprechende Eigentumsobjekt (natürliche Ressource) bestimmt werden. Jede Rechtssubjektivität setzt ein Kriterium voraus, um das Subjekt zu bestimmen, dem Rechte verliehen werden. Aus einer kantianischen Perspektive setzen Rechte die Autonomie des Menschen voraus. Demnach sind Menschen als autonome Wesen Trägerinnen von Rechten. Tierrechte beruhen aus pathozentrischer Sicht auf der Leidensfähigkeit der Tiere: Tieren können Rechte zugeschrieben werden, sofern sie bedürftige und schmerzempfindliche Wesen sind.[75]

74 Siehe zur Kritik an der Vorstellung eines unmittelbaren Eigentums an der Arbeitskraft: Tilo Wesche, »Selbsteigentum. Glanz und Elend einer Selbstbeziehung«, in: Gunnar Hindrichs (Hg.), *Praktische Identität*, Frankfurt/M. 2015, S. 35-75. Beispielsweise geht John Locke in seiner Theorie des Selbsteigentums von einem unmittelbaren Eigentum an der Arbeitskraft aus, aus dem sich das Recht auf das Eigentum an den Erträgen herleitet: Weil meine Arbeitskraft mir gehört und Eigentum das Recht auf die Verwertung einschließt, gehören auch die Erträge mir. Die Erträge sind nur die Vermehrung eines ursprünglichen Eigentums an der Arbeitskraft. Entweder wird dieses ursprüngliche Eigentum an der Arbeitskraft als gegeben vorausgesetzt oder es wird, wie bei Locke, theologisch gerechtfertigt. Weder in dem einen noch in dem anderen Fall aber lässt sich ursprüngliches Eigentum begründen. Begründen lässt sich Eigentum nur an den Erträgen, die aus der Arbeit entstehen. Nicht schon die Arbeitskraft, sondern erst die Arbeitserträge sind aus Gründen der materiellen Selbstbestimmung (siehe oben, Kap. 2.3.3) Eigentum ihrer Erzeuger.

75 Pathozentrische Tierethiken gehen entweder von der Schmerzfähigkeit, der Bedürftigkeit oder der Lebendigkeit aus. Siehe zur Lebendigkeit: Tom Regan, *The Case for Animal Rights*, Berkeley 2004; zur Schmerzfähigkeit: Peter Singer,

Auch die Rechte der Natur setzen ein Zuschreibungskriterium voraus. Ein solches Kriterium sind die Naturleistungen. Naturleistungen weisen Ökosysteme als mögliche Rechtssubjekte aus. Ohne das Kriterium der Naturleistung wäre unverständlich, weshalb zwar Ökosystemen wie Flüssen, Landschaften, Böden sowie Pflanzen- und Tierarten Rechte zugeschrieben werden können, anderen Naturgegenständen wie Steinen oder Honig aber nicht. Eine Felsformation besitzt an sich keine Rechte an den Mineralien, aus denen sie besteht. Vielmehr besitzt eine Landschaft Rechte am Gestein insofern, als dessen Nutzbarkeit durch die Langzeitprozesse der Gesteinsbildung möglich wird. Honig wiederum besitzt keine Rechte, weil er das Ergebnis einer Naturleistung ist, die einem Subjekt – hier: Bienen – Rechte zuzuschreiben erlaubt. Nur Ökosystemen, aber nicht Naturgegenständen kommen Rechte zu, weil durch ihre Naturleistungen Ressourcen nutzbar werden.

Damit zeichnet sich ein grundlegender Unterschied zwischen Tierethik und den Rechten der Natur ab. Tierethisch betrachtet verdienen Tiere Schutzrechte oder eigene Rechte, weil sie bedürftige und schmerzempfindliche Wesen sind. Aus pathozentrischer Sicht ist die Leidensfähigkeit der Tiere das Zuschreibungskriterium für ihre Rechte. Dabei bleibt aber die Naturleistung, die Tiere – wie etwa Bienen – erbringen, unberücksichtigt. Zwar ist die Tierethik eine geradezu revolutionäre Errungenschaft. Sie muss aber durch den Ansatz ökologischer Eigenrechte ergänzt werden. Tierethisch betrachtet verdienen einzelne Tiere aufgrund ihrer jeweiligen Leidensfähigkeit moralische Rücksichtnahme. Mit den Rechten der Natur werden wiederum Tiere im Kontext eines Ökosystems und zumeist kollektiv geschützt. Diese Rechte werden einer Gruppe oder einer Tierart verliehen. Nicht die einzelne Biene – wobei es schwierig zu bestimmen ist, was ihre jeweilige Leidensfähigkeit bedeutet – verdient Rechte, sondern ein bestimmtes Bienenvolk; nicht die einzelne Ameise oder Termite, sondern der jeweilige Ameisenhaufen oder Termitenhügel; nicht nur ein einzelner Vogel, sondern ein Schwarm Zugvögel; nicht nur ein Frosch, son-

Animal Liberation. Die Befreiung der Tiere, Erlangen 2015; und zur Bedürftigkeit: Martha Nussbaum, *Gerechtigkeit für Tiere. Unsere kollektive Verantwortung*, Darmstadt 2023. Siehe zum Verhältnis und zu möglichen Konflikten zwischen Rechten der Natur und Tierrechten: Kristen Stilt, »Rights of Nature, Rights of Animals«, in: *Harvard Law Review Forum* 134:5 (2021), S. 276-286.

dern die Froschart. Dieser kollektive Schutz erklärt sich aus den Ökosystemdienstleistungen, die ein Bienenvolk, Ameisenhaufen, Termitenhügel, Zugvögel oder eine Froschart erbringen. Rechte der Natur werden einem Tierkollektiv – einer Gruppe oder einer Art – aufgrund der Naturleistungen zugeschrieben; durch sie wird die Tierethik ergänzt.

Naturleistungen sind jedoch bloß ein Kriterium, mit dem der Natur möglicherweise Rechte zugeschrieben werden könnten. Es bedarf zusätzlich eines normativen Grundes, der erklärt, weshalb Naturleistungen tatsächlich zu Eigentumsrechten berechtigen. Warum verdienen Ökosysteme aufgrund von Naturleistungen Eigentumsrechte an ihren Ressourcen? Der Ökozentrismus begeht, wie wir gesehen haben, den Fehler, die Naturleistung für eine hinreichende Bedingung und damit das Zuschreibungskriterium bereits für einen normativen Grund zu halten.

(d) Naturleistungen sind ein Zuschreibungskriterium und müssen um einen *normativen Grund* ergänzt werden. Die Unterscheidung zwischen Zuschreibungskriterium und normativem Grund fällt in Bezug auf Menschenrechte und Tierrechte leicht ins Auge. Menschenrechte setzen die Begründung, weshalb die Autonomie unbedingt schützenswert ist, voraus. Der normative Grund liegt hier beispielsweise in der gattungsspezifischen Würde der Autonomie. Weil Autonomie unbedingt schützenswert ist (normativer Grund) und Menschen autonom sind (Zuschreibungskriterium), verdienen Menschen Rechte. Hingegen liegt der normative Grund von Tierrechten im Tierwohl. Tieren steht ein rechtlicher Schutz zu, weil jedes Wohlergehen schützenswert ist und durch Leiden beeinträchtigt wird. Weil also das Wohl schützenswert ist (normativer Grund) und Tiere leidensfähige Wesen sind (Zuschreibungskriterium), verdienen Tiere Rechte.

Im Eigentumsansatz der ökologischen Eigenrechte wird der normative Grund dem Eigentumsrecht entnommen. Auf den ersten Blick ähnelt dieses Vorgehen dem ökozentrischen Erweiterungsmodell, das wir oben (5.1) kennengelernt haben. Im Erweiterungsmodell werden bestehende Rechte auf die Natur übertragen: Weil die Natur als Lebewesen ebenso wie Menschen ein berechtigtes Existenzinteresse hat, verdient sie die gleichen Rechte, die ihre Existenz schützen. Wird der Erhalt eines Ökosystems durch eigene Eigentumsrechte geschützt, stehen ihm auch Eigentumsrechte zu.

Deshalb werden Eigentumsrechte beispielsweise auf den Whanganui River ausgeweitet. Im Ökozentrismus dient das metaphysische Axiom des Existenzwertes als normativer Grund für die ökologischen Eigenrechte. Weil Existenz wertvoll ist und ein Ökosystem diesen Wert in sich trägt, stehen ihm Rechte zu, die seinen Erhalt schützen. Da sich das metaphysische Axiom nicht begründen lässt, kann es jedoch kein normativer Grund für die Eigenrechte der Natur sein. Der Eigentumsansatz erweitert zwar Eigentumsrechte auf die Natur, kommt aber ohne das ökozentrische Axiom aus.

Ebenso wenig kann die Freiheit als ein normativer Grund für ökologische Eigenrechte gelten. Es liegt zwar nahe, für die Erweiterung von Eigentumsrechten auf Freiheit als Grund zurückzugreifen. Denn Freiheit ist der normative Gehalt von Eigentumsrechten. Indem Eigentumsrechte auf die Natur erweitert werden, wird scheinbar auch die Freiheit als normativer Grund für ihre Eigentumsrechte übernommen. Auf diese Weise lassen sich ökologische Eigenrechte jedoch nicht begründen. Zwar werden bestehende Eigentumsrechte zu Recht im Rückgriff auf Freiheit begründet: Weil Personen Freiheitsrechte haben und Freiheitsrechte in Bezug auf äußere Güter in Gestalt von Eigentum ausgeübt werden, besitzen Personen ein Recht auf Eigentum. Im Unterschied zu Personen ist die Natur aber nicht frei. Sie ist kein freies Wesen, weshalb sich ihre Eigentumsrechte nicht mithilfe von Freiheitsgründen rechtfertigen lassen. Genauso wenig wie sich die Rechte der Natur mit dem ökozentrischen Axiom begründen lassen, können sie also im anthropozentrischen Rückgriff auf Freiheit begründet werden. Der normative Grund ökologischer Eigenrechte liegt weder im ökozentrischen Existenzaxiom noch im anthropozentrischen Freiheitsbegriff, sondern in der Geltungslogik bestehender Eigentumsrechte; kurzum: in ihrer Rationalität.

Rechte kommen der Natur in Gestalt von Eigentumsrechten zu. Weil der Natur ihre Ressourcen gehören, stehen ihr bindende Eigentumsrechte zu. Der Grund, weshalb sie ihr gehören, ergibt sich dabei aus den Bedingungen, die bestehende Eigentumsrechte erfüllen müssen, damit sie Geltung haben. Die Geltung bestehender Eigentumsrechte hält einer Prüfung nur stand, sofern diese Eigentumsrechte auf die Natur ausgeweitet werden. Bestehende Eigentumsrechte erfüllen ihre Geltungsbedingungen also nur, wenn auch die Natur Eigentumsrechte besitzt. Damit wird *die Geltungslogik bestehender Eigentumsrechte* auf die Natur übertragen. Anders gesagt: Ökologische Eigentumsrechte ergeben sich aus der Erweiterung des geltenden Eigentumsrechts. Dieses Erweiterungsmodell kommt ohne ökozentrische Axiome und anthropozentrische Freiheitsgründe aus. Der Natur stehen Eigentumsrechte zu, weil deren Geltungslogik auch auf die Natur zutrifft.

Ökologische Eigenrechte werden aus der Rationalität geltender Eigentumsrechte, das heißt aus ihrer Geltungslogik hergeleitet. Diese Geltungslogik setzt sich aus den vier Geltungsbedingungen des Eigentums zusammen. Eigentumsrechte müssen bestimmte Bedingungen erfüllen, die ihnen Geltung verleihen. Sie erlangen Geltung unter den Bedingungen ihrer Konsistenz, Kohärenz, Faktizität und Transformation. Eine Begründung nachhaltiger Eigentumsrechte muss demnach aufzeigen, wie sich diese Geltungsbedingungen erfüllen lassen. Die Annahme, deren Beweis alle weiteren Überlegungen in diesem Buch gewidmet sind, lautet: Die Geltungsbedingungen von Eigentumsrechten werden erst durch deren Ökologisierung erfüllt. Damit Eigentumsrechte Geltung besitzen, müssen sie auf die Natur ausgeweitet und zu nachhaltigen Eigentumsrechten ausgestaltet werden. Erst durch die Schaffung nachhaltiger Eigentumsrechte werden die Geltungsbedingungen erfüllt, denen Eigentumsrechte überhaupt ihre Geltung verdanken.

Das Beweisziel soll in zwei Anläufen erreicht werden. In Kapitel 6 sollen die Geltungsbedingungen der Konsistenz und Faktizität ausgeführt und es soll gezeigt werden, dass bestehende Eigentumsrechte nur dann diese Geltungsbedingungen erfüllen, wenn sie auf die Natur übertragen und zu Eigentumsrechten der Natur ausgeweitet werden. Anschließend werden in Kapitel 8 die Geltungsbedingungen der Kohärenz und in Kapitel 9 die der Transformation behandelt. Es wird sich zeigen, dass diese nur dann erfüllt werden, wenn Eigentumsrechte zu nachhaltigen Eigentumsrechten ausgestaltet sind.

Zunächst zur Geltungsbedingung der *Faktizität*. Normative Gründe setzen die Faktizität ihrer Geltung voraus, weil ansonsten ein Begründungszirkel entsteht. Soll ein Anspruch, der gelten soll, im Rückgriff auf einen Anspruch begründet werden, der seinerseits erst gelten soll, so wird der normative Grund bereits vorausgesetzt, der noch zu begründen wäre. Die Begründung dreht sich hier im Kreis, weil der Anspruch, aus dem ein anderer Anspruch begründet werden soll, selbst begründungsbedürftig ist und deshalb nicht als normativer Grund dienen kann, aus dem sich andere Ansprüche ableiten. Die Geltung normativer Gründe wird richtigerweise nicht nur beansprucht, sondern ist faktisch in Kraft. Sie ist eine faktische Geltung. Die normativen Gründe für die Eigenrechte der Natur besitzen nun eine faktische Geltung, weil sie identisch mit den Gründen geltender Eigentumsrechte sind. Denn wenn bestehende Eigentumsrechte nur insoweit Geltung besitzen, als sie auf die Natur übertragen werden, beruhen die Eigentumsrechte der Natur auf dem gleichen Geltungsgrund, der in den bestehenden Eigentumsrechten bereits in Kraft ist. In bestehenden Eigentumsrechten besitzt derselbe Grund schon Geltung, der auch das Eigentumsrecht der Natur rechtfertigt. Mit den geltenden Eigentumsrechten wird eine Praxis normativer Gründe schon vollzogen, die auch das Eigentum der Natur an ihren Ressourcen rechtfertigen. Für die Begründung der Eigentumsrechte der Natur ist also nur erforderlich, dass eine Geltung ausdrücklich gemacht wird, die in der Praxis bereits anerkannt wird.

Allerdings trifft die faktische Geltung hier nur zu, wenn die Geltungsbedingung der *Konsistenz* erfüllt ist: Alles hängt davon ab, dass bestehende Eigentumsrechte nur gelten, wenn sie auch in Bezug auf die Natur gelten. Und dieser Zusammenhang stellt sich aus Gründen der Konsistenz her. Geltende Eigentumsrechte lassen sich nur dann konsistent begründen, wenn auch die Natur Eigentumsrechte besitzt. Eigentumsrechte müssen konsistent begründet sein, damit sie als berechtigte Ansprüche gelten. Und um sie konsistent begründen zu können, müssen sie auch für die Natur gelten. Eigentumsrechte gelten also aus Gründen der Konsistenz auch für die Natur.

Um nachzuweisen, dass eine normative Geltung die Konsistenzbedingung erfüllt, muss das diesbezügliche Argument auf seine Konsistenz hin untersucht werden. Das entsprechende Argument für die Rechte der Natur lautet: Wenn Wertschöpfung zu Eigentum berechtigt (erste Prämisse) und wenn Ökosystemdienstleistungen eine Art von Wertschöpfung sind (zweite Prämisse), dann stehen Ökosystemen Eigentumsrechte zu (Konklusion). Die zweite Prämisse wurde bereits oben in Bezug auf die ökologische Wertschöpfung begründet. Wir können uns deshalb im Folgenden auf die erste Prämisse konzentrieren.

Die Konsistenz eines Arguments besteht in seiner Schlüssigkeit und in der Begründung seiner Prämissen. Die Prämissen dürfen dabei keine Annahmen voraussetzen, die nicht selbst begründet sind. Die Geltung der ersten Prämisse – Wertschöpfung rechtfertigt das Eigentum am geschaffenen Wert – darf deshalb nur von begründeten Annahmen abhängen. Diese erste Prämisse wird in zwei Schritten begründet. Geltende Eigentumsrechte setzen zunächst die werttheoretische Regel »Wertschöpfung rechtfertigt Eigentum« voraus. Aus Gründen der Konsistenz muss also der erste Schritt darin bestehen, diese Regel zu begründen (6.1). Sie wird dabei in Analogie zur Arbeit entwickelt: Arbeit rechtfertigt das Eigentum am Arbeitsertrag. Im zweiten Schritt wird die Generalisierbarkeit dieser Regel begründet (6.2). Damit das Eigentumsrecht an den Erträgen auch für die Natur gilt, muss die Regel generalisierbar und insoweit auf die Natur übertragbar sein. Die Natur besitzt Eigentumsrechte, weil sich die geltenden Eigentumsrechte auf die Natur erstrecken. Sie lassen sich auf die Natur übertragen, weil die Regel »Wertschöpfung rechtfertigt Eigentum« auch auf die Natur angewandt werden kann. Und sie darf auf die Natur angewandt werden, weil sie sich aufgrund ihrer Gesetzmäßigkeit generalisieren lässt und insoweit auch auf andere Fälle der Wertschöpfung zutrifft – einschließlich der ökologischen Wertschöpfung. Die ökologische Wertschöpfung rechtfertigt demnach das Eigentum der Natur an ihren Ressourcen.

6.1 Die Werttheorie des Eigentums

Der Ausdruck »Wertschöpfung« wird als Beschreibung eines Zustands und eines Prozesses verwendet. Als Zustandsbeschreibung meint er den Zuwachs eines Vermögens. Wertschöpfung bedeutet hier den Anteil, um den ein Vermögen anwächst.[76] Als Wertschöpfung gelten beispielsweise Kursgewinne auf dem Aktienmarkt, Lohnzahlungen von neu geschaffenen Arbeitsplätzen, Mieterhöhungen, steigende Unternehmenswerte. Solche Wertschöpfungen tragen zum Bruttoinlandsprodukt bei, das die Summe aller Wertschöpfung in einer Volkswirtschaft misst. Je nach Größe, um die die Wirtschaft

76 Diese Bedeutung wird im Englischen durch die attributive Form ausgedrückt (*value added, value created*). Vgl. dazu Brian A. Rutherford, »Value Added as a Focus of Attention for Financial Reporting: Some Conceptual Problems«, in: *Accounting and Business Research* 7 (1977), S. 215-220, hier: S. 215.

wächst, ist dementsprechend die Wertschöpfung stark oder gering. Tragen Banken durch Finanztransaktionen zum Bruttoinlandsprodukt bei, obwohl sie durch Misswirtschaft zugleich Werte vernichten (wie in der Finanzkrise 2008 geschehen), zählen ihre Geschäftstätigkeiten trotzdem als Wertschöpfung. Denn die Finanztransaktionen gelten als Zuwachs.[77] Wertschöpfung verstanden als Zustand meint also den bestimmten Zuwachs, um den eine Summe wächst.

Zudem wird »Wertschöpfung« als Tätigkeitswort verwendet. Wertschöpfung steht hier nicht für einen Zustand, sondern für einen Prozess.[78] Sie ist derjenige Prozess, mit dem Werte in die Welt kommen. Werte werden hier neu geschaffen. Sowohl die Produktion von Gütern als auch die Dienste, die eine solche Produktion ermöglichen, bilden in diesem Sinn eine Wertschöpfung. Güter und ihre Werte, die es vorher noch nicht gab, werden durch die Produktion geschaffen. Es geht dabei also um etwas anderes als den bloßen Zuwachs und die Vermehrung bestehender Werte. Werte werden hier erzeugt und nicht nur vermehrt, vergrößert, gesteigert, erhöht. Ein steigender Aktienwert ist zwar eine Wertschöpfung im Sinn des Zustands, da sein Zuwachs einem Privatvermögen, Unternehmenswert oder Bruttoinlandsprodukt hinzugefügt wird. Hingegen ist er keine Wertschöpfung im Sinn des Prozesses, mit dem Werte erschaffen werden. Er vergrößert lediglich den Aktienwert und vermehrt somit einen bereits bestehenden Wert. Im Folgenden wird der Begriff der Wertschöpfung im Sinn des Prozesses verwendet, mit dem Werte in die Welt kommen.

Die Wertschöpfung stellt die Eigentumstheorie vor eine besondere Herausforderung. Sie macht eine Erklärung dafür erforderlich, wie Eigentum entsteht. Mit der Wertschöpfung entstehen Werte und somit auch – auf erklärungsbedürftige Weise – das Eigentum an ihnen. Diese Eigentumsbildung verläuft über einen Prozess der Aneignung.

Unter Aneignung kann der Prozess verstanden werden, in dem neues Eigentum entsteht: an neu erzeugten Werten entsteht neues Eigentum. Aneignung ist ein besonderer Fall, der sich von allen anderen Fällen des Eigentums unterscheidet. Ich habe in Teil I des Buchs Eigentum als das liminale Freiheitsrecht beschrieben, das

77 Siehe zu diesem Beispiel Mariana Mazzucato, *Wie kommt der Wert in die Welt? Von Schöpfern und Abschöpfern*, Frankfurt/M. 2019.

78 Im Englischen: *value creation.*

über Güter ausgeübt wird. Eigentumsrechte können entweder über Güter ausgeübt werden, die es bereits gibt, oder über Güter, die neu entstehen. Die Ausübung des Eigentumsrechts über bestehende Güter lässt sich als *Propriation* bezeichnen. Unter *Appropriation*, das heißt Aneignung, lässt sich hingegen der Fall verstehen, dass Eigentumsrechte über Güter ausgeübt werden, die erst entstehen und die es zuvor nicht gibt. Neu entstandene Güter waren zuvor niemandes Eigentum (*res nullius*), weil Eigentum nur an Gütern bestehen kann, die es gibt. Entstehen Werte wie im Fall der Wertschöpfung neu, ist deshalb zu klären, wem sie gehören. Da sie vor ihrer Schöpfung niemandes Eigentum sind, stellt sich die Frage, wessen Eigentum sie nach ihrer Schöpfung sind. Aneignung ist der Prozess, in dem etwas, das niemandes Eigentum ist, in das Eigentum einer Person übergeht. Das Problem der Aneignung ist dabei nicht mit der Frage nach der Eigentumsförmigkeit zu verwechseln, ob bestimmte Güter *propriasiert* werden und überhaupt in Eigentum übergehen sollten. Von exotischen Fällen wie Strandgut an britischen Küsten abgesehen, gibt es in modernen Eigentumsgesellschaften kaum *res nullius* – bis eben auf die Werte, die durch Arbeit oder Naturleistungen geschaffen werden. Die Wertschöpfung ist deshalb nicht irgendein Beispiel für Aneignung, sondern deren Musterfall und der Grund, warum die Aneignung in Eigentumsgesellschaften eine zentrale Rolle spielt.

Um den Gedanken der Aneignung zu klären, ist es hilfreich, zunächst an das Freiheitsargument zu erinnern, das in Kapitel 2 erörtert wurde. Erstens nimmt Freiheit in Bezug auf äußere Güter die Gestalt von Eigentum an. Diese Eigentumsfreiheit wird zweitens als die Selbstbestimmung über die Nutzung, Verwertung und Übertragung der eigenen Güter ausgeübt. Ihr normativer Inhalt besteht drittens im Recht der materiellen Selbstbestimmung, der zufolge sich jede Person unabhängig von Geschlecht, Ansehen, Herkunft etc. mit Gütern versorgen darf. Das Eigentumsrecht garantiert diese materielle Selbstbestimmung. Materielle Selbstbestimmung wird demnach als das Recht ausgeübt, Eigentum zu bilden. Sie konkretisiert sich als das Recht *auf* Eigentum (im Unterschied zum Recht des Eigentums) oder als das Recht auf *Eigentumsbildung*. Es lassen sich nun wiederum drei Arten der Eigentumsbildung unterscheiden.

Erstens: Eigentum wird durch *Übertragung* gebildet. Eine solche findet beispielsweise durch den Tausch von Geld gegen bestimmte Güter statt. Durch Übertragung entsteht kein neues Eigentum, sondern bestehende Eigentumstitel gehen an neue Besitzer über. Geld und Güter wechseln im Tausch nur die Hände. Die neuen Besitzer der Eigentumstitel erwerben insoweit je Eigentum, das es schon gibt. Bestehendes wird hier übereignet, aber nicht Neues angeeignet.

Zweitens: Eigentum wird durch seine *Verwertung* gebildet. Eigentum schließt das Verwertungsrecht ein und berechtigt deshalb dazu, dass der Wertzuwachs eines Eigentums im Besitz seines Eigentümers verbleibt: Aus Eigentum wird mehr Eigentum. Eigentum wird also hier gebildet, indem es durch seine Verwertung vermehrt wird. Immobilieneigentum beispielsweise wird durch Mieteinnahmen um ein Vermögenseigentum vermehrt. Dabei entsteht kein neues Eigentum, vielmehr wird bereits bestehendes Eigentum vergrößert. In beiden Fällen der Eigentumsbildung, in der Übertragung und Verwertung, wird also kein neues Eigentum erzeugt, sondern bestehendes Eigentum ausgeweitet.

Drittens: Eigentum wird durch *Aneignung* gebildet. Eigentum wird hier neu geschaffen; dieses Eigentum existierte nicht vor der Wertschöpfung, sondern entsteht mit ihr. Es bestand vorher nicht, weil es die entsprechenden Werte nicht gab und weil an etwas, das es nicht gibt, kein Eigentum bestehen kann. Es geht in der Aneignung also weder um die Vermehrung noch den Wechsel bestehenden Eigentums, sondern darum, dass Eigentum in die Welt kommt. Durch die Wertschöpfung wird Eigentum miterzeugt. Werte werden hier kraft ihrer Erzeugung angeeignet. Wertschöpfung und Eigentumsbildung sind also nicht getrennte Vorgänge, sondern ein und derselbe Prozess: Indem Werte geschaffen werden, entsteht das Eigentum an ihnen. Die Aneignung zeichnet sich also durch die Identität von Wertschöpfung und Eigentumsbildung aus.

Eine Erklärung der Aneignung muss an der Quelle der Wertschöpfung ansetzen. Wertschöpfungen setzen zahlreiche Bedingungen voraus: Es muss eine Nachfrage nach den entsprechenden Gütern bestehen; diese Güter müssen hergestellt werden; ihr Handel muss sie verfügbar machen; es bedarf der Mittel für ihre Produktion; für ihre Produktion sind Infrastrukturen und Wissen nötig. Unter diesen Bedingungen nimmt die Quelle der Wertschöpfung jedoch eine Sonderstellung ein. Denn sie ist die Wirkursache (*causa efficiens*), die Werte hervorbringt: Sie erschafft Werte und setzt sie in die Welt. Als Quellen der Wertschöpfung gelten die Arbeit (einschließlich Erfindungen), die Natur und – was umstritten ist – Banken, die Geld schöpfen.[79] Die ökologische Wertschöpfung durch Naturleistungen wurde bereits erläutert. Offen blieb dabei, weshalb aus ihr Eigentum entsteht. Für eine Antwort wenden wir uns zunächst der Arbeit als Quelle der Wertschöpfung zu. Ausgehend davon wird dann das Eigentumsrecht erklärt, das mit der Wertschöpfung einhergeht. Das Eigentum an geschaffenen Werten wird also am Leitfaden der Arbeit erörtert, die zum Eigentum am Arbeitsertrag berechtigt. Durch Arbeit entstehen Werte und das Recht auf das Eigentum an ihnen.

Fürs Eigentum am Arbeitsertrag gibt es drei Erklärungsansätze: die Theorie des Selbsteigentums, die Okkupationstheorie des Eigentums und die Werttheorie des Eigentums. Diese Theorien gehen zunächst von der gemeinsamen Annahme einer freiheitstheoretischen Begründung aus; sofern Freiheit der normative Inhalt des Eigentums ist, wird Eigentum – einschließlich des Eigentums am Arbeitsertrag – im Rückgriff auf Freiheit begründet. Hingegen weichen sie voneinander in der jeweiligen Begründungsweise ab.

6.1.1 Theorie des Selbsteigentums

In der Theorie des Selbsteigentums von John Locke wird das Eigentum am Arbeitsertrag in Anknüpfung an das Verwertungsrecht begründet. Das ursprüngliche Eigentum an der Person wird durch Arbeit verwertet und dadurch um den Arbeitsertrag vermehrt. Eigentum wird hier also nicht neu erzeugt, sondern nur vermehrt. Gegen Lockes Vorstellung vom Selbsteigentum gibt es berechtigte Einwände: Locke liefert keinen überzeugenden Grund dafür, warum aus dem Selbsteigentum an der Person das Eigentum am Arbeitsertrag folgen sollte. Entweder kann an der Person kein Eigentum bestehen, sofern unter »Person« ihre Arbeitskraft und ihr Wille verstanden wird. Denn Eigentum ist Freiheit in Bezug auf äußere Güter, wohingegen die Arbeitskraft und der Wille keine äußeren Güter, sondern die (inneren) Fähigkeiten einer Person sind. Oder aber unter »Person« wird der Körper verstanden, der zu den äußeren Gütern zählen könnte. Dann aber gibt es keinen Grund,

79 Auf den umstrittenen Fall der Wertschöpfung, die Banken durch ihre Emittierung von Geld ausüben, gehe ich hier nicht weiter ein.

warum mit einer körperlichen Tätigkeit ein vorvertragliches Verwertungsrecht des Eigentums ausgeübt wird und nicht vielmehr folgt, dass ihre Erträge verloren gehen, sofern sie vorher nicht als jemandes Eigentum vertraglich gesichert werden.

6.1.2 Okkupationstheorie

Für die beispielsweise von Kant vertretene Okkupationstheorie gilt, dass der Arbeitsertrag ein herrenloses Gut ist und insoweit durch seine vertragliche Inbesitznahme in Eigentum überführt werden kann. Wenn jemand einen Boden bearbeitet, der ihm nicht gehört, dann geht ihm sein Arbeitsertrag verloren und kann kraft vertraglich gesicherter »Bemächtigung (*occupatio*)« in das Eigentum eines anderen übergehen.[80] Vertraglich wird vereinbart, dass die Arbeitserträge einer Person ins Eigentum einer anderen Person übergehen und dass dafür ein Lohn als Gegenleistung gezahlt wird. Eigentumstitel an Arbeitserträgen und Lohn werden hier aus Gründen der Kompensation getauscht. Eigentum entsteht demnach durch Verträge, das heißt durch vertraglich gesicherte Übertragung. Die Okkupationstheorie des Eigentums geht also von der Annahme zunächst eigentumsloser Arbeitserträge sowie dem kontraktualistischen Gedanken aus, dass Eigentum durch Verträge überhaupt erst entsteht.

Die Okkupationstheorie ist nicht auf Arbeitserträge beschränkt. Die Annahme, dass es eigentumslose Güter gebe, soll vielmehr auch in Bezug auf andere Güter gelten. Auch in Hinsicht auf Naturgüter, Wissen und Land gilt die *Okkupationsdoktrin*, dass sie niemandem gehören und zunächst eigentumslose Güter sind, die durch Verträge in Besitz genommen werden. Das Eigentum insbesondere in Privatrechtsgesellschaften baut auf der Prämisse auf, dass Güter vor ihrer vertraglichen Aneignung herrenlose Sachen sind. Die okkupationstheoretische Aneignung vollzieht sich dabei in drei Schritten: Sie folgt der Logik Eigentumslosigkeit (Okkupation)–Eigentum (Extraktion)–Eigentumslosigkeit (Externalisierung). Zunächst werden Güter als herrenlose Sachen betrachtet. Sodann werden sie in Eigentum überführt, das genutzt, verwertet und übertragen werden darf. Der Wert der Güter wird dabei einbehalten, während

80 Immanuel Kant, *Metaphysische Anfangsgründe der Rechtslehre. Metaphysik der Sitten*, S. 72 (AA VI 263).

schließlich der Teil, der sich nicht verwerten lässt, wieder in die (vermeintliche) Eigentumslosigkeit verabschiedet wird. Vermeintlich herrenlose Arbeitserträge werden vertraglich angeeignet und verwertet, während die Kosten für Bildung, Ausbildung, soziale Absicherung etc. auf die Gesellschaft abgewälzt werden. Die gleiche Okkupationsdoktrin gilt für Naturgüter. Zunächst werden sie als eigentumslose Güter kodiert, die sich durch Verträge aneignen lassen. Sodann werden ihre Werte von Eigentümern abgeschöpft. Und schließlich wird der Rest in Gestalt von Emissionen, Müll, Giften etc. freigesetzt, die nicht mehr ihnen gehören. So scheinen fossile Energieträger niemandem zu gehören, bevor sie durch eine Rechtsordnung staatlichen oder privaten Eigentümern zugewiesen werden. Durch Verwertung ihres Nutzens werden wiederum Einnahmen generiert, die von Mineralölunternehmen einbehalten werden. Und die Emissionen werden schließlich in die Atmosphäre entlassen, wo sie niemandem gehören, aber allen schaden. Auch Wissen wird als herrenloses Gut kodiert, das durch Patentrechte in Besitz genommen wird. Koloniale Landnahmen erfolgen nach derselben Logik: Indigenes Land wird als eigentumslos betrachtet, bis es durch kodifizierte Eigentumsrechte in den legitimen Besitz des Kolonisators gelangt.

Was nun die Arbeitserträge betrifft, so tritt die Okkupationstheorie in einen Widerspruch mit sich selbst, weil die Aneignung sich einerseits aus Freiheitsgründen rechtfertigen soll, aber andererseits Zwänge schafft.[81] Das Okkupationsrecht erzeugt insbesondere auf dem Arbeitsmarkt neue Unfreiheiten und Abhängigkeiten, die die Geltung des Eigentums untergraben. Die Freiheitsgründe, aus denen sich Eigentum rechtfertigt, werden vom Eigentum selbst verneint. Indem es also neue Zwänge schafft, verliert Eigentum seinen eigenen Rechtfertigungsgrund. Beide Ansätze, die Theorien des Selbsteigentums und der Okkupation, verfehlen somit eine belastbare Begründung der Aneignung. Allein die Werttheorie vermag stichhaltig zu begründen, weshalb durch Arbeit Eigentum an ihren Erträgen entsteht.

81 Für die Analyse des Widerspruchs zwischen Vertragsfreiheit und neuen Zwängen sind einschlägig: Karl Marx, *Das Kapital. Erster Band*, in: *Marx-Engels-Werke*, Bd. 23, Berlin 1988, S. 181-191; Patrick S. Atiyah, *The Rise and Fall of Freedom of Contract*, Oxford 1979.

6.1.3 Werttheorie

In der Werttheorie des Eigentums wird angenommen, dass es ein vorvertragliches Recht auf das Eigentum am Arbeitsertrag gibt. Eigentum entsteht als das Recht am Ergebnis des eigenen Tuns. Wer einen Beitrag zur Wertschöpfung leistet, der besitzt auch ein Recht auf das Eigentum am entsprechenden Wert. Kurzum: Wer einen Wert erzeugt, dem gehört er auch. Die werttheoretische Regel lautet demnach: »Wertschöpfung rechtfertigt Eigentum.« Die Beteiligung an der Wertschöpfung berechtigt zum Anspruch auf die Beteiligung am Eigentum der erzeugten Werte. Dieser Anspruch begrenzt sich auf das Eigentum am jeweiligen Anteil, der durch das eigene Tun zur Gesamtheit einer Wertschöpfung beigetragen wird. Wird also die individuelle Arbeit durch gesellschaftliche Bedingungen ermöglicht, besteht auch ein gesellschaftlicher Anspruch auf einen bestimmten Anteil der Wertschöpfung, der beispielsweise in Gestalt von Steuern einbehalten werden darf.[82] Die individuelle Leistung, die von einer Person zur Wertschöpfung beigetragen wird, rechtfertigt jedoch, so schon Karl Marx, ihr individuelles Eigentum am entsprechenden Anteil.[83]

Eigentum am Arbeitsertrag rechtfertigt sich aus dem eigenen Tun. Eine bestimmte Leistung berechtigt demnach zum Eigentum an ihren Erträgen. Als Leistung wird werttheoretisch der Beitrag verstanden, der zur Wertschöpfung geleistet wird. Der *werttheoretische* Leistungsbegriff unterscheidet sich von meritokratischen, tugendethischen und moralischen Leistungsvorstellungen. Der *meritokratische* Leistungsbegriff dient als ein Verteilungsprinzip der Leistungsgerechtigkeit, dem zufolge Vorteile und Nachteile in einer Gesellschaft gemäß der individuellen Leistung verteilt werden. Er unterscheidet sich vom werttheoretischen Leistungsbegriff, der lediglich begründet, *dass* es einen Anspruch auf das Eigentum am Arbeitsertrag gibt. Hingegen soll der meritokratische Leistungsbegriff erklären, *was* jemand aufgrund seiner Leistung verdient. Mit ihm wird eine ungleichheitsbasierte Anreizstruktur begründet. Je

82 Thomas Nagel, Liam Murphy, *The Myth of Ownership. Taxes and Justice*, New York 2004.

83 Das »individuelle Eigentum« (Marx, *Das Kapital. Erster Band*, S. 791), das vom Privateigentum an Produktivgütern unterschieden ist, wird durch Vergesellschaftung wiederhergestellt.

nach ungleicher Leistung verteilen sich die entsprechenden Einkommen ungleich, weshalb es einen Anreiz zur erhöhten Leistung gibt, mit der sich ein Einkommen verbessern lässt.[84] Der *tugendethische* Leistungsbegriff bedeutet, dass jemand eine Tätigkeit gut auszuüben vermag. Demzufolge suchen wir beispielsweise im Krankheitsfall den besten Arzt auf und wünschen für Kinder die beste Erziehung.[85] Der *moralische* Leistungsbegriff bezieht sich auf die Gemeinnützigkeit eines Beitrags, der beispielsweise durch soziales Engagement und Ehrenämter für die Gesellschaft geleistet wird. Gemeinnützigkeit wird somit als eine Leistung bestimmbar, die eine symbolische und materielle Wertschätzung verdient.[86]

Arbeit im Sinn einer Leistung, die zur Wertschöpfung beiträgt, ist die werttheoretische Grundlage, auf der Eigentum neu geschaffen wird. Eigentum wird hier durch Aneignung des Arbeitsertrags gebildet. Der Arbeitsertrag wird durch seine Erzeugung angeeignet, womit Eigentum neu entsteht. Arbeit ist hier ein Prozess der Aneignung: Durch Arbeit wird Eigentum geschaffen. Eigentum entsteht insoweit weder durch die Vermehrung eines bereits bestehenden Selbsteigentums noch durch die Okkupation eines herrenlosen Guts. In der Aneignung wird Eigentum vielmehr durch eine Leistung neu geschaffen und (in Abgrenzung zur Theorie des Selbsteigentums) nicht bloß vermehrt. Der Arbeitsertrag gehört dabei derjenigen Person, die ihn schafft, und darf deshalb (in Abgrenzung zur Okkupationstheorie) nicht als herrenloses Gut von anderen in Besitz genommen werden.

Die Werttheorie des Eigentums liegt – teilweise unausdrücklich – zahlreichen Positionen in der Ideengeschichte zugrunde und tritt dabei mit ganz unterschiedlichen Facetten auf. Trotz ihrer Unterschiede vereint sie die werttheoretische Regel, dass die Werte denen gehören, die sie erschaffen. Fünf einschlägige Positionen seien im Folgenden kurz genannt.

Thomas von Aquins Vorstellung vom göttlichen Eigentum stellt eine erste Variante der Werttheorie des Eigentums dar, und zwar

84 Siehe zur Kritik am meritokratischen Leistungsbegriff: Michael Sandel, *Vom Ende des Gemeinwohls. Wie die Leistungsgesellschaft unsere Demokratien zerreißt*, Frankfurt/M. 2020.

85 Einen tugendethischen Leistungsbegriff vertritt: Alasdair MacIntyre, *Der Verlust der Tugend. Zur moralischen Krise der Gegenwart*, Frankfurt/M. 1995.

86 Sandel, *Vom Ende des Gemeinwohls*.

eine theologische.[87] Der Schöpfer der Welt wird als ihr Eigentümer vorgestellt.[88] Seine Schöpfung begründe den Anspruch Gottes auf das Eigentum an der Welt. Die Welt gehöre Gott, weil er sie erschaffen hat. Die Natur sei deshalb nicht Eigentum von Menschen, weshalb ihre Nutzung an Pflichten gegenüber der Schöpfung gebunden ist.

Zweitens ist die Werttheorie derjenige Rest von Wahrheit, den Lockes Arbeitswerttheorie des Eigentums besäße, wenn er sie nicht durch das Selbsteigentum begründet und auf die Bildung von Privateigentum beschränkt hätte. Denn klarerweise folgt aus dem Selbsteigentum an der eigenen Person ausschließlich Privateigentum, womit eine Vorentscheidung zugunsten einer privat organisierten Eigentumsordnung getroffen wird. Locke hat seine individualistische Lesart der Werttheorie zur Grundlage liberaler Gesellschaften erhoben. Das Recht auf Privateigentum beruhe demnach auf dem individuellen Beitrag, den eine Person zur Wertschöpfung leistet. Güter dürfen in Privateigentum überführt werden, wenn durch Arbeit der Wertschöpfung »etwas Eigenes hinzugefügt« wird.[89]

Die dritte Position ist die von Karl Marx, der auf die Werttheorie des Eigentums als normative Grundlage seiner Ausbeutungskritik zurückgreift. Die Abschöpfung des Mehrwerts lasse sich als Ausbeutung, Enteignung oder gar Diebstahl nur deshalb kritisieren, weil mit ihr berechtigte Ansprüche auf das Eigentum an ihm verletzt werden. Die leistungslose Aneignung des Mehrwerts durch Unternehmer verletze die Eigentumsansprüche der Arbeiter, denen dieser Wert gehört, weil sie ihn erzeugen. Das Eigentum am Ar-

87 »Gott hat die erste Oberherrschaft (principale dominium) über alle Dinge«, während der Mensch nur eine »natürliche Herrschaft über die Dinge in Bezug auf die Macht, sich ihrer zu bedienen«, ausübt; Thomas von Aquin, *Summa theologiae*, II/II, q66, 1a. 1, in: *Die deutsche Thomas-Ausgabe*, Bd. 18, Berlin und Boston 1953. Im Alten Testament wird Land als das Eigentum Gottes betrachtet, über das Menschen keine unbeschränkte Verfügungsmacht besitzen: »Grund und Boden darf nicht für immer verkauft werden, denn das Land ist mein und ihr seid Fremdlinge und Beisassen bei mir.« (3. Moses 25,23)

88 Auf diese theologische Begründung beruft sich auch Locke: »[A]lle Menschen sind das Werk eines einzigen allmächtigen und unendlichen weisen Schöpfers, die Diener eines einzigen souveränen Herrn, auf dessen Befehl und in dessen Auftrag sie in die Welt gesandt wurden. Sie sind sein *Eigentum*.« Locke, *Zweite Abhandlung über die Regierung*, S. 14 (Kap. 2, § 6).

89 Locke, *Zweite Abhandlung über die Regierung*, S. 30 (Kap. 5, § 27).

beitsertrag beruhe »auf eigner Arbeit des Produzenten« und leite sich demnach aus der Leistung her, aus der er hervorgeht.[90]

In einer vierten Spielart wird der Anspruch auf Vergütung bisher unbezahlter Arbeit im Rückgriff auf die Werttheorie begründet. Beispielsweise berechtige Sorgearbeit (Pflegetätigkeiten, Hausarbeit, Erziehungsarbeit etc.) zu einem Einkommen (von dem man leben können muss), weil mit ihr die Voraussetzung für die Erwerbstätigkeit anderer geschaffen und damit indirekt ein Beitrag zur gesellschaftlichen Wertschöpfung geleistet wird.[91] Weil zumeist Frauen sich durch Sorgearbeit an der Wertschöpfung beteiligen, gebühre ihnen die Beteiligung an den Erträgen durch anteiliges Eigentum.

Die Werttheorie des Eigentums bildet fünftens die normative Grundlage für eine Kritik sozialer Ungleichheit, die aufgrund der Vermögensbildung durch leistungslose Einkommen entsteht.[92] Argumentiert wird beispielsweise, dass Kapitalrenditen, die schneller als die Arbeitseinkommen wachsen, unverdient seien, weil sie in das Eigentum einer Person übergehen, ohne dass diese dafür etwas geleistet hat.[93] Ebenso seien Erbschaften leistungslose Einkommen, die zur gesellschaftlichen Ungleichheit führen.[94] Die Werttheorie des Eigentums bietet in diesen Kontexten eine hin-

90 Marx, *Das Kapital. Erster Band*, S. 792. Die Werttheorie des Eigentums bleibt von der berechtigten Kritik an Marx' Arbeitswerttheorie unberührt, der zufolge Preise durch die Arbeitsleistung und insbesondere die Arbeitszeit bestimmt werden. Während mit der Werttheorie des Eigentums begründet wird, *dass* Wertschöpfung zum Eigentum berechtigt, soll die Arbeitswerttheorie erklären, zu *welchem bestimmten* Besitz Arbeit berechtigt. Jene begründet, dass einem die Früchte der Arbeit gehören, und nicht, wie viel einem gehören soll.

91 Nancy Fraser, »Social Justice in Globalization: Redistribution, Recognition, and Participation«, in: *Revista crítica de ciencias sociais* 63 (2002), S. 7-20.

92 John Stuart Mill kann als Vordenker dieser Kritik an der leistungslosen Eigentumsbildung gelten: »Die Institution des Eigentums besteht, wenn man sie auf ihre wesentlichen Elemente beschränkt, in der Anerkennung eines Rechts jeder Person auf die ausschließliche Verfügung über das, was sie durch eigene Anstrengung erzeugt oder durch Schenkung oder gerechte Übereinkunft, ohne Zwang oder Betrug, von denen erhalten hat, die es erzeugt haben. Die Grundlage des Ganzen ist ein Recht der Produzenten auf das, was sie selbst produziert haben.« John Stuart Mill, *The Principles of Political Economy*, London 1848, S. 166.

93 Thomas Piketty, *Das Kapital im 21. Jahrhundert*, München 2014.

94 Jens Beckert, *Unverdientes Vermögen: Soziologie des Erbrechts*, Frankfurt/M. 2004; ders., *Erben in der Leistungsgesellschaft*, Frankfurt/M. 2013.

reichende Grundlage für die Kritik am leistungslosen Einkommen. Weil Arbeit das Eigentum an ihren Erträgen rechtfertigt, ist eine leistungslose Eigentumsbildung, die zur Ungleichheit führt, ungerechtfertigt.

Die genannten werttheoretischen Positionen zehren von der intuitiven Kraft des Gedankens, dass ein Wert dem gehört, der ihn erschafft. Diese Intuition ist allerdings nicht selbstevident, sondern muss in ein Argument übersetzt werden, das erklärt, weshalb eine Leistung dazu führt, dass der geschaffene Wert ohne Willensbeschlüsse oder Verträge in Eigentum übergeht. Aus welchem Grund darf das Eigentum am Ertrag von dessen Erzeuger beansprucht werden?

Für die Werttheorie des Eigentums gibt das Freiheitsargument den Ausschlag. Freiheit ist eine schützenswerte Norm und konkretisiert sich auf der Ebene sozioökonomischer Wertschöpfung – in Bezug auf äußere Güter – als materielle Selbstbestimmung. Personen müssen sich aus Freiheitsgründen unabhängig von sozialer Stellung, Herkunft, Ansehen, Gesinnung und Geschlecht mit Gütern selbst versorgen können. Diese materielle Selbstbestimmung ist der Grund, der zur Aneignung berechtigt. Denn das Eigentum am Ertrag des eigenen Tuns ermöglicht eine selbstbestimmte Versorgung mit Gütern und verwirklicht demnach Freiheit auf einer materiellen Ebene. Wenn Freiheit eine schützenswerte Norm ist und wenn durch das Eigentum am Arbeitsertrag Freiheit realisiert wird, dann gilt auch das Eigentum am Arbeitsertrag als schützenswertes Recht. Denn mithilfe solchen Eigentums wird materielle Selbstbestimmung und damit Freiheit – allerdings nur teilweise – verwirklicht. Freiheit ist also ein Grund für das Eigentum am Ertrag des eigenen Tuns und berechtigt daher zu dessen Appropriation. Das heißt: Die werttheoretische Regel »Wertschöpfung rechtfertigt Eigentum« erweist sich als richtig. Die Werttheorie gibt somit eine belastbare Erklärung dafür, wie Eigentum entsteht.

6.2 Die Eigentumsrechte der Natur

Das eigentumstheoretische Argument für die Rechte der Natur ist aber noch nicht vollständig. Wenn Wertschöpfung Eigentum rechtfertigt – wie anhand der Arbeit gesehen – und wenn Naturleistungen eine Art der Wertschöpfung sind, dann stehen der Natur Eigentumsrechte an ihren Ressourcen zu. So weit das Argument. Was fehlt, ist ein Grund, warum die Regel »Wertschöpfung rechtfertigt Eigentum«, die für die Arbeit zutrifft, auf die Naturleistung übertragen werden kann. Arbeit und Naturleistungen sind zwar unterschiedliche Quellen der Wertschöpfung, aber, so meine Annahme, zwei Fälle derselben Regel. Letzteres muss erst noch gezeigt werden. Es ist deshalb nun darzulegen, warum die Regel »Wertschöpfung rechtfertigt Eigentum« generalisiert werden darf und auch in Bezug auf die ökologische Wertschöpfung via Naturleistungen gilt.

Das eigentumstheoretische Argument der Naturrechte ist, wie gesagt, so aufgebaut, dass die Eigentumsrechte, die sich aus der Wertschöpfung durch Arbeit rechtfertigen, auf die Natur übertragen werden. Es folgt insofern dem Erweiterungsmodell ökologischer Eigenrechte, dem zufolge bereits geltende Rechte und die entsprechende Rechtssubjektivität auf die Natur erweitert werden. Erst werden Eigentumsrechte auf der Grundlage von Arbeit begründet, anschließend werden sie auf die Natur übertragen. Die Natur besitzt demnach Eigentumsrechte in dem Sinne, dass die Eigentumsrechte auf sie ausgeweitet werden. Damit werden sie zu *universellen Eigentumsrechten* erweitert. Unter universellen Eigentumsrechten ist also nicht nur zu verstehen, dass alle Menschen, sondern dass Menschen und Natur gleichermaßen Eigentumsrechte haben. Universelle Eigentumsrechte beschränken sich nicht auf Menschen, sondern gelten auch für die Natur. Mit der Vorstellung, dass der Natur ihre Ressourcen gehören, werden also Eigentumsrechte verallgemeinert und in Bezug auf die Natur erweitert. Die Eigentumsrechte der Natur werden demnach nicht losgelöst von denen der Menschen begründet. Vielmehr werden sie zunächst als die Rechte von Menschen begründet und von hier aus auf die Natur übertragen. Durch ihre Übertragung auf die Natur wird die Natur in ein Rechtssubjekt und insbesondere ein Subjekt von Eigentumsrechten überführt. Was also rechtfertigt diese Übertragung?

Der hohe Begründungsbedarf wird im Kontrast zu – wie sie *for the sake of the argument* genannt werden können – partikularen Eigentumsvorstellungen ersichtlich. Ihnen zufolge beschränken sich die Eigentumsrechte auf Menschen. Ihr Argument, das wir bereits kennen, stützt sich darauf, dass Eigentum mit Freiheit gleichgesetzt wird. Menschen haben aufgrund ihrer Freiheit – genauer gesagt:

aufgrund der materiellen Selbstbestimmung – das Recht auf das Eigentum an ihren Erträgen. Weil die Natur nicht frei ist, hat sie folglich kein Recht auf das Eigentum an den natürlichen Ressourcen, mit denen zur Wertschöpfung beigetragen wird. Natürliche Ressourcen sind deshalb ursprünglich niemandes Eigentum – *res nullius*. Wenn natürliche Ressourcen niemandem gehören, dann dürfen sie von Menschen – durch ihre Arbeit – in ihr Eigentum überführt werden, um sie in die Wertschöpfungskette einzuspeisen. Freiheit kann demnach kein Grund für ein Eigentumsrecht der Natur sein, da Freiheit nicht der Natur, sondern nur Personen zukommt. Es muss also einen anderen Grund geben.

Dieser liegt in der Rationalität geltender Eigentumsrechte. Rationalität ist der normative Grund dafür, dass die Natur Eigentumsrechte verdient. Ihre Rationalität besteht in den Bedingungen, die ihnen Geltung verleihen. Eigentumsrechte sind auf die Natur zu übertragen, weil nur so ihre Geltungsbedingungen erfüllt werden. Für ihre Übertragung auf die Natur gibt insbesondere die Konsistenzbedingung den Ausschlag. Die Konsistenz betrifft hier den Umfang (die Extension) der Regel, das heißt die Gesamtheit der Fälle, die unter die Regel fallen. Konsistenz macht erforderlich, dass die Regel auf Fälle anzuwenden ist, die unter sie fallen. Das Argument ist demnach konsistent, wenn sich erweist, dass sich die Regel »Wertschöpfung rechtfertigt Eigentum« auch auf die ökologische Wertschöpfung erstreckt. Es wäre nämlich inkonsistent, wenn die Regel nicht für die ökologische Wertschöpfung gilt, obwohl sie unter die Regel fällt. Ebenso wäre es inkonsistent, wenn die Regel auf die ökologische Wertschöpfung angewandt wird, obwohl sich die Regel nicht auf sie erstreckt. Das eigentumstheoretische Argument ökologischer Eigenrechte erweist sich also als konsistent, wenn gezeigt wird, dass die Regel »Wertschöpfung rechtfertigt Eigentum« auch auf die ökologische Wertschöpfung zutrifft. Dafür ist erstens zu belegen, dass die Regel für alle Fälle gelten muss (a), und zweitens, dass die ökologische Wertschöpfung zu diesen Fällen gehört (b).

(a) Die Regel »Wertschöpfung rechtfertigt Eigentum« gilt aufgrund ihrer Gesetzmäßigkeit für jede Art der Wertschöpfung gleichermaßen. Das Argument erhält hier seine Konsistenz durch den Gedanken der Gesetzmäßigkeit, die eine Regel besitzt: Die Gesetzmäßigkeit ist die unverwechselbare Besonderheit, die eine Regel zur Regel macht und die es erlaubt, eine allgemeine Regel auf jeden besonderen Fall gleich anzuwenden.[95] Das bekannteste Beispiel in der Philosophie für eine solche Gesetzmäßigkeit ist Kants kategorischer Imperativ, dem zufolge eine Handlungsregel (eine Maxime) aufgrund ihrer Gesetzmäßigkeit zu einem Gesetz wird.[96] Die Gesetzmäßigkeit einer Regel hat die Form »Immer wenn a, dann b«. Immer wenn zur Wertschöpfung beigetragen wird, folgt ein Recht auf das Eigentum an dem erzeugten Wert. Aufgrund ihrer Gesetzmäßigkeit wird die Regel »Wertschöpfung rechtfertigt Eigentum« also auf die Natur erweitert. Und es folgt, dass ihr Eigentumsrechte zustehen.

(b) Die Regel »Wertschöpfung rechtfertigt Eigentum« wird ausgehend von der menschlichen Arbeit begründet und anschließend auf Naturleistungen übertragen. Diese Übertragung ist jedoch nur gerechtfertigt, wenn die Naturleistung ein Fall von Wertschöpfung ist, der tatsächlich unter die Regel fällt. Ihre Übertragung vollzieht sich in drei Schritten.

Erstens gilt die Regel in Bezug auf Arbeitserträge. Immer wenn freie Wesen durch Arbeit zur Wertschöpfung beitragen, gilt das Recht auf das Eigentum an den erzeugten Werten. Ausgehend von der Arbeit wird also die Regel »Wertschöpfung rechtfertigt Eigentum« begründet.

Zweitens wird die Regel mittels der Verarbeitung natürlicher Ressourcen auf natürliche Ressourcen angewandt. Nicht eine vermeintlich reine, unberührte, wilde und ursprüngliche Natur wird genutzt, sondern genutzt werden Ressourcen, die erst durch ihre Verarbeitung nutzbar werden. Verarbeitung ist eine Form von Arbeit. Deshalb wird die ausgehend von der Arbeit entwickelte Regel auf natürliche Ressourcen angewandt. In der Nutzung natürlicher Ressourcen werden bearbeitete Ressourcen genutzt und wird deshalb die Regel zwangsläufig auf den Naturbereich angewandt.

Drittens wird mit der Regelanwendung auf die verarbeiteten Naturressourcen die Geltungssphäre der Regel auf die Natur ausgedehnt. Die Natur fällt erst aufgrund ihrer Verarbeitung in den Geltungsbereich der Regel. Wenn die Verarbeitung eine Gestalt von Arbeit ist, die zum Eigentum an ihren Erträgen berechtigt,

95 Die Gesetzmäßigkeit einer Regel wird von Ernst Tugendhat, *Vorlesungen über Ethik*, Frankfurt/M. 1993, S. 133-135, erläutert.

96 Kant, *Grundlegung zur Metaphysik der Sitten*, S. 45 (AA 421).

und wenn natürliche Ressourcen verarbeitet werden, dann wird die Geltungssphäre der Regel auf die natürlichen Ressourcen ausgeweitet. Die Regel »Wertschöpfung rechtfertigt Eigentum« gilt auch für die Natur, weil sie ein Fall der Wertschöpfung ist, der unter die Regel fällt. Denn sofern die natürlichen Ressourcen in die Geltungssphäre der Regel fallen, gilt die Regel aufgrund ihrer Gesetzmäßigkeit für jeden Fall der Wertschöpfung in dieser Geltungssphäre und insoweit auch für die ökologische Wertschöpfung. Negativ gesagt: Ohne die Verarbeitung der natürlichen Ressourcen würde die Regel nicht in Bezug auf die Natur gelten. Wenn die Natur in ihrer vermeintlichen Reinheit, Unberührtheit, Wildnis und Ursprünglichkeit genutzt werden könnte und nicht erst verarbeitet werden müsste, dürfte die Regel »Wertschöpfung rechtfertigt Eigentum« nicht auf die Natur ausgeweitet werden und träfe die Regel somit nicht auf die ökologische Wertschöpfung zu. Sobald aber natürliche Ressourcen verarbeitet werden, erstreckt sich die Geltungssphäre der Regel auch auf die Natur und gilt die Regel für Naturleistungen. Wenn also im Fall von natürlichen Ressourcen die Regel »Wertschöpfung rechtfertigt Eigentum« für Menschen und ihre Arbeit gilt, dann muss sie aufgrund ihrer Gesetzmäßigkeit auch für die Naturleistungen gelten. Weil sie sich aufgrund ihrer Gesetzmäßigkeit für alle Fälle der Wertschöpfung verallgemeinern lässt und weil die Natur eine Quelle der Wertschöpfung ist, gilt sie auch für die Natur. Mit den Naturleistungen geht also ein Recht auf das Eigentum am erzeugten Wert einher.

Ich fasse das Argument noch einmal zusammen: In Bezug auf Arbeit gilt die Regel »Wertschöpfung rechtfertigt Eigentum«. Natürliche Ressourcen werden erst durch ihre Verarbeitung nutzbar. Verarbeitung ist eine Form von Arbeit. Damit wird die Geltungssphäre der Regel durch die Nutzung natürlicher Ressourcen auf die Natur ausgedehnt. Also gilt die Regel auch für die Natur. Aufgrund der ökologischen Wertschöpfung stehen der Natur deshalb Eigentumsrechte an ihren Ressourcen zu. Immer wenn natürliche Ressourcen genutzt werden, verdient die Natur Eigentumsrechte an ihren Ressourcen. Der normative Eigensinn der Natur ergibt sich somit aus der konsistenten Geltung einer Handlungsregel. Er leitet sich hier nicht aus einem inhärenten Wert der Natur her, sondern allein aus einer Handlungsregel, die von Menschen in ihrem Naturverhältnis unvermeidlich vorausgesetzt wird.

Universelle Eigentumsrechte, die für Menschen und Natur gleichermaßen gelten, erklären sich demnach aus einem Regelbegriff. Ihre universelle Geltung beruht auf der allgemeinen Geltung von Regeln. Unter der allgemeinen Geltung einer Regel ist deren Gesetzmäßigkeit zu verstehen, der zufolge die Regel für jeden Fall gilt, der unter die Regel fällt. Eigentumsrechte werden also dadurch universalisiert, dass die ihnen zugrunde liegende Regel »Wertschöpfung rechtfertigt Eigentum« – als Regel – eine allgemeine Geltung besitzt. Jede Regel ist eine Regel von allgemeiner Geltung, es sei denn, es gibt für ihre Beschränkung zusätzliche Gründe. Diese Gründe liegen aber nicht in der Geltung einer Regel selbst, sondern schränken sie sozusagen von außen ein. Wenn es keine äußeren Schranken gibt, gelten Regeln von sich aus allgemein, das heißt in Bezug auf jeden Fall gleich.

Ein möglicher Einwand gegen die Universalisierung der Regel »Wertschöpfung rechtfertigt Eigentum« und damit gegen die Eigentumsrechte der Natur lässt sich in Anschlag bringen, wenn man einen partikularen Regelbegriff vertritt. Dieser stellt die Grundlage für die bereits erwähnte partikulare Eigentumsvorstellung dar, der zufolge nur Menschen Eigentumsrechte besitzen. Der partikulare Regelbegriff besagt, dass eine Regel nur für diejenigen Fälle gelte, die unter den *Grund* ihrer Geltung fallen. Freiheit sei im Fall von Arbeit der Grund für die Regel »Wertschöpfung rechtfertigt Eigentum«. Die Geltung der Regel beschränke sich deshalb hier auf freie Wesen und die menschliche Arbeit. Die Regel gelte daher nur in Bezug auf Menschen.

Dieser Einwand geht jedoch fehl. Im Begriff der Regel selbst liegt nämlich ihre Gesetzmäßigkeit. Deshalb bedarf der partikulare Regelbegriff eines zusätzlichen Grundes, warum die Regel nur für bestimmte und nicht für alle Fälle gleichermaßen gelten soll. Eine Regel gilt per se für jeden Fall, der unter sie fällt. Die Regel »Wertschöpfung rechtfertigt Eigentum« gilt demnach per se auch für die Naturleistungen, weil sie ein Fall von Wertschöpfung sind. Die Geltung einer Regel kann demnach nur *ex post* eingeschränkt werden, etwa durch die stärkere Geltung anderer Regeln. Sofern also ein zusätzlicher Grund für ihre Einschränkung angeführt werden muss, ist der Begründungsbedarf für den partikularen Regelbegriff größer als für den universellen Regelbegriff. Die Beweislast kehrt sich demnach um. Nicht für den universellen Regelbegriff und somit die Eigentumsrechte der Natur muss ein zusätzliches Argument geliefert werden. Vielmehr liegt die Beweislast beim partikularen Regelbegriff, da in seinem Fall ein Beweis erbracht werden muss, warum die Gesetzmäßigkeit einer Regel außer Kraft gesetzt werden darf: warum die Regel nicht für Naturleistungen gilt, obwohl ihr Geltungsbereich durch die Bearbeitung natürlicher Ressourcen auf die Natur ausgedehnt wird. Eine Ausnahme von der Regel bedarf einer zusätzlichen Begründung, die über die Begründung der Regel hinausgeht und eine Abweichung von ihr rechtfertigt. Nicht aber die Eigentumsrechte der Natur, sondern partikulare Eigentumsrechte, die nicht für die Natur gelten, bilden eine Devianz und sind deshalb eigens begründungsbedürftig.

Damit tritt an der partikularistischen Eigentumsvorstellung – Menschen haben Eigentumsrechte, die Natur hingegen nicht – ein Begründungsdefizit zutage. Denn wenn Eigentumsrechte aus Gründen ihrer Konsistenz die Eigentumsrechte der Natur einschließen, dann fehlt der partikularistischen Eigentumsvorstellung ebendiese Konsistenz. Partikularen Eigentumsrechten mangelt es demnach an einer konsistenten Begründung. Ohne die Eigentumsrechte der Natur verlieren Eigentumsrechte ihre Konsistenz und insoweit ihre Geltung. Sie büßen somit ihre Geltung als berechtigte Ansprüche ein. Zu diesem Geltungsverlust bestehender Eigentumsrechte kehre ich in Kapitel 8 zurück.

Eigentumsrechte erfüllen ihre Geltungsbedingungen vielmehr erst dann, wenn sie auf die Natur ausgeweitet werden. Eigentumsrechte gelten als berechtigte Ansprüche nur unter der Bedingung ihrer Konsistenz und deshalb nur dann, wenn auch die Natur Eigentumsrechte besitzt. Das Recht der Menschen auf das Eigentum an ihren Arbeitserträgen lässt sich demnach nicht konsistent ohne das Recht der Natur auf das Eigentum an ihren Ressourcen begründen. Denn wenn Menschen für sich die Regel »Wertschöpfung rechtfertigt Eigentum« in Bezug auf natürliche Ressourcen beanspruchen, dann folgt aus ihrer Gesetzmäßigkeit, dass sie auch für die Natur gilt. Wenn also für Menschen – aufgrund ihrer Freiheit – ein Eigentumsrecht an ihren Arbeitserträgen gerechtfertigt ist, dann ist es – aufgrund seiner Konsistenz – auch gerechtfertigt, dass die Natur ein Eigentumsrecht an ihren Ressourcen besitzt.

Schließlich wird der nachmetaphysische Zuschnitt der ökologischen Eigenrechtsidee erkennbar. Im Ökozentrismus beruhen die

Rechte der Natur auf dem metaphysischen Axiom eines intrinsischen Existenzwerts. Hingegen leiten sich die Eigentumsrechte der Natur hier aus der Rationalität geltender Eigentumsrechte her. Sie verdanken ihre Geltung allein der Geltung anerkannter Eigentumsrechte. Wenn Menschen Eigentumsrechte haben, dann gibt es keinen vernünftigen Grund dafür, sie der Natur vorzuenthalten. Wenn Menschen für sich Eigentumsrechte beanspruchen, dann gehören auch der Natur ihre Güter. Und sofern der Natur ihre Güter gehören, verdient sie bindende Eigentumsrechte. Die Rechte der Natur erklären sich demnach aus der Geltungslogik bestehender Eigentumsrechte. Damit setzt sich der hier vertretene Eigentumsansatz von den ökozentrischen Vorstellungen eines Eigenwerts der Natur ab, aus dem sich die Rechte der Natur ergeben sollen. Rechte der Natur kommen ohne ökozentrische Wertvorstellungen aus.

Mit der ökologischen Eigenrechtsidee wird zudem die verbreitete Okkupationstheorie des Eigentums überwunden. Wenn der Natur ihre Güter gehören, dann gelten sie nicht mehr als eigentumslose Güter, die sich durch Verträge in Besitz nehmen und kostenlos verwerten lassen. Naturgüter sind keine herrenlosen Sachen, die bedingungslos angeeignet und unbeschränkt gebraucht werden dürfen. Vielmehr sind sie bereits Eigentum – der Natur. Sie sind schon Eigentum, bevor sie von Nutzerinnen auch als deren Eigentum betrachtet werden können. Damit wird nicht die Okkupationsdoktrin, die vom Vorhandensein eigentumsloser Güter ausgeht, durch eine theologische oder ökozentrische Doktrin ersetzt, der zufolge Naturgüter das Eigentum Gottes oder der Götter sind. Sie sind vor ihrer möglichen Aneignung schon Eigentum, aber nicht deshalb, weil sie Gott, Schutzheiligen oder Ahnen gehören. Vielmehr sind sie bereits das Eigentum der Natur, weil die Geltungslogik bestehender Eigentumsrechte darauf hinausläuft, dass sie der Natur gehören.

Die ökologische Eigenrechtsidee unterscheidet sich von der Okkupationstheorie und dem Ökozentrismus gleichermaßen, weil sie die Eigentumsrechte der Menschen und der Natur als gleichursprünglich begreift. Eigentum an Naturgütern entspringt weder der vertraglichen Sicherung von zuvor herrenlosen Sachen, noch gibt es ein ursprüngliches Eigentum, das den geltenden Eigentumsrechten von Menschen zuvorkommt. Der Natur kommen vielmehr Eigentumsrechte zu, die sich (im Unterschied zum Ökozentrismus) erst aus der Geltungslogik bestehender Eigentumsrechte herleiten. Und umgekehrt sind (im Unterschied zur Okkupationstheorie) Naturgüter keine herrenlosen Sachen, weil Eigentumsrechte nur dann berechtigte Ansprüche sind, wenn sie auch für die Natur gelten.

Teil III
Nachhaltiges Eigentum

Im Juni 1988 berichtete der NASA-Klimaforscher James Hansen einem Ausschuss des US-Senats über drei Forschungsergebnisse. Erstens: Die Erde sei wärmer als je zuvor. Zweitens: Mit Gewissheit sei nun der menschengemachte Treibhauseffekt als Ursache für die Erderwärmung ausgemacht. Drittens: Der Treibhauseffekt führe bereits jetzt zu Extremereignissen wie Hitzewellen, Dürren und Starkregen. Elf Jahre zuvor, im Juli 1977, informierte der Klimawissenschaftler James F. Black seinen Arbeitgeber, den US-amerikanischen Mineralölkonzern Exxon, über den Zusammenhang von Erderwärmung und fossilen Energieträgern. »In erster Linie besteht ein allgemeiner wissenschaftlicher Konsens darüber, dass Menschen am ehesten das globale Klima durch Kohlendioxid beeinflussen, das durch die Verbrennung von fossilen Brennstoffen freigesetzt wird.«[1] Ein Jahr später teilt Black dem Management brieflich seine Erkenntnisse über die menschengemachte Erderwärmung mit. Auch der britische Mineralölkonzern BP und der niederländische Shell-Konzern erstellten damals eigene Forschungsarbeiten, die den Zusammenhang zwischen fossilen Brennstoffen und Erderwärmung bestätigen. Und der französische Ölkonzern Total veröffentlichte bereits 1971 in einer Unternehmensbroschüre akkurate Vorhersagen der Erderwärmung, die sich derzeit bewahrheiten.[2]

Seit einem halben Jahrhundert sind die Ursachen und Folgen der Erderwärmung bekannt. Valide Daten gaben Gewissheit über die Tragweite menschengemachter Klimaveränderungen, Umweltschäden und des Artensterbens. Auch die Vertuschungsversuche der Mineralölkonzerne konnten diese Erkenntnisse nicht ungeschehen machen.[3] In Wirtschaft, Politik, Wissenschaft und Teilen der Öffentlichkeit bestand frühzeitig das Wissen um die Ursachen

1 Zitiert nach: Neela Banerjee u. a. (Hg.), *Exxon. The Road Not Taken*, Brooklyn, New York 2015. Einen Überblick über den frühen Wissensstand über die Erderwärmung und ihre Ursachen verschafft: Nathaniel Rich, *Losing Earth*, Berlin 2019.

2 Christophe Bonneuil u. a., »Early Warnings and Emerging Accountability: Total's Responses to Global Warming, 1971-2021«, in: *Global Environmental Change* 71 (2021), 102386.

3 Siehe: Geoffrey Supran, Stefan Rahmstorf, Naomi Oreskes, »Assessing ExxonMobil's Global Warming Projections«, in: *Science* 379 (2023), S. 1-9.

und Folgen der Erwärmung; und es wäre ein noch breiteres Wissen möglich gewesen, wäre die öffentliche Klimaforschung intensiviert worden. Seither werden Klimamodelle aktualisiert, Messmethoden präzisiert und Datenbanken vervollständigt, um zunehmend genauere Prognosen zu erstellen. Zuletzt wurden im sechsten Sachstandsbericht des Weltklimarats (IPCC) Klimaprognosen mit aktuellen Daten unterfüttert.[4] Mittlerweile werden auch kleinste Informationsschnipsel über den äußerst dynamischen Wissensstand zu den ökologischen Veränderungen durch Medien und Populärliteratur einer breiten Öffentlichkeit zugänglich gemacht.

Doch nicht nur die Ursachen und Folgen der Erderwärmung sind längst bekannt. Auch die klimapolitischen Ziele sind unbestritten. Über Ziele der Nachhaltigkeit wie Emissionssenkung, Artenschutz und Müllvermeidung herrscht zwischen Staaten, Parteien, politischen Lagern, Wirtschaftsvertretern und Bürgerinnen weitgehend Einhelligkeit. Der breite Konsens über die verschiedenen Nachhaltigkeitsziele (Dekarbonierungsziele, Artenschutzziele etc.) drückt sich im Pariser Klimaabkommen und den 17 Sustainable Development Goals (SDGs) der Vereinten Nationen aus.[5] Spätestens seit der nicht zu leugnenden Zunahme von Starkregen, Überschwemmungen, Bränden und Dürren sowie der beschleunigten Eisschmelze (Eisschilde und -kappen, Gletscher, Permafrost) und dem Anstieg des Meeresspiegels hat sich ein Wissen um den klimapolitischen Handlungsdruck durchgesetzt. Einigkeit besteht darüber, dass die menschengemachte Erwärmung auf 1,5 oder maximal 2,0 Grad Celsius begrenzt werden muss und dass für diese Klimaziele innerhalb eines schmalen Zeitfensters entsprechende wirtschaftspolitische Maßnahmen zu ergreifen sind. Die meisten Industriestaaten wollen bis 2050 klimaneutral wirtschaften: In den USA ist der Klimaschutz Gegenstand eines beispiellosen Investitionspakets; die EU hat ebenfalls ein milliardenschweres Klimaschutzprogramm auf den Weg gebracht; und China will schon bis 2030 seine Emissionen um 55 Prozent unter den Wert von 1990 drücken.

4 Der aktuelle, sechste Sachstandsbericht des Weltklimarats ist abrufbar unter ⟨https://www.ipcc.ch⟩, letzter Zugriff 27.3.2023.

5 United Nations, *Transforming Our World. The 2030 Agenda for Sustainable Development*, New York 2015, A/RES/70/1, ⟨https://sdgs.un.org/2030agenda⟩, letzter Zugriff 1.11.2022.

Weder die Tatsache der anthropogenen Erderwärmung noch die klimapolitischen Ziele sind also umstritten. Der Zankapfel ist vielmehr der Weg, der zu diesen Zielen führt. Ziele müssen mit einem Pfad hinterlegt sein, wie sie zu erreichen sind. Ansonsten sind sie wertlos. Dass angesichts von Erderwärmung, Artensterben, Ressourcenerschöpfung und Globalvermüllung es ein Ziel sein sollte, Emissionen zu senken, Ressourcen zu schonen, Müll zu vermeiden und Arten zu schützen, erklärt sich von selbst. Doch wie werden diese Ziele der Nachhaltigkeit erreicht? Um die Nachhaltigkeitsziele zu verwirklichen, bedarf es einer *sozialökologischen Transformation*. Durch sie werden die Gesellschaften, welche die heutigen Ökologiekrisen verursachen, in zukünftige Gesellschaften der Nachhaltigkeit überführt. Dafür werden Produktionsweisen umgebaut, Konsumverhalten umgestellt und Lebensarten verändert. Umstritten sind die konkreten Maßnahmen einer sozialökologischen Transformation und wie sie sich durchsetzen lassen.

In diesem abschließenden Teil des Buchs soll erläutert werden, weshalb eine sozialökologische Transformation über den Weg nachhaltiger Eigentumsrechte verläuft. Die sozialökologische Transformation ist nicht das Ziel, sondern der Weg hin zur nachhaltigen Gesellschaft. Ohne Wissen um die allernächsten Schritte, wie ein Ziel zu erreichen ist, bleiben Absichtserklärungen, Zielvereinbarungen und Planungsabsichten leere Versprechen. Die konkreten Schritte, wie zur nachhaltigen Gesellschaft zu gelangen sei, bestehen in der Einrichtung nachhaltiger Eigentumsrechte. Gesellschaften werden auf Nachhaltigkeit hin umgestaltet, indem nachhaltige Eigentumsrechte geschaffen werden. Zunächst bedarf es einer Erklärung, warum die Eigentumsrechte der Natur zu Nachhaltigkeitspflichten gegenüber ihr führen. Bislang ergab die ökologische Eigenrechtsidee, dass sich die Rechte der Natur als deren Eigentumsrechte konkretisieren: Der Natur gehören ihre Ressourcen, weshalb ihr bindende Eigentumsrechte und deshalb eine Rechtssubjektivität zustehen. Es stellt sich nun die Frage, ob sich aus ihren Eigentumsrechten Nachhaltigkeitspflichten ergeben und, falls ja, weshalb. Zu klären ist also, warum die Eigentumsrechte der Natur zur ökologischen Nachhaltigkeit verpflichten.

Im Folgenden wird daher *das eigentumstheoretische Argument ökologischer Nachhaltigkeit* ausgeführt. Das Argument erklärt, weshalb ökologische Eigenrechte die Gestalt von nachhaltigen Eigentumsrechten annehmen. Die Rechte der Natur konkretisieren sich in einer Rechtsordnung als nachhaltige Eigentumsrechte. Wenn nachhaltige Gesellschaften das Ziel sind, dann sind nachhaltige Eigentumsrechte das Mittel, um dieses Ziel zu erreichen. Nachhaltige Eigentumsrechte sind kein Selbstzweck, der um seiner selbst willen erstrebenswert ist. Sie sind nicht mehr, aber auch nicht weniger als der Türöffner für eine Gesellschaftsformation, die ohne Wachstum und Extraktion auskommt. Durch ihre Einführung werden die Grundstrukturen einer Gesellschaftsformation in Richtung ökologischer Nachhaltigkeit verändert.

Zunächst werden in Kapitel 7 drei Handlungstheorien der Nachhaltigkeit eingeführt. Diese erklären je unterschiedlich die transformative Kraft, die eine sozialökologische Transformation antreibt, aber nur eine von ihnen, die politische Handlungstheorie einer gesetzlichen Regulierung, ist geeignet, eine solche Transformation herbeizuführen. Die politische Regulierung findet dadurch statt, dass nachhaltige Eigentumsrechte geschaffen werden.

Um diese Annahme auszuführen, werde ich in Kapitel 8 auf die Theorie liminalen Eigentums zurückgreifen und ökologische Nachhaltigkeit als eine innere Grenze erläutern, die dem Eigentum selbst innewohnt und es bereits in seinem normativen Kern reguliert. Eigentumsrechten selbst sind eine Ökologienorm eingeschrieben, die zur Überwindung eines extraktiven Naturverhältnisses beitragen kann, das heißt: Eigentum an Naturgütern schließt eine Verpflichtung zu ihrer nachhaltigen Nutzung zwangsläufig mit ein. Nachhaltigkeitspflichten müssen deshalb nicht von außen gegen Eigentumsrechte in Anschlag gebracht werden. Die Aneignung von Naturgütern steht vielmehr von vornherein unter dem Vorbehalt ökologischer Nachhaltigkeit. Diese Liminalität des Natureigentums verschafft den Nachhaltigkeitspflichten eine kraftvolle Robustheit gegenüber ökonomischen Systemerfordernissen, denen sie besser standhalten, als es konventionelle Umweltrechte vermögen.

Um das Bild von der sozialökologischen Transformation zu vervollständigen, wird in Kapitel 9 abschließend dargelegt, wie sich nachhaltige Eigentumsrechte institutionalisieren lassen. Unter welchen Bedingungen kommt es dazu, dass nachhaltige Eigentumsrechte geschaffen werden? Ich werde zeigen, dass ihre Institutionalisierung das politische Verfahren der Gesetzgebung, den evolutionären Prozess der Rechtsentwicklung und die zivilgesellschaftliche Kritik des Eigentumsrechts voraussetzt. Die sozialökologische Transformation wird somit letztlich durch Gesetzgebung, Rechtsentwicklung und Eigentumskritik angetrieben.

7
Handlungstheorien der Nachhaltigkeit

Die Kontroverse um die sozialökologische Transformation betrifft zwei Fragen: die nach dem Inhalt ihrer Maßnahmen (Transformationsinhalt) und die nach der Kraft, die sie antreibt (Transformationskraft). Die Frage nach dem Inhalt bezieht sich auf die ökologischen Maßnahmen, mit denen die Nachhaltigkeitsziele umgesetzt werden. Diese Maßnahmen sind inhaltlich zu konkretisieren. Zu ihnen zählen beispielsweise die Inwertsetzung der Natur, die Schaffung einer advokatorischen Klagebefugnis von Umweltverbänden, Regelungen der Naturalrestitution für den Ressourcenverbrauch etc. Ökologische Maßnahmen werden darüber hinaus zu bestimmten Handlungsregeln konkretisiert, nach denen der sozialökologische Umbau ausgestaltet wird. Zu diesen Handlungsregeln gehören unter anderem Pflichten zur ausgeglichenen Ökobilanz, zur Kreislaufwirtschaft, zur Anspruchsniveauabsenkung und zur Energieeffizienz.

Die zweite Frage betrifft die Kraft, durch die ökologische Maßnahmen verwirklicht werden. Maßnahmen sind an sich nicht mehr als mögliche Instrumente. Es bedarf zudem ihrer Anwendung; es muss auch zu einer ihnen entsprechenden Praxis kommen. Diese Praxis wird dabei von Transformationskräften bewirkt. Die Transformationskräfte treiben den sozialökologischen Umbau an, mobilisieren Gestaltungsdynamiken und motivieren zur Umgestaltung. Die gegenwärtige Debatte über die sozialökologische Transformation wird dabei von drei Vorstellungen dieser Kraft geprägt: der prudentiellen Theorie rationaler Eigeninteressen, der moralischen Theorie individueller und kollektiver Verantwortung sowie der politischen Theorie gesetzgeberischer Regulierung.

7.1 Prudentielles Eigeninteresse

Vom prudentiellen Standpunkt aus betrachtet, wird eine nachhaltige Praxis durch das rationale Eigeninteresse mobilisiert. Nachhaltigkeit ist hier ein Handlungsziel der Klugheit. Es ist klug, nachhaltig zu handeln, weil dadurch Vorteile entstehen. Nachhaltigkeit muss sich lohnen, dann tun die Maßnahmen zum Einsparen von Kohlendioxidemissionen und zum Artenschutz auch nicht weh.

Das Narrativ vom rationalen Eigeninteresse an Nachhaltigkeit wird mit utilitaristischen Vorstellungen volks- wie auch betriebswirtschaftlicher Nutzenkalküle unterlegt.[6] Auf der volkswirtschaftlichen Ebene entstehen durch nachhaltiges Handeln dann ökonomische Vorteile, wenn die Folgekosten beispielsweise der Erderwärmung (Desertifikation, ansteigender Meeresspiegel, gesundheitliche Schäden, Wasser- und Nahrungsmangel) die Kosten für eine nachhaltige Klimapolitik übersteigen und zur Belastung für die Volkswirtschaft werden. Auf der betriebswirtschaftlichen Ebene wird Nachhaltigkeit gewinnbringend in Wert gesetzt. Mithilfe von Anreizstrukturen wie dem Emissionshandel[7] oder dem Handel von Finanzprodukten wie Social Bonds, Green Bonds und Impact Investing[8] werden wirtschaftliche Vorteile geschaffen, die es den Unternehmen ermöglichen, trotz höherer Kosten für eine nachhaltige Produktion Gewinne einzufahren. Nachhaltigkeit rechnet sich für Unternehmen. Ökonomische Anreizstrukturen solcher Art setzen starke Rechte des Privateigentums voraus, denn damit sich etwas lohnt, muss das Eigentum an diesem Lohn garantiert sein.[9] Privateigentum wird zum Zweck der Nachhaltigkeit dabei auch auf Güter erweitert, die sich dem Eigentum bislang entziehen. So setzt der Handel mit Emissionszertifikaten Eigentumsrechte oder zumindest eigentumsähnliche Rechte an Emissionen voraus.[10] Das prudentiel-

6 John Broome, *Climate Matters. Ethics in a Warming World*, New York 2012.

7 Larry Lohmann, »Carbon Trading. A Critical Conversation on Climate Change, Privatisation and Power«, in: *Development Dialogue* 48 (2006), 20838312.

8 Natalia Besedovsky, »Finanzialisierung von Nachhaltigkeit«, in: Sighard Neckel u. a. (Hg.), *Die Gesellschaft der Nachhaltigkeit. Umrisse eines Forschungsprogramms*, Bielefeld 2018, S. 25-40.

9 Diese Position wird vor allem von der Property Rights Theory vertreten.

10 Inwieweit der Emissionshandel private Eigentumsrechte an Emissionen konzeptuell voraussetzt und wie diese sogenannten Karbonrechte als Eigentumsrechte ausgestaltet werden, wird erläutert in: Charlotte Streck, Moritz von Unger, »Creating, Regulating and Allocating Rights to Offset and Pollute: Carbon Rights in Practice«, in: *Climate & Carbon Law Review* 3 (2016), S. 178-189; Philipp Degens, »Towards Sustainable Property? Exploring the Entanglement of Ownership and Sustainability«, in: *Social Science Information* 60 (2021) (Sonderheft *Contested Futures. A Sociology of Sustainability and Ecological Crisis*), S. 209-229.

le Verständnis von Nachhaltigkeit führt demnach zu einem Ausbau von Privateigentum.

Diese volks- und betriebswirtschaftlichen Narrative sind die Grundlage für Vorstellungen vom grünen Wachstum,[11] von der Green Economy[12] oder vom grünen Kapitalismus.[13] Nachhaltigkeit wird hier mithilfe neuer Geschäftsmodelle und kraft des rationalen Eigeninteresses an Vorteilen umgesetzt, die sich aus einer nachhaltigen Produktion und Konsumption ergeben. Grünes Wachstum setzt voraus, dass das Wirtschaftswachstum vom Ressourcenverbrauch und den einhergehenden Emissionen entkoppelt wird.[14] Ein Wirtschaftswachstum ist ökologisch nachhaltig, wenn Produktion und Konsumption steigen, während der Ressourcenverbrauch zurückgeht. Diese Entkoppelung von Wachstum und Verbrauch soll mithilfe des Technikfortschritts möglich werden.[15] Technische Innovationen, digitale Infrastrukturen und entsprechende Investitionen schaffen die Voraussetzungen dafür, dass die Wirtschaft wächst und zugleich der Ressourcenverbrauch und die Emissionen sinken.

Die wichtigste Voraussetzung für grünes Wachstum ist die Annahme, dass das Eigeninteresse eine hinreichende Kraft für die Umsetzung ökologischer Maßnahmen ist. Investitionen werden getätigt, Technologien entwickelt und Infrastrukturen geschaffen, weil sich damit verdienen lässt oder sich Kosten sparen lassen. Die politische Rolle des Gesetzgebers beschränkt sich hierbei darauf, Anreize (beispielsweise steuerliche Vergünstigungen und Subventionen) zu schaffen, damit Wirtschaftsakteure aufgrund der zu erwartenden Vorteile die gewünschten ökologischen Investitionen tätigen, Technologien entwickeln und Infrastrukturen schaffen. Besonders wirksam sind steuerliche Anreize, weil Steuersenkungen,

11 Ralf Fücks, *Intelligent wachsen. Die grüne Revolution*, München 2013.

12 Nicholas Stern, *The Economics of Climate Change. The Stern Review*, Cambridge 2006.

13 Alessio Terzi, *Growth for Good. Reshaping Capitalism to Save Humanity from Climate Catastrophe*, Cambridge 2022.

14 Beispiele für eine erfolgreiche Entkoppelung werden dargestellt in: Lisa Ann Mandle u. a. (Hg.), *Green Growth That Works. Natural Capital Policy and Finance Mechanisms Around the World*, Washington, D.C., 2019.

15 Ein solcher Solutionismus wird vertreten in: Martin Jänicke, *Megatrend Umweltinnovation. Zur ökologischen Modernisierung von Wirtschaft und Staat*, München 2012.

Abschreibungen etc. direkt in die betriebswirtschaftliche Kostenrechnung als gewichtige Vorteile einfließen. Die Transformationskräfte sind hier die Eigeninteressen an den Vorteilen, die durch Anreizstrukturen in Aussicht gestellt werden.

Das Modell vom grünen Wachstum verstrickt sich jedoch in einen Widerspruch, der seine Erfolgsaussichten verringert. Einerseits werden mit der Anreizstruktur starke Rechte des Privateigentums vorausgesetzt. Denn damit sich Investitionen in nachhaltige Technologien und Infrastrukturen lohnen, bedarf es der Rechtsgarantie des Eigentums an den aus ihnen entstehenden Gewinnen und Vorteilen. Andererseits ist das Privateigentum an Naturgütern eine Hauptursache für die ökologischen Krisen. Eine prudentielle Anreizstruktur soll also ökologische Nachhaltigkeit fördern, während sie zugleich Privateigentumsrechte stärkt, die die ökologischen Krisen mitverursachen und denen gegenüber ökologische Pflichten als weiche Ansprüche erscheinen. Grünes Wachstum setzt also diejenige robuste Ordnung von Privateigentum voraus, die das Ziel starker Nachhaltigkeitsregeln unterläuft.

Zudem wenden Kritiker gegen Vorstellungen grünen Wachstums ein, dass die technischen Innovationen wie Wasserstoffenergie, Elektromobilität, biotechnologische Lebensmittel und alternative Baustoffe bislang für eine klimaneutrale Produktion und Konsumption nicht ausreichen. Ein Grund sind die Rebound-Effekte, die Einsparungen durch Mehrverbrauch zunichtemachen. Auch werden die technischen Möglichkeiten überschätzt: Insbesondere der Transport und die Speicherung von nachhaltiger Energie aus Solaranlagen und Windrädern in den für eine Energiewende erforderlichen Kapazitäten stellen sich als bislang ungelöste Herausforderungen dar.[16] Zudem besteht eine ökologische Schieflage zwischen Konsumption und Produktion. Zwar wird durch die Nutzung nachhaltiger Energien der Stromverbrauch grüner, aber für die Herstellung von Windrädern, Batterien und leichten Materialien bedarf es eines forcierten Abbaus von Rohstoffen (Kupfer, Bauxit, Erze, Lithium, Biomasse, seltene Erden etc.). Mit dieser gesteigerten Extraktion nehmen – vorwiegend im globalen

16 Belege dafür, weshalb die Erwartungen des grünen Wachstums nicht erfüllt werden können, werden ausgewiesen in: Ulrike Herrmann, *Das Ende des Kapitalismus. Warum Wachstum und Klimaschutz nicht vereinbar sind – und wie wir in Zukunft leben werden*, Köln 2022, S. 130-199.

Süden – entsprechende Umweltschäden (Rodungen, Wasser- und Luftverschmutzung etc.) und die damit einhergehenden negativen sozialen Folgen (Land Grabbing, Übernutzung, Lebensraumverlust etc.) zu.[17] Diese Schieflage verschärft sich dadurch, dass die digitalen Technologien, auf denen die Hoffnungen grünen Wachstums beruhen, selbst einen sehr hohen Energiebedarf und Ressourcenverschleiß haben.[18] Zwar sind technologische Innovationen von grünem Wasserstoff über die Kohlendioxid-Sequestierung bis hin zur Digitalisierung für eine sozialökologische Transformation unverzichtbar. Sie reichen jedoch bei weitem nicht aus und schaffen allenfalls die technologischen Voraussetzungen für eine sozialökologische Transformation, die ohne die Veränderungen auch von Wirtschafts- und Lebensweisen nicht gelingen wird.

Vorstellungen vom grünen Wachstum sind bei Lichte betrachtet eher ein Narrativ denn eine gesicherte Erkenntnis. Was wir mit Sicherheit wissen, ist dies: dass ohne Veränderungen die globale Durchschnittstemperatur zum Ende des 21. Jahrhunderts um ungefähr fünf Grad angestiegen sein wird – im günstigen Fall um drei, im schlechtesten Fall um sieben Grad. Die Erde wird dann größtenteils unbewohnbar sein. Solche klimawissenschaftlichen Prognosen arbeiten natürlich mit Wahrscheinlichkeiten. Ein sicheres Wissen fehlt allerdings auch darüber, ob zeitnah technologische Innovationen und grünes Wachstum zur Verfügung stehen, um die Erderwärmung zu verhindern. Es kann gelingen – oder auch nicht. Dieses Fehlen von Gewissheit gibt zu denken. Würden wir ein Flugzeug besteigen, das mit 50- oder sei es auch 90-prozentiger Sicherheit nicht abstürzen wird? Die Verlegenheitslösung des grünen Wachstums bezieht jedenfalls ihren Reiz aus der vermeintlichen Alternativlosigkeit des Kapitalismus, die von Mark Fisher auf den Punkt gebracht wurde: »Es ist leichter, sich das Ende der Welt vorzustellen als das Ende des Kapitalismus.«[19] Es ist an der Zeit,

17 Fallstudien finden sich in: Bettina Engels, Kristina Dietz (Hg.), *Contested Extractivism, Society and the State. Struggles over Mining and Land*, London 2017.

18 Sackgassen wie auch Perspektiven der Nutzung digitaler Technologien für die sozialökologische Transformation werden aufgezeigt in: Steffen Lange u. a., *Digital Reset. Redirecting Technologies for the Deep Sustainability Transformation*, München 2023.

19 Mark Fisher, *Kapitalistischer Realismus ohne Alternative?*, Hamburg 2013 (das Zitat findet sich auf S. 7).

ihr das Narrativ über die Rechte der Natur entgegenzusetzen, die zunehmend in der Welt anerkannt werden und auf eine Entkoppelung von Wirtschaft und Wachstum hinauslaufen. An die Stelle des grünen Wachstums tritt die alternative Erzählung von den Rechten der Natur.

7.2 Moralische Verantwortung

Eine zweite Transformationskraft, die den Schritt in die Nachhaltigkeit bewirken soll, nimmt die Gestalt eines Appells an die moralische Verantwortung an, die jede Person für ihre Lebensgestaltung trägt. Jede Person, so die Vorstellung, ist verantwortlich dafür, durch ihr Tun und Unterlassen für eine bessere Ökobilanz zu sorgen; und der bekannteste Indikator für eine individuelle Ökobilanz ist der ökologische Fußabdruck. Dieser Richtwert zeigt, ob ein bestimmter Lebensstil mehr Ressourcen verbraucht als zur Verfügung stehen und insoweit auf Kosten anderer Menschen geführt wird.[20] Nachhaltigkeitsbilanzen werden in Bezug auf die Produktion und Konsumption individualisiert. In der Produktion ist auf nachhaltige (beispielsweise abholzungsfreie) Lieferketten, einen nichtfossilen und effizienten Energieverbrauch sowie auf möglichst geschlossene Kreislaufwirtschaften zu achten. Konsumenten wiederum verbessern ihre individuelle Kohlendioxidbilanz dadurch, dass sie weniger fliegen, ihren Fleischverzehr reduzieren, Müll trennen, plastikfrei einkaufen, aufs Auto verzichten, weniger Wohnfläche nutzen, grüne Energieträger verwenden und Strom sparen. Ökologische Nachhaltigkeit wird also durch die moralische Verantwortung umgesetzt, die Personen für ihre nachhaltige Lebensführung tragen.

Die politische Rolle des Gesetzgebers besteht hier darin, die ge-

20 William Rees, Mathis Wackernagel, »Ecological Footprints and Appropriated Carrying Capacities. Measuring the Natural Capital Requirements of the Human Economy«, in: Ann Mari Jansson u. a. (Hg.), *Investing in Natural Capital. The Ecological Economics Approach to Sustainability*, Washington, D.C., 1998, S. 362-390. Siehe zur »Subjektivierung« der Nachhaltigkeit kritisch: Sarah Miriam Pritz, »Subjektivierung von Nachhaltigkeit«, in: Neckel u. a. (Hg.), *Die Gesellschaft der Nachhaltigkeit*, S. 77-100, Sighard Neckel, »Infrastruktursozialismus: Die Bedeutung der Fundamentalökonomie«, in: ders., Philipp Degens, Sarah Lenz (Hg.), *Kapitalismus und Nachhaltigkeit*, Frankfurt/M. 2022, S. 161-176.

setzlichen Grundlagen für eine verantwortungsvolle Konsumption und Produktion zu schaffen. Dieser kollektiven Verantwortung wird der Gesetzgeber beispielsweise durch den Verbraucherschutz gerecht. Kennzeichnungen wie die Lebensmittelampel oder Umweltsiegel geben ökologische Vergleichsgrößen an, wie nachhaltig oder umweltschädlich bestimmte Güter jeweils sind. Verbraucherinnen können auf Grundlage dieser Koeffizienten ihre Konsumentscheidungen verantwortungsvoll treffen. Auch mit der Bepreisung von Plastikwaren (Tüten, Verpackungen etc.) und Einwegwaren (To-go-Becher, Einwegflaschen etc.) werden verantwortungsvolle Konsumentscheidungen ermöglicht. Mit gesetzlichen Vorschriften wird dafür gesorgt, dass Bürgerinnen und Bürger ihrer moralischen Verantwortung für eine nachhaltige Lebensführung gerecht werden können. Letztlich obliegt es ihrer individuellen Verantwortung, Bioprodukte zu kaufen und herzustellen – oder eben nicht.

An Grenzen stößt die moralische Eigenverantwortung dort, wo eine nachhaltige Lebensführung aufgrund mangelnder Alternativen nicht möglich ist. Schon der Versuch, eine Woche plastikfrei einzukaufen, scheitert in der Regel. Noch schwieriger ist der Versuch, klimaneutral zu wohnen, emissionsfrei zu reisen oder IT-Technik ohne Kohlendioxidemissionen zu nutzen. Unter den derzeit herrschenden infrastrukturellen Bedingungen (etwa den öffentlichen Personennahverkehr betreffend) würde eine in den USA lebende Familie trotz intensiver Bemühungen und Beratung innerhalb von zwei Wochen ihren klimagerechten Anteil am Treibhausgasausstoß überschreiten, es sei denn, sie verzichtet auf einen Kühlschrank, bewegt sich strikt nur zu Fuß und nutzt das Internet nicht.[21]

Die moralische Eigenverantwortung scheitert jedoch nicht nur an den fehlenden gesellschaftlichen Voraussetzungen, sondern auch an der individuellen Überforderung. Wird jede Kaufentscheidung im Kontext der Frage getroffen, inwiefern mit ihr die Erderwärmung abgebremst oder das Artensterben aufgehalten wird, ist die ernüchternde Erfahrung fehlender Selbstwirksamkeit unumgänglich. Wenn die sozialökologische Transformation einer Gesellschaft der moralischen Eigenverantwortung ihrer Mitglieder überlassen wird, kommt es unvermeidlich zu Überforderungen und daraus folgenden Handlungsausfällen. Neben der schier unmöglichen

21 Das Beispiel stammt aus: Jonathan Franzen, *Das Ende vom Ende der Welt. Essay*, Hamburg 2019.

Umsetzung werden Verbraucherinnen schon durch die Informationsbeschaffung und die moralische Beurteilung überlastet, die bei jeder Kaufentscheidung zu leisten wäre. Die Überforderung lähmt wiederum die Bereitschaft, sich auf nachhaltige Lebensweisen einzulassen. Sie führt unvermeidlich zur Ablehnung ökologischer Regierungsprogramme, solange diese die Kosten, die Verantwortung und die Handlungsinitiative den einzelnen Bürgerinnen aufbürden. Folglich werden Parteien mit dem ökologischen Zuschnitt moralischer Eigenverantwortung nicht gewählt, sondern Parteien ohne ökologische Zumutungen bevorzugt. Parteiprogramme, die auf moralische Verantwortung setzen, erreichen deshalb das Gegenteil ihrer Zielsetzung und verhindern geradezu eine sozialökologische Transformation.

Der moralischen Überforderung kann hingegen durch gesetzliche Regelungen vorgebeugt werden. In demokratischen Staaten sind gesetzeskonforme Handlungen in der Regel moralisch richtig. Gesetze, die die Umsetzung nachhaltiger Maßnahmen regeln, entlasten Personen von ihrer moralischen Eigenverantwortung und kommen damit einer handlungslähmenden Überforderung zuvor. Diese politische Regulierung erfolgt am wirksamsten über die Einführung ökologischer Eigenrechte.

7.3 Politische Regulierung

Wohlgemerkt: Aus rationalem Eigeninteresse und moralischer Verantwortung kann durchaus zu einer besseren Ökobilanz und zur Umweltschonung beigetragen werden. Die nötigen Nachhaltigkeitsziele lassen sich auf diesen Wegen aber nicht erreichen. Denn ihre Transformationskraft ist zu schwach, um die Gesellschaftsakteure zur Umsetzung der Nachhaltigkeitsmaßnahmen mobilisieren zu können. Beide Vorstellungen leisten einen Beitrag zur Nachhaltigkeit und sind insoweit für eine sozialökologische Transformation erwünscht. Das rationale Eigeninteresse an und die moralische Verantwortung für Nachhaltigkeit sollten insoweit weder verteufelt noch gegeneinander ausgespielt werden, als sie gemeinsam eine unverzichtbare Rolle in einer arbeitsteiligen Klimapolitik spielen. Sie dürfen jedoch nicht überschätzt werden. Sie sind also nicht falsch, aber einseitig und unzureichend.

Um dies zu verdeutlichen, lohnt der Blick auf den oft bemühten Vergleich zwischen Sklaverei und Naturbesitz: zwischen dem Eigentum an Personen und dem Eigentum an der Natur.[22] Man stelle sich vor, das rationale Eigeninteresse oder die moralische Verantwortung hätten zur Abschaffung der Sklaverei führen sollen. Demnach hätte sich das Verbot der Sklaverei lohnen und rechnen müssen, um es durchzusetzen. Kraft ihres rationalen Eigeninteresses hätten die Sklavenhalter selbst dazu beigetragen, die Sklavenwirtschaft in eine Wirtschaft freier Arbeit zu transformieren. Oder die moralische Verantwortung der Abolitionisten allein hätte zur Abschaffung der Sklaverei führen sollen, indem europäische Konsumentinnen die Produkte der Sklavenwirtschaft wie Zucker, Kaffee, Tee und Baumwolle boykottierten. Der moralisch inspirierte Abolitionismus war gewiss eine wichtige Vorreiterbewegung, aber sicherlich nicht das ausschlaggebende Instrument, Sklavenhandel und Sklavenarbeit zu unterbinden. Dafür bedurfte es der verfassungsrechtlichen Garantie von entsprechenden Gesetzen mit Zwangsbefugnis. Die Sklaverei wurde beispielsweise in den USA durch die Ratifizierung des 13. Verfassungszusatzes beendet, der am 31. Januar 1865 vom US-Kongress verabschiedet wurde und am 18. Dezember 1865 in Kraft trat. Es folgten bis 1870 der 14. und der 15. Verfassungszusatz, die den Afroamerikanerinnen alle Bürger- und Wahlrechte zusprachen. Zwar wurden die befreiten Sklaven zu neuen Formen unterbezahlter Arbeit gezwungen und auch der Rassismus war damit längst nicht überwunden. Aber das Ende der Sklaverei selbst wurde dadurch besiegelt, dass den entsprechenden Personen ein verfassungsmäßig garantierter Rechtsstatus verliehen wurde. Weder ein rationales Eigeninteresse noch bloß moralische Verantwortung beendeten die Praxis, Menschen als Eigentum zu behandeln, sondern der ihnen verliehene Rechtsstatus. Das Gleiche sollte für das Eigentum an der Natur gelten.

Vor dem Hintergrund dieses Vergleichs zeichnet sich eine mögliche Alternative zu den prudentiellen und moralischen Nachhaltigkeitstheorien ab. Weder rationale Eigeninteressen noch moralische Verantwortung, sondern erst die gesetzliche oder verfassungsrechtliche Garantie der ökologischen Rechtssubjektivität wird zu einer

22 Ein solcher Vergleich findet sich bei Aldo Leopold, *Ein Jahr im Sand County*, Berlin 2019, S. 203.

wirkungsvollen Nachhaltigkeitspolitik führen. Rechte der Natur sind mit der Erwartung verbunden, dass sie die nötige Durchschlagskraft entfalten, bestehende Gesellschaften hin zu nachhaltigen Gesellschaften zu transformieren. Die institutionalisierten Eigenrechte der Natur üben eine wirkungsvolle Transformationskraft aus, die in der Lage sein soll, Produktions- und Konsumptionsverhältnisse zum Zweck ökologischer Nachhaltigkeit umzubauen. Auf ihrer Grundlage lassen sich die Maßnahmen der Nachhaltigkeit durchsetzen.

Die Ziele der Nachhaltigkeit lassen sich ohne institutionalisierte Naturrechte nicht erreichen. Ohne die Rechtssubjektivität der Natur bleibt ökologische Nachhaltigkeit ein Lippenbekenntnis. Eine wirkungsvolle Klimapolitik muss dabei arbeitsteilig verfahren und auf eine Hybridform der Nachhaltigkeit setzen. Sie sollte rationale Eigeninteressen mobilisieren und moralische Verantwortung einfordern. Aber ohne Eigenrechte der Natur geht es nicht; der Natur müssen Eigenrechte verliehen werden. Ein kraftvolles Instrument, um die Erderwärmung zu verlangsamen, die Biodiversität zu erhalten, die Ressourcenerschöpfung abzuwenden und die Globalvermüllung zu unterbinden, bieten allein die institutionalisierten Rechte der Natur. Kurzum: Die Transformation der ressourcenintensiven Gesellschaften hin zu nachhaltigen Gesellschaften verläuft über den Prozess der Institutionalisierung von Eigenrechten der Natur.

Mit der Schaffung von ökologischen Eigenrechten wird auf die politische Lenkungsfunktion des Rechts gesetzt, um Produktions- und Konsumptionsverhältnisse zu steuern. Die sozialökologische Transformation wird durch politische Regulierung organisiert, indem der Gesetzgeber Rechte der Natur beschließt. Zwar spielt der Gesetzgeber auch für prudentielle und moralische Handlungen eine unverzichtbare Rolle. Er dient hier aber nur als Steigbügelhalter, der Marktakteure und moralische Personen in die Position bringt, nachhaltig zu handeln. Gemäß dem politischen Modell hingegen tritt der Gesetzgeber selbst als treibende Kraft der sozialökologischen Transformation auf. Sie wird mittels gesetzgeberischer Regulierungen vollzogen und besitzt hier einen genuin politischen Charakter, weil der Gesetzgeber die entsprechenden Rechte der Natur beschließt, die eine solche Transformation vorantreiben. Flankiert wird er dabei von der Rechtsprechung und der zivilgesellschaftlichen Eigentumskritik, die die sozialökologische Transformation unterstützen.

Konventionelle Umweltrechte sind eine mögliche Gestalt politischer Regulierung. Ihnen fehlt es jedoch an jener transformativen Durchschlagskraft, durch die sich Eigenrechte der Natur besonders auszeichnen. Letztere verdanken ihre größere Wirkung zwei Faktoren: der Rechtssubjektivität, der zufolge die Natur Trägerin eigener Rechte ist, und dem Umstand, dass sich die Rechte der Natur als Eigentumsrechte konkretisieren. Ihre wirkungsvolle Nachhaltigkeit rührt also nicht bloß von der juristischen Subjektstellung der Natur her, sondern von dem Umstand, dass die Natur Inhaberin insbesondere von Eigentumsrechten ist. Wie wir bereits gesehen haben, reicht es nicht aus, die Natur unspezifisch mit eigenen Rechten zu versehen, damit Ökologie sich gegen die Eigentumsregime, welche den Ökologiekrisen Vorschub leisten, durchsetzen kann. Es bedarf vielmehr ihrer eigentumsrechtlichen Ausgestaltung. Den Rechten der Natur wird eine wirkungsvolle Transformationskraft dadurch verliehen, dass sie mit Eigentumsrechten verknüpft sind. Sie nehmen die Gestalt von Eigentumsrechten der Natur an und konkretisieren sich in geltenden Rechtsordnungen als nachhaltige Eigentumsrechte, die eine Nutzung natürlicher Ressourcen an die Bedingung ökologischer Nachhaltigkeit binden. Erderwärmung, Artenschwund, Ressourcenerschöpfung und Globalvermüllung lassen sich ohne diese Ökologisierung des Eigentumsrechts schwerlich aufhalten. Rechte der Natur schöpfen ihre durchschlagende Transformationskraft daraus, dass sie als Eigentumsrechte wirksam werden. Aus all den genannten Gründen gilt: Die sozialökologische Transformation wird durch die Schaffung von nachhaltigen Eigentumsrechten vollzogen.

8
Nachhaltige Eigentumsrechte

> »Es sind die Verhältnisse und nicht die Menschen, die den Krieg begründen, und da der Kriegszustand nicht aus einfachen persönlichen Verhältnissen hervorgehen kann, sondern nur aus Eigentumsverhältnissen, kann es Fehde und Krieg Mann gegen Mann nicht geben, weder im Naturzustand, wo es kein bleibendes Eigentum gibt, oder im gesellschaftlichen Zustand, wo alles unter der Herrschaft des Gesetzes steht.«
>
> Jean-Jacques Rousseau, »*Vom Gesellschaftsvertrag*«

In der Geschichte und Gegenwart vermochten es Umweltrechte, Naturethiken und Ökowirtschaften nicht, der Erderwärmung, dem Artensterben, der Ressourcenerschöpfung und der Globalvermüllung auch nur annähernd Einhalt zu gebieten. Jede neue Strategie der Nachhaltigkeit muss deshalb zunächst der Ursache für diese Schwäche Rechnung tragen, ansonsten ist sie zur Folgenlosigkeit verdammt. Verantwortlich für die Folgenlosigkeit bisheriger Nachhaltigkeitsforderungen ist sicherlich, dass sich die Systemerfordernisse der Wirtschaft demgegenüber als mächtiger erweisen. Diese Schwäche erklärt sich nur zum Teil aus den ökonomischen Funktionslogiken der Konkurrenz, des Wachstumszwangs und des Bedarfs an billigen Energieträgern. Nicht minder verantwortlich dafür ist das Eigentumsregime. Denn eine entscheidende Voraussetzung für die ressourcenintensiven Wirtschaftsweisen ist das Sacheigentum, das von den Besonderheiten der Naturgüter – ihren Ökosystemdienstleistungen – abstrahiert und sie wie Gebrauchsgüter zu nutzen und zu verbrauchen erlaubt (siehe Kapitel 1). Sacheigentum ist naturvergessen und ökologisch blind. Es geht von den Ansprüchen und Grundfreiheiten der Eigentümer aus, die nur im Nachhinein durch Pflichten beschränkt werden können. Eigentumsrechte lassen sich demnach bloß durch Nachhaltigkeitspflichten beschränken, die gegen sie von außen in Anschlag gebracht werden, beispielsweise durch Pflichten gegenüber zukünftigen Generationen.[23] Werden Eigentumsrechte aber erst einmal als unbedingte Grundfreiheiten begriffen, dann lassen sie sich nachträglich nur schwer durch Nachhaltigkeitsappelle beschränken. Ökologische Forderungen kommen hier gewissermaßen zu spät. Eigentumsrechte treten als starke Freiheitsrechte auf, mit denen verglichen nachträgliche Ökologiepflichten zwangsläufig als schwach erscheinen. Nachhaltigkeitsgebote können sich daher im Konflikt mit übermächtigen Eigentumsrechten von Wirtschaftsakteuren kaum durchsetzen.

Eine nachhaltige Ressourcenpolitik muss deshalb auf den Grundlagen des liminalen Eigentums aufbauen (siehe Kapitel 3). Wirksam werden Eigentumsrechte nicht von außen, sondern von innen reguliert. Nachhaltigkeitspflichten müssen als innere Grenzen wirksam werden, die dem Eigentumsrecht selbst innewohnen. Dieses liminale Natureigentum habe ich im bisherigen Verlauf des Buches durch das eigentumstheoretische Argument für die Eigenrechte der Natur vorbereitet. Vom gängigen Sacheigentum wurde das Gütereigentum abgesetzt, das den Besonderheiten der Naturgüter, den Ökosystemdienstleistungen, Rechnung trägt. Auf dieser Grundlage wurden die Eigentumsrechte auf die Natur erweitert. Nachdem Eigentumsrechte auf die Natur erweitert wurden, lassen sie sich nun in nachhaltige Eigentumsrechte überführen. Die Rechte der Natur werden in Gestalt von nachhaltigen Eigentumsrechten institutionalisiert. In dieser eigentumstheoretischen Begründung der Nachhaltigkeit werden also die Nachhaltigkeitspflichten aus dem Eigentumsrecht hergeleitet.

In diesem Kapitel werde ich zunächst das eigentumstheoretische Argument ökologischer Nachhaltigkeit ausführen und darlegen, weshalb Eigentumsrechte Nachhaltigkeitspflichten einschließen (8.1). Eigentumsrechten ist von Haus aus eine Ökologienorm eingeschrieben. Aus ihnen selbst ergeben sich Nachhaltigkeitspflichten gegenüber der Natur (8.2). Die ökologischen Pflichten gegenüber der Natur machen gesellschaftliche Maßnahmen der Nachhaltigkeit erforderlich, die dem Erhalt der Natur dienen. Sie zeichnen sich gegenüber konventionellen Umweltethiken und Umweltrechten durch eine robuste Geltung aus, die den ökonomischen

23 Siehe dazu u. a. Dan Dennis, »Property Rights, Future Generations and the Destruction and Degradation of Natural Resources«, in: *Moral Philosophy & Politics* 2:2 (2015), S. 107-139.

Systemerfordernissen standhalten kann (8.3). Denn sofern den Eigentumsrechten Nachhaltigkeitsgrenzen selbst innewohnen, ist ihre eigene Geltung auf die Anerkennung von Nachhaltigkeitspflichten angewiesen. Verfehlt hingegen eine Wirtschaft die nachhaltige Naturnutzung, verlieren auch ihre Eigentumsrechte an Geltung.

8.1 Liminales Natureigentum

Eigentumsrechte und Nachhaltigkeitspflichten besitzen Geltungsansprüche, die in gegensätzliche Richtungen ziehen. Eigentumsrechte berechtigen zur freien Entscheidung über die Nutzung, Verwertung und Übertragung von Naturgütern. Nachhaltigkeitspflichten hingegen begrenzen diese Eigentumsfreiheit. Eigentumsrechte und Nachhaltigkeitspflichten scheinen sich somit unversöhnlich gegenüberzustehen. Eine Folge dieser Normenkollision ist, dass sie sich ihre Geltung wechselseitig streitig machen. Widersprechen sie sich, wird die Geltung der einen durch die Geltung der anderen in Zweifel gezogen. Die Geltung ökologischer Nachhaltigkeit wird durch Eigentumsrechte also ebenso infrage gestellt wie die Geltung von Eigentum durch Nachhaltigkeitspflichten. Vor dem Hintergrund ihres Gegensatzes scheinen sich Eigentum und Nachhaltigkeit also auszuschließen: Entweder besitzen Eigentumsrechte eine unantastbare Geltung, an der Nachhaltigkeitsappelle abprallen. Oder Nachhaltigkeit erscheint nur in eigentumslosen Gesellschaften verwirklicht werden zu können.

Aus diesem Dilemma führt das eigentumstheoretische Argument ökologischer Nachhaltigkeit heraus, das bei den Geltungsbedingungen der Eigentumsrechte ansetzt. Neben den Geltungsbedingungen der Konsistenz, Faktizität und Transformation verdanken Normen ihre Geltung auch der Kohärenz mit anderen Geltungsansprüchen. Auch Eigentumsrechte müssen die Geltungsbedingung der Kohärenz erfüllen. In Bezug auf Naturgüter müssen sich Eigentumsrechte in ein kohärentes Verhältnis vor allem mit ökologischer Nachhaltigkeit bringen lassen. Dieser Kohärenz mit ökologischer Nachhaltigkeit verdanken sie ihre Geltung; ohne eine solche Kohärenz wiederum verlieren sie ihre Geltung. In Bezug auf Naturgüter erfüllen Eigentumsrechte ihre Geltungsbedingungen also nur dann, wenn sie in einem kohärenten Verhältnis zur Nachhaltigkeit stehen.

Eine Kohärenz zwischen Eigentumsrechten und Nachhaltigkeitspflichten wird auf der Grundlage liminalen Eigentums hergestellt. Nachhaltigkeitspflichten bilden demnach eine innere Grenze des Eigentums – sie ergeben sich aus liminalem Natureigentum. Die Geltung von Eigentumsrechten hängt von der Anerkennung ihrer Grenzen ab. Wird ihre innere Grenze von Nachhaltigkeitspflichten gebildet, ist ihre Geltung auf die Anerkennung solcher Nachhaltigkeitspflichten angewiesen. Die Geltung der Eigentumsrechte beruht demnach auf einer wirksamen Geltung der Nachhaltigkeitspflichten. Beide stehen in einem widerspruchsfreien Verhältnis zueinander, weil Eigentumsrechte in Bezug auf Naturgüter nur dann gelten, wenn sie durch Nachhaltigkeitspflichten begrenzt werden. Die Geltungsbedingung der Kohärenz wird also durch das liminale Eigentum an Naturgütern erfüllt. Das heißt: Ökologische Nachhaltigkeit leitet sich aus dem Eigentumsrecht her.

Dieses eigentumstheoretische Argument ökologischer Nachhaltigkeit baut auf zwei Prämissen auf. Die erste Prämisse betrifft den nachhaltigen Eigentumsschutz und lautet: Eigentumsschutz verpflichtet dazu, dass fremdes Eigentum nachhaltig genutzt wird. Die zweite Prämisse bezieht sich auf gemeinschaftliches Natureigentum und lautet: Die Naturgüter gehören den Menschen und der Natur gemeinsam, weshalb mit der Nutzung von Naturgütern immer auch fremdes Eigentum genutzt wird. Wenn also der Eigentumsschutz zur nachhaltigen Nutzung fremden Eigentums verpflichtet (erste Prämisse) und wenn Naturgüter als fremdes Eigentum genutzt werden (zweite Prämisse), dann ist die Naturnutzung an eine Nachhaltigkeitspflicht gebunden (Konklusion). Menschen sind demnach zur nachhaltigen Naturnutzung verpflichtet, weil Naturgüter als fremdes Eigentum genutzt werden und der Eigentumsschutz zu einer nachhaltigen Nutzung fremden Eigentums verpflichtet. Zunächst wird die zweite Prämisse des gemeinschaftlichen Natureigentums und anschließend die erste Prämisse des nachhaltigen Eigentumsschutzes begründet. Als Schlussfolgerung ergeben sich Nachhaltigkeitspflichten, die das Eigentum von innen begrenzen und insoweit Bestandteil liminalen Eigentums sind.

8.1.1 Gemeinschaftliches Natureigentum

Menschen und Natur halten ein gemeinschaftliches Eigentum an den Naturgütern. Das gemeinschaftliche Eigentum rechtfertigt sich daraus, dass beide gleichermaßen zur Wertschöpfung beitragen. Menschen tragen die Wertkonstitution und Verarbeitung der natürlichen Ressourcen bei und besitzen deshalb ein Recht auf das anteilige Eigentum an diesen Ressourcen. Und weil Eigentum das Nutzungsrecht einschließt, besitzen sie das Recht, natürliche Ressourcen zu nutzen. Allerdings halten Menschen das Eigentum an den Ressourcen nicht allein. Denn ein Teil des Eigentums an den Naturgütern gehört der Natur, weil durch Ökosystemdienstleistungen ebenfalls zur Wertschöpfung beigetragen wird. Die Prämisse des gemeinsamen Natureigentums setzt demnach das (in Kapitel 6 entwickelte) eigentumstheoretische Argument für die Rechte der Natur voraus, das erklärt, weshalb Naturgüter *auch* Eigentum der Natur sind. Ebenso wie die Arbeit rechtfertigen Ökosystemdienstleistungen das Recht auf das Eigentum an den Erzeugnissen. Natürliche Ressourcen werden im Zuge von Ökosystemdienstleistungen erzeugt; und wenn Wertschöpfung das Eigentum an den Erzeugnissen rechtfertigt, gehören der Natur ebenfalls ihre Ressourcen. An natürlichen Ressourcen wird demnach gemeinschaftliches Eigentum gehalten, das sich Menschen mit der Natur teilen.

Menschen haben zwar ein Recht auf das anteilige Eigentum an den natürlichen Ressourcen. Die natürlichen Ressourcen sind für sie jedoch zugleich fremdes Eigentum, das ihnen nicht gehört. Denn sie sind gleichermaßen das Eigentum der Natur. Mit der Nutzung, Verwertung und Übertragung natürlicher Ressourcen wird von ihnen also immer auch fremdes Eigentum genutzt, verwertet und übertragen.

8.1.2 Nachhaltiger Eigentumsschutz

Naturgüter werden also zwangsläufig als fremdes Eigentum genutzt. Der Eigentumsschutz erlegt den Nutzern fremden Eigentums bestimmte Pflichten auf. Kraft des Eigentumsschutzes werden Güter, die einem gehören, vor dem Missbrauch durch andere geschützt. Wer fremdes Eigentum gebraucht, darf es daher weder beschädigen noch zerstören. Wer beispielsweise eine Wohnung mietet oder einen Leihwagen nutzt oder ein Buch aus der Bibliothek entleiht, der ist verpflichtet, die Wohnung, den Wagen oder das Buch schonend zu nutzen, weil sie fremdes Eigentum sind. Das Gleiche gilt für Naturgüter, die als fremdes Eigentum genutzt werden. Menschen dürfen demnach zwar natürliche Ressourcen nutzen, verwerten und übertragen, weil sie Miteigentümer an ihnen sind. Sie sind jedoch zu einer Nutzung, Verwertung und Übertragung verpflichtet, die die natürlichen Ressourcen nicht zerstört, bedroht oder erschöpft. Aus Gründen des Eigentumsschutzes sind natürliche Ressourcen als fremdes Eigentum zu achten und dementsprechend nachhaltig zu nutzen. Dasselbe Eigentumsrecht, das den Menschen die Nutzung garantiert, schließt also einen Eigentumsschutz ein, der diese Nutzung wiederum begrenzt.

8.1.3 Liminales Eigentum der Natur

Der Eigentumsschutz verpflichtet die Nutzer von fremdem Eigentum dazu, es durch seine Nutzung weder zu beschädigen noch zu zerstören. Diese Pflicht ist gleichbedeutend mit der Pflicht zur Nachhaltigkeit der Nutzung. Die Verpflichtung von Nutzern zum Erhalt fremden Eigentums bedeutet positiv formuliert die Pflicht, für eine nachhaltige Nutzung zu sorgen. Die Pflicht zum Erhalt natürlicher Ressourcen ist demnach eine Nachhaltigkeitspflicht, die der Eigentumsidee selbst innewohnt. Weil natürliche Ressourcen auch fremdes Eigentum für Menschen sind und der Eigentumsschutz dazu verpflichtet, mit fremdem Eigentum nachhaltig umzugehen, sind Menschen aus Gründen, die in der Eigentumsidee selbst liegen, zur nachhaltigen Nutzung natürlicher Ressourcen verpflichtet. Sie dürfen also Naturgüter aufgrund von Eigentumsrechten nutzen, die ihnen zugleich Nachhaltigkeitspflichten auferlegen. Der Erhalt der Natur und entsprechende Nachhaltigkeitspflichten werden demnach nicht wie im Ökozentrismus mit einem wertebasierten Recht auf Existenz begründet. Nicht weil die Natur einen Wert der Existenz in sich trägt, verdient ihr Erhalt einen Schutz. Die Pflicht zum Erhalt der Natur wird vielmehr ausgehend vom Eigentumsrecht begründet, das zum Erhalt fremden Eigentums verpflichtet. Wenn Naturgüter genutzt werden, wird immer auch fremdes Eigentum genutzt, das der Natur gehört und aus Gründen des Eigentumsschutzes nachhaltig zu nutzen ist.

Das gemeinschaftliche Eigentum an natürlichen Ressourcen verpflichtet deren Nutzer insoweit zur Nachhaltigkeit. Es kann deshalb als *nachhaltiges Eigentum* bezeichnet werden. Nur scheinbar schließen sich Eigentum und Nachhaltigkeit gegenseitig aus. Denn die freie Eigentumsmacht über natürliche Ressourcen wird durch Nachhaltigkeitspflichten begrenzt, die der Eigentumsidee selbst innewohnen. Nachhaltigkeit ist nicht etwas dem Eigentum Äußerliches, sondern es ergibt sich aus der Logik des Eigentums selbst. Eigentum ist also ein Argument nicht gegen, sondern *für* Nachhaltigkeit. Um ein Argument für Nachhaltigkeit zu entwickeln, brauchen die Verteidiger freiheitlichen Eigentums deshalb von nichts anderem überzeugt zu werden, als sich von ihren eigenen Lippen ablesen lässt. Nachhaltigkeitspflichten sind innere Grenzen des Eigentums, die ihm unvermeidlich eingeschrieben sind. Ökologische Nachhaltigkeit lässt sich also auf der Grundlage liminalen Eigentums begreifbar machen. Nachhaltiges Eigentum folgt der Logik liminalen Eigentums. Eigentumsrechte an Naturgütern werden von innen durch Nachhaltigkeitspflichten begrenzt.

Die Theorie nachhaltigen Eigentums bildet somit eine Alternative sowohl zum Anthropozentrismus als auch zum Ökozentrismus. In jenem rechtfertigt sich der Erhalt der Natur aus ihrer Bedeutung als Lebensgrundlage der Menschheit. Moralische Nachhaltigkeitspflichten lassen sich auf diese Weise durchaus verteidigen. Sie bleiben jedoch gegen ökonomische Systemerfordernisse zumeist wirkungslos, weil sie von außen kommen und an den eisenharten Eigentumsrechten von Wirtschaftsakteuren abprallen. Eine größere Schutzkraft verspricht der normative Eigensinn der Natur, der sich im Ökozentrismus aus dem Eigenwert der Natur ergeben soll. Ihr Erhalt wird im Rückgriff auf den intrinsischen Wert von Existenz gefordert. Allerdings lässt sich dieses Axiom eines in der Existenz liegenden Wertes nicht begründen (siehe Kapitel 5). Der Wert von Existenz kann deshalb kein verallgemeinerbarer Grund für ökologische Eigenrechte und deren bindenden Rechtsschutz sein. Eigentumstheoretisch wird hingegen der Erhalt der Natur durch den Eigentumsschutz begründet, der sich aus den Eigentumsrechten selbst ergibt. Der Erhalt der Natur ist ein berechtigter Anspruch, weil natürliche Ressourcen ihr gehören und der Eigentumsschutz die Nutzer zum Erhalt fremden Eigentums verpflichtet.

Indem Nachhaltigkeitspflichten aus dem Eigentumsrecht selbst hergeleitet werden, lassen sich beide von vornherein in ein stimmiges Verhältnis zueinander bringen. Eigentumsrechte sind bereits in ihrem normativen Kern mit Nachhaltigkeitspflichten verwoben. Ihre Geltungsbereiche müssen nicht nachträglich korrigiert und kohärent gemacht werden. Ökologische Nachhaltigkeit steht vielmehr von Hause aus mit ökonomischen Eigentumsrechten in einem kohärenten Verhältnis, weil sie sich aus dem Eigentumsrecht herleitet und der Ökonomiesphäre selbst innewohnt. Nachhaltiges Eigentum erfüllt somit die Geltungsbedingung der Kohärenz.

8.2 Nachhaltigkeitspflichten

Ökosysteme können weder sich selbst Gesetze geben noch ihre Rechte selbst wahrnehmen. Sie besitzen weder Vernunft noch Freiheit und sind insoweit keine Handlungssubjekte, die vor Gericht ziehen oder Rechte aushandeln können. Daher bedürfen sie eines advokatorischen Rechtsschutzes, der in Bezug auf Kinder, geistig schwer eingeschränkte Personen und Tiere eine etablierte Rechtspraxis ist. Nationale und internationale rechtliche Regelungen verleihen staatlichen und nichtstaatlichen Institutionen beispielsweise einen Schutzauftrag bei Kindeswohlgefährdung. Auch Tierrechte und Tierschutzrechte werden in den meisten Rechtsordnungen mittlerweile stellvertretend von Menschen berücksichtigt. Das Gleiche müsste für die Rechte der Natur gelten. Wenn der Natur Rechte zustehen und wenn Rechte grundsätzlich stellvertretend für andere wahrgenommen werden können, dann verdient auch die Natur eine advokatorische Rechtswahrnehmung.

Die advokatorische Rechtswahrnehmung setzt jedoch nicht zwingend eine eigene Rechtssubjektivität voraus. Auch konventionelle Umweltrechte, Naturschutzrechte und Tierschutzrechte können von Stellvertreterinnen wahrgenommen werden, ohne dass Umwelt, Natur und Tiere Inhaberinnen eigener Rechte sind. So können bereits heute Umweltverbände wegen Verstößen gegen Umwelt- und Naturschutzrechte stellvertretend klagen. Diese stellvertretende Klagebefugnis wird durch die Aarhus-Konvention, die von 47 Staaten ratifiziert wurde, und in Deutschland durch das Verbandsklagegesetz sowie das Umwelt-Rechtsbehelfsgesetz garantiert. Demnach steht Dritten, die von einem Umweltschaden nicht unmittelbar betroffen sind, der Zugang zu Gerichten in Umweltangelegenheiten offen. In diesen Fällen wird im Namen einer Allgemeinheit vor Gericht gezogen. In der Regel werden Umweltrechte im Namen des Gemeinwohls lokaler Anwohnerinnen, der Bevölkerung eines Nationalstaats oder zukünftiger Generationen wahrgenommen.

Die advokatorische Rechtswahrnehmung ist also kein Alleinstellungsmerkmal von Rechten der Natur. Aus diesem Befund wird aber gelegentlich der Fehlschluss gezogen, dass Rechte der Natur entbehrlich seien, weil die advokatorische Rechtswahrnehmung auch von konventionellen Umweltrechten garantiert werde.[24] Dieser Einwand verkennt jedoch, dass der Vorteil des ökologischen Eigenrechts gar nicht in der advokatorischen Rechtswahrnehmung liegen soll, sondern in der Robustheit ökologischer Nachhaltigkeit, die sich, worauf ich zurückkommen werde, der strukturellen Transformationskraft nachhaltiger Eigentumsrechte, dem herrschaftsfreien Naturverhältnis der Kohabitation und der Delegitimierung bestehender Eigentumsrechte verdankt.

Wird der Natur eine Rechtssubjektivität zugesprochen, kann nicht nur im Namen von Anwohnerinnen, einer Bevölkerung oder zukünftiger Generationen geklagt werden, sondern im Namen der Natur selbst. Stellvertretend für die Natur werden ihre Eigenrechte ausgeübt. Die Stellvertretung von Eigenrechten der Natur wird durch eine Treuhand oder, so die Bezeichnung in der englischsprachigen Debatte, durch einen Trust verkörpert.[25] Dabei gibt es deutliche Unterschiede in der inhaltlichen Ausrichtung dieser Stell-

24 Zu diesem Fehlschluss kommt die Studie über die Rechte der Natur, die jüngst vom Europäischen Parlament in Auftrag gegeben wurde: Jan Darpö, *Can Nature Get It Right? A Study on Rights of Nature in the European Context*, Brüssel 2021. Verwiesen wird auf die Aarhus-Konvention, die einen Zugang zu Gerichten bereits garantiert und deshalb ökologische Eigenrechte überflüssig macht. Der Autor dieser Studie ist zugleich Mitverfasser der Aarhus-Konvention.

25 Einschlägig in der Debatte sind: Joseph L. Sax, »The Public Trust Doctrine in Natural Resource Law: Effective Judicial Intervention«, in: *Michigan Law Review* 68 (1970), S. 471-566; Mary Christina Wood, *Nature's Trust. Environmental Law for a New Ecological Age*, New York 2014; Klaus Bosselmann, *Earth Governance. Trusteeship of the Global Commons*, Cheltenham und Northampton 2015. Die Stellvertretung der Naturrechte wird auch unter den Bezeichnungen *custodianship*, *guardianship* und *stewardship* diskutiert.

vertretung. Je nach zugrunde liegender Theorie (Ökozentrismus, Interessentheorie oder Eigentumstheorie der Naturrechte) unterscheiden sich die Inhalte dieser Rechte: Stellvertretend werden der Eigenwert, die Interessen oder das Eigentum der Natur geschützt. Dementsprechend hat die Stellvertretung auch jeweils einen anderen Auftrag beziehungsweise eine andere inhaltliche Zielrichtung.

Unter der Voraussetzung eines Ökozentrismus wird stellvertretend erstens das Recht der Natur auf ihre Existenz ausgeübt. Die Stellvertreterinnen sorgen vor Gerichten und in Parlamenten dafür, dass natürliche Regenerationsprozesse, ökologische Gleichgewichte und der Bestand von Pflanzen- und Tierarten nicht durch die Nutzung von Naturgütern gefährdet werden. Ausgehend von der Interessentheorie der Naturrechte werden zweitens die Interessen der Natur durch die advokatorische Rechtswahrnehmung geschützt. Stellvertreterinnen vertreten die Interessen der Natur in der Gesetzgebung und vor Gericht. Die Theorie nachhaltigen Eigentums bestimmt drittens den Eigentumsschutz als den Inhalt advokatorischer Rechtswahrnehmung. Die Stellvertreter üben die Eigentumsrechte der Natur in deren Namen aus. Sie treten dabei als Treuhänder des Eigentums auf, das der Natur gehört, und verwalten es treuhänderisch gegenüber Nutzern. Die Eigentumsrechte der Natur verpflichten ihre Nutzer zur Nachhaltigkeit. Ihre Treuhänder achten demnach darauf, dass die Nachhaltigkeitspflichten bei der Nutzung natürlicher Ressourcen eingehalten werden. Die advokatorische Rechtswahrnehmung hat also zur Aufgabe, die Einhaltung der Nachhaltigkeitspflichten zu kontrollieren und durchzusetzen.

Die advokatorische Rechtswahrnehmung findet auf lokaler, regionaler (nationalstaatlicher) und globaler Ebene statt. Auf lokaler Ebene wirken beispielsweise örtliche Gerichtsbarkeiten, regionale Umweltverbände sowie kommunale Behörden und Parlamente als Treuhänder. Solange die letztinstanzlichen Gesetzgebungen und Gerichtsbarkeiten in den Hoheitsbereich von Nationalstaaten fallen, findet die advokatorische Rechtswahrnehmung vor allem auf der staatlichen Ebene statt. Als Treuhänder treten hier staatliche Behörden, Verfassungsorgane, oberste Gerichtsbarkeiten und überregionale Umweltverbände auf. Da weltweite Ökologiekrisen nur global gelöst werden können, ist die völkerrechtliche Erweiterung der Klagebefugnis auf supranationale Institutionen geboten.

Neben bestehenden überstaatlichen oder intergouvernementalen Organisationen (beispielsweise dem Umweltprogramm der Vereinten Nationen [UNEP] oder dem Weltklimarat [IPPC]) sowie überstaatlichen Gerichtsbarkeiten (beispielsweise dem Europäischen Gerichtshof) wird die Neuschaffung von Organisationen mit größerer Verbindlichkeit wie beispielsweise einer World Environment Organization (WEO) vorgeschlagen.[26]

Der advokatorische Rechtsschutz betrifft sowohl den politischen Prozess der Gesetzgebung als auch das juristische Verfahren der Rechtswahrnehmung. Im *politischen Prozess der Gesetzgebung* setzt der advokatorische Rechtsschutz seine verfassungsrechtliche Verankerung voraus. Die Eigentumsrechte der Natur werden in der Verfassung verankert, indem der Natur eine grundrechtliche Rechtssubjektivität verliehen wird und bestimmte Stellvertretungsorgane verbürgt werden. Die Gesetzgebung ist dann an die verfassungsrechtlich garantierten Naturrechte gebunden und ökologische Rechte können somit im Namen der Natur positivrechtlich kodifiziert werden. Das Staatsorganisationsrecht ist ökologisch dabei so umzugestalten, dass die Natur vom Parlament vertreten wird und die Kontrolle der Einhaltung ihrer Rechte durch die Regierung dem Parlament obliegt.[27] Aus den Nachhaltigkeitspflichten ergibt sich zudem die Verpflichtung, öffentliche Institutionen zu schaffen, die ermöglichen, dass die Einhaltung der Nachhaltigkeitspflichten wirkungsvoll von Treuhändern durchgesetzt werden kann. Verstärkt werden kann die politische Stellvertretung beispielsweise durch das Vetorecht eines Umweltministeriums, das im Namen der Naturrechte initiativ wird und das Gesetzgebungsverfahren auf seine Konformität mit den Nachhaltigkeitspflichten hin überprüft; oder durch eine Ombudsstelle, die mit vergleichbaren Befugnissen wie ein Datenschutzbeauftragter oder Wehrbeauftragter ausgestattet ist;[28] oder durch Bürgerräte mit eingeschränkten Rechten zu Gesetzesinitiativen.[29]

26 Vorschläge dieser Art finden sich in: Bosselmann, *Earth Governance*, S. 233-267.
27 Vorschläge zur ökologischen Änderung des Staatsorganisationsrechts werden unterbreitet von Jens Kersten, »Die dritte Revolution. Plädoyer für ein ökologisches Grundgesetz«, in: *Blätter für deutsche und internationale Politik* 6 (2022), S. 100-102; Jens Kersten, *Das ökologische Grundgesetz*, München 2022.
28 Jens Kersten, »Die dritte Revolution«, S. 101.
29 Siehe zu klimapolitischen Bürgerräten: Felix Heidenreich, *Nachhaltigkeit und Demokratie. Eine politische Theorie*, Berlin 2023.

Oftmals haben sich dabei Mischformen von staatlichen Stellen und zivilgesellschaftlichen Vertretern bewährt.[30]

Für den advokatorischen Rechtsschutz im *juristischen Verfahren der Rechtswahrnehmung* ist die Erweiterung der Klagebefugnis ein wirksames Instrument, das von Umweltbewegungen mühevoll erkämpft wurde.[31] Die advokatorische Klagebefugnis kommt sowohl zivilgesellschaftlichen als auch staatlichen Akteuren zu. Zivilgesellschaftliche Einzelpersonen, Umweltverbände oder Organisationen können im Namen des bedrohten Ökosystems gegen die Verursacher von Umweltschäden vor Gericht ziehen. Auch staatliche Behörden besitzen eine stellvertretende Klagebefugnis, die durch das Legalitätsprinzip institutionalisiert wird. Demzufolge sind staatliche Institutionen dazu verpflichtet, ein Ermittlungsverfahren zu eröffnen, sobald Kenntnisse über mögliche Gesetzesverstöße bestehen. Liegt ein begründeter Verdacht vor, dass die Rechte der Natur missachtet werden, müssen staatliche Institutionen im Namen der Natur und ihrer Rechte ermitteln. Staatliche Einrichtungen können notfalls durch Verfassungsklage an ihre Schutzpflicht erinnert werden.

Ein Standardeinwand gegen die Rechte der Natur lautet, dass Rechten Pflichten korrespondieren, die Natur aber aufgrund fehlender Freiheit und Vernunft keine Pflichten habe und deshalb auch keine Rechte besitze. Dieser Einwand lässt sich jedoch mit Hinweis auf die stellvertretende Treuhänderschaft ausräumen. Denn von Treuhändern können Pflichten ebenso stellvertretend wie Rechte ausgeübt werden. Das Rechtsprinzip, dem zufolge mit jedem Recht eine Pflicht einhergeht, gilt auch für die Rechte der Natur. Pflichten ergeben sich für die Stellvertreter der Natur aus dem Grundsatz der Reziprozität. Für die Eigentumsrechte der Natur gilt dieselbe formale Reziprozität (*sic utere ut alienum non laedas* – gebrauche dein Eigentum so, dass es nicht das Eigentum anderer verletzt) wie für jedes andere Eigentumsrecht. Demnach sind Eigentümer wechselseitig dazu verpflichtet, die Eigentumsrechte der jeweils anderen zu achten. Ebenso wie die Eigentumsrechte der

30 Andreas Fischer-Lescano, »Natur als Rechtsperson – Konstellationen der Stellvertretung im Recht«, in: *Zeitschrift für Umweltrecht* 4 (2018), S. 205-216.

31 Die Erweiterung der Klagebefugnis in der US-amerikanischen Rechtsentwicklung wird nachgezeichnet von Christopher D. Stone, *Haben Bäume Rechte? Plädoyer für die Eigenrechte der Natur*, Klein Jasedow 2013.

Natur zu respektieren sind, sind ihre Stellvertreter dazu verpflichtet, die Eigentumsrechte der Nutzer von natürlichen Ressourcen zu respektieren. Die Eigentumsrechte der Natur verpflichten ihre Stellvertreter also dazu, auch die Eigentumsrechte der Nutzer anzuerkennen. Allerdings beschränken sich die Pflichten der Stellvertreter auf diesen reziproken Eigentumsschutz. Naturkatastrophen wie Erdbeben, Vulkanausbrüche und Kometeneinschläge verpflichten die Natur keineswegs zu ihrer Unterlassung oder zu Reparationen für die entstandenen Schäden. Denn die Natur besitzt nicht die Freiheit, anders zu handeln. Ohne die Möglichkeit, eine Naturkatastrophe auch nicht geschehen zu lassen, kann die Natur nicht zur Unterlassung oder Reparation verpflichtet werden. Diese fehlende Handlungsfähigkeit der Natur und die Beschränkung ihrer Pflichten auf einen reziproken Eigentumsschutz sind jedoch keine Gründe dafür, der Natur eine Rechtssubjektivität vorzuenthalten. Denn die Pflichten reziproken Eigentumsschutzes können von den Stellvertreterinnen durchaus ausgeübt werden. Ihre advokatorische Wahrnehmung reicht aus, damit den Rechten der Natur Pflichten korrespondieren und die Natur den Status einer Inhaberin von Eigentumsrechten behält.

Nachhaltige Eigentumsrechte erlegen den Nutzern natürlicher Ressourcen bestimmte Nachhaltigkeitspflichten auf. Sie garantieren Nutzungsrechte und verpflichten gleichermaßen zur Nachhaltigkeit. Einerseits dürfen natürliche Ressourcen genutzt, verwertet und übertragen werden, weil sie auch Menschen gehören. Andererseits verpflichtet das Eigentumsrecht der Natur zum Erhalt der natürlichen Ressourcen und damit zum nachhaltigen Umgang mit ihnen. Diese Nachhaltigkeitspflicht muss damit vereinbar sein, dass natürliche Ressourcen genutzt werden dürfen.

Deshalb kann der Erhalt natürlicher Ressourcen nicht darin bestehen, eine vermeintliche Ursprünglichkeit und Unberührtheit der Natur zu bewahren oder wiederherzustellen. Es geht einer nachhaltigen Ressourcenpolitik weder um den Schutz einer scheinbaren Reinheit und Unversehrtheit der Natur noch um ein grundsätzliches Verbot, Naturgüter zu nutzen.[32] Weil die Nutzung natürlicher Ressourcen erlaubt ist, bezieht sich die Nachhaltigkeit

32 Nachhaltigkeit wird von George Monbiot zu Unrecht als Restauration von Wildnis verstanden. Siehe George Monbiot, *Verwildert. Die Wiederherstellung unserer Ökosysteme und die Zukunft der Natur*, Berlin 2021.

vielmehr auf eine nachhaltige Nutzungsweise und Wirtschaftsart – die Produktion mit und die Konsumption von Naturgütern müssen Nachhaltigkeitskriterien erfüllen. Die Frage ist also nicht, wie die Natur unberührt gelassen oder wieder ursprünglich gemacht werden kann, sondern wie eine Nutzung der Natur aussehen muss, damit die Natur erhalten bleibt. Nachhaltigkeitspflichten schreiben demnach bestimmte Nutzungsweisen vor, wie Naturgüter zu gebrauchen und verbrauchen sind, damit ihr Erhalt nicht gefährdet wird.

Ebenso wenig wie Nachhaltigkeit ein Nutzungsverbot bedeutet, darf sie zur Worthülse verkümmern, die beliebig mit Inhalt gefüllt werden kann. Jedes Unternehmen, das ein wenig Plastik einspart, bezeichnet sich ja mittlerweile als nachhaltig; kaum ein Wort dient besser als Feigenblatt für eine ökologisch schädliche Wirtschaftsweise. Der Jargon der Nachhaltigkeit dient dem Greenwashing und hat sie in Verruf gebracht. Beide Extreme – Nutzungsverbot und Feigenblattfunktion – verfehlen jedoch die Bedeutung der Nachhaltigkeit.

Die Nachhaltigkeitspflicht konkretisiert sich vielmehr als das *allgemeine Gebot zur ausgeglichenen Ökobilanz.*[33] Nachhaltige Eigentumsrechte verpflichten dazu, die Natur durch Nutzung nicht in ihrem Erhalt zu bedrohen. Um ihren Erhalt zu sichern, dürfen auf Dauer nicht mehr Ressourcen verbraucht werden, als sich erhalten lassen. Dieses Gleichgewicht zwischen dem langfristigen Erhalt und dem Verbrauch von Naturgütern kennzeichnet eine ausgeglichene Ökobilanz. Das Erfordernis einer ausgeglichenen Ökobilanz leitet sich also aus den nachhaltigen Eigentumsrechten her.

Nutzungsrechte und Nachhaltigkeitspflichten lassen sich demnach vereinbaren, wenn die Nutzung unter dem Vorbehalt einer ausgeglichenen Ökobilanz steht. Der Ressourcenverbrauch muss sich die Waage halten mit den erforderlichen Mitteln, um Naturgüter vor den Verlusten, Abnutzungen, Übernutzungen und Schäden zu schützen, die durch ihre Nutzung entstehen können. Jede Ressourcennutzung ist insgesamt an eine positive Ökobilanz gebunden, ohne die natürliche Ressourcen nicht verarbeitet, verwendet, abgebaut und verbraucht werden dürfen. Beispielsweise sollte jedes Unternehmen insgesamt eine positive Ökobilanz vorweisen

33 Ich folge hier dem Nachhaltigkeitsverständnis von Klaus Bosselmann, *The Principle of Sustainability*, Abingdon und New York 2016.

können, um Zugang zu natürlichen Ressourcen zu erhalten. Auch die öffentliche Hand darf nur unter der Bedingung Investitionen tätigen, Dienstleistungen anbieten und Aufträge vergeben, dass die beauftragten Unternehmen eine positive Ökobilanz vorweisen.

Die Pflicht zur ausgeglichenen Ökobilanz zieht zudem eine Beweislastumkehr nach sich, die einen wirkungsvollen Naturschutz erheblich stärkt. Jede Nutzung von Naturgütern verpflichtet dazu, sicherzustellen, dass mit ihr kein fremdes Eigentum verletzt wird. Genutzt wird die Natur zwangsläufig als Inhaberin von Eigentumsrechten, deren Achtung erwartet werden darf. Werden natürliche Ressourcen genutzt, müssen die Nutzer sicherstellen, dass dabei die Eigentumsrechte der Natur gewahrt werden. Die Rechtssubjektivität der Natur und insbesondere die Trägerschaft von Eigentumsrechten an ihren Ressourcen bewirken somit eine Umkehrung der Rechtfertigungspflicht: Für den Nachweis einer ausgeglichenen Ökobilanz tragen die Nutzer natürlicher Ressourcen die Beweislast, also die entsprechenden Privatpersonen, Unternehmen und Behörden. Das *onus probandi* liegt auf der Seite derer, die möglicherweise das Eigentum anderer verletzen. Schon vor der Nutzung und möglicher Schäden müssen sie belegen, dass sie nicht mehr Ressourcen verbrauchen werden als langfristig erhalten werden können. Diese Umkehr der Beweislast, wie sie im Bericht der Brundtland-Kommission vorgeschlagen wird, ist durch das Konzept des Gütereigentums gedeckt.[34] Wenn nicht wie im Sacheigentum die Eigentumsfreiheiten einen Vorrang vor den Nachhaltigkeitspflichten haben, sondern gleichrangig mit ihnen sind, dann geht die mögliche Normenverletzung vom Nutzer aus. Dieser muss nachweisen, dass seine Nutzung natürlicher Ressourcen keine Nachhaltigkeitspflichten verletzt und eine ausgeglichene Ökobilanz besitzt.

Die Nachhaltigkeitspflicht, die sich aus dem nachhaltigen Eigentum ergibt, wird insoweit als Gebot zur ausgeglichenen Ökobilanz operationalisiert. Die Ökobilanz lässt sich wiederum durch drei Maßnahmen ausgleichen: durch Kompensation, durch Nach-

34 Eine Beweislastumkehr aus der Rechtssubjektivität der Natur leiten ebenfalls ab: Andreas Buser, Hermann E. Ott, »Zur Ökologisierung des Rechts: Rechte der Natur als Paradigmenwechsel«, in: Frank Adloff, Tanja Busse (Hg.), *Welche Rechte braucht die Natur? Wege aus dem Artensterben*, Frankfurt/M. 2021, S. 159-173. Siehe auch: Joseph H. Guth, »Law for the Ecological Age«, in: *Vermont Journal of Environmental Law* 9 (2008), S. 431-512.

haltigkeitsstrategien und durch die Ökoabgaben, mit denen die Kompensationen und Nachhaltigkeitsstrategien sowie die Verfahrenskosten der advokatorischen Rechtswahrnehmung finanziert werden. Das Gebot zur ausgeglichenen Ökobilanz konkretisiert sich somit zu drei Nachhaltigkeitspflichten: der Kompensationspflicht, der Pflicht zu nachhaltigen Strategien und der Abgabenpflicht.

8.2.1 Kompensationspflicht

Die Ökobilanz einer Nutzung natürlicher Ressourcen wird erstens durch entsprechende Kompensationen ausgeglichen. Der Verbrauch von Ressourcen wird hier durch die Instandsetzung gleichwertiger Ressourcen gutgemacht. Schäden werden durch Gegenmaßnahmen behoben. Gleiches wird durch Gleiches kompensiert; Abholzung durch Aufforstung, Versiegelung durch Entsiegelung, Luftverschmutzung durch Luftreinigung. Die Kompensation kann auf zwei Arten erfolgen: als Ausgleich (a) und als Ersatz (b).

(a) Im Sinne eines *Ausgleichs* wird der Ressourcenverbrauch kompensiert, wenn die gleichen Ressourcen in einem räumlichen Zusammenhang wiederhergestellt werden. Renaturierungen sind dabei die wichtigste Ausgleichsmaßnahme. Weil beispielsweise Grund und Boden nichtvermehrbare Güter sind, muss ihre Verbauung durch eine Bereitstellung von gleichwertigem Grund und Boden am selben Ort ausgeglichen werden, das heißt, es sind Ausgleichsflächen zu schaffen. Wenn in einem Grundwassergebiet durch Versiegelung die Auffangfläche von Regenwasser verkleinert wird, muss in demselben Grundwassergebiet die gleiche Flächengröße durch Rückbau von Straßen und Gebäuden entsiegelt werden. Ebenso muss die Abholzung durch Aufforstungen im selben Ökosystem ausgeglichen werden. Agrarwirtschaftliche Nutzungsflächen – vorausgesetzt, es wird auf Monokulturen und Pestizideinsatz verzichtet – können durch benachbarte Naturlandschaften ausgeglichen werden, die als Puffer für das Überleben von Tierarten dienen.

(b) Ein *Ersatz* für den Ressourcenverbrauch findet statt, wenn die gleichen Ressourcen andernorts zur Verfügung gestellt werden. Für die Nutzung und Kultivierung von Bodenoberflächen oder für den Verbrauch von Holz müssen entsprechende Flächen und

Wälder an einem anderen Ort renaturiert werden. Auch Schäden durch Emissionen werden durch einen Ersatz kompensiert, indem Emissionen im gleichen Maß reduziert werden, wie sie freigesetzt werden. Der Verlust einer klimastabilen Gasmischung in der Atmosphäre wird dabei durch die Bindung, Filterung oder Speicherung der gleichen Mengen von Kohlendioxid ersetzt. Die Nutzung von fossilen Brennstoffen muss beispielsweise durch entsprechende Aufforstungen kompensiert werden, so dass die Kohlendioxidemissionen in gleichen Mengen durch den neuen Baumbestand gebunden werden; oder die gleiche Menge von Kohlendioxid muss der Atmosphäre durch technische Kohlenstofffilterungen aus der Umgebungsluft entzogen und in Lagerstätten gespeichert werden. Diese sogenannte Sequestrierung ist jedoch begrenzt, weil sie selbst energieintensiv ist und das Kohlendioxid, in geologischen Zeithorizonten gemessen, dauerhaft nicht sicher speichern kann. Eine langfristige Speicherung ist beispielsweise nicht sicher, wenn das abgeschiedene Kohlendioxid in tief gelegene geologische Formationen verpresst oder als luftdicht verpackte Biomasse im Meer versenkt wird.

8.2.2 Pflicht zur Entwicklung von Nachhaltigkeitsstrategien

Eine positive Ökobilanz setzt klimaneutrale, ressourcenschonende und artenschützende Weisen der Produktion und Konsumption voraus. Um deren Ökobilanz auszugleichen, bedarf es entsprechender Strategien. Die Umsetzung der Nachhaltigkeitsstrategien erfordert nicht nur, dass entsprechende Maßnahmen angewandt werden, sondern auch, dass die technischen, ökonomischen und sozialen Voraussetzungen für ihre Anwendung geschaffen werden. Insbesondere drei Strategien sind für eine nachhaltige Produktion und Konsumption wichtig: Suffizienz (a), Regeneration (b) und Effizienz (c). Nachhaltigkeit konkretisiert sich insoweit als die Pflicht, Maßnahmen der Suffizienz, Regeneration und Effizienz in der Produktion sowie Konsumption zu entwickeln und anzuwenden.

(a) Eine Möglichkeit, den Ressourcenverbrauch zu verringern, besteht im Absenken des Anspruchsniveaus, der sogenannten *Suffizienz*. Der Bedarf an ressourcenintensiven Gütern wird dabei nicht nur durch Verhaltensänderungen der Konsumenten (wie Veganismus, Verzicht auf Fliegen und Teilnahme an Sharing Economy) gesenkt, sondern vor allem durch eine politische Nachfragesteuerung. So kann der Bedarf an eigenen Pkws durch den Ausbau von öffentlichem und bezahlbarem Nah- und Fernverkehr zurückgehen. Durch nachhaltige Baulandvergabe, Umbau statt Neubau und attraktive Architekturen der Mikroverdichtung lässt sich wiederum der Bedarf an Wohnfläche senken und damit der Zersiedelung und Versiegelung entgegenwirken. Eine solche »Bauwende« würde wesentlich zur Reduktion von Treibhausgasemissionen beitragen, die zu 40 Prozent durch Bauen und Gebäudeerhaltung verursacht werden.[35] Um das Anspruchsniveau nachhaltig abzusenken, ist zudem die Rationierung bestimmter Güter unvermeidlich. In Ländern mit knappen Wasserressourcen wird von alters her der Wasserverbrauch rationiert. Heutzutage wird üblicherweise der Autogebrauch in Fällen hoher Schadstoffemissionen rationiert, ebenso stehen nur begrenzte Kontingente von Parkplätzen in Metropolen zur Verfügung und der Kohleausstieg ist nichts anderes als eine Rationierung fossiler Energieträger. Solche Rationierungen sind nichts Ungewöhnliches, wo es um das Einsparen knapper Ressourcen geht. Rhetorische Stigmatisierungen von Begriffen wie »Verbot« oder »Verzicht« verschleiern, dass es sich bei ihnen um gebräuchliche, anerkannte und konventionelle Praktiken der Rationierung handelt.[36] Um der beschleunigten Erderwärmung, wachsenden Umweltverschmutzung, schrumpfenden Biodiversität und den schwindenden Ressourcenvorräten gegenzusteuern, muss die Rationierung ausgeweitet werden. Um das Anspruchsniveau weiter zu senken, lassen sich beispielsweise kohlendioxidreiche Mobilität, abholzungsintensive Lieferketten und agrarindustrielle Lebensmittelproduktion zunehmend deckeln.

(b) Auf der *Regeneration* von Rohstoffen baut die Kreislaufwirtschaft (*circular economy*) auf.[37] In Kreislaufwirtschaften werden Rohstoffe im Kreislauf beschafft, verwendet und entsorgt, um Abfall und Emissionen zu verringern sowie den Ressourcenverbrauch

35 World Economic Forum (Hg.), *The Global Risks Report 2020*, Genf 2020, ⟨https://www3.weforum.org/docs/WEF_Global_Risk_Report_2020.pdf⟩, letzter Zugriff 17.12.2022.

36 Siehe zur Rhetorik und Praxis von Verbot und Verzicht Philipp Lepenies, *Verbot und Verzicht. Politik aus dem Geiste des Unterlassens*, Berlin 2022.

37 Für die Regeneration wird oftmals in der Debatte der unpassende Begriff der Konsistenz verwendet.

zu senken. Nur so viel wird produziert und konsumiert, wie sich recyceln, aufbereiten und wiederherstellen lässt. Eine ressourcensparende Kreislaufführung wird durch die Langlebigkeit und Reparierbarkeit von Produkten, die Wiederverwertung von Rohstoffen und die Verwendung von erneuerbaren Ressourcen erreicht. Zu diesem Themen- und Aufgabenbereich gehören beispielsweise nachwachsende Energieträger und eine Landwirtschaft, in der sich die Fruchtbarkeit von Böden sowie Pflanzen- und Tierarten erholen können. Zwar können Energie- und Materialkreisläufe aufgrund der Gesetze der Thermodynamik nicht vollkommen geschlossen werden.[38] Der Stoffkreislauf der Natur dient jedoch als ein Ideal, dem sich Kreislaufwirtschaften möglichst annähern.

(c) Ökologische *Effizienz* – nicht: Kosteneffizienz – erhöht die Ressourcenproduktivität und verbessert im Ressourcenverbrauch das Verhältnis zwischen Aufwand und Nutzen derart, dass für einen bestimmten Nutzen weniger Ressourcen verbraucht werden. Ressourcen werden hier nicht, wie im Fall der Suffizienz, durch die Verringerung der Ergebnisse eingespart, sondern mithilfe der ergiebigen Nutzung von Rohstoffen und Energien, die für das Erreichen dieser Ergebnisse benötigt werden. Es werden mittels effizienteren Nutzungsweisen weniger Ressourcen eingesetzt, um das gleiche Ergebnis zu erzielen. Die Ressourceneffizienz wird insbesondere durch Technik und Organisation gesteigert. Ein bekanntes Beispiel ist die Tröpfchenbewässerung, die für den gleichen landwirtschaftlichen Ertrag weniger Wasser benötigt als die Bewässerungsmethoden der Flutung oder des Besprengens. Ein weiteres Beispiel ist das Passivhaus, in dem durch effiziente Heizungstechnik sowie entsprechender Dämmung und Belüftung der Energieverbrauch gesenkt wird. In diesem Fall wird die Energieeffizienz insbesondere durch die Vermeidung oder Nutzung von Abwärme gesteigert. Elektroautos verbrauchen nicht nur erneuerbare Energieträger (Regeneration). Sie sind auch effizienter als Verbrenner, da sie zwei Drittel weniger Primärenergie für die gleiche Strecke benötigen. Besonders im Gebäudesektor, in Bereichen der Produktion und der Mobilität sowie bei den Infrastrukturen (beispielsweise Stromnetzen) besteht ein großes Potenzial für Effizienzsteigerung.

38 Nicholas Georgescu-Roegen, *The Entropy Law and the Economic Process*, Cambridge, MA 1971; Jouni Korhonen u. a., »Circular Economy. The Concept and its Limitations«, in: *Ecological Economics* 143 (2018), S. 37-46.

Die Ressourceneffizienz kann jedoch in bestimmten Fällen mit der ökologischen Regeneration in Konflikt geraten. Wenn etwa aus Ökostrom Wasserstoff erzeugt wird, um Energie zu speichern, und aus Wasserstoff wieder Strom gewonnen wird, dann haben diese Umwandlungsprozesse einen Gesamtwirkungsgrad von 30 Prozent. Im Vergleich zum Wirkungsgrad von 45 Prozent der Braunkohlekraftwerke fehlt es der erneuerbaren Energie hier an Energieeffizienz. Eine weitere Kehrseite der Ressourceneffizienz ist der Rebound-Effekt, der auch als Jevons' Paradoxon bezeichnet wird. Demnach wird die Ressourceneinsparung durch einen zusätzlichen Ressourcenverbrauch an anderer Stelle verspielt: Mehr Effizienz führt paradoxerweise nicht zu weniger, sondern zu mehr Verbrauch. Drei Arten des Rebound-Effekts werden unterschieden.[39] Beim direkten Rebound-Effekt folgt erstens aus der Einsparung von etwas ein Mehrverbrauch desselben. Energiesparende Leuchtkörper führen zum Ausbau urbaner Beleuchtung (»Lichtverschmutzung«); Einsparungen durch effizientere Antriebsmotoren gehen durch das höhere Gewicht der Autos wieder verloren. Zweitens führt beim Einkommenseffekt die Einsparung von etwas zum Mehrverbrauch von anderem. So reduzieren energieeffiziente Passivhäuser zwar den Energieverbrauch für Strom und Wärme, zugleich ist dieser geringere Verbrauch aber ein Anreiz, mehr Wohnfläche zu nutzen und damit zur Versiegelung beizutragen. Oder: Wer mehr Fahrrad fährt und auf das Auto verzichtet, hat beim Fliegen ein besseres Gewissen. Drittens werden volkswirtschaftliche Effekte zur Produktionssteigerung genutzt. Energieeffizientere Produktionsweisen führen seit Erfindung der Dampfmaschine paradoxerweise nicht zur Energieeinsparung, sondern im Gegenteil zu größerem Energiehunger. Wenn eine einzelne Maschine weniger Energie benötigt, lohnt der Einsatz von mehr solcher Maschinen, die insgesamt dann die Energiebilanz verschlechtern.

Damit die Maßnahmen der Suffizienz, der Regeneration und der Effizienz in der Produktion und Konsumption umgesetzt werden können, müssen entsprechende Voraussetzungen geschaffen werden. Ihre Anwendung setzt voraus, dass entsprechende Techniken, Organisationen und Strukturen entwickelt werden, die eine

39 Siehe zu den Rebound-Effekten: Timothée Parrique u. a., *Decoupling Debunked. Evidence and Arguments against Green Growth as a Sole Strategy for Sustainability*, Brüssel 2019, S. 36-39; Herrmann, *Das Ende des Kapitalismus*, S. 45, 193-197.

suffiziente, regenerative und effiziente Produktion und Konsumption möglich machen. Mit anderen Worten: In nachhaltigen Gesellschaften müssen die technischen, organisatorischen und strukturellen Voraussetzungen für eine nachhaltige Praxis entwickelt werden. Das Gebot zur ausgeglichenen Ökobilanz schließt also nicht nur die Pflicht zur Anwendung der Suffizienz, Regeneration und Effizienz ein, sondern auch die Pflicht zur nachhaltigen Entwicklung der entsprechenden Technologien, Organisationen und Strukturen.

8.2.3 Abgabenpflicht

Die Umsetzung der Nachhaltigkeitsstrategien wird aus Abgaben finanziert, die für die Nutzung von Naturgütern anfallen. Diese Pflicht zur Ökoabgabe leitet sich aus den nachhaltigen Eigentumsrechten her. Eigentum schließt grundsätzlich das Recht auf seine Verwertung ein. Verwertet wird Eigentum beispielsweise dadurch, dass vom Eigentümer eine Abgabe als Gegenleistung für die fremde Nutzung seiner Güter erwartet werden darf. Wird fremdes Eigentum genutzt, darf sein Eigentümer von den Nutzern eine entsprechende Abgabe fordern. Dieses Verwertungsrecht gilt ebenfalls für die Eigentumsrechte der Natur: Auch im Namen der Natur darf eine Abgabe für die Nutzung ihrer Ressourcen erwartet werden. Da diese als fremdes Eigentum genutzt werden, fallen für die Nutzer Abgaben an. Wer Ressourcen der Natur nutzt, muss dafür zahlen. Diese Abgabenpflicht wird advokatorisch von ihren Treuhändern wahrgenommen, insbesondere von staatlichen Institutionen, die eine solche Abgabenpflicht, ähnlich wie die Steuerpflicht, durchsetzen können. Sie dürfen Nutzer von Naturgütern dazu verpflichten, entsprechende Nutzungsabgaben zu leisten. Die ökologische Abgabenpflicht leitet sich also aus dem Eigentumsrecht der Natur her und wird von deren Treuhändern an die Nutzer von Naturgütern adressiert.

Abgaben, die für die Naturnutzung anfallen, generieren Einnahmen, die der Natur zugutekommen. Die Einnahmen sind an den Zweck der Nachhaltigkeit gebunden. Nutzer sind aus Gründen des Eigentumsschutzes zum Erhalt der genutzten Naturgüter verpflichtet. Die Einnahmen dienen also allein dem Erhalt der Natur. Sie sind für die Finanzierung des sozialökologischen Umbaus zu verwenden, mit dem der Erhalt der Natur gesichert werden soll. Sie können für die Finanzierung von drei Aufgaben verwendet werden. Erstens wird mit ihnen die Umsetzung der Kompensationen und Nachhaltigkeitsstrategien finanziert. Sie werden beispielsweise in die Entwicklung energieeffizienter Technologien, den Ausbau von Kreislaufwirtschaften und in Renaturierungsmaßnahmen investiert. Zweitens werden sie für die Sozialverträglichkeit des sozialökologischen Umbaus eingesetzt. Wo ökologiebedingt Arbeitsplätze entfallen, müssen neue Möglichkeiten des Lebensunterhalts geschaffen werden (neue Arbeitsplätze etwa im Naturschutz, bedingungsloses Grundeinkommen, Weiterbildungsunterstützung etc.). Die Einnahmen sind auch für eine klimagerechte Gestaltung der Mobilitäts-, Energie- und Bauwende im globalen Süden einzusetzen. Damit Gesellschaften des globalen Südens die fossile Industrialisierungsstufe überspringen können (*leapfrogging*), ist mit den Nachhaltigkeitsabgaben, die in der Produktion und Konsumption des globalen Nordens anfallen, der Aufbau postfossiler Infrastrukturen im globalen Süden zu finanzieren. Drittens werden mit den Ökologieeinnahmen die Verfahrenskosten gestemmt, die für die Treuhänder der Natur bei Klagen anfallen.[40] Durch die Kostenübernahme werden insbesondere zivilgesellschaftliche Stellvertreter vor finanziellen Risiken und Nachteilen geschützt, die sie vor Klagen zurückschrecken lassen. Die Ökoabgaben fallen dabei in zweierlei Gestalt an: als Gebühr (a) und als Entschädigung (b).

(a) *Gebühren* fallen für die Nutzung erneuerbarer Ressourcen an. Vergleichbar sind diese Ökogebühren mit den Gebühren, die für die Nutzung öffentlichen Eigentums erhoben werden, um damit die laufenden Betriebsausgaben und Wartungskosten zu decken. Bibliotheksgebühren, Eintrittspreise für öffentliche Kulturstätten, Mieten für Sozialwohnungen oder Fahrkarten für den öffentlichen Personenverkehr sind Beispiele für eine solche nicht gewinnbasierte Gebühr als Gegenleistung für die Nutzung öffentlichen Eigentums. Diese nicht profitbasierte Gebührenpraxis müsste für die Nutzung natürlicher Ressourcen genauso gelten, da mit ihnen ja ebenfalls fremdes Eigentum genutzt wird. So wie öffentliche Gebühren zur Deckung von Betriebs- und Wartungskosten und somit zum Erhalt öffentlicher Einrichtungen dienen, dürfen auch Gebühren für die

40 Siehe zu diesem Vorschlag: Buser/Ott, »Zur Ökologisierung des Rechts«, S. 163 f.

Nutzung von Naturgütern zum Zweck ihres Erhalts erhoben werden. Als Gegenleistung für die Nutzung nachwachsender Ressourcen dürfen die Nutzer zu einer Gebühr verpflichtet werden, mit der der Erhalt dieser Ressourcen gesichert wird; und ihr Erhalt wird mit dem sozialökologischen Umbau gesichert, der kostenintensive Maßnahmen voraussetzt. Mit den Ökogebühren werden also die Nachhaltigkeitsmaßnahmen finanziert, die für den sozialökologischen Umbau erforderlich sind.

(b) Nichterneuerbare Ressourcen gehen durch ihre Nutzung unwiederbringlich verloren. Ihre Nutzung führt zum unumkehrbaren Verlust und verletzt damit das Gebot, ihren Erhalt zu sichern. Jede Nutzung nichterneuerbarer Ressourcen ist demnach im Grunde eine Enteignung. Wenn beispielsweise fossile Brennstoffe verbraucht werden, wird der Natur ein Teil ihres Eigentums unwiederbringlich genommen und die Natur insoweit letztlich enteignet. Das rechtfertigt ihre *Entschädigung*.

Entschädigungspflichtige Enteignungen gehören zum Inventar von Rechtsstaaten und sind ein keinesfalls selten angewandtes Instrument. Sie werden beispielsweise in Deutschland durch Art. 14 (3) GG verfassungsrechtlich garantiert. Erlaubt sind Enteignungen in zahlreichen Rechtsordnungen unter drei Auflagen: Sie müssen einem Zweck des Gemeinwohls dienen, sie setzen einen offenen Rechtsweg voraus und sie müssen angemessen entschädigt werden. Enteignungen sollten in Bezug auf natürliche Ressourcen ebenfalls unter diesen Bedingungen möglich sein. Weil Menschen Nutzungsrechte an natürlichen Ressourcen besitzen, sind Enteignungen der Natur grundsätzlich erlaubt. In Bezug auf nichterneuerbare Ressourcen stehen allerdings die Nutzungsrechte unter dem Vorbehalt des Gemeinwohls, der Klagebefugnis und der Entschädigung. Nichterneuerbare Ressourcen dürfen genutzt werden, wenn erstens ihre Nutzung zum Wohl der Gemeinschaft ist und nicht bloß einem Privatinteresse dient. Ihr Verbrauch für die Mobilität der Allgemeinheit ist demnach durch das Recht entschädigungspflichtiger Enteignungen gedeckt, ihr Verbrauch für private Übermotorisierung hingegen nicht. Enteignungen sind erlaubt, wenn zweitens Stellvertreterinnen gegen die Nutzung nichterneuerbarer Ressourcen im konkreten Fall – beispielsweise den Abbau eines Kohlevorkommens an einem bestimmten Ort – Klage einreichen können. Jeder Abbau von Kohle muss im Fall der Klage von einem

Gericht auf seine Nachhaltigkeit hin geprüft und entschieden werden. Drittens muss für die Nutzung nichterneuerbarer Ressourcen eine angemessene Entschädigung gezahlt werden. Von den Nutzern fossiler Brennstoffe dürfen beispielsweise Entschädigungen in angemessener Höhe erwartet werden.

Die angemessene Höhe der Gebühren und Entschädigungen bemisst sich an den Kosten für eine ausgeglichene Ökobilanz. Mit den Abgaben muss die Anwendung, der Unterhalt und die Entwicklung derjenigen Maßnahmen finanziert werden können, die erforderlich sind, um die Ziele der Nachhaltigkeit zu erreichen. Die Nutzung beispielsweise von fossilen Energieträgern wie Kohle, Öl und Gas kostet das sie verwertende Unternehmen so viel, wie die Finanzierung der für eine ausgeglichene CO_2-Bilanz erforderlichen Maßnahmen kostet. Diese können etwa im Ausbau öffentlichen Verkehrs (Suffizienz), in der Entwicklung alternativer Energiegewinnung (Regeneration) und in der Förderung energiesparender Infrastrukturen wie Passivhäuser (Effizienz) bestehen. Die gesamten Kosten für die Nachhaltigkeitsmaßnahmen müssen sich aus Gründen des nachhaltigen Eigentums durch die Ökoabgaben bestreiten lassen. Wenn natürliche Ressourcen genutzt werden, dann darf für diese Nutzung fremden Eigentums eben ein Betrag gefordert werden, der die Kosten für die Maßnahmen deckt, mit denen die durch die Nutzung entstandenen Verluste, Abnutzungen und Schäden ausgeglichen werden.

Die Natur wird somit kraft nachhaltiger Eigentumsrechte in Wert gesetzt. Die Rechte der Natur führen zu deren Inwertsetzung, die der Anerkennung eines normativen Eigensinns der Natur dienen. Die Bioökonomie läuft also nicht zwangsläufig auf einen Anthropozentrismus hinaus.[41] Nachhaltiges Eigentum führt dazu, dass Naturgüter jeweils einen Preis haben, den ihre Nutzung kostet. Der bestimmte Preis wird anhand der Kosten ermittelt, die anfallen, um eine Ökobilanz auszugleichen. Er muss insoweit durch

41 Die Inwertsetzung der Natur erfolgt bislang nach unterschiedlichen Parametern, die vom Gewinnmodell der neoklassischen Ökonomie bis zum Nachhaltigkeitsmodell der ökologischen Ökonomie oder politischen Ökologie reichen. Siehe zu dieser Kontroverse Christoph Görg, »Boundary Negotiations. Grenzverschiebungen in den Nachhaltigkeitswissenschaften«, in: Brigitte Aulenbach u. a. (Hg.), *Öffentliche Soziologie. Wissenschaft im Dialog mit der Gesellschaft*, Frankfurt/M. 2017, S. 133-145.

gesellschaftliche Aushandlung präzisiert werden; denn der Preis besitzt eine gewisse Vagheit, weil die Kosten für die Nachhaltigkeitsmaßnahmen, aus denen er sich zusammensetzt, variieren können. Mit den Kosten und dem Preis variiert auch die Höhe der Abgaben, die sich aber grundsätzlich an den Kosten bemisst, die für eine ausgeglichene Ökobilanz anfallen.

Die Inwertsetzung der Natur hat zwei positive Effekte auf die Nachhaltigkeit. Erstens stehen Naturgüter nicht mehr als kostenlose Rohstoffe oder billige Energieträger zur Verfügung, die gratis verbraucht werden können. Ihr Verbrauch schlägt sich vielmehr in der Buchhaltung eines Unternehmens nieder, womit Anreize für einen nachhaltigen Umgang mit ihnen gesetzt werden. Zweitens lassen sich die umweltpolitischen Kosten nicht externalisieren. Entstehen durch Produktion und Konsumption Umweltschäden, lassen sich die Kosten für ihre Behebung nicht mehr sozialisieren und die Gewinne privatisieren. Die Kosten lassen sich nicht auf die Allgemeinheit abwälzen, sondern werden nach dem Verursacherprinzip denjenigen in Rechnung gestellt, die sie durch Nutzung der Natur erzeugen.

8.3 Robuste Nachhaltigkeit

Herkömmliche Ansätze der Umweltethik, des Umweltrechts und der ökologischen Ökonomie sind von ernüchternder Folgenlosigkeit. Für diesen Umstand sind gleich mehrere Gründe verantwortlich. Zunächst geht der geringe Schutz der Natur auf ein Umsetzungsdefizit zurück. Umweltvorschriften werden oftmals nicht vollzogen und Umweltklagen verschaffen sich nur schwer gerichtliches Gehör. Zudem fehlt es an einer eigenen Rechtsposition, um umweltrechtliche Ansprüche einzufordern. So beschränkt sich die Klagebefugnis gegen Umweltschädigungen gelegentlich auf Personen, die unmittelbar von ihnen betroffen sind. Die ausgeweitete Klagebefugnis dritter Personen würde hier schon einmal Abhilfe schaffen. Interessenverbände, Einzelpersonen und Behörden könnten dann umfassend gegen die Verursacher von Umweltschäden klagen. Für die Ausweitung der stellvertretenden Klagebefugnis würde es schon reichen, Umweltrechte mit einem klassischen Grundrechtsschutz auszustatten. Das Fehlen ebendieses Grundrechtsschutzes der Umwelt ist eine weitere Ursache. So wurde der Umweltschutz durch Art. 20a GG zwar als Staatsziel in das Grundgesetz aufgenommen. Weil jedoch der Natur eine grundrechtliche Rechtssubjektivität vorenthalten wird, fehlt ihrem Schutz der vollumfängliche Grundrechtsstatus.[42] Ein Hauptgrund für die niederschmetternde Umweltbilanz ist schließlich, dass der Inhalt der Umweltrechte vom Gesetzgeber ungenügend bestimmt und der Umfang des Umweltschutzes nicht im erforderlichen Maß festgelegt wird. Der Gesetzgeber hat es bislang versäumt, hier das nötige Recht zu schaffen. Um gegen Extraktion, Übernutzung, Erderhitzung und Vermüllung zu schützen, bieten die gesetzgeberischen Maßnahmen schlicht einen zu niedrigen Schutzwall.

Die genannten Gründe sind allerdings eher Symptome als Ursachen. Denn es stellt sich ja durchaus die Frage, warum sich Gesetzgeber nicht dazu durchringen, angesichts der Bedrohlichkeit gegenwärtiger Ökologiekrisen das nötige Recht zu schaffen, der Natur eine Rechtssubjektivität zu verleihen und die stellvertretende Klagebefugnis auszuweiten. Dass dem fortschreitenden Ressourcenverbrauch, der beschleunigten Erderwärmung, der wachsenden Umweltzerstörung und dem zunehmenden Artensterben bislang kein Einhalt geboten wurde, liegt vor allem daran, dass ökologische Politik stets der Geltung ökonomischer Imperative unterliegt. Die *Geltung* ökologischer Nachhaltigkeit ist schlicht zu schwach gegenüber der starken Geltung ökonomischer Funktionserfordernisse.

Die geringe Geltungskraft herkömmlicher Nachhaltigkeitspflichten geht auf drei Ursachen zurück. Für sie ist eine ökonomische Rationalisierung (a), ein moralischer Dualismus (b) und ein ökozentrischer Partikularismus (c) verantwortlich.

(a) Ihrem prudentiellen Verständnis zufolge besteht an Nachhaltigkeit ein rationales Eigeninteresse. Eine nachhaltige Nutzung der Natur liegt im Interesse der Menschen. Sie ist nachhaltig zu nutzen, weil Nachhaltigkeit von Nutzen für Menschen ist. Natur wird dabei auf ihre instrumentelle Brauchbarkeit verkürzt. Sie hat hier keinen normativen Eigensinn, sondern nur einen Nutzen für Menschen. Ökologischer Nachhaltigkeit wird eine Geltung durch ihre Nützlichkeit verschafft. Indem Nachhaltigkeit bloß einen Nutzwert besitzt und sich lohnen muss, folgt sie einer ökonomischen

42 Siehe dazu: Jens Kersten, »Natur als Rechtssubjekt. Für eine ökologische Revolution des Rechts«, in: *Aus Politik und Zeitgeschichte* 11 (2020), S. 27-32.

Nutzenrationalität. Sie selbst unterliegt damit dem ökonomischen Systemerfordernis des Nutzenkalküls und wird der *ökonomischen Rationalität anverwandelt.*[43] Nachhaltigkeit wird von der Wirtschaftssphäre absorbiert und kann deshalb nicht mehr wirkungsvoll gegen sie in Anschlag gebracht werden. Einerseits sollen ökonomische Systemerfordernisse geschwächt und ökologische Nachhaltigkeit gestärkt werden. Andererseits folgt die Nachhaltigkeit selbst der Logik eines solchen Systemerfordernisses. Nachhaltigkeit wird der ökonomischen Systemlogik einverleibt und kann deshalb kein Gegengewicht zu ihr bilden. Dem Unvorstellbaren einer unbewohnbar gemachten Welt lässt sich nicht durch neue Geschäftsmodelle entgegentreten.

(b) Moral und Wirtschaft folgen unterschiedlichen Logiken und bilden eigenständige Geltungssphären. In diesem *Dualismus* prallen moralische Appelle regelmäßig am harten Kern ökonomischer Systemerfordernisse ab. In Fällen der Normenkollision haben moralische Imperative letztlich das Nachsehen gegenüber den scheinbar unwiderstehlichen Geltungskräften des Sacheigentums. Im Verhältnis zu den harten Geltungsansprüchen von Eigentumsrechten besitzen Nachhaltigkeitspflichten eine nur weiche Geltung. Forderungen nach ressourcenschonenden Wirtschaftsweisen, klimafreundlicher Lebensführung, ehrfurchtsvoller Naturerfahrung und Rücksicht auf zukünftige Generationen dringen gegen die Logiken von Wettbewerb, Wachstum und Gewinn nicht durch. Der unversöhnliche Widerstreit ihrer Geltungsansprüche lässt sich hier nicht mehr auf einer gemeinsamen Grundlage von Gründen auflösen. Wo sich aber eine Normenkollision nicht mehr durch Gründe lösen lässt, droht sie durch Macht entschieden zu werden. Dabei besteht aufseiten der ökonomischen Eigentumsrechte ein Machtvorteil. Mit ihnen wird eine ökonomische Macht ausgeübt, die moralische Appelle ins Leere laufen lässt. Der Weg zur Klimahölle ist mit guten Absichten gepflastert, solange wirtschaftliche Systemerfordernisse nur durch umweltethische Forderungen gezähmt werden sollen.

(c) Im Ökozentrismus wird die Rechtssubjektivität der Natur im Rückgriff auf deren Eigenwert begründet. Der Preis für diese axiologische Begründung der Nachhaltigkeit ist der *Partikularismus*

43 Die Diagnose dieser Absorptionskraft stammt von Luc Boltanski, Ève Chiapello, *Der neue Geist des Kapitalismus*, Konstanz 2003.

ihrer Geltung: Ökozentrische Vorstellungen von Nachhaltigkeit besitzen nur eine partikulare Geltung, die sich auf eine bestimmte Kultur oder Religion beschränkt. Die metaphysische Annahme eines Eigenwerts der Natur lässt sich letztlich weder begründen noch widerlegen. Sie gilt insoweit nur für die Mitglieder einer Gemeinschaft, die eine solche Überzeugung über den Eigenwert der Natur vereint. Nachhaltigkeitsgebote gelten für ihre Mitglieder. Außerhalb der Kultur- oder Religionsgemeinschaft hingegen besitzen sie keine Geltung. Für Wirtschaftsakteure ohne ökozentrische Weltanschauung gelten die Nachhaltigkeitsgebote nicht. Transnationale Unternehmen entziehen sich damit den ökologischen Pflichten, die beispielsweise für indigene Gemeinschaften gelten. Da die Übernahme einer nicht begründbaren Annahme von ihnen nicht erwartet werden kann, sind ökozentrische Nachhaltigkeitsvorstellungen für sie nicht verbindlich. Die Extraktion von Rohstoffen in Lateinamerika mag für die indigenen Gemeinschaften des Pachamama unter dem Vorbehalt der Nachhaltigkeit stehen. US-amerikanische, europäische und chinesische Unternehmen müssen jedoch innerhalb ihrer Rechtsordnung diese ökologischen Schranken nicht anerkennen. Die partikulare Geltung ökozentrischer Nachhaltigkeitsvorstellungen gebietet einem globalen Extraktivismus keinen Einhalt.

Eine wirksame Nachhaltigkeitspolitik muss diese drei Klippen umschiffen können. Sollen sich Nachhaltigkeitspflichten gegen ökonomische Systemerfordernisse durchsetzen, müssen sie einer ökonomischen Rationalisierung, einem moralischen Dualismus und einem ökozentrischen Partikularismus entkommen. Nachhaltige Eigentumsrechte sind dazu imstande. Nachhaltiges Eigentum stattet seine Nachhaltigkeitspflichten mit einer Wirksamkeit aus, die den Systemlogiken des Wachstums, Wettbewerbs und Gewinns standzuhalten vermag.

Der wirksame Nachhaltigkeitsschutz verdankt sich nur vordergründig dem Rechtszwang. Institutionalisierte Eigentumsrechte der Natur sind zwangsbewehrte Rechte mit Durchsetzungschance. Ihre Einhaltung kann notfalls gegen Zuwiderhandlungen erzwungen werden. Nicht aber in der rechtsförmigen Durchsetzungs- und Sanktionskraft liegt der eigentliche Grund für den wirksamen Nachhaltigkeitsschutz, sondern in der *robusten Geltung*, die die Eigentumsrechte im Allgemeinen und die Eigentumsrechte der

Natur im Besonderen besitzen. Die Robustheit speist sich aus der durchschlagenden Geltungskraft von Eigentumsrechten, aus denen sich Nachhaltigkeitspflichten herleiten: Sie betrifft die Geltung von – auch: nachhaltigem – Eigentum, nicht seine rechtsförmige Anwendung. Wenn Klima-, Umwelt- und Artenschutz bislang weniger zählen als Eigentumsschutz, dann liegt es nahe, sich diesen Eigentumsschutz für eine robuste ökologische Nachhaltigkeit zunutze zu machen. Die Wirksamkeit von Nachhaltigkeitspflichten verdankt sich der robusten Geltung des Eigentums, in dem sie verankert sind.

Konventionelle Umweltrechte gelten im Verhältnis zur starken Geltung ökonomischer Systemerfordernisse als weiche Ansprüche. Mit den nachhaltigen Eigentumsrechten ist hingegen eine robuste Geltung ökologischer Nachhaltigkeit verbunden, die den ökonomischen Funktionslogiken zu widerstehen vermag. Für diese Robustheit sorgt der normative Eigensinn der Natur, die Liminalität nachhaltiger Eigentumsrechte und der Universalismus entsprechender Nachhaltigkeitspflichten. Ökologische Nachhaltigkeit lässt sich einer ökonomischen Rationalität weder einverleiben noch als Moralsphäre von ihr trennen. Eigentumsrechte sind in der Wirtschaftssphäre vielmehr von vornherein mit einer ökologischen Nachhaltigkeitsnorm versehen. Das bedeutet: Ökonomische Eigentumsrechte und ökologische Nachhaltigkeitspflichten sind von gleichrangiger Geltung, weshalb sich Nachhaltigkeitsbelange ökonomischen Systemlogiken nicht unterordnen lassen.

Für die robuste Geltung ökologischer Nachhaltigkeit gibt es sieben Gründe:[44] das Instrumentalisierungsverbot; die Kohabitation; eine juristische Waffengleichheit; den Universalismus ökologischer Pflichten; die endogene Nachhaltigkeit; Delegitimation; und die strukturelle Intervention.

8.3.1 Instrumentalisierungsverbot

Wer aus der Natur einen Nutzen zieht, ist ihr gegenüber zur Nachhaltigkeit verpflichtet. Diese Nachhaltigkeitspflichten führen zu einem Verbot der Instrumentalisierung von Naturgütern. Das Ins-

44 Siehe exemplarisch für eine Kritik an der Eigenrechtstheorie, der »der praktische Ertrag eines derartigen Konzeptes dunkel« bleibt: Rudolf Steinberg, *Der ökologische Verfassungsstaat*, Frankfurt/M. 1998, S. 68.

trumentalisierungsverbot ist eine Gemeinsamkeit von Menschenrechten und Naturrechten. Als Mensch verdient jede Person einen unbedingten Schutz, der sie davor bewahrt, ausschließlich den Interessen anderer zu dienen. Dieses Instrumentalisierungsverbot wird von Kant in der Selbstzweckformel des kategorischen Imperativs beschrieben: »Handle so, daß du die Menschheit sowohl in deiner Person, als in der Person eines jeden andern jederzeit zugleich als Zweck, niemals bloß als Mittel brauchest.«[45] Ohne aus Kants Ethik eine Schlussfolgerung für die Rechte der Natur ziehen und deren Gleichsetzung mit der menschlichen Würde behaupten zu wollen, veranschaulicht doch sein Instrumentalisierungsverbot eine Gemeinsamkeit. Das Verbot, eine Entität nur als Mittel zu behandeln, trifft ebenfalls auf Naturgüter zu. Der normative Eigensinn der Natur verleiht ihren Gütern einen unbedingten Schutz davor, dass sie ausschließlich den Interessen von Menschen dienen.

So wie Personen nicht bloß als Mittel, sondern auch als Selbstzweck zu betrachten sind, genießen Naturgüter einen unbedingten Schutz vor ihrer instrumentellen Verwertung. Sie dürfen von Menschen für ihre Interessen genutzt werden, solange sie nicht *nur* genutzt werden, sondern auch ihr normativer Eigensinn anerkannt wird. Naturgüter haben zwar keinen Eigenwert, wie vom Ökozentrismus unterstellt, sondern bloß einen Gebrauchswert. Sie können aber nicht auf ihren Gebrauchswert reduziert werden, weil sie einen normativen Eigensinn haben. Sie dürfen allein unter dem Vorbehalt genutzt werden, dass die Eigentumsrechte der Natur respektiert und entsprechende Nachhaltigkeitspflichten anerkannt werden.

Das Instrumentalisierungsverbot schützt Naturgüter davor, durch ökonomische Systemlogiken vereinnahmt zu werden. Sie dürfen zwar genutzt, nicht aber ausschließlich verwertet und verbraucht werden. Die Naturnutzung darf nicht nur den ökonomischen Funktionserfordernissen dienen. Durch die Anerkennung eigener Rechte wird die Natur den reinen Verwertungsinteressen zugleich entzogen, denn Nutzungsrechte sind nicht ohne die Verpflichtung zu haben, für den Erhalt natürlicher Ressourcen zu sorgen. Diese Sorgepflicht bewahrt die Naturgüter davor, bloß als Objekt der Verwertung und des Verbrauchs betrachtet zu werden. Ökologische Pflichten gelten gegenüber der Natur, die einen nor-

45 Immanuel Kant, *Grundlegung zur Metaphysik der Sitten*, Hamburg 1999, S. 54f. (AA 429).

mativen Eigensinn besitzt. Dieser verhindert, dass die Natur auf ihren Nutzwert reduziert und Nachhaltigkeit der Wirtschaftssphäre einverleibt oder aus ihr verbannt werden kann.

8.3.2 Kohabitation

Mit den Rechten der Natur ist die Erwartung eines alternativen Naturverhältnisses verbunden. An die Stelle instrumenteller Naturherrschaft soll eine gemeinsame Einheit von Mensch und Natur treten. Erklärungsbedürftig ist allerdings, was wir unter dieser Einheit verstehen können. Gegenwärtige Naturverhältnisse sind vom Gegensatz zwischen menschlichem Subjekt und nichtmenschlichem Objekt geprägt. Mensch und Natur sind jeweils das andere ihrer selbst: hier Freiheit, Vernunft und Geist, dort Notwendigkeit, speziesfremde Organismen und leblose Materie. In diesem Unterwerfungsverhältnis kommt die Natur nur als Objekt vor, über das geherrscht wird. Die ökologische Eigenrechtsidee soll diese Naturherrschaft und Trennung von Subjekt und Objekt aufheben. Die Natur selbst ist als Subjekt anzuerkennen und lässt sich deshalb nicht auf ihren Objektstatus reduzieren. Trotz aller Unterschiede verbindet die verschiedenen Spielarten der Naturrechte das Bemühen, ein anderes Verhältnis zur Natur einzugehen. Mit den Rechten der Natur wird eine gemeinsame Einheit anerkannt, die Mensch und Natur miteinander teilen.

Im Ökozentrismus wird ihre Einheit nach dem holistischen Modell einer Ganzheit vorgestellt. Die Spaltung von Mensch und Natur soll durch die Vorstellung eines übergreifenden Ganzen überwunden werden, von dem der Mensch ein Teil ist. Dieses übergreifende Ganze wird in der Geschichte und Gegenwart unterschiedlich bestimmt: als Gott, Seele, Kosmos, als die All-Einheit der Natur, das Planetarische und die Erde im Unterschied zur Welt. Mensch und Natur werden durch kosmologische, animistische, symbiotische oder physische Einheitsgebilde miteinander verbunden. »Ko au te Awa, ko te Awa ko au« (»Ich bin der Fluss, und der Fluss ist ich«) heißt es bezogen auf den Whanganui River. Mensch und Natur sind hier Teil einer gemeinsamen Lebendigkeit. Die Schädigung der Natur wird demnach unmittelbar als Selbstschädigung des Menschen erfahren.

Mensch und Natur stehen dabei in einem kooperativen Verhältnis des wechselseitigen Gebens und Nehmens. Auf dieser Grundlage reproduzieren sich Gesellschaften als Teil der zyklischen Naturreproduktion, die im Kreislauf der Jahreszeiten und den Lebenszyklen von Entstehen und Vergehen erfolgt. Wahrscheinlich lassen sich solche reziproken Gabenwirtschaften in Bezug auf bestimmte nachwachsende Ressourcen (Fischbestände, Weideland, Forst etc.) und als *commoning* in Kleinstgruppen umsetzen. Es ist aber fraglich, ob sie für die Produktions- und Konsumptionsverhältnisse komplexer Gesellschaften mit globaler Arbeitsteilung, Knappheit nichterneuerbarer Ressourcen und hoher Bevölkerungsdichte funktionieren. Zudem bauen ökozentrische Einheitsvorstellungen von Mensch und Natur auf der metaphysischen Prämisse eines der Natur inhärenten Werts auf. Daher besitzen sie in säkularen Gesellschaften nur eine geringe Überzeugungskraft.

Eine nachmetaphysische Theorie ökologischer Eigenrechte kann die Einheit von Mensch und Natur ohne diese metaphysische Prämisse erklären. Ihre Einheit nimmt die Gestalt einer *Kohabitation* an. Der Begriff »Kohabitation« wird üblicherweise verwendet, um den politischen Zustand zu beschreiben, in dem der Kopf der Exekutive (etwa der Präsident) einem anderen politischen Lager angehört als die Parlamentsmehrheit. Er lässt sich gut auf ein nachmetaphysisches Naturverhältnis übertragen, weil er die Einheit von Mensch und Natur als einen politischen Zustand beschreibt und ihr Gemachtsein betont. Die Kohabitation zwischen Mensch und Natur ist keine ursprünglich gegebene Ganzheit – beispielsweise die gemeinsame Lebendigkeit, die den menschlichen Handlungen vorausgeht und zuvorkommt. Vielmehr ist sie das Ergebnis eines Prozesses der Normsetzung. Mit den Eigenrechten der Natur wird eine Kohabitation *geschaffen*, und zwar von Menschen. Sie entspringt nicht einer Einheit oder Ganzheit, die der menschengemachten normativen Ordnung vorgelagert ist. Die Kohabitation folgt vielmehr der Geltungslogik menschlicher Rechtsvorstellungen. Hinsichtlich dieser normativen Verankerung unterscheidet sie sich vom Posthumanismus und Transhumanismus, deren dezentrierte Kohabitationsvorstellungen die bislang geltenden Normen übersteigen.[46] Mensch und Natur sind Inhaber derselben Rechte

46 Post- und transhumanistische Kohabitationsvorstellungen werden vertreten von Peter Sloterdijk, »Das Anthropozän – ein Prozess-Zustand am Rande der Erd-Geschichte?«, in: Jürgen Renn, Bernd Scherer (Hg.), *Das Anthropozän. Zum*

und damit Mitglieder einer gemeinsamen Rechtsgemeinschaft. Ihre gemeinsame Rechtsgemeinschaft geht dabei auf dieselbe Ordnung zurück, der auch alle bislang bestehenden Rechte entstammen. Ihre Kohabitation ist das Ergebnis einer ausdifferenzierten Geltungslogik bestehender Eigentumsrechte.

Die Dialektik der Naturverhältnisse nimmt somit die Gestalt einer ökologischen Kohabitation an. Die Einheit von Mensch und Natur wird hier nicht unmittelbar vorgefunden, sondern hergestellt: Sie wird von Menschen durch das Recht gemacht. Natur und Mensch werden Mitglieder derselben Rechtsordnung dadurch, dass der Natur Rechte verliehen werden; zwischen ihnen wird eine Gemeinschaft gestiftet, indem sie Inhaber des gleichen Rechts werden. Sie sind nicht durch eine gemeinsame Lebendigkeit unmittelbar eins, sondern werden mittels geteilter Eigentumsrechte als gleichberechtigte Mitglieder miteinander verbunden. Die Trennung von Subjekt und Objekt des Eigentums – von Eigentümern und ihren (Natur-)Gütern – wird nicht durch eine ursprüngliche Einheit, sondern durch die Schaffung einer gemeinsamen Rechtsgemeinschaft aufgehoben. Die Kohabitation wird also durch ein gemeinsames Eigentumsrecht gestiftet und konkretisiert sich demnach als gemeinschaftliches Natureigentum, das sich Menschen und Natur miteinander teilen.

Mit der Kohabitation wird ein herrschaftsfreies Naturverhältnis eingegangen. Herrschaftsfrei ist ein Naturverhältnis dann, wenn der normative Eigensinn der Natur und ökologische Pflichten gegenüber ihr anerkannt werden. Darin unterscheidet sich die Kohabitation von der bloßen Koexistenz von Mensch und Natur. Ein herrschaftsfreies Naturverhältnis drückt sich in der intrinsischen Wertschätzung der Natur, dem Respekt vor ihr und der Sorge für sie aus. Die Natur verdient an sich Wertschätzung, Respekt und Sorge. In der Kohabitation werden Wertschätzung, Respekt und Sorge bezogen auf die Natur nicht als freiwillige Handlungen ausgeübt, sondern innerhalb einer Rechtsordnung verbindlich institutionalisiert und in eine wehrhafte Rechtsform gegossen. In der Kohabitation werden Rechtszwang und herrschaftsfreies Naturverhältnis miteinander verwoben: die herrschaftsfreie Anerken-

Stand der Dinge, Berlin 2015, S. 44, und Donna Haraway, *The Companion Species Manifesto. Dogs, People, and Significant Otherness*, Chicago 2003.

nung einer an sich schutzwürdigen Natur und die wirksame Form zwangsbefugter Rechte. Beides vereint sich in einer gemeinsamen Rechtsgemeinschaft von Mensch und Natur, die als Kohabitation beschrieben werden kann. In ihr geht es also nicht nur darum, die Gesetzeslage zu verbessern und Umweltrechte zu reparieren. Vielmehr soll eine rechtsbindende Nachhaltigkeit innerhalb eines herrschaftsfreien Naturverhältnisses garantiert werden.

Menschen und Natur sind Rechtssubjekte derselben Rechtsgemeinschaft.[47] Menschen und nichtmenschliche Wesen lassen sich zwar unterscheiden, aber nicht voneinander trennen, weil sie trotz ihrer gattungsspezifischen Unterschiede Inhaberinnen derselben Rechte sind. Weder lassen sie sich durch die Herrschaft des Menschen über die Natur voneinander trennen, noch bildet die Natur das übergreifende Ganze, das Menschen mit ihr unterschiedslos verschmilzt. Die Kohabitation von Mensch und Natur wird vielmehr durch ihre Rechtssubjektivität gestiftet. Das sie Verbindende ist daher weder der Mensch noch die Natur, sondern ein Drittes: das Recht. Mensch und Natur sind Teile derselben Ordnung, die auf Rechten beruht. Nur das Recht vermag Mensch und Natur zu verbinden und eine Kohabitation zwischen ihnen zu stiften.

Das nachmetaphysische Konzept ökologischer Kohabitation lässt mythologische, kosmologische oder spirituelle Einheitsvorstellungen hinter sich. Die Gemeinschaft zwischen Natur und Mensch wird stattdessen im Rückgriff auf die Geltungsbedingungen modernen Rechts begründet. Sie wird durch die Schaffung von Rechten erst hergestellt. Und sofern diese Rechtserzeugung Rationalitätsstandards entsprechen muss, ist ihre Gemeinschaft von rationaler Art. Die Kohabitation wird von einer rationalen Ordnung aus Geltungsbedingungen, Begründungsstandards und Wahrheitskriterien getragen.

In der Kohabitation verschränken sich Eigentumsrechte und Naturrechte zu einem einheitlichen Recht. Sie kommen in *einem* Recht überein. Die Rechte der Natur konkretisieren sich als nachhaltige Eigentumsrechte. Es gibt nicht Eigentumsrechte auf der

47 Ähnlich sieht Jens Kersten die wichtigste Errungenschaft der Naturrechte darin, dass ökologische Rechtssubjekte »Teil einer anthropozänen Rechtsgemeinschaft« sind. Jens Kersten, »Die Rechte der Natur und die Verfassungsfrage des Anthropozän«, in: Jens Soentgen u. a. (Hg.), *Umwelt und Gesundheit*, Baden-Baden 2020, S. 87-120, hier: S. 104.

einen Seite, die von Menschen ausgeübt werden, und auf der anderen Seite Rechte der Natur, die von deren Stellvertretern wahrgenommen werden. Es bedarf deshalb nicht einer Verfassung von Grund- und Menschenrechten und *zusätzlich* noch einer universellen Charta von Naturrechten oder lokaler Rechtsverordnungen, die fallbezogen einzelnen Ökosystemen (wie dem Whanganui River) spezielle Rechte verleihen. Vielmehr wohnt den geltenden Eigentumsrechten selbst eine ökologische Rechtsnorm inne. Grundrechtsverfassungen vereinen demnach Eigentumsrechte und Rechte der Natur. Ihre Kohabitation wird durch Grundrechtsverfassungen verkörpert, in denen den Eigentumsrechten die Norm ökologischer Nachhaltigkeit eingeschrieben ist. Rechte der Natur werden in einer Verfassung verankert, indem die Rechtssubjektivität der Natur garantiert wird und bestimmte Grundrechte wie das Eigentumsrecht von der ökologischen Rechtsnorm durchdrungen werden. Die Eigentumsrechte werden somit von vornherein als nachhaltige Rechte kodiert und müssen deshalb nicht nachträglich durch Nachhaltigkeitsgebote reguliert werden. Sie *sind* im Kern nachhaltig, und das heißt auch: Rechte der Natur konkretisieren sich in Gestalt nachhaltiger Eigentumsrechte.

8.3.3 Juristische Waffengleichheit

Die Mitgliedschaft von Mensch und Natur in derselben Rechtsgemeinschaft hat zur Folge, dass Menschenrechte und Rechte der Natur eine gleichrangige Geltungskraft besitzen. Beide besitzen die gleiche Geltung. Mitglieder derselben Rechtsgemeinschaft haben grundsätzlich die gleichen Rechte und Pflichten. Zwischen Mensch und Natur besteht deshalb juristische Waffengleichheit. Demnach sollten ökologische Eigenrechte und Nachhaltigkeitspflichten Verfassungsrang haben.[48] Wenn Menschenrechte durch verfassungsrechtliche Garantien geschützt werden, dann sind auch Rechte der Natur durch ihren Verfassungsrang zu schützen. Menschen und Natur haben demnach gleichermaßen Verfassungsrang. Naturgüter sind als verfassungsrechtlich geschützte Güter zu betrachten. Das verfassungsmäßige Gebot »Eigentum verpflichtet« (Art. 14 Abs. 2

48 Siehe zum globalen Konstitutionalismus der Naturrechte: James R. May, Erin Daly, *Global Environmental Constitutionalism*, New York 2015, S. 255-272; Klaus Bosselmann, *The Principle of Sustainability*, Abingdon und New York 2016.

GG) ist deshalb über die bisherige Rechtsprechung zur Sozialpflichtigkeit hinaus auch auf die Nachhaltigkeitspflicht auszuweiten: Eigentum verpflichtet nicht nur zur sozialen Gerechtigkeit, sondern auch zur ökologischen Nachhaltigkeit.[49] Denn die Eigentumsrechte der Natur verpflichten zur Nachhaltigkeit ihrer Nutzung.

Die Rechtsgleichheit ergibt sich aus dem zuvor Gesagten – dass Mensch und Natur derselben Rechtsgemeinschaft angehören – und trägt zur Robustheit von Nachhaltigkeitspflichten bei, um den ökonomischen Funktionserfordernissen standzuhalten. Mitglieder derselben Rechtsgemeinschaft haben die gleichen Pflichten einander gegenüber. Nachhaltigkeitspflichten gegenüber der Natur zählen genauso viel wie Pflichten gegenüber Menschen. Sie lassen sich deshalb den ökonomischen Funktionserfordernissen nicht unterordnen. Verwüstungen durch Bergbauindustrien, Artensterben durch industrielle Landwirtschaft, Überfischung und Versauerung der Meere werden als so schwerwiegend wie Verletzungen von Menschenrechten gewertet. Ebenso wenig wie die Verletzung von Menschenrechten durch ein Unternehmen zu dulden ist, darf hingenommen werden, dass es ökologische Pflichten verletzt. Nachhaltigkeitspflichten haben hier also eine hinreichend robuste Geltung, um ökonomische Imperative abzuwehren.

Ängste, eine gleichrangige Geltung von Menschenrechten und Rechten der Natur gebe die Würde als Alleinstellungsmerkmal des Menschen preis, sind unbegründet. Die Grenze zwischen Menschenwürdegarantie und ökologischen Eigenrechten wird keineswegs eingerissen, da eine normative Grundunterscheidung erhalten

49 Siehe zum Vorschlag der eigentumsrechtlichen Ökologiepflichtigkeit allgemein Jörg Leimbacher, *Die Rechte der Natur*, Basel 1988, S. 268-273, und aus rechtswissenschaftlicher Sicht Klaus Bosselmann, *Ökologische Grundrechte. Zum Verhältnis zwischen individueller Freiheit und Natur*, Baden-Baden 1998, S. 124; Detlef Czybulka, »Die Ökologiepflichtigkeit des Waldeigentums«, in: ders., Wolfgang Köck (Hg.), *Forstwirtschaft und Biodiversität im Wald*, Baden-Baden 2022, S. 175-198; Kersten, »Die Rechte der Natur und die Verfassungsfrage des Anthropozän«, S. 112; ders., »Die dritte Revolution«, S. 97. Jens Kersten leitet hier die Ökologiepflichtigkeit des Eigentums aus der Verbindung der Allgemeinwohlbindung des Eigentums (Art. 14 Abs. 2 GG) und der ökologischen Staatszielbestimmung (Art. 20a GG) her. Darüber hinaus leitet er die ökologische Rechtssubjektivität aus weiteren Artikeln des Grundgesetzes – insbesondere Art. 19 Abs. 3 GG – in Verbindung mit dem Staatsziel Umweltschutz Art. 20a GG her; siehe Kersten, *Das ökologische Grundgesetz*, S. 101.

bleibt.[50] Denn Menschen haben ein Recht auf die Nutzung der Natur, aber nicht umgekehrt die Natur ein Recht an den Menschen. Menschen tragen durch Bearbeitung und Wertkonstitution zur ökologischen Wertschöpfung bei und haben deshalb ein Recht auf das anteilige Eigentum an den natürlichen Ressourcen. Ebenso wird, wie wir gesehen haben, durch Ökosystemdienstleistungen zur Wertschöpfung beigetragen und damit ein Eigentumsrecht der Natur an ihren Ressourcen begründet: eben an ihren natürlichen Ressourcen und nicht an Menschen. Trotz der Rechtsgleichheit bleibt also eine normative Differenz zwischen Menschen und Natur bestehen. Weder sind Menschen Objekt eines Naturanspruchs, weil es kein Recht der Natur an den Menschen gibt, noch darf ihnen der Zugang zu natürlichen Ressourcen vollständig verschlossen sein, da sie durch Bearbeitung und Wertkonstitution sich ein Recht auf das anteilige Eigentum an ihnen sichern. Sofern Menschen grundsätzlich ein Nutzungsrecht an Naturgütern haben, wenn auch unter der Bedingung ihres Erhalts, kann der Fall nicht eintreten, dass ihnen ein schwerer Schaden durch den Schutz von Ökosystemen zugefügt wird. Die Rechte der Natur tasten daher die Würde des Menschen nicht an.

8.3.4 Universalismus

Die nachhaltigen Eigentumsrechte besitzen eine universelle Geltung. Dieser Universalismus wird ihnen durch ihre Begründung verschafft. Gründe verdanken ihren formalen Regeln eine kontextunabhängige Geltung, weil formale Regeln unabhängig von inhaltlichen Wertvorstellungen für jede Begründung gleich gelten. Gründe beanspruchen eine allgemeine Geltung. Sie lassen sich von jeder Person einsehen und gelten insoweit nicht nur für bestimmte Personen, sondern für alle vernünftigen Wesen. Jeder Person darf deshalb ihre Zustimmung zugemutet werden. Aufgrund der allgemeinen Zustimmungsfähigkeit gelten Normen, die ihre Geltungsbedingungen erfüllen, für jede Person gleich. Sofern nachhaltige

50 Weitere Gründe dafür, dass die Menschenwürdegarantie in einer ökologischen Rechtsordnung mit Rechten der Natur erhalten bleibt, werden ausgeführt in: ebd., S. 108 f.; Alfonso Donoso, »Toward a New Framework for Rights of the Biotic Community«, in: Daniel P. Corrigan, Markku Oksanen (Hg.), *Rights of Nature. A Re-Examination*, London und New York 2021, S. 140-155.

Eigentumsrechte ihre Geltungsbedingungen erfüllen, darf jeder Person auch die Zustimmung zu ihren Nachhaltigkeitspflichten zugemutet werden. Die universelle Geltung nachhaltiger Eigentumsrechte hat also zur Folge, dass entsprechende Nachhaltigkeitspflichten für alle gelten. Ihr Universalismus trägt damit zur Robustheit der Nachhaltigkeitspflichten bei, weil sich niemand auf Einwände zurückziehen kann, die erklären sollen, weshalb sie nicht akzeptiert werden müssten oder nicht bindend sein sollten.

Universelle Nachhaltigkeitspflichten gehen über den Standpunkt des Ökozentrismus hinaus. Zunächst teilen ökozentrische und nachmetaphysische Vorstellungen die Annahme eines normativen Eigensinns der Natur. Allerdings besitzen ökozentrische Vorstellungen über die Heiligkeit der Natur zwangsläufig eine nur lokale Geltung. Diese ist von begrenzter Reichweite, weil sie von kontextspezifischen Naturvorstellungen abhängt, die sich nicht verallgemeinern lassen, sondern lediglich für die Mitglieder einer bestimmten kulturellen oder religiösen Gemeinschaft gelten, die ein sakrales Naturverständnis teilt. Die Geltung ökozentrischer Vorstellungen lässt sich nur von einem bestimmten religiösen oder kulturellen Kontext her verstehen. Entsprechend grundierte Nachhaltigkeitsvorstellungen haben daher eine begrenzte Geltung und sind nur von geringer Durchschlagskraft. Sie reichen an die universalisierende Kraft von Gründen, deren Zustimmung von allen Personen erwartet werden darf, nicht heran. Demgegenüber besitzen eigentumsrechtlich verankerte Nachhaltigkeitspflichten kraft verallgemeinerbarer Gründe eine universelle Geltung, aufgrund deren ihnen eine größere Robustheit zukommt.

8.3.5 Endogene Nachhaltigkeit

In Zeiten globaler Ökologiekrisen geraten Gesellschaften unter einen hohen Veränderungsdruck. Ansteigende Meeresspiegel, Desertifikation, Häufung von Extremwettersituationen, Erhitzung, Abholzungen, Insektensterben, Grundwasservergiftung, Überfischung und Versauerung der Meere sowie steigender Verbrauch nicht vermehrbarer Güter wie Böden, Rohstoffe und natürlicher Speicher führen dazu, dass Produktionsverhältnisse, Konsumverhalten und Lebensweisen umgestellt werden müssen. So oder so werden sich gegenwärtige Gesellschaften angesichts der Ökologiekrisen verändern, daran führt kein Weg vorbei. Entweder werden sie sich den neuen Umweltbedingungen anpassen und eine *adaptive Transformation* durchlaufen. Veränderung findet hier allein als erzwungene Anpassung an die Folgen der Ökologiekrisen statt.[51] Oder sie steuern um und vollziehen eine *sozialökologische Transformation* in Richtung nachhaltiger Gesellschaften. Anstatt sich an die Folgen bloß anzupassen (Adaption), sollen zudem die Ursachen der Ökologiekrisen abgeschwächt werden (Mitigation), wodurch der mittlerweile unausweichliche Anpassungsdruck durch Abmilderungen so weit wie möglich reduziert würde. Zwar werden sich in Zukunft Gesellschaftsformationen selbst bei erfolgreichen Mitigationsanstrengungen an die irreversiblen Umwelt-, Klima- und Ressourcenveränderungen sowie ihre sozialen Folgen anpassen müssen, denn ohne Anpassung werden sie sich nicht stabilisieren können. Die sozialökologische Transformation erschöpft sich jedoch nicht in Anpassungsmaßnahmen. Sie treibt vielmehr die Gesellschaftsformation, die die Ökologiekrisen und damit den Anpassungsdruck überhaupt erst verursacht, über sich selbst hinaus. Dafür werden ihre eigenen Grundlagen gegen sie in Anschlag gebracht.[52]

Die sozialökologische Transformation zielt auf den Umbau von ressourcenintensiven, emissionsstarken und umweltschädigenden Wirtschaftsformen in nachhaltige Produktions- und Konsumptionsweisen. Dafür bedarf es der unwiderstehlichen Durchschlags-

51 Laut Romain Felli hat sich der Neoliberalismus seit den siebziger Jahren wiederholt mit neuen Strategien auf die Adaption festgelegt, weil nur durch Anpassung an die Folgen des Klimawandels das neoliberale Wirtschaftssystem so lange wie möglich erhalten werden kann. Siehe Romain Felli, *The Great Adaption: Climate, Capitalism and Catastrophe*, London und New York 2021.

52 Unter der »Anpassung« von Gesellschaften an ökologische Veränderungen lässt sich die Anerkennung der Grenzen verstehen, die den Gesellschaften durch die Natur und ihre Endlichkeiten (Ressourcen, Raum, Regeneration etc.) gezogen werden. Ein solcher unverfänglicher Begriff der Anpassung setzt sich gleichermaßen vom Konformismus als auch von »*adaptive[n] Transformationen*« (Philipp Staab, *Anpassung. Leitmotiv der nächsten Gesellschaft*, Berlin 2022, S. 188) ab, die für einen klimapolitischen Wandel *allein* auf Anpassung setzen. »Im Lichte des Primats der Selbsterhaltung geht es dabei nicht mehr um die Selbstheilungskräfte der Moderne, sondern *nur noch* um die Selbststabilisierung der adaptiven Gesellschaft« (ebd., S. 106; meine Hervorh., T. W.). Einen Gegenpol zum Konformismus bilde die adaptive Transformation insofern, als in ihr »Anpassung [...] Rebellion« wäre (ebd., S. 133) und »mit dem Selbstzweck der Kapitalakkumulation grundsätzlich bräche« (ebd., S. 197).

kraft einer Nachhaltigkeitspolitik, die wirkungsvoll eingreifen und gestalten kann. Der Gedanke einer *endogenen Nachhaltigkeit* hilft dabei, eine solche Kraft zu erklären. Die Gestaltungskraft speist sich aus der endogenen Nachhaltigkeit, die einer Gesellschaftsformation selbst innewohnt.

Mit der sozialökologischen Transformation verhält es sich wie mit dem Segeln gegen den Wind. Um gegen den Wind zu segeln, muss die Kraft des Windes genutzt werden. Nur *mit* der Kraft des Windes gelingt es, sich *gegen* ihn fortzubewegen. Genauso vollzieht sich die sozialökologische Transformation. Einer Gesellschaftsformation lässt sich wirkungsvoll nur gegensteuern, wenn ihre eigenen normativen Grundlagen genutzt werden. Um sich gegen sie zu wenden, muss man sich ihrer eigenen Logik bedienen. Kraft ihrer eigenen Geltungslogik wird sie über sich selbst hinausgetrieben. Es werden die normativen Grundlagen gegenwärtiger Gesellschaften – Freiheit, Eigentum und Naturnutzung – angezapft, um sie in Richtung Nachhaltigkeit zu lenken. Damit sich ihre Fehlentwicklungen und Missverhältnisse überwinden lassen, werden die eigenen Grundlagen gegen den Strich gebürstet. *Mit* ihren Grundlagen wird *gegen* eine Gesellschaftsformation gehandelt.

Als Hebel hierfür wirkt das Eigentumsrecht. Eigentumsrechte bilden die normative Grundlage heutiger Gesellschaftsformationen und, dafür habe ich argumentiert, schließen ökologische Nachhaltigkeitspflichten ein. Nachhaltigkeit wohnt einer Gesellschaftsformation als endogener Bestandteil inne, weil sie sich aus ihren eigenen Eigentumsrechten herleitet. Endogene Nachhaltigkeit lässt sich demnach im Rückgriff auf das Argument liminalen Eigentums erklären. Die Liminalität nachhaltigen Eigentums hat sich bislang folgendermaßen ergeben: Eigentumsrechte rechtfertigen sich aus der werttheoretischen Regel, dass eine Wertschöpfung zum Eigentum an den Erträgen berechtigt; dieselbe Regel trifft auch auf Ökosystemdienstleistungen zu; deshalb besitzt die Natur Eigentumsrechte – das ist das eigentumstheoretische Argument für die Rechte der Natur. Die Eigentumsrechte der Natur wiederum verpflichten zur ökologischen Nachhaltigkeit – das ist das eigentumstheoretische Argument der Nachhaltigkeit. Wie man hieran sieht, liegt der Grund für Nachhaltigkeit im Eigentumsrecht selbst. Ökologische Nachhaltigkeit rechtfertigt sich aus demselben Grund, dem auch Eigentumsrechte ihre Geltung verdanken. Eigentum wird somit durch ökologische Pflichten begrenzt, die ihm selbst innewohnen. Es wird mit seinen eigenen Waffen geschlagen.

Ökologische Nachhaltigkeit ist also ein endogener Bestandteil heutiger Gesellschaftsformationen, weil sie sich aus der Geltungslogik des Eigentums herleitet und die Gestalt von nachhaltigen Eigentumsrechten annimmt. Dadurch gewinnt ihre Geltung die nötige Robustheit, um sich gegen ökonomische Systemerfordernisse durchzusetzen. Wenn den Nachhaltigkeitspflichten eine Geltung kraft desselben Grundes verliehen wird, dem auch die Eigentumsrechte ihre Geltung verdanken, dann kann der Nachhaltigkeitsschutz nicht widerspruchsfrei durch ökonomische Eigentumsimperative ausgehebelt werden. Nachhaltigkeitspflichten können nicht auf dem Altar ökonomischer Eigentumsrechte geopfert werden, ohne dass Letztere selbst ihre Geltung einbüßen. Denn mit der Missachtung von Nachhaltigkeitspflichten würde derselbe Grund geschwächt werden, dem ökonomische Eigentumsrechte ihre Geltung verdanken. Nachhaltigkeitspflichten können sich somit kraft ihrer robusten Geltung ökonomischen Systemlogiken widersetzen.

Endogene Nachhaltigkeit unterläuft daher den oben beschriebenen Dualismus von Moral und Wirtschaft. Nachhaltigkeitspflichten verselbstständigen sich hier erst gar nicht zu einer moralischen Sphäre, die von ökonomischen Eigentumsrechten losgelöst ist. Moralische Appelle individueller oder kollektiver Verantwortung und ethische Weltbilder einer beseelten Natur bleiben Fremdkörper, die gegen die Funktionslogiken der Eigentumsgesellschaften wenig ausrichten können. Sie prallen an den wirtschaftlichen, rechtlichen und politischen Systemerfordernissen ab. Es ist sinnlos, Gesellschaftsformationen aufzufordern, einem Ziel zu folgen, das nicht ihrer eigenen Logik entstammt. Beispielsweise gehören Pflichten gegenüber zukünftigen Generationen und das Wirtschaftswachstum den unterschiedlichen Geltungsbereichen von Moral und Ökonomie an. Sie rechtfertigen sich aus je anderen Gründen und folgen daher jeweils einer eigenen Logik. Moral und Wirtschaft bilden hier zwei selbstständige Sphären von ungleicher Geltungskraft.

Anstatt immerzu Forderungen von außen an die Gesellschaftsformation heranzutragen, sollte besser versucht werden, sie von innen zu verändern. Das ist nicht nur möglich, sondern auch der einzige Weg zum Erfolg. Er wird dadurch beschritten, dass gegen sie eine endogene Nachhaltigkeit in Anschlag gebracht wird, die ihren eigenen Grundlagen entstammt. Noch einmal: Eigentumsrechte und Nachhaltigkeitspflichten gehören der gleichen Geltungssphäre an, und eben weil sie von vornherein nicht getrennt sind, müssen sie im Nachhinein auch nicht aufwendig ausbalanciert werden. Sie teilen sich denselben Geltungsgrund und kommen somit einem Dualismus von Moral und Wirtschaft zuvor.

Ökologische Nachhaltigkeit ist also in den bestehenden Gesellschaften selbst angelegt. Sie bildet eine endogene Ökologienorm, die die Richtung vorgibt, in die gegenwärtige Gesellschaften zu transformieren sind. Ihre Transformation hin zu nachhaltigen Produktions- und Konsumweisen wird durch die Geltungslogik ihrer eigenen normativen Grundlagen angetrieben. Um auf den Pfad zu nachhaltigen Gesellschaften zu gelangen, muss also nicht Neues erfunden, sondern nur konsequent angewandt werden, was in ihren Eigentumsordnungen ohnehin schon angelegt ist.

8.3.6 Delegitimation

Sollen Eigentumsrechte als berechtigte Ansprüche gelten, müssen sie die Bedingungen erfüllen, die ihnen eine solche Geltung verschaffen. In Bezug auf Naturgüter werden diese Geltungsbedingungen erfüllt, wenn den Eigentumsrechten eine ökologische Rechtsnorm innewohnt. Nur als nachhaltige Eigentumsrechte verdienen sie eine normative Geltung, die sie vor Verletzungen schützen soll. Im Umkehrschluss folgt daraus, dass Eigentumsrechte ihre Geltungsbedingungen nicht erfüllen und somit ihre Geltung verlieren, wenn sie die ökologische Rechtsnorm nicht anerkennen. Geltungsbedingungen sorgen nicht nur dafür, dass Eigentumsrechte ihre Geltung erhalten, sondern auch behalten. Büßen sie ihre Geltung ein, geht auch der Eigentumsschutz verloren. Bestehende Eigentumsrechte werden delegitimiert. Eigentumsrechte entziehen sich den ökologischen Pflichten nur um den Preis des eigenen Legitimationsverlustes.

Der Verlust ihrer Geltung und ihres Schutzes schafft die Voraussetzung dafür, bestehende Eigentumsrechte anzupassen und durch nachhaltige Eigentumsrechte zu ersetzen. Ohne Eigentumsschutz sinkt die Schwelle, um bestehende Eigentumsrechte zurückzubauen. Mit der Infragestellung bestehender Eigentumsrechte zugunsten ökologischer Nachhaltigkeit wird ein Eigentumsschutz nicht verletzt, sondern im Gegenteil befördert, weil mit ihr die Eigentumsrechte der Natur geschützt werden. Wenn Umweltaktivisten beispielsweise das Gelände eines Energiekonzerns besetzen, der meint, über bestimmte natürlichen Ressourcen allein verfügen zu dürfen, dann wird damit kein Eigentum verletzt, sondern umgekehrt das Eigentum der Natur geschützt. Mit der Verletzung bestehender Eigentumsrechte zum Ziel ökologischer Nachhaltigkeit wird das Eigentumsrecht nicht missachtet, sondern vielmehr geschützt, weil mit der Anerkennung der Eigentumsrechte der Natur die Geltungsbedingungen erfüllt werden, unter denen Eigentum als berechtigter Anspruch gilt.[53]

Die ökologische Eigenrechtsidee erhöht somit die Chancen, ökologische Nachhaltigkeit gegen bestehende Eigentumsrechte durchzusetzen, die fälschlicherweise als unüberwindbar erscheinen. Der Schein eines unabänderlichen, in Stein gemeißelten Eigentums wird aufgehoben, indem daran erinnert wird, dass bestehende Eigentumsrechte nicht den Schutz verdienen, den sie beanspruchen. Sie verdienen diesen Schutz nicht, weil sie erstens ihre eigenen Geltungsbedingungen nicht erfüllen, weil sie zweitens selbst die schutzwürdigen Eigentumsrechte der Natur verletzen und weil sie drittens damit ihrem eigenen Selbstverständnis des Eigentumsschutzes widersprechen. Bestehende Eigentumsrechte werden durch ihre Delegitimierung wieder gestaltbar. Verkrustete Eigentumsvorstellungen, die zum Teil noch aus der Frühzeit der Industrialisierung im 18. Jahrhundert stammen, werden so aufgebrochen und für ein zeitgemäßes Eigentumsverständnis im Anthropozän neu gestaltet.

8.3.7 Strukturelle Intervention

Eigentumsrechte sind die Stellschrauben einer Gesellschaftsformation, mit denen die sozialen Beziehungen und Wirtschaftsweisen strukturell gestaltet werden. Indem ökologische Nachhaltigkeit vermittelt über Eigentumsrechte Eingang in eine Gesellschaftsformation erhält, vermag sie in strukturbildender Weise auf die Produktions- und Konsumptionsverhältnisse einzuwirken. Nachhaltige Eigentumsrechte entfalten eine Interventionskraft struktureller Art. Wird ökologische Nachhaltigkeit von außen gegen wirtschaftliche

53 Ein Fallbeispiel für diese Delegitimation präsentiere ich unten in Kap. 9.2.

Systemerfordernisse in Anschlag gebracht, prallen die Transformationsbestrebungen an ihnen zumeist ab. Mit der Ökologisierung der Eigentumsrechte wird hingegen ein Zugriff auf die Eigenlogiken der Produktions- und Konsumptionsverhältnisse gewonnen. In Gestalt von Eigentumsrechten dringt ökologische Nachhaltigkeit tief in die Systemerfordernisse ein und verändert sie strukturell. Durch die Ökologisierung der Eigentumsrechte werden also die Grundstrukturen einer Gesellschaftsformation verändert und in Richtung Nachhaltigkeit umgestaltet. Zu dieser sozialökologischen Transformation nun mehr.

9
Sozialökologische Transformation

Der globalen Dimension gegenwärtiger Ökologiekrisen wird durch den Begriff des Anthropozäns Ausdruck verliehen.[54] Ein geologisches Zeitalter ist erstmalig menschengemacht, indem Produktions- und Konsumptionsverhältnisse erdgeschichtliche Folgen zeitigen. Ihre Auswirkungen drücken sich in Gestalt von Erderwärmung, Artensterben, Ressourcenerschöpfung und Globalvermüllung aus. Dass diese anthropogenen Ökologiekrisen ein globales Ausmaß haben, gilt nicht nur im Hinblick auf die weltumspannenden Symptome, die an unzähligen Orten gleichzeitig auftreten, sondern auch im Hinblick auf ihre weltumfassende Ursache. Das Vogel- und Insektensterben in Mitteleuropa, Waldbrände von Kalifornien über Sibirien bis Australien, der Große Pazifische Müllteppich, Förderung fossiler Brennstoffe in den Biosphären Yasuní und Okavango, Regenwaldrodungen in Brasilien und Indonesien, Feinstaubbelastungen in Neu-Delhi und Peking, vergiftete Flüsse in Peru und Chicago, Küstenerosionen, Überschwemmungen und Versalzung des Grundwassers durch ansteigende Meeresspiegel in

54 Der Begriff des Anthropozäns wurde zur Kennzeichnung eines hausgemachten Klimawandels eingeführt und verweist auf vier Merkmale: (1) Der Mensch wird zur »geologischen Kraft« (Paul J. Crutzen, Eugene F. Stoermer, »The Anthropocene«, in: *Global Change Newsletter* 41 [2000], S. 17 f.), wobei dieser Zeitpunkt unterschiedlich bestimmt wird: mit dem Beginn des Ackerbaus (William F. Ruddiman, »The Anthropocene«, in: *Annual Review of Earth and Planetary Sciences* 41 [2013] S. 45-68), des Kolonialismus (Simon L. Lewis, Mark A. Maslin, »Defining the Anthropocene«, in: *Nature* 519 [2015], S. 171-180), der Industrialisierung (Paul J. Cruzen, »Geology of Mankind«, in: *Nature* 415 [2002], S. 23) oder mit dem steilen Anstieg von Kohlendioxidemissionen im Zeitraum der »großen Beschleunigung« von 1945 bis 2015 (Will Steffen u. a., »The Anthropocene. Are Humans Now Overwhelming the Great Forces of Nature?«, in: *Ambio* 36 [2007], S. 614-621). (2) Durch die geophysische Einflussnahme wird die strikte Trennung von Kultur und Natur hinfällig. (3) Die Welt wird aus einer planetarischen Perspektive als ein Erdsystem betrachtet, das einen interaktiven Zusammenhang bildet. (4) Die verhältnismäßig kurze Menschheitsgeschichte wird in eine wesentlich längere Naturgeschichte eingebettet, um eine anthropozentrische Sichtweise aufzubrechen (Dipesh Chakrabarty, *Das Klima der Geschichte im planetarischen Zeitalter*, Berlin 2022).

Vietnam und Dänemark, Ernteausfälle in Kenia und Pakistan sind lokale Erscheinungsweisen eines globalen Phänomens. Sie treten zwar in bestimmten Regionen auf, gehen aber auf dieselbe Ursache zurück.

Ihre gemeinsame Ursache liegt im Wirtschaftssystem. Sie werden von denselben Produktions- und Konsumptionsverhältnissen verursacht, die auf der Extraktion billiger Naturgüter, der Externalisierung von Kosten und den Steigerungslogiken ökonomischen Wachstums beruhen. Die weltweiten Ökologiekrisen gehen auf dasselbe Wirtschaftssystem zurück. Dabei sind innerhalb von diesem die krisenverursachenden Anteile ebenso ungleich verteilt wie die krisenhaften Folgen. So tragen globaler Norden und Süden ungleich zur Erderwärmung bei: Ein Bewohner Nordamerikas emittiert im Durchschnitt dreizehn Mal so viel Kohlendioxid wie ein Bewohner von Subsahara-Afrika; in Europa und Zentralasien sind es immerhin noch sieben Mal so viel.[55] Während beispielsweise in Malawi durchschnittlich je Einwohner 0,1 Tonnen Kohlendioxid jährlich ausgestoßen werden, schlagen in Deutschland 11,3 Tonnen zu Buche.[56] Zu unterscheiden ist auch zwischen Subsistenzemissionen, die im globalen Süden vorherrschen, und Luxusemissionen, die sich weitgehend auf den globalen Norden beschränken.[57] Die Emissionen sind jedoch nicht nur zwischen globalem Norden und Süden ungleich verteilt, sondern auch zwischen oberen und unteren Schichten der globalen Gesellschaft. Das oberste eine Prozent der Weltbevölkerung stößt mehr Treibhausgase aus als die untere Hälfte insgesamt; die oberen zehn Prozent sind sogar für das Achtfache der Treibhausgasemissionen verantwortlich, die von der unteren Weltbevölkerungshälfte erzeugt werden. Während beispielsweise ein Prozent der Menschheit vorwiegend aus dem Norden für die Hälfte des Kerosinverbrauchs aufkommt, fliegen 90 Prozent der Weltbevölkerung gar nicht.

Der globale Norden ist nicht nur Hauptverursacher der Öko-

55 Wenn nicht anders angegeben, stammen die folgenden Zahlen aus: Lucas Chancel u. a., *World Inequality Report 2022*, Amsterdam 2022, S. 114-135.

56 Auf der Homepage des World Resources Institute werden die Daten über den Kohlendioxidausstoß fortlaufend aktualisiert, siehe ⟨www.wri.org/data/cait-climate-data-explorer⟩, letzter Zugriff 24.1.2023.

57 Den Unterschied zwischen Subsistenzemissionen und Luxusemissionen erläutert Henry Shue, *Climate Justice. Vulnerability and Protection*, Oxford 2014, S. 47-67.

logiekrisen, sondern auch der größte Profiteur, wurde doch sein Industrialisierungsvorsprung gegenüber dem Süden durch die ressourcenintensive und emissionsstarke Gesellschaftsformation möglich, deren Folgen die Ökologiekrisen sind. Um diese nun zu bekämpfen, kann deshalb vom globalen Süden ein Verzicht auf die Extraktion eigener Ressourcen und der sofortige Einstieg in nachhaltige Wirtschaftsweisen nicht erwartet werden, ohne dass der Norden für dieses Überspringen der fossilen Industrialisierungsstufe (*leapfrogging*) aufkommt. Trotz dieser Ungleichheiten gehen die Ökologiekrisen auf dieselbe weltumfassende Wirtschaftsweise zurück. Zu globalen Krisen werden sie erst, indem sie durch eine Wirtschaftsweise verursacht werden, die sich weltweit durchgesetzt hat.

Um den Ökologiekrisen zu entkommen, muss sich deshalb die Wirtschaftsweise ändern. Veränderte Produktions- und Konsumptionsweisen sind unvermeidlich, wenn die Erderwärmung gebremst, das Artensterben aufgehalten, die Ressourcenerschöpfung hinausgeschoben und die Globalvermüllung begrenzt werden soll. Den globalen Ökologiekrisen kann nur durch eine Korrektur der sie verursachenden weltweiten Wirtschaftsweise gegengesteuert werden. Die bisherigen Rechte der Natur von Ecuador über Neuseeland bis Kolumbien, die Schädigungen von je bestimmten Gewässern, Landschaften und Wäldern durch einzelne Bergbau-, Agrar- und Energieunternehmen sowie illegalen Raubbau abwehren sollen, reichen dafür nicht aus. Mit ihnen lassen sich die Ozeane, die Atmosphäre und die Ökosphäre im Ganzen nicht vor den Extraktionslogiken und Wachstumsdynamiken einer globalen Wirtschaftsweise schützen. Sollen Rechte der Natur einen Ausweg aus den ökologischen Krisen weisen, müssen sie die globale Wirtschaftsweise verändern können. Es bedarf einer sozialökologischen Transformation der Gesellschaftsformationen hin zu nachhaltigen Produktions- und Konsumptionsweisen.

Diese sozialökologische Transformation vollzieht sich durch die Institutionalisierung nachhaltiger Eigentumsrechte.[58] Gewiss, die

58 Der für die sozialökologische Transformation zentrale Zusammenhang von Ökosystemdienstleistungen, Eigentumsrechten der Natur und Nachhaltigkeit wird angedeutet von Klaus Dörre: »Einzubeziehen [für eine sozialökologische Transformation] ist die Arbeit der Natur, die sich in einem metabolischen Wert ausdrückt, der anders gemessen werden muss als konventionelles Wirtschafts-

Ökologisierung von Eigentumsrechten ist eine Operation am offenen Herzen des Kapitalismus, denn sie entzieht ihm wesentliche Grundlagen. Private Eigentumsrechte an Naturgütern bilden die Grundlage für Extraktion und Wachstum. Mit ihrer Überführung in nachhaltige Eigentumsrechte verändert sich deshalb seine Logik im Ganzen. Mit ihnen wird nicht bloß ein neues Eigentumsrecht hinzugefügt, sondern werden die Eigentumsverhältnisse insgesamt verändert. Mit der Ökologisierung der Eigentumsrechte wird der herkömmlichen Wirtschaftsweise der Boden entzogen.

Gesellschaftsformationen werden in Richtung ökologischer Nachhaltigkeit überführt, indem nachhaltige Eigentumsrechte eingerichtet werden. Nachhaltige Eigentumsrechte haben dabei eine zweifache Erscheinungsweise. Sie sind ausstehende Rechte, die es in Zukunft zu kodifizieren gilt (*de lege feranda*), und zugleich endogener Bestandteil gegenwärtiger Rechtsordnungen. Nachhaltige Eigentumsrechte sind eine Rechtsinnovation, die es in bestehenden Rechtsordnungen bislang nicht gibt. Wie wir aber gesehen haben, bilden bestehende Rechtsordnungen selbst den Ausgangspunkt ihrer Entwicklung. Weder müssen bestehende Rechte abgeschafft noch neue Rechte ersonnen werden. Vielmehr kann die Entwicklung nachhaltiger Eigentumsrechte am geltenden Recht anknüpfen. Für nachhaltige Eigentumsrechte kann somit auf reale Praktiken des Rechts zurückgegriffen werden; ihre normativen Grundlagen sind bereits im Bestehenden angelegt und aus ihm lediglich zu entfalten. Nachhaltige Eigentumsrechte gehen demnach aus einer immanenten Rechtsentwicklung hervor. Ihre Immanenz besteht, wie wir gesehen haben, darin, dass reale Rechtspraktiken bereits die normativen Grundlagen für nachhaltige Eigentumsrechte einschließen. Nachhaltige Eigentumsrechte sind insofern nichts anderes als ein ungenutztes Potenzial, das nur gehoben werden müsste: aus den bestehenden Rechten der Natur und aus geltenden

wachstum. Dieser metabolische Wert benötigt Eigentumsformen jenseits des kapitalistischen Besitzes von Produktionsmitteln. Er muss sich in Institutionen Geltung verschaffen, die der Natur eine eigene Stimme verleihen. Er fordert eine Rechnungsweise, die positive wie negative Externalitäten transparent macht und der kapitalistischen Produktionsweise so den Schein von Effizienz und Effektivität nimmt, von dem sie lebt.« Klaus Dörre, »Nachhaltigkeitsziele – normative Grundlage einer nächsten Gesellschaft«, in: Neckel/Degens/Lenz (Hg.), *Kapitalismus und Nachhaltigkeit*, S. 197-220, hier: S. 216.

Eigentumsrechten. Beide Rechtspraktiken sind zusammenzuführen und bilden gemeinsam den Ausgangspunkt für eine ökologische Rechtsentwicklung.

Was die erstgenannte Rechtspraxis angeht, so braucht nur daran erinnert zu werden: Rechte der Natur sind eben keine Traumtänzerei, sondern eine reale Rechtspraxis (*de lege lata*) in einer weltweit wachsenden Zahl von Rechtsordnungen von Ecuador über die USA bis Neuseeland. Nachhaltige Eigentumsrechte finden ihre Anschlussfähigkeit an die mittlerweile bewährte Rechtspraxis, der Natur Rechtssubjektivität zu verleihen. Um zu nachhaltigen Eigentumsrechten zu gelangen, muss diese Rechtspraxis nur weiterentwickelt werden, und zwar unter nachmetaphysischen Prämissen, indem die ökozentrische Grundlage in eine normative Grundlage übersetzt wird, deren Begründung die Standards verallgemeinerbaren Wissens erfüllt. Dies gelingt im Rückgriff auf geltendes Eigentumsrecht. Die bisherigen Rechte der Natur werden also zu Eigentumsrechten der Natur weiterentwickelt, indem sie in der Rationalität geltender Eigentumsrechte verankert werden.

Diese Rationalität geltenden Eigentumsrechts ist die zweite Rechtspraxis, an die nachhaltige Eigentumsrechte anschließen können. Bestehende Eigentumsrechte realisieren zwar keine Nachhaltigkeitsnorm, aber die Rechtsentwicklung muss nicht ganz von Neuem anfangen, um zu nachhaltigen Eigentumsrechten zu gelangen, da sich diese aus den bestehenden Eigentumsrechten herleiten lassen. Bestehende Eigentumsrechte werden in nachhaltige Eigentumsrechte überführt, indem sie ihren eigenen Geltungsbedingungen zunehmend entsprechen. Sie müssen zu nachhaltigen Eigentumsrechten ausgestaltet werden, damit sie die Bedingungen erfüllen, unter denen Eigentum überhaupt seine Geltung erhält. Es sind also lediglich die Geltungsbedingungen zu rekonstruieren, die von bestehenden Eigentumsrechten vorausgesetzt werden, und Eigentumsrechte anschließend so auszugestalten, dass sie diese Geltungsbedingungen erfüllen. Die Geltungsbedingungen, denen nachhaltiges Eigentum seine normative Geltung verdankt, werden somit bereits von bestehenden Eigentumsrechten vorausgesetzt. Die normative Grundlage für nachhaltige Eigentumsrechte lässt sich also insofern einer geltenden Rechtspraxis entnehmen, als deren Voraussetzungen nur ausdrücklich gemacht und als normative Grundlage für nachhaltige Eigentumsrechte genutzt werden müssen.

Damit schließt sich der Kreis einer sozialökologischen Transformation, in der bestehende Eigentumsrechte Ausgangspunkt und nachhaltige Eigentumsrechte Zielpunkt sind. Erstens sind *nachhaltige Eigentumsrechte* erst noch zu realisieren, um eine sozialökologische Transformation einzuleiten. Zweitens besteht ihr normativer Gehalt im *normativen Eigensinn* einer an sich erhaltenswerten Natur. Drittens leitet sich dieser normative Eigensinn aus der *Rationalität geltender Eigentumsrechte* her. Viertens besteht diese Rationalität in den *Geltungsbedingungen*, die von Eigentumsrechten erfüllt sein müssen, um Geltung zu besitzen. Fünftens werden diese Geltungsbedingungen von *bestehenden Eigentumsrechten* faktisch vorausgesetzt. Sie bilden eine von der Rechtspraxis verkörperte Rationalität. Insoweit spannt sich ein Bogen von der realen Rechtspraxis zu einem normativen Eigensinn, der in Gestalt ökologischer Eigenrechte erst noch zu realisieren ist.

Was bislang offenbleibt, ist die Frage nach den Akteuren, die sich der sozialökologischen Transformation annehmen. Wie bereits gesehen, ist die Gesetzgebung die treibende Transformationskraft, weil sie in der Lage ist, entsprechende Eigentumsrechte zu schaffen. Aufgrund der politischen Macht, nachhaltige Eigentumsrechte zu setzen und durchzusetzen, übernimmt zunächst der Gesetzgeber die Rolle, die sozialökologische Transformation voranzutreiben. Allerdings sind dafür auch Gerichtsbarkeiten und die Zivilgesellschaft erforderlich, die die Gesetzgebung flankieren. Gesetzgebung, Rechtsprechung und Zivilgesellschaft ergänzen sich zu einem Ensemble von Transformationskräften. Nur im Verbund sorgen sie für ein Gelingen der sozialökologischen Transformation.

Die advokatorische Rechtswahrnehmung im Namen der Natur erstreckt sich somit auch auf die Transformationskräfte, mit deren Hilfe nachhaltige Eigentumsrechte eingerichtet werden, und erschöpft sich also keineswegs in der stellvertretenden Ausübung bereits bestehender Rechte, wenn beispielsweise eine gesetzliche Klagebefugnis von Stellvertreterinnen wahrgenommen wird. Vielmehr werden die Rechte der Natur zuvor schon vom Gesetzgeber, von Gerichtsbarkeiten und zivilgesellschaftlicher Bewegungen vertreten, indem sie für die Schaffung nachhaltiger Eigentumsrechte sorgen. Ökosysteme sind nicht imstande, Rechte vor Gericht einzuklagen, und ebenso wenig können sie sich Rechte geben und erkämpfen. Schon im Verfahren der Institutionalisierung ihrer

Rechte bedürfen sie daher einer Stellvertretung. Rechte der Natur werden von Transformationskräften stellvertretend ausgeübt, die nachhaltige Eigentumsrechte zu etablieren vermögen. Gesetzgebung, Rechtsprechung und Zivilgesellschaft nehmen also die Rechte der Natur stellvertretend wahr, indem sie dazu beitragen, nachhaltige Eigentumsrechte zu schaffen.

Die sozialökologische Transformation setzt dabei eine durchsetzungsfähige Macht voraus, die nachhaltige Eigentumsrechte im Widerstreit mit bestehenden Rechten in Kraft setzt. Nachhaltige Eigentumsrechte werden nicht in einem luftleeren Raum institutionalisiert. Vielmehr müssen sie in bestehenden Gesellschaftsformationen gegen etablierte Institutionen, existierende Rechtsordnungen und eingespielte Routinen erstritten werden. Bestehende Eigentumsrechte müssen ihnen erst weichen. Die sozialökologische Transformation vollzieht einen Umbruch, in dem Bestehendes aufgebrochen wird, um Raum für Neues zu schaffen. Dazu bedarf es einer Durchschlagskraft, die nachhaltige Eigentumsrechte an die Stelle bestehender Eigentumsrechte zu setzen vermag. Die Transformationskräfte treten deshalb in den Gestalten von Macht auf: als die politische Macht des Gesetzgebers, Rechte zu beschließen, als die juridische Macht der Gerichte, Rechte zu interpretieren, und als die soziale Macht, notfalls mittels zivilen Ungehorsams gegen Gesetze aufzubegehren. Gesetzgebung, Rechtsprechung und ziviler Ungehorsam sind Gestalten der Macht, um im Namen der Natur ihre Rechte zu vertreten und als nachhaltige Eigentumsrechte umzusetzen. Die politische und die juridische Macht treiben die Rechtsentwicklung voran, indem aus geltendem Eigentumsrecht nachhaltige Eigentumsrechte hergeleitet werden (9.1). Die soziale Macht wird hingegen als zivilgesellschaftliche Kritik des Eigentums ausgeübt, die bisweilen die Gestalt zivilen Ungehorsams annehmen kann (9.2).

9.1 Rechtsentwicklung

Nachhaltige Eigentumsrechte bilden sich in einem evolutionären Prozess der Rechtsentwicklung aus. Die Evolution des Rechts vollzieht sich auf der Grundlage seiner Geltungslogik. Rechte entwickeln sich weiter, indem sie ihrer eigenen Geltungslogik folgen;

und sie folgen ihr, indem die Geltungsbedingungen des Rechts (Konsistenz, Kohärenz, Faktizität, Transformation) fortschreitend realisiert werden. Unter »Evolution« ist die Entwicklung des Rechts aus seiner eigenen Geltungslogik heraus zu verstehen. Mit seinen Geltungsbedingungen wird nur realisiert, was im Recht selbst angelegt ist. Nachhaltige Eigentumsrechte sind das Ergebnis eines evolutionären Prozesses, in dem die Geltungsbedingungen des Eigentums zunehmend erfüllt werden. Sie bilden also eine evolutionäre Abzweigung geltenden Rechts, indem sie sich aus ihm als eine neue Unterart des Rechts herleiten.

Die sozialökologische Transformation vollzieht sich deshalb in Gestalt einer Evolution, die weder Reform noch Revolution ist. Neben der Reform und der Revolution stellt die Evolution eine dritte Art der Rechtsentwicklung dar. Geltendes Recht wird durch nachhaltige Eigentumsrechte weder reformiert noch revolutioniert, sondern evolutionär weiterentwickelt. Die mit ihnen verbundene Rechtsevolution liegt oberhalb der Reform und unterhalb der Revolution. Zum einen ist sie *mehr als eine Reform*, weil bestehende Rechte nicht nur den gesellschaftlichen Entwicklungen angepasst, sondern durch neuartige Rechte grundlegend ergänzt werden. Mit den nachhaltigen Eigentumsrechten werden Rechtsordnungen in zwei Hinsichten verändert.

Erstens werden mit den Rechten der Natur Rechtsordnungen um ein weiteres Rechtssubjekt ergänzt. Bestehende Rechtsordnungen anerkennen bislang nur Menschen, Körperschaften und Staaten als Rechtssubjekte. Mit den Eigentumsrechten der Natur wird den bestehenden Rechten ein weiteres Rechtssubjekt hinzugefügt und die Rechtsordnung grundsätzlich erweitert. Es ist eine qualitative Veränderung, wenn nicht nur Menschen und ihre Institutionen die Subjekte einer Rechtsordnung ausmachen, sondern eine nichtmenschliche und nichtgemachte Entität als weiteres Rechtssubjekt hinzutritt.

Zweitens werden mit den nachhaltigen Eigentumsrechten neuartige Freiheitsgrenzen institutionalisiert. Freiheiten werden in bestehenden Rechtsordnungen durch das liberale Prinzip gleicher Freiheit, durch Verletzungsverbote und durch das Gemeinwohl begrenzt. Mit nachhaltigen Eigentumsrechten werden nun Freiheiten durch Rechte nichtmenschlicher Entitäten – im Sinne liminalen Eigentums: von innen – begrenzt. Die Freiheitsbegrenzung durch

Rechte nichtmenschlicher Rechtssubjekte ist ebenfalls eine qualitative Veränderung bestehender Rechte. Rechtsordnungen werden durch die Erweiterung der Rechtssubjektivität und neuartige Freiheitsgrenzen also nicht nur reformiert, sondern qualitativ verändert.

Zum anderen ist die ökologische Rechtsevolution aber *weniger als eine Revolution.* Zu den großen politischen Revolutionen zählen die päpstliche Revolution im 11. Jahrhundert, die bürgerlichen Revolutionen des 18. Jahrhunderts in Nordamerika und Frankreich sowie die sozialistischen Revolutionen des 20. Jahrhunderts.[59] Ihr gemeinsames Merkmal ist der grundlegende Wandel einer Gesellschafts- und Rechtsordnung im Ganzen. In ihnen wird eine alte Ordnung durch eine neue ersetzt. So wird in den bürgerlichen Revolutionen die Monarchie durch die Demokratie abgelöst und der Absolutismus durch die individuelle Klagebefugnis gegen den Staat überwunden. In den sozialistischen Revolutionen tritt die Planwirtschaft an die Stelle des privat organisierten Markts und werden individuelle durch kollektive Eigentumsrechte ersetzt.

Die Einführung von Rechten der Natur erfolgt nicht durch einen solchen revolutionären Umbruch. Naturrechte und subjektive Rechte gelten vielmehr nebeneinander und zeichnen sich durch ihre Kohabitation aus. Sie werden nicht gegeneinander ausgespielt, sondern ergänzen einander. Das Eigentum an Natur soll nicht überwunden werden, als wäre Natur ein eigentumsloses Gut. Eigentumsrechte werden vielmehr zu universellen Rechten ausgeweitet, die auch der Natur zustehen. Zudem sollen subjektive Rechte nicht abgeschafft, sondern so ausgebaut werden, dass sie ihrer Geltung gerecht werden. Eigentumsrechte werden zwar durch Nachhaltigkeitspflichten begrenzt, zugleich aber in ihrer Geltung gestärkt. Denn erst mit den Nachhaltigkeitspflichten werden die Geltungsbedingungen des Eigentums erfüllt und gewinnen die subjektiven Eigentumsrechte somit an Geltung hinzu. In der sozialökologischen Transformation werden also geltende Eigentumsrechte begrenzt und zugleich gestärkt. Obwohl geltendes Recht durch

59 Siehe zum Rechtscharakter der Revolutionen im Allgemeinen Hauke Brunkhorst, *Critical Theory of Legal Revolutions. Evolutionary Perspectives*, New York und London 2014; und zur päpstlichen Revolution im Besonderen Harold Berman, *Law and Revolution. The Formation of the Western Legal Tradition*, Cambridge 1983.

nachhaltige Eigentumsrechte grundlegend verändert wird, treten diese nicht an seine Stelle, sondern werden vielmehr aus ihm hergeleitet. Das ist Evolution, nicht Revolution.

Die sozialökologische Transformation vollzieht sich also in den Bahnen eines evolutionären Prozesses der Rechtsentwicklung und folgt dabei der Geltungslogik des Rechts. Rechte entwickeln sich dadurch, dass sie fortwährend den Bedingungen gerecht werden müssen, unter denen sie als berechtigte Ansprüche gelten. Diese inkrementelle Rechtsentwicklung wird durch gesellschaftliche Krisen angeheizt. Werden Krisen durch Rechte nicht überwunden oder von ihnen sogar verursacht, gerät ihre Geltung unter Druck. Sie müssen auch in solchen Krisenlagen noch als berechtigte Ansprüche gelten können. Ihre Geltung muss sich angesichts gesellschaftlicher Herausforderungen stets aufs Neue bewähren – indem sie ihre Geltungsbedingungen erfüllen. Rechte büßen in Krisen also nur dann ihre Geltung nicht ein, wenn sie so ausgestaltet werden, dass sie ihre Geltungsbedingungen auch in der jeweiligen Krisenlage erfüllen. Rechte werden zunehmend konkretisiert, modifiziert und differenziert, indem sie ihre Geltungsbedingungen angesichts ungelöster Herausforderungen besser erfüllen.

Angesichts der Herausforderungen von Erderwärmung, Artensterben, Ressourcenerschöpfung und Globalvermüllung geraten bestehende Eigentumsrechte unter Legitimationsdruck. Denn die Sachherrschaft über Naturgüter hat diese Ökologiekrisen erst möglich gemacht. Sacheigentum berechtigt dazu, über Naturgüter ebenso frei zu verfügen wie über Gebrauchsgüter. Begrenzte Naturgüter werden so durch Eigentumsrechte scheinbar unbegrenzt verfügbar gemacht. Durch ihre sachenrechtliche Kodierung werden Naturgüter mit anderen Sachen wie etwa Gebrauchsgütern gleichgesetzt, die sich unbegrenzt (re)produzieren lassen. Indem sie als eigentumsförmige Sachen kodiert werden, wird deshalb der Schein erzeugt, die Natur sei eine nie versiegende Quelle von Überfluss, die den Menschen unbegrenzt mit Ressourcen versorgen und von ihm uneingeschränkt genutzt werde könne. Somit ist die bisherige Ordnung der Eigentumsrechte eine Mitursache der gegenwärtigen Ökologiekrisen. Unter dem Druck ökologischer Krisen können Eigentumsrechte ihre Geltung nur bewahren, wenn sie ihre Geltungsbedingungen besser erfüllen. Diese werden in Gestalt nachhaltigen Eigentums erfüllt, wie die präsentierten Argumente der ökologischen Eigenrechte und der Nachhaltigkeit gezeigt haben. Bestehende Eigentumsrechte werden also in nachhaltige Eigentumsrechte überführt, indem sie ihren eigenen Geltungsbedingungen angesichts der ökologischen Herausforderungen gerecht werden. Nachhaltiges Eigentum bildet sich demnach in einem evolutionären Prozess der Rechtsentwicklung aus den bestehenden Rechten heraus.

Die Rechtsentwicklung findet sowohl auf der politischen Ebene der Gesetzgebung als auch auf der juristischen Ebene der Rechtsprechung statt. Durch Gesetzgebung und Rechtsprechung sind Rechte hinsichtlich ihrer Geltungsbedingungen auszugestalten. Die sozialökologische Transformation verläuft demnach in den Bahnen eines evolutionären Prozesses der politischen *und* der juristischen Rechtsentwicklung. Dem Gesetzgeber fällt zwar von Haus aus die Rolle zu, Gesetze zu beschließen und insoweit nachhaltige Eigentumsrechte zu schaffen. Diese Funktion wird jedoch in Demokratien durch die Rechtsprechung auf unentbehrliche Weise ergänzt. Die *politische* Rechtsentwicklung erfolgt in Demokratien durch Selbstgesetzgebung (Volkssouveränität), der zufolge Autor und Adressat der Gesetze identisch sind. Die *juristische* Rechtsentwicklung hingegen erfolgt auf den Grundlagen der Verfassung (Konstitutionalismus), an die die Selbstgesetzgebung gebunden ist. Beide Arten der Rechtsentwicklung unterscheiden und ergänzen sich in der sozialökologischen Transformation wie folgt.

Zunächst zur politischen Macht des Gesetzgebers, nachhaltige Eigentumsrechte beschließen zu können. Um den Ökologiekrisen gegensteuern zu können, sind die Produktions- und Konsumptionsverhältnisse zeitnah zu verändern. Die politischen Entscheidungen über die entsprechenden Maßnahmen bedürfen der demokratischen Legitimation und müssen deshalb von den Gesellschaftsmitgliedern mitgetragen werden. Für politische Maßnahmen der Nachhaltigkeit müssen Mehrheiten in der Bevölkerung gewonnen werden. Durch demokratische Wahlen wird den Transformationsmaßnahmen, mit denen die Produktions- und Konsumptionsverhältnisse in Richtung Nachhaltigkeit geführt werden, eine Legitimation verschafft. Die Zuversicht in die demokratische Kraft zur sozialökologischen Transformation geht von der Annahme aus, dass angesichts sich verschärfender Ökologiekrisen die Zustimmung dafür wächst, die Wirtschaftsweise, die sie verursacht, grundlegend zu verändern.

Die demokratische Herausforderung besteht darin, die Bereitschaft für die erforderlichen Veränderungen zu mobilisieren. Verlustängste (Angst vor Wohlstands- und Freiheitseinbußen), Sicherheitsbedürfnisse (steigender Bedarf nach Sicherheit angesichts zunehmend unsicherer Zukunft) und Optimierungswünsche (Erwartung von wachsender Lebensqualität im biografischen Verlauf und für zukünftige Generationen) leisten jedoch der Reaktanz gegenüber Veränderungen Vorschub. Sie erschweren es, dem politischen Willen zur sozialökologischen Transformation eine Mehrheit zu verschaffen. Geht die Nachhaltigkeitspolitik dorthin, wo es wehtut, schwindet die Bereitschaft zu ihrer Unterstützung und wächst die Sehnsucht nach der Rückkehr zur früheren Normalität. Je ungeschönter Parteien der Bevölkerung die nötigen Änderungen zumuten, desto größer das Zögern, sie zu wählen. Selbst im Fall ihrer Wahl könnten populistische Gegenkräfte dank vereinfachter und restaurativer Lösungsversprechen erstarken.[60] Aufgrund der Reaktanz gegenüber tiefgreifenden Veränderungen kommt der politische Wille zur sozialökologischen Transformation erst gar nicht zustande oder, falls doch, wird ihm die Zustimmung wieder entzogen.

Solche Zeitdiagnosen über eine politische Handlungsunfähigkeit angesichts unausweichlicher Ökologiekrisen gehen von einem demokratietheoretischen Transformationsdilemma aus: Entweder werden die schmerzhaften Veränderungen ungeschminkt zur Wahl gestellt, was allerdings die Aussichten auf die politische Macht sinken lässt, die jedoch benötigt wird, um diese Veränderungen umzusetzen. Oder die Aussichten auf die politische Macht steigen, allerdings um den Preis des falschen Versprechens, dass trotz Veränderungen alles weitergehe wie bisher.[61] Mit diesem Versprechen einer Kontinuität trotz Wandel (Änderungen ohne Veränderungen) werden jedoch Nebelkerzen geworfen; es wird suggeriert, dass sich

60 Matthias Quent, Christoph Richter und Axel Salheiser untersuchen, wie stark neuerdings die Profilierung von Populismus, Rassismus, Migrationskritik und Kulturkämpfen von deren Abgrenzung zur Klimapolitik abhängt; vgl. Matthias Quent u. a., *Klimarassismus. Der Kampf der Rechten gegen die ökologische Wende*, München 2022.

61 Siehe zu dem demokratietheoretischen Transformationsdilemma auch: Stephan Lessenich, *Grenzen der Demokratie. Teilhabe als Verteilungsproblem*, Stuttgart 2019, S. 95-111.

Erderwärmung und Artensterben durch kosmetische Eingriffe aufhalten lassen – was offenkundig illusorisch ist. Das heißt: Entweder bleiben Nachhaltigkeitsmaßnahmen ohne die erforderliche politische Macht oder politische Macht wird ohne die erforderlichen Maßnahmen der Nachhaltigkeit ausgeübt. Eine Folge dieses Dilemmas ist der Eindruck, Demokratien seien unfähig, die unausweichlichen Ökologiekrisen zu bewältigen. Das Transformationsdilemma gibt scheinbar Anlass zur Diagnose einer drohenden Handlungsunfähigkeit von Demokratien.

Gelingt es Demokratien aber nicht, das Transformationsdilemma zu lösen, wächst die vermeintliche Attraktivität von Autokratien. Weil Demokratien aufgrund ihrer aufwendigen Verfahren der Legitimationsstiftung nicht in der Lage seien, die Klimakrise in den Griff zu bekommen, so wird gemutmaßt, seien sie ein Auslaufmodell.[62] Die Zukunft hingegen gehöre dem »chinesischen Modell« starker Autokratien, die allein zu einer beschleunigenden, langfristigen und durchgreifenden Planung imstande seien, um nahende

62 Dale Jamieson vertritt die Auffassung, dass Demokratien aus strukturellen Gründen nicht imstande sind, die Ökologiekrisen der Gegenwart zu bewältigen; Dale Jamieson, *Reason in a Dark Time. Why the Struggle Against Climate Change Failed – And What it Means For Our Future*, Oxford 2014. Dem wird in der Demokratietheorie häufig mit der Forderung widersprochen, die demokratische Partizipation und damit die Responsivität für die Interessen der Bürgerinnen zu stärken: Simone Niemeyer, »A Defence of (Deliberative) Democracy in the Anthropocene«, in: *Ethical Perspectives* 21 (2014), S. 15-45; Frank Fischer, *Climate Crisis and the Democratic Prospect. Participatory Governance in Sustainable Communities*, Oxford 2018; Jan Gehrmann, Andreas Niederberger, »Kommt die Demokratie mit dem Klimawandel an ihre Grenzen?«, in: dies., Ruben Langer (Hg.), *Klimawandel und Ethik*, Paderborn 2020, S. 219-248; Jonathan Pickering u. a., »Between Environmental and Ecological Democracy: Theory and Practice at the Democracy-Environmental Nexus«, in: *Journal of Environmental Policy & Planning* 22:1 (2020), S. 1-15. Die Forderung nach stärkerer Partizipation löst jedoch noch nicht das demokratietheoretische Transformationsdilemma, weil erweiterte Möglichkeiten der Partizipation nicht notwendiger zu einer tatsächlich größeren Bereitschaft führen, die Kosten der sozialökologischen Transformation zu tragen. Siehe zu diesem Einwand auch: Ingolfur Blühdorn, »The Legitimation Crisis of Democracy: Emancipatory Politics, the Environmental State and the Glass Ceiling to Socio-Ecological Transformation«, in: *Environmental Politics* 29:1 (2020), S. 38-57; ders., »Liberation and Limitation: Emancipatory Politics, Socio-Ecological Transformation and the Grammar of the Autocratic-authoritarian Turn«, in: *European Journal of Social Theory* 25:1 (2022), S. 26-52.

Klimakatastrophen abzuwenden.[63] Vor dem Hintergrund nötiger Handlungsfähigkeit wird das angeblich überkommene Modell schwacher Demokratien mit dem angeblichen Zukunftsmodell starker Autokratien kontrastiert. Richtig ist: Wird das Transformationsdilemma von Demokratien nicht gelöst, kann durchaus der Eindruck entstehen, es gebe nur die Wahl zwischen Klimakatastrophe und Autokratie.

So weit muss es aber nicht kommen. Denn die klimapolitische Demokratiekritik beruht auf zwei Fehlschlüssen. Erstens darf bezweifelt werden, dass Autokratien nachhaltiger als Demokratien sind; die empirische Evidenz jedenfalls besagt das Gegenteil.[64] Bislang schneiden Autokratien hinsichtlich der Klimabilanz schlechter ab als Demokratien. Auch wenn die Beziehung zwischen Demokratie und Klimapolitik keine einfache ist, gehört die Vorstellung, eine Ökokratie oder ein grüner Leviathan würden eine verantwortungsvollere Klimapolitik betreiben, ins Reich naiven Wunschdenkens. Zweitens gibt es keinen Grund für eine strukturelle Unvereinbarkeit von Demokratie und Klimapolitik. Denn der politische Prozess der Gesetzgebung wird in Demokratien durch die juridische Macht der Rechtsprechung (den demokratischen Konstitutionalismus) und die soziale Macht der Zivilgesellschaft (die Öffentlichkeit und den zivilen Ungehorsam) ergänzt. Beide unterstützen die Legitimationsstiftung für gesellschaftliche Transformationsmaßnahmen. Das Transformationsdilemma wird zunächst durch einen demokratischen Konstitutionalismus zumindest entschärft. Zur Demokratie gehört die rechtsstaatliche Verfassung ebenso dazu wie die politische Selbstgesetzgebung. Konstitutionalismus und Volkssouveränität sind untrennbare Seiten der Demokratie. Sie stehen zwar in Spannung zueinander, sofern Selbstbestimmung

63 Siehe zur Debatte über autokratische Herrschaftsformen hinsichtlich einer ökologischen Krisenbewältigung: Mark Beeson, »The Coming of Environmental Authoritarianism«, in: *Environmental Politics* 19 (2010), S. 276-294. Dan Shahar weist zu Recht darauf hin, dass aus der Annahme der Unfähigkeit von Demokratien zu einer sozialökologischen Transformation nicht zwingend folgt, dass Autokratien zu ihr in der Lage seien. Siehe dazu Dan C. Shahar, »Rejecting Eco-Authoritarianism, Again«, in: *Environmental Values* 24 (2015), S. 345-366. Shahar macht ferner darauf aufmerksam, dass Chinas Umstellung auf nachhaltige Produkte nicht aus einem ökologischen, sondern aus einem ökonomischen Interesse erfolgt, das umweltschädliche Produktionsweisen keineswegs ausschließt.

64 Frederic Hanusch, *Democracy and Climate Change*, London, New York 2018.

und die Bindung an eine vorgängige Rechtsordnung einander zunächst entgegengesetzt sind, setzen sich aber wechselseitig voraus. Einerseits muss eine Verfassung durch den Gesetzgeber legitimiert werden, andererseits wird der Gesetzgebung durch die Verfassung eine stabilisierende Grundlage verschafft. Der Konstitutionalismus ermöglicht Volkssouveränität und gehört deshalb zur Demokratie unverzichtbar dazu. Verfassungen können in Demokratien dazu beitragen, dass eine politische Handlungsfähigkeit auch vor dem Hintergrund gesellschaftlicher Herausforderungen erhalten bleibt.

Als Wächterin des Rechts übt die Verfassung zwei Funktionen aus, die die Handlungsfähigkeit des politischen Souveräns stabilisieren. In inhaltlicher Hinsicht dient sie der Grundrechtsgarantie, in formaler Hinsicht der Rechtssicherheit. Erstens leisten Verfassungen eine Grundrechtssicherung, ohne die – wie in »Fassadendemokratien« mit Wahlrecht ohne Grundrechtsgarantie – eine demokratische Mitwirkung am politischen Prozess der Willensbildung ausgehöhlt wird. Verfassungen garantieren den Bürgerinnen nicht nur ihre politischen Rechte wie das Wahlrecht, sondern auch diejenigen Grundfreiheiten (Meinungsfreiheit, Versammlungsfreiheit, Pressefreiheit etc.) und sozialen Rechte (Sicherung des Existenzminimums, Arbeitsschutz, Bildungszugang etc.), die eine wirksame Ausübung dieser Rechte überhaupt erst ermöglichen.[65] Ohne Meinungsfreiheit findet keine politische Öffentlichkeit statt, ohne Arbeitsschutz geraten Bürgerinnen in Abhängigkeit von der politischen Agenda eines Arbeitgebers, ohne Bildungszugang fehlt es der Meinungsbildung an Informiertheit. Grundfreiheiten und soziale Rechte werden vorausgesetzt, damit Bürgerinnen ihre demokratischen Partizipationsrechte auch tatsächlich wahrnehmen können. Der Inhalt der Grundrechtsgarantie ist die effektive Ausübung politischer Selbstbestimmung. Die demokratische Handlungsfähigkeit wird also in inhaltlicher Hinsicht durch die Grundrechtsgarantie stabilisiert, die Bürgerinnen zur Ausübung ihrer politischen Rechte befähigen soll. Wenn die Folgen der Ökologiekrisen voraussichtlich zur Beschränkung von politischen Rechten, Grundfreiheiten und sozialen Rechten führen, dann dürfen Gerichtsbarkeiten aus den demokratisch legitimierten Rechten durchaus ökologische Rechte herausinterpretieren, die diese Folgen verhindern könnten.

65 Jürgen Habermas, *Faktizität und Geltung. Beiträge zur Diskurstheorie des Rechts und des demokratischen Rechtsstaates*, Frankfurt/M. 1994.

Der demokratische Konstitutionalismus stabilisiert die Handlungsfähigkeit des politischen Souveräns zweitens durch die Rechtssicherheit, die eine Verfassung in formaler Hinsicht garantiert. Rechtssicherheit schließt die Gewährleistung von Rechtsnormen ein und besteht darin, geltendes Recht zu bewahren. Geltendes Recht wird unter anderem gewahrt, indem Rechtsunsicherheiten ausgeräumt, Normenkollisionen aufgelöst und Gesetzeslücken geschlossen werden. Deshalb müssen Gerichte überprüfen können, ob geltendes Recht eine unzweideutige, widerspruchsfreie und lückenlose Geltung besitzt. Geltendes Recht wird zwar vom Gesetzgeber beschlossen. Grundsätzlich muss aber für Gerichte nachvollziehbar sein, ob geltendes Recht die Bedingungen erfüllt, denen es seine Geltung verdankt. Versäumt es der Gesetzgeber, geltendes Recht zu bewahren, darf der Gesetzgeber in Berufung auf die Verfassung daran verbindlich erinnert werden. Diese kontrollierende Macht wird von Gerichten ausgeübt, wobei insbesondere sogenannte Klimaklagen (*climate litigation cases*) zunehmend als ein Instrument der ökologischen Rechtsentwicklung genutzt werden. Die Regierung der Niederlande wurde 2015 von einem Gericht dazu verurteilt, Maßnahmen zur Senkung der Treibhausgasemissionen umzusetzen; 2019 wurde das Urteil bestätigt. Auch in Australien, Belgien, Deutschland, Kolumbien, Pakistan und Tschechien wurden ähnliche Klimaschutzurteile gefällt.[66]

Gerichte können die ökologische Rechtsentwicklung auf zwei Weisen vorantreiben. Entweder können Gesetze an den Gesetzgeber zurückgegeben werden, um sie hinsichtlich einer unzweideutigen, widerspruchsfreien und lückenlosen Rechtsgeltung neu zu beschließen. Der Gesetzgeber wird hier in Berufung auf die Verfassung aufgefordert, Rechte zu verabschieden, die ihre Geltungsbedingungen tatsächlich erfüllen. Oder Gerichtsbarkeiten springen für den Gesetzgeber ein und schaffen selbst sogenanntes Richterrecht, indem sie Rechte aus geltendem Recht herleiten. Das hiesige Bundesverfassungsgericht hat neue Rechte beispielsweise in zwei Fällen geschaffen. Zum einen wurde das Computergrundrecht, das die Privat- und Intimsphäre auch auf der Festplatte schützt, aus dem allgemeinen Persönlichkeitsrecht abgeleitet. Zum anderen

66 Gegenwärtig werden vom Grantham Research Institute on Climate Change and the Environment über 2200 laufende Verfahren gelistet, siehe ⟨https://climate-laws.org⟩, letzter Zugriff 10.5.2022.

wurde im Klimabeschluss von April 2021 unter Berufung auf die Vorwirkung geltender Grundrechte sowohl der Klimaschutz zum Staatsziel erklärt als auch die Klagebefugnis in Bezug auf zukünftige Beeinträchtigungen von Grundrechten in den Verfassungsrang gehoben.[67] Eine Rechtsentwicklung findet hier also durch Rechtsfortbildung und Rechtsprechung statt. Es gibt dabei allerdings keine Garantie, dass mit jeweiligen Urteilen eine Rechtsentwicklung vorangetrieben wird. Gerichtsbarkeiten sind nicht auf Fortschritt geeicht. Richterrecht kann zugunsten oder zum Nachteil ökologischer Nachhaltigkeit ausfallen. Das Recht ist an sich neutral und nicht auf eine fortschrittliche oder regressive Auslegung festgelegt.

Die verfassungsrechtliche Wächterfunktion der Rechtssicherheit bietet nun eine Handhabe dafür, nachhaltige Eigentumsrechte aus geltendem Verfassungsrecht herzuleiten. Den eigentumstheoretischen Argumenten ökologischer Eigenrechte und Nachhaltigkeit zufolge erfüllen bestehende Eigentumsrechte ihre Geltungsbedingungen nur, wenn sie um nachhaltige Eigentumsrechte ergänzt werden. Aus der Geltungslogik bestehender Eigentumsrechte ergeben sich nachhaltige Eigentumsrechte. Um die Geltung bestehender Eigentumsrechte zu bewahren, darf der Gesetzgeber demnach aufgefordert werden, nachhaltige Eigentumsrechte zu beschließen. Ebenso dürfen letztinstanzliche Gerichtsbarkeiten notfalls nachhaltige Eigentumsrechte selber schaffen. Es geht also um die Wahrung der Rechtsgeltung, wenn nachhaltige Eigentumsrechte eingeführt werden. Ihre Schaffung darf gefordert werden, um die Delegitimierung und den Geltungsverlust verfassungsrechtlich garantierten Eigentums *zu verhindern*. Nachhaltige Eigentumsrechte lassen sich also auch durch den juristischen Prozess der Rechtsprechung einfordern, indem verfassungsrechtlich garantierte Eigentumsrechte entsprechend ihrer Geltungslogik ausgelegt werden. Aus Art. 14 (2) GG – »Eigentum verpflichtet« – ergeben sich Pflichten für Eigentümer, die in Verbindung mit dem Staatsziel Klimaschutz (Art.

67 Felix Ekardt, *Theorie der Nachhaltigkeit. Ethische, politische, rechtliche und transformative Zugänge – am Beispiel von Klimawandel, Ressourcenknappheit und Welthandel*, Baden-Baden 2021, S. 679-686. Die Begründungsprämissen des Klimabeschlusses liegen in der Zeitstruktur der rechtlich zu schützenden Lebensbedingungen und werden untersucht in: Klaus Günther, »Die Zeitlichkeit der Freiheit. Rechtsphilosophische Anmerkungen zum Klimabeschluss des Bundesverfassungsgerichts«, in: *Merkur* 875 (2022), S. 18-32.

20a GG) zu Nachhaltigkeitspflichten konkretisiert werden. Die Forderung, nachhaltigen Eigentumsrechten einen Verfassungsrang zu verleihen, wird also durch eine konsequente Auslegung der Verfassung untermauert.

Ein Konstitutionalismus, der den politischen Willen zu einer Rechtsentwicklung verpflichtet, geht an die Substanz der Demokratie. Er ist nur die zweitbeste Fahrt. Wünschenswert wäre es, dass der Gesetzgeber sich dazu durchringen würde, nachhaltige Eigentumsrechte zu beschließen. Wo aber der politische Wille vom demokratietheoretischen Dilemma gelähmt wird, bedarf es einer konstitutionellen Unterstützung. Unter dem Druck gegenwärtiger Ökologiekrisen und angesichts der Zumutungen sozialökologischer Transformation kann der Konstitutionalismus Demokratien durchaus festigen. Denn er entschärft das Transformationsdilemma und trägt dazu bei, dass Demokratien einer Handlungsunfähigkeit entkommen. Der Einwand, er untergrabe die Volkssouveränität, trifft aus drei Gründen nicht zu. Erstens werden mit dem Grundrechtsschutz und der Rechtssicherheit die Voraussetzungen für eine Volkssouveränität geschaffen; der Konstitutionalismus schwächt insofern nicht die Demokratie, sondern stärkt sie im Gegenteil. Zweitens behält der Souverän mit seiner Kompetenz der Verfassungsänderung die Letztentscheidungsbefugnis; dem Gesetzgeber bleibt es unbenommen, durch Änderungen der Verfassung Richterrecht zu korrigieren. Drittens schließt der Konstitutionalismus Elemente der direkten Demokratie und des zivilen Ungehorsams nicht aus; auch durch sie wird, wie im Folgenden zu zeigen ist, die Rechtsentwicklung vorangetrieben.

9.2 Kritik des Eigentums

Die sozialökologische Transformation verläuft in drei Bahnen. Nachhaltige Eigentumsrechte sind erstens vom Gesetzgeber als bindendes Recht zu kodifizieren und zweitens im Prozess der Rechtsprechung fortschreitend herzuleiten, wie wir gesehen haben. Beides wird nun drittens durch zivilgesellschaftliche Initiativen und soziale Bewegungen flankiert. Wo die Beharrungskräfte von Gesetzgebung und Rechtsprechung größer sind als der Transformationsbedarf, darf die Zivilgesellschaft einspringen. Werden nachhaltige Eigentumsrechte nicht oder allzu zögerlich eingeführt, kann sie unterstützende Maßnahmen ergreifen, um ihre Umsetzung voranzutreiben. Zivilgesellschaftliche Aktionen verleihen nachhaltigkeitspolitischen Anliegen Nachdruck, schärfen das sozialökologische Krisenbewusstsein und bauen durch Öffentlichkeit Druck auf den Gesetzgeber auf, nachhaltige Eigentumsrechte einzurichten.

Die Zivilgesellschaft ist dabei nicht nur eine Mitspielerin, die ersatzweise einspringt. Sie nimmt zugleich die Rolle einer aufbegehrenden Gegenspielerin ein. Wenn Gesetzgebung und Rechtsprechung als treibende Kräfte der nötigen Transformation ausfallen, werden sie von der Zivilgesellschaft nicht nur ergänzt, sondern auch korrigiert. In ihrer korrektiven Funktion übt die Zivilgesellschaft Kritik an der Gesetzgebung und Rechtsprechung, die hinter den Erwartungen einer sozialökologischen Transformation zurückbleiben. Ihre Aktionen richten sich gegen eine Gesetzgebung und Rechtsprechung, die den nachhaltigkeitspolitischen Handlungsstau vergrößern. Je länger politische Entscheidungen aufgeschoben werden und die Erderwärmung, Ressourcenerschöpfung, Globalvermüllung und das Artensterben exponentiell zunehmen, desto stärker werden die Einschnitte in der Zukunft sein. Um es zu unumkehrbaren Ökologieschäden und tiefgreifenden Einschnitten nicht kommen zu lassen, darf die Zivilgesellschaft rechtzeitig einschreiten und die politischen Prozesse anstoßen.

Sofern die sozialökologische Transformation über die Institutionalisierung nachhaltigen Eigentums verläuft, nimmt die zivilgesellschaftliche Kritik die Gestalt der Eigentumskritik an. Sie richtet sich gegen bestehende Eigentumsverhältnisse, in denen weiterhin Sacheigentum an Naturgütern gehalten wird, die wie andere Sachen gebraucht und verbraucht werden dürfen. Sacheigentum schafft die Voraussetzung für die gegenwärtigen Ökologiekrisen und ist durch nachhaltiges Eigentum zu ersetzen. Dafür sind bestehende Eigentumsrechte erst einmal aufzuheben, die in gegenwärtigen Eigentumsgesellschaften fest etabliert sind. Wo Gesetzgebung und Rechtsprechung die sozialökologische Transformation versäumen, darf die Zivilgesellschaft gegen diese Eigentumsrechte aufbegehren. Die zivilgesellschaftliche Kritik des Eigentums wird an die Gesetzgebung und Rechtsprechung adressiert, die es verpassen, bestehende Eigentumsrechte an Naturgütern zu korrigieren und nachhaltige Eigentumsrechte einzuführen. Die sozialökologische Transformation wird deshalb auch durch die zivilgesellschaftliche Kritik an den etablierten Eigentumsrechten vorangetrieben.

Auch wenn noch so gute Gründe für nachhaltige Eigentumsrechte sprechen mögen: Ganz konfliktfrei werden sie sich nicht institutionalisieren lassen. Die sozialökologische Transformation verläuft über die Einrichtung nachhaltiger Eigentumsrechte, die die bestehenden Eigentumsrechte an natürlichen Ressourcen ersetzen sollen. In ihr werden bestehende Eigentumsverhältnisse in nachhaltige Eigentumsverhältnisse überführt. Man wird deshalb um die Eigentumsfrage nicht herumkommen: Ohne bestehende Eigentumsrechte infrage zu stellen, sind die Ökologiekrisen der Gegenwart nicht zu bewältigen. Die Konfliktlinie verläuft dabei zwischen nachhaltigem Eigentum und einem Sacheigentum, das tief in der gängigen Rechtspraxis verankert ist. Seine hartnäckige Verteidigung müsste von zivilgesellschaftlichen Initiativen und sozialen Bewegungen überlistet oder ausgehebelt werden.

Umweltkonflikte werden weltweit als Eigentumskonflikte ausgetragen, in denen sich Anwohnerinnen und Aktivistinnen gegen Unternehmen und Regierungen wehren, die sich auf die Ausübung ihrer Eigentumsrechte berufen. Sie reichen vom Widerstand gegen Bergbauindustrien in Lateinamerika[68] über Proteste gegen agrarindustrielle Übernutzung von Böden und Grundwasser in Europa[69] bis zum Community Environmental Legal Defense Fund in den USA, der US-amerikanische Kommunen dabei unterstützt, Rechte der Natur gegen Unternehmen geltend zu machen.[70] Nur wenige Konflikte dringen ins öffentliche Bewusstsein vor: beispielsweise die Landnahme (*land grabbing*) von Großgrundbesitzern durch Brandrodungen des Regenwalds oder die Verseuchung des Grundwassers durch rohstofffördernde Unternehmen (Fracking) mit ge-

68 Siehe beispielsweise zu Peru: Fabiana Li, *Unearthing Conflict. Corporative Mining, Activism, and Expertise in Peru*, Durham 2015.

69 Ein jüngstes Beispiel hierfür sind die Bürgerproteste für den Schutz der größten Lagune im Mittelmeer, Mar Menor, die dazu führten, dass der Lagune eine Rechtssubjektivität verliehen wurde.

70 Susanna Ripken, »Corporate First Amendment Rights After Citizens United: An Analysis of the Popular Movement to End Corporate Constitutional Right«, in: *University of Pennsylvania Journal of Business Law* 14:1 (2011), 209-259; Thomas Linzey u. a., *The People's Right to Local Self-Government. Grant Township versus the Pennsylvania Energy Company*, Mercersburg 2015.

sundheitlichen Folgen für die Anwohnerinnen. Die meisten Konflikte bleiben unterhalb des Radars öffentlicher Aufmerksamkeit global vernetzter Gesellschaften und fordern nicht selten Todesopfer. Einer Studie der Nichtregierungsorganisation Global Witness zufolge wurden im Jahr 2020 weltweit 227 Umweltaktivistinnen wegen ihres Engagements für den Erhalt der Natur ermordet.[71]

In solchen Eigentumskonflikten gehört der zivile Ungehorsam zum legitimen Handlungsrepertoire sozialer Bewegungen, die nicht selten aus ihm überhaupt erst entstehen. Ziviler Ungehorsam dient dabei als letztes Mittel der Kritik; im Notfall kann er eine Handlungsoption sein. Unter zivilem Ungehorsam wird ein legitimer Regelbruch verstanden. Zwar wird gegen Gesetze verstoßen, aber aus berechtigten Motiven, weshalb der Gesetzesverstoß im strikten Sinne nicht rechtswidrig ist und deshalb straffrei bleibt. Ob ziviler Ungehorsam vorliegt oder schlicht eine Straftat, hängt davon ab, was dem Rechtsbruch seine Legitimität verschafft. In Demokratien besteht für ihn ein besonderer Legitimationsbedarf, weil mit ihm Rechte gebrochen werden, die demokratisch legitimiert sind und deren Anerkennung deshalb erwartet werden darf, auch wenn sie den eigenen Überzeugungen widersprechen. Ziviler Ungehorsam stellt den Testfall (Rawls) oder den Lackmustest (Habermas) für Demokratien dar. Demokratisch legitimierte Rechte müssen gesetzt und durchgesetzt werden. Zugleich müssen Demokratien kritikfähig bleiben, weil Gesetzgeber und Richter nicht unfehlbar sind. Ziviler Ungehorsam ermöglicht der Gesetzgebung und Rechtsprechung, auf eigene Irrtümer, Handlungsblockaden und Versäumnisse zu reagieren. Hilft ziviler Ungehorsam, solche Fehlleistungen zu korrigieren, werden Demokratien durch ihn nicht geschwächt, sondern gestärkt. Um jener Handlungsunfähigkeit angesichts der Ökologiekrisen zu entkommen, die oben als demokratietheoretisches Dilemma beschrieben wurde, müssen Demokratien für eine Kritik des Eigentums empfänglich bleiben, auch wenn sie in Gestalt zivilen Ungehorsams geäußert wird.

Ziviler Ungehorsam zeichnet sich gegenüber Straftaten durch mindestens zwei Merkmale aus, die ihm seine Zivilität verleihen: die Bereitschaft zur Gewaltfreiheit und den öffentlichen Diskurs

71 Global Witness, *Last Line of Defence. The Industries Causing the Climate Crisis and Attacks Against Land and Environmental Defenders*, London 2021.

über die Gründe, die den Rechtsbruch rechtfertigen.[72] Zunächst zum öffentlichen Diskurs: Die Gründe, die eine gesetzwidrige Aktion rechtfertigen, müssen von den Aktivistinnen dargelegt und einer öffentlichen Deliberation zugänglich gemacht werden. Sie haben zu erklären, weshalb mit der Aktion die Korrektur eines Irrtums oder eines Versäumnisses gefordert wird, das dem Gesetzgeber unterläuft. Die Öffentlichkeit muss grundsätzlich nachvollziehen können, worin der Irrtum oder das Versäumnis des Gesetzgebers besteht und warum die ergriffenen Maßnahmen legitim sind, um auf ihre Korrektur hinzuwirken. Unter der Vielzahl von Möglichkeiten besteht eine darin, sich auf die Rechte der Natur und die sich daraus ergebenden nachhaltigen Eigentumsrechte zu berufen. Aus ihnen rechtfertigt sich ein ziviler Ungehorsam gegen die bestehenden Eigentumsrechte an natürliche Ressourcen. Die eigentumstheoretischen Argumente ökologischer Eigenrechte und Nachhaltigkeit erklären, worin das Versäumnis und dessen Korrektur besteht. Der Gesetzgeber täuscht sich darin, dass bestehende Eigentumsrechte ihren eigenen Geltungsbedingungen gerecht werden, und übersieht, dass sie vielmehr von nachhaltigen Eigentumsrechten erfüllt werden. Kraft zivilen Ungehorsams wird hier der Gesetzgeber dazu gedrängt, seinem Auftrag der Rechtssicherheit gerecht zu werden und die Geltung garantierter Eigentumsrechte zu gewähren, indem er nachhaltige Eigentumsrechte einführt.

Die Zivilität des Ungehorsams hängt zudem vom Gewaltverzicht und dem respektvollen Umgang mit Personen ab. Die Bereit-

72 Welche Kriterien ein Regelbruch erfüllen muss, um als ziviler Ungehorsam zu gelten, ist umstritten. Außer dem öffentlichen Diskurs und der Bereitschaft zur Gewaltfreiheit zählen meines Erachtens zu Recht folgende Kriterien dazu: die öffentliche Sichtbarkeit der Aktion (im Unterschied zur heimlichen Tat), der respektvolle Umgang (im Unterschied zur entwürdigenden Erniedrigung einer Person), die Loyalität gegenüber dem Demokratieprinzip (im Unterschied zum autokratischen Umsturz). Siehe zum Überblick über die Debatte: John Rawls, *Eine Theorie der Gerechtigkeit*, Frankfurt/M. 1979, S. 399; Peter Singer, *Democracy and Disobedience*, Oxford 1973, S. 84-92; Jürgen Habermas, »Ziviler Ungehorsam – Testfall für den demokratischen Rechtsstaat«, in: Peter Glotz (Hg.), *Ziviler Ungehorsam im Rechtsstaat*, Frankfurt/M. 1983, S. 29-53; Andreas Hetzel, »Widerstand und ziviler Ungehorsam im Anthropozän«, in: *Allgemeine Zeitschrift für Philosophie* 45:2 (2020). S. 137-150; Robin Celikates, »Radical Democratic Disobedience«, und Maeve Cooke, »Ethical Dimensions of Civil Disobedience«, beide in: William Scheuerman (Hg.), *The Cambridge Companion to Civil Disobedience*, Cambridge 2021, S. 128-152 bzw. S. 231-253.

schaft zur Gewaltfreiheit soll verhindern, dass Personen körperlich oder seelisch zu Schaden kommen. Sie wird beispielsweise durch das Training von Deeskalation und Provokationsresistenz eingeübt. Gewalt ist dabei von der Sachbeschädigung und der Eigentumsverletzung zu unterscheiden. Eigentumsverstöße sind grundsätzlich vom Recht auf zivilen Ungehorsam gedeckt, solange dabei keine Personen verletzt werden.[73] Unter der Bedingung einer Bereitschaft zur Gewaltfreiheit sind Eigentumsverstöße erlaubt.

Ob Eigentumsverstöße im Einzelfall durch zivilen Ungehorsam gedeckt sind, hängt von der Begründung des jeweiligen Falls ab. Im Fall der Verletzung von Eigentumsrechten an natürlichen Ressourcen rechtfertigt sich ziviler Ungehorsam durch die eigentumstheoretischen Argumente ökologischer Eigenrechte und Nachhaltigkeit. Mit Aktionen zivilen Ungehorsams wie der Besetzung von Wäldern, Blockaden von Baustellen und Werken sowie der Sabotage umweltzerstörender Anlagen werden die Eigentumsrechte entsprechender Unternehmen verletzt. Ziviler Ungehorsam ist hier ein Akt der *Delegitimation*. Indem Eigentumsrechte vorsätzlich verletzt werden, wird ausdrücklich ihre Rechtmäßigkeit, also ihre Geltung bestritten. Ihre unrechtmäßige Geltung wird durch die symbolische und bewusste Eigentumsverletzung in ein grelles Licht gerückt. Solche Eigentumsverstöße lassen sich durch die Einsicht rechtfertigen, dass die attackierten Eigentumsrechte ihre eigenen Geltungsansprüche verfehlen und dementsprechend ihre Geltung und ihren Eigentumsschutz einbüßen. Hingegen werden die Geltungsansprüche, die sie als Eigentumsrechte selber erheben, erst durch ihre Aufhebung in nachhaltige Eigentumsrechte eingelöst. Ziviler Ungehorsam lässt sich also mithilfe der normativen Rekonstruktion rechtfertigen, indem man zunächst die Bedingungen rekonstruiert, die von den bestehenden Eigentumsrechten faktisch vorausgesetzt werden, damit sie Geltung beanspruchen können, und sodann prüft, ob sie ihre eigenen Geltungsbedingungen erfüllen und ihnen tatsächlich Geltung zusteht. Schließlich ist zu untersuchen, wie sie sich erfüllen lassen und welche Gestalt Eigentumsrechte annehmen müssen, damit ihre Geltungsbedingungen verwirklicht sind. Falls sich herausstellt, dass bestehende Eigentumsrechte ihre Geltungs-

73 William E. Scheuerman, »Politically Motivated Property Damage«, in: *The Harvard Review of Philosophy* 28 (2021), S. 89-106; Andreas Malm, *Wie man eine Pipeline in die Luft jagt*, Berlin 2020.

bedingungen nicht erfüllen, ist ziviler Ungehorsam gegen sie *im Namen des Eigentumsrechts* gerechtfertigt.

Mit den Eigentumsverstößen werden also keineswegs die Eigentumsverhältnisse als solche missachtet, sondern umgekehrt die Voraussetzungen dafür geschaffen, dass das Eigentumsrecht seinen Geltungsanspruch erfüllen kann. Mit der Verletzung bestehender Eigentumsrechte wird ihr Fortschritt angebahnt. Ziviler Ungehorsam kann sich hier darauf berufen, dass das Eigentum an Naturgütern rechtmäßig erst in Gestalt nachhaltigen Eigentums Geltung besitzt. Mit zivilem Ungehorsam gegen bestehende Eigentumsrechte an natürlichen Ressourcen wird Eigentum nicht abgelehnt, geringgeschätzt oder abgewertet, sondern im Gegenteil seine Weiterentwicklung vorbereitet. Bestehende Eigentumsrechte müssen wie gesagt erst weichen, bevor sie durch nachhaltige Eigentumsrechte ersetzt werden können. Und für eine wirksame Kritik an ihnen ist ziviler Ungehorsam ein legitimes Mittel, das sich aus den eigentumstheoretischen Argumenten ökologischer Eigenrechte und Nachhaltigkeit rechtfertigt.

Der Streit um den Hambacher Forst stellt einen Musterfall für die zivilgesellschaftliche Eigentumskritik dar, die sich des zivilen Ungehorsams bedient. Der Bürgewald zwischen Köln und Aachen wurde seit 1978 zum Zweck des Braunkohleabbaus gerodet. Als »Hambacher Forst« werden die Überreste bezeichnet, die rund fünf Prozent der ursprünglichen Waldfläche umfassen. Er ist Eigentum des Energieunternehmens RWE, das 2018 seine Abholzung einleitete. Um diese zu verhindern, wurde er bereits Jahre zuvor von Umweltaktivistinnen besetzt. Das Unternehmen beruft sich in zweifacher Hinsicht auf seine Eigentumsrechte. Zum einen sei es als Eigentümer dazu berechtigt, über sein Eigentum frei zu verfügen und dementsprechend die Rodung zu beschließen. Zum anderen beruft es sich auf den Eigentumsschutz, der zur Räumung des Geländes von Besetzerinnen berechtige, die seine Eigentumsrechte verletzten. Am 12. September 2018 ordnete die nordrhein-westfälische Landesregierung unter Armin Laschet die Räumung mit der Begründung an, dass die von den Aktivistinnen bewohnten Baumhäuser über keinen Brandschutz verfügten und sich ihre Bewohnerinnen somit selbst in Gefahr brächten. Anfang Oktober war die Räumung abgeschlossen. Knapp drei Jahre später urteilte das Verwaltungsgericht Köln, dass diese Begründung bloß vorgeschoben und deshalb die Räumung, bei der zudem ein Journalist tödlich verunglückte, rechtswidrig gewesen sei. Die Rodung wurde bereits unmittelbar nach der Räumung vom Oberverwaltungsgericht Münster aus Gründen des Artenschutzes vorläufig untersagt, denn im Wald leben zwei kleine Kolonien der vom Aussterben bedrohten Bechsteinfledermaus und des Großen Mausohrs. Schließlich wurde der Erhalt des Hambacher Forsts Anfang 2020 mit dem Kohleausstieg besiegelt, den Politik und Wirtschaft vereinbarten. Seitdem gilt der Hambacher Forst als Symbol eines erfolgreichen Widerstands gegen den Braunkohleabbau, die Kohleverstromung und die damit verbundene Umweltbelastung. In ähnlichen Fällen, etwa bei den klimapolitischen Protesten in Lützerath oder den Klimaaktivisten der Letzten Generation war der zivile Ungehorsam nicht beziehungsweise bislang nicht erfolgreich.

Mit der Besetzung des Hambacher Forsts verstießen die Aktivistinnen ganz ausdrücklich gegen bestehende Eigentumsrechte. Ihr ziviler Ungehorsam stellte öffentlich das Eigentumsrecht des Energieunternehmens infrage. Entscheidend ist, dass sie sich dabei auf die Eigentumsidee berufen können. Was den Eigentumsschutz und die Eigentumsverletzung betrifft, verhalten sich die Dinge nämlich genau umgekehrt, wie sie zunächst erscheinen. Aus Sicht des bestehenden Rechts kann sich das Unternehmen auf einen Eigentumsschutz berufen und werden Eigentumsrechte durch Aktivistinnen verletzt. Aus Sicht der Rechte der Natur zeigt sich jedoch, dass das Gegenteil zutrifft. Die Eigentumsrechte der Natur werden von den Umweltaktivistinnen advokatorisch geschützt und durch das Energieunternehmen verletzt. Mit der Besetzung zum Zweck ökologischer Nachhaltigkeit werden also die Eigentumsrechte vom Kopf auf die Füße gestellt. Nicht das Unternehmen, sondern die Aktivistinnen dürfen sich – stellvertretend für die Natur – auf einen Eigentumsschutz berufen; nicht sie verletzen Eigentum, sondern das Unternehmen. Zwar haben sich die Umweltaktivistinnen nicht ausdrücklich auf die Rechte der Natur berufen. Die Theorie nachhaltigen Eigentums bietet jedoch eine argumentative Grundlage, auf der sich ihr Widerstand rechtfertigen lässt. Der zivile Ungehorsam gegen die Eigentumsrechte des Energieunternehmens rechtfertigt sich aus der normativen Grundlage bestehender Eigentumsverhältnisse selbst. Nicht gegen das Eigentumsrecht wird also aufbegehrt. Vielmehr wird in Berufung auf das Eigentumsrecht ziviler Ungehorsam geleistet. Das Eigentumsrecht wird hier mit der List der Vernunft gegen sich selbst gewendet. Ziviler Ungehorsam treibt also im Rückgriff aufs Eigentumsrecht bestehende Eigentumsrechte über sich hinaus hin in Richtung auf nachhaltige Eigentumsrechte.

Die sozialökologische Transformation wird ohne eine Kritik des Eigentums nicht gelingen, die gelegentlich auch die Gestalt zivilen Ungehorsams annimmt. Ziviler Ungehorsam ist eine Möglichkeit der advokatorischen Wahrnehmung der Rechte der Natur. Die Eigentumsrechte der Natur werden zweifach stellvertretend ausgeübt. Zum einen setzen sich ihre Stellvertreterinnen – wie die Aktivistinnen im Hambacher Forst – für einen nachhaltigen Schutz von Naturgütern ein, der sich in Gestalt von nachhaltigen Eigentumsrechten institutionalisieren lässt. Zum anderen wirken sie auf die Beseitigung eines Unrechts hin, das an der Natur verübt wird. Bestehende Eigentumsrechte verletzen das Eigentum der Natur. Ihr Eigentum wird also stellvertretend für die Natur geschützt, indem man sich für die Ächtung dieses Eingriffs ins Eigentum einsetzt und sich gegen die bestehenden Eigentumsrechte zur Wehr setzt, die für das Unrecht verantwortlich sind.

Dieser Widerstand gegen bestehende Eigentumsrechte rechtfertigt sich – vom Standpunkt des liminalen Eigentums aus betrachtet – aus dem kritisierten Eigentumsrecht selbst. Wenn Eigentumsrechte auf Kosten der Nachhaltigkeit ausgeübt werden, verlieren sie ihre Geltung und damit ihren Schutz. Zusammen mit der Geltung seiner Eigentumsrechte büßt ein Unternehmen deshalb deren Schutz ein. Ohne einen berechtigten Schutz werden die Eigentumsrechte eines Unternehmens nicht rechtswidrig verletzt. Sie verlieren ihren Schutz – nicht aus umweltethischen Gründen, sondern aus Gründen des Eigentums, weil sie die eigenen Geltungsbedingungen nicht erfüllen, denen Eigentum seine Geltung und daher seinen Schutz verdankt. Die Kritik bestehender Eigentumsrechte erfolgt somit nicht durch Rückgriff auf moralische Normen, die einer anderen Geltungssphäre als der des Eigentums angehören. Vielmehr trägt das Eigentum die ökologische Nachhaltigkeit in sich. Hier trifft der ansonsten überstrapazierte doppelte Genitiv des Kritikbegriffs einmal zu. Kritik des Eigentums bedeutet zweierlei: Durch Kritik wird Eigentum begrenzt (*genitivus obiectivus*); und diese Kritik erfolgt vom Standpunkt des Eigentums aus (*genitivus subiectivus*). Einerseits sollen bestehende Eigentumsrechte zugunsten der Nachhaltigkeit aufgehoben werden; andererseits rechtfertigt sich diese Kritik aus dem Eigentumsrecht selbst. Liminales Eigentum konkretisiert sich in Gestalt von nachhaltigen Eigentumsrechten, die im Widerstand gegen bestehende Eigentumsrechte und zugleich in Berufung auf deren normative Geltung erstritten werden.

Die zivilgesellschaftliche Eigentumskritik vollführt einen Akt der Delegitimation, der den Schutz für Sacheigentum an Naturgütern senkt. Mit seiner Geltung als Eigentum verwirkt dieses Sacheigentum auch den Eigentumsschutz. Und ohne ihren Schutz erscheinen Eigentumsrechte nicht mehr als unüberwindbar. Ökologische Nachhaltigkeit kann somit gegen Eigentumsrechte durchgesetzt werden, die sich durch herkömmliche Umweltrechte nicht aushebeln lassen. Mit dem Sacheigentum an Naturgütern wird auch eine Hauptursache der Ökologiekrisen beseitigt. Die Schwächung seines Eigentumsschutzes stärkt zugleich die Durchschlagskraft, mit der sich Nachhaltigkeitspflichten gegenüber ökonomischen Systemerfordernissen behaupten können.

Ziviler Ungehorsam gilt vielen als toxischer Begriff. Er lässt sich jedoch entgiften, wenn die zahlreichen Beispiele in Erinnerung gerufen werden, die aus der historischen Distanz ihren skandalösen Charakter verlieren. Sie reichen von den Suffragetten über Gandhis Aufbegehren gegen die britische Kolonialmacht bis zur US-amerikanischen Bürgerrechtsbewegung. Um das demokratische Wahlrecht auch für Frauen durchzusetzen, mussten die Suffragetten laut Emmeline Pankhurst »den Spaß am englischen Sport verderben, der Geschäftswelt Schaden zufügen, wertvolles Eigentum ruinieren, die Gesellschaft demoralisieren, über die Kirchen Schande bringen, den normalen Gang des Lebens durcheinanderbringen«.[74] Solche Aktionen des zivilen Ungehorsams erscheinen im Rückblick als berechtigte Instrumente, mit denen Rechte erstritten und Unrecht bekämpft wurde. In diese Tradition reiht sich auch das Engagement von Umwelt- und Klimaaktivistinnen ein. Im Rückblick wird wahrscheinlich auch ihr Einsatz für die Rechte der Natur als ziviler Ungehorsam wertgeschätzt werden, ohne den Fortschritte selten erkämpft werden.

74 Emmeline Pankhurst, *Ein Leben für die Rechte der Frauen*, Göttingen 1996, S. 236.

Ausblick:
Der Strukturwandel des Eigentums

Im Zuge der sozialökologischen Transformation vollzieht sich ein gesellschaftlicher Wandel, der nicht auf die Ökologie beschränkt bleibt, sondern auf die soziale Reproduktion einer Gesellschaft insgesamt übergreift. Die nachhaltigen Eigentumsrechte entfalten gesellschaftliche Fliehkräfte, die die Produktions- und Konsumptionsverhältnisse im Ganzen erfassen und auf Gesellschaftsbereiche jenseits der Ökosphäre einwirken. Die sozialökologische Transformation erschöpft sich deshalb nicht in der Schaffung neuer gesetzlicher Regelungen im Umweltrecht und wirtschaftlicher Anreize für mehr Gebäudedämmung und weniger Plastik. Sie greift vielmehr auf einen Strukturwandel des Eigentums aus und verändert damit die Bedingungen insgesamt, unter denen Arbeit, Konsum, Mitbestimmung, Lebensplanung und Kooperation stattfinden. Die Schaffung nachhaltiger Eigentumsrechte bildet insoweit erst den Auftakt einer »Großen Transformation« (Karl Polanyi) von Gesellschaft und Wirtschaft. Nachhaltige Eigentumsrechte haben eine gewisse Anstoßwirkung. Sie stoßen die sozialökologische Transformation an und setzen dabei Folgen frei, die den Transformationsprozess auf alle Produktions- und Konsumptionsverhältnisse ausweiten. Diesen Überschuss an transformativer Kraft besitzen sie aus zwei Gründen.

Zum einen findet ein gesellschaftlicher Wandel *durch* das Eigentumsrecht statt. Eigentumsrechte sind die Stellschrauben jeder Gesellschaftsformation, die ihr eine bestimmte Grundstruktur verleihen. Mit ihnen wird beispielsweise festgelegt, ob Märkte privat oder genossenschaftlich organisiert werden, welche Infrastrukturen öffentlich zugänglich sind und welche nicht, ob Naturgüter nachhaltig oder ohne Pflichten gegenüber der Natur genutzt werden. Private Eigentumsrechte bilden das Rückgrat des Kapitalismus. Ihre Ökologisierung verändert ihn im Ganzen. Durch Einführung nachhaltiger Eigentumsrechte werden die Produktions- und Konsumptionsverhältnisse strukturell umgestellt und gesellschaftliche Veränderungen hin zur ökologischen Nachhaltigkeit herbeigeführt. Mit dieser Umstellung wird das Eigentumsrecht insgesamt neu ausgestaltet und daher die entsprechende Wirtschaftsweise im Ganzen tiefgreifend verändert.[1] Ich werde zum Abschluss wenigstens skizzenhaft die Veränderungstendenzen umreißen, die sich aus den nachhaltigen Eigentumsrechten ergeben und in Richtung eines *Postextraktivismus* und *Postwachstums* weisen.

Zum anderen findet ein Wandel *der* Eigentumsrechte statt. Sie verändern sich. Eine Ursache für ihre Veränderung liegt in ihnen selbst: in ihrer Geltungslogik. Ihr Wandel wird durch ihre eigene Geltungslogik angetrieben, indem ihren Geltungsbedingungen durch eine entsprechende institutionelle Ausgestaltung fortschreitend Rechnung getragen wird. Den Weg vom Sacheigentum zum nachhaltigen Eigentum habe ich oben damit erklärt, dass in Gestalt des nachhaltigen Eigentums in Bezug auf Naturgüter diejenigen Geltungsbedingungen zunehmend erfüllt werden, die vom Sacheigentum selbst vorausgesetzt werden. Liminales Eigentum hat sich in Bezug auf Naturgüter daher als nachhaltiges Eigentum konkretisiert. Damit steht der Wandel von Eigentumsrechten aber erst am Anfang. Denn liminales Eigentum lässt sich auch in Bezug auf andere Güterarten ausbuchstabieren. Nur äußerst perspektivisch will ich deshalb andeuten, wie sich ein Wandel von Eigentumsrechten entwickeln könnte, wenn liminales Eigentum auch in Bezug auf Bedarfsgüter oder Produktivgüter konkretisiert wird.

1 Einen »transökologischen« Charakter der Ökopolitik, die auch die Arbeitsverhältnisse, die soziale Reproduktionsarbeit und die öffentliche Infrastruktur verändert, betont Nancy Fraser, »Klima des Kapitals – für einen transökologischen Öko-Sozialismus«, in: Sighard Neckel, Philipp Degens, Sarah Lenz (Hg.), *Kapitalismus und Nachhaltigkeit*, Frankfurt/M. 2022, S. 61-101. Der Schlüssel für ein solches transökologisches Projekt liegt meines Erachtens in dem ökologischen Strukturwandel insbesondere des Eigentums. Auf diesen eigentumstheoretischen Transformationsaspekt geht Philipp Degens ein, dem zufolge die »ökologische Modernisierung« von Gesellschaften auf die »Rekonfiguration des Privateigentums in Form einer stärkeren Anerkennung von Schranken und Grenzen« sowie auf »neue Formen von Gemeinschaftseigentum« hinausläuft: Philipp Degens, »Privateigentum als Instrument der Nachhaltigkeit? Zwischen Willkür und ökologischer Verantwortung«, in: ebd., S. 237-255.

Rechte der Natur konkretisieren sich institutionell in Gestalt von nachhaltigen Eigentumsrechten. Weil mit den Eigentumsrechten die gesellschaftliche Grundstruktur verändert wird, wird mit den Rechten der Natur letztlich eine Gesellschaftsformation strukturell verändert. Ökologie und Soziales lassen sich in der sozialökologischen Transformation nicht trennen. Eine Gesellschaftsformation wird nicht erst in ökologischer Hinsicht und darüber hinaus dann auch in sozialer Hinsicht umgebaut. Gesellschaftsformationen werden vielmehr kraft ökologischer Nachhaltigkeit zugleich sozial grundlegend verändert. Zwar muss eine soziale Gesellschaftstransformation nicht zwangsläufig vermittelt über ökologische Transformationskräfte erfolgen – sie kann *tout court* über soziale Reformen oder Revolutionen stattfinden. Aber angesichts der sich abzeichnenden Ökologiekrisen wächst der Handlungsdruck zur ökologischen Transformation, die recht betrachtet auch soziale Veränderungen nach sich zieht. Erderwärmung, Artensterben, Ressourcenerschöpfung und Globalvermüllung zählen zweifelsohne zu den größten Herausforderungen der Zukunft, können aber auch als Chance verstanden werden, wenn aus dem Strukturwandel, der für ihre Bekämpfung erforderlich ist, ein grundsätzlich verändertes Eigentumsverständnis hervorgeht, das auch zur Überwindung sozialer Konflikte beiträgt. Ökologie und Soziales werden dabei durch nachhaltige Eigentumsrechte zusammengehalten. Der Grund für das Junktim von Ökologie und Sozialem liegt in dem Umstand, dass ökologische Nachhaltigkeit nicht in Gestalt von moralischen Imperativen, sondern von Eigentumsrechten verwirklicht wird. Weil Nachhaltigkeit hier den normativen Gehalt von Eigentumsrechten ausmacht und Eigentumsrechte die gesellschaftliche Grundstruktur bilden, wird eine Gesellschaftsformation kraft ökologischer Nachhaltigkeit auch sozial transformiert. Indem nachhaltige Eigentumsrechte geschaffen werden, werden die Eigentumsstrukturen einer Gesellschaft und damit die Rahmenbedingungen auch für soziale Beziehungen, Arbeitsverhältnisse und Wirtschaftsweisen umgestellt.

Wirtschaftsordnungen stehen auf gesetzlichen Grundlagen, die ihre Handlungs- und Entscheidungsspielräume regeln. Mit der Schaffung nachhaltiger Eigentumsrechte ändern sich ihre gesetzlichen Grundlagen. Produktions- und Konsumptionsverhältnisse müssen der gesetzlichen Grundlage angepasst und dementsprechend umgestellt werden. Nachhaltige Eigentumsrechte bilden eine gesetzliche Grundlage, der sich die Wirtschaftsform in zwei Hinsichten anpassen muss: auf den Postextraktivismus und das Postwachstum.

Postextraktivismus und Postwachstum sind Strukturmerkmale einer nachhaltigen Eigentumsgesellschaft. Sie bilden lediglich Merkmale, aber keine eigenständige Art von Gesellschaftsformation, wie es beispielsweise durch die Bezeichnung Postwachstumsgesellschaft zum Ausdruck gebracht wird. Ebenso wenig bezeichnen sie ein Gesellschaftsprogramm. Sie sind keine programmatischen Ziele, auf die eine Gesellschaft ausgerichtet und gelenkt werden soll. Sie ergeben sich vielmehr als Konsequenzen aus bestehenden Eigentumsrechten, die ihre Geltungsbedingungen erfüllen. Eigentumsgesellschaften werden ihren eigenen Geltungsbedingungen nur gerecht, wenn sie die Strukturmerkmale des Postextraktivismus und Postwachstums annehmen. Sie sind somit Eigenschaften einer endogenen Nachhaltigkeit, die den Eigentumsgesellschaften selbst innewohnt. An den Begriffen hängt im Übrigen nicht viel. »Post«-ismen sind zumeist Verlegenheitslösungen, die mangels Alternativen gewählt werden. Böten sich geeignetere Begriffe, wären sie vorzuziehen.

Nachhaltige Eigentumsrechte ebnen den Weg erstens für einen *Postextraktivismus.*[2] In ihm wird die traditionelle Okkupationsdoktrin überwunden, der zufolge Naturgüter herrenlose Sachen sind, die durch ihre Inbesitznahme in Eigentum überführt werden: Eigentümer dürfen sich Naturgüter als Gratisgaben aneignen und somit die Erträge, die aus ihrer Nutzung fließen, als leistungslose Gewinne einbehalten. Wie wir gesehen haben, abstrahiert diese Extraktion leistungsloser Gewinne aus der Naturnutzung von den Ökosystemdienstleistungen und den entsprechenden Rechten der Natur. Ökosystemdienstleistungen, die zur Wertschöpfung beitragen, werden ebenso wenig berücksichtigt wie die Eigentumsrechte, die sich aus ihnen für die Natur ergeben.

Gut belegt ist die Tatsache, dass in der Entstehungszeit des Ka-

2 Siehe zum Postextraktivismus: Alberto Acosta, Ulrich Brand, *Radikale Alternativen. Warum man den Kapitalismus nur mit vereinten Kräften überwinden kann*, München 2018.

pitalismus ein Zugang zu billigen Naturressourcen unverzichtbar war.[3] Erdöl, Kohle, Erze und Holz wurden ebenso als herren- und kostenlose Güter betrachtet wie die Regenerations- und Reproduktionskräfte von Ökosystemen und Tieren sowie die Speicher- und Lagerkapazitäten der Natur. Die Erträge aus ihrer Nutzung konnten somit von ihren Eigentümern als leistungslose Gewinne verbucht werden. Diese Extraktion leistungsloser Gewinne aus der Naturnutzung war eine Voraussetzung für den sich herausbildenden Kapitalismus, weil sie überhaupt erst ein Kapital schuf, das zur Generierung neuer Gewinne eingesetzt werden konnte. Ohne Naturextraktion wären die Gewinne nicht bloß geringer, sondern so niedrig ausgefallen, dass es an Kapital gefehlt hätte, das zur Gewinnmaximierung verwertet werden könnte. Der Extraktivismus ist indes kein Alleinstellungsmerkmal des Kapitalismus. Auch im Staatssozialismus wurden Naturgüter als kostenlose Güter angeeignet und verwertet; zudem stehen seine ökologischen Schäden denen des Kapitalismus in nichts nach. Die Naturextraktion diente dem Zweck, die Staatseinnahmen zu steigern und die Kosten für Produktionsabläufe und Infrastrukturen sowie die Preise der Lebensmittel möglichst niedrig zu halten.

Die Gewinnmaximierung folgt der Logik, dass Erträge erwirtschaftet werden, um durch ihre Verwertung neue Erträge zu erzielen. Erträge werden also nicht vorrangig für die Bedürfnisbefriedigung erwirtschaftet, sondern mit dem Ziel ihrer Steigerung. Gewinne werden hier zum Zweck ihrer Vermehrung generiert. Die Gewinnmaximierung verselbstständigt sich somit zu einem Selbstzweck. Diese Gewinnmaximierung setzt ein bestimmtes Vermögen

3 Andreas Malm, *Fossil Capital. The Rise of Steam Power and the Roots of Global Warming*, London und New York 2016; Raj Patel, Jason W. Moore, *Entwertung. Eine Geschichte der Welt in sieben billigen Dingen*, Berlin 2018; Daniel Headrick, *Macht euch die Erde untertan. Die Umweltgeschichte des Anthropozäns*, Darmstadt 2021. Die ökologische Extraktion und die einhergehende Kolonisierung ressourcenreicher Territorien wurden bereits von Marx als eine historische Voraussetzung für den entstehenden Kapitalismus beschrieben: »Die Entdeckung der Gold- und Silberländer in Amerika, die Ausrottung, Versklavung und Vergrabung der eingeborenen Bevölkerung in die Bergwerke, die beginnende Eroberung und Ausplünderung von Ostindien, die Verwandlung von Afrika in ein Gehege zur Handelsjagd auf Schwarzhäute, bezeichnen die Morgenröte der kapitalistischen Produktionsära.« Karl Marx, *Das Kapital. Erster Band*, in: *Marx-Engels-Werke*, Bd. 23, Berlin 1988, S. 779.

– Investitionsmittel oder eben »Kapital« – voraus, das für ihren Zweck verwertet werden kann. Dieses Vermögen oder Kapital wird dadurch gebildet, dass Werte als leistungslose Gewinne abgeschöpft werden; es bedarf eines Überschusses gegenüber den Kosten, die für die Herstellung der Güter erforderlich sind. Und dieser Überschuss wird durch Extraktion geschaffen, indem der Mehrwert von Arbeit, Ökosystemdienstleistungen oder öffentlich erzeugten Ressourcen privat abgeschöpft wird. Eine Art dieser Abschöpfung leistungsloser Gewinne ist die ökologische Extraktion. Durch Ökosystemdienstleistungen wird (wie in Kapitel 5 gezeigt) ein Beitrag zur Wertschöpfung geleistet, den Menschen nicht leisten, aber besitzen. Werte, die durch Ökosystemdienstleistungen geschaffen werden, werden also vom Eigentümer als leistungsloses Naturkapital abgeschöpft.[4] Durch die Nutzung vermeintlich eigentumsloser und kostenfreier Naturgüter wird Kapital generiert, das für eine Gewinnmaximierung verwertet werden kann. Der ökologische Extraktivismus ist demnach eine unverzichtbare Grundlage für die Maximierung von Gewinnen.

Auch der heutige Kapitalismus setzt deshalb billige Energie, preiswerte Rohstoffe, kostenlose Speicherkapazitäten und günstige Baumaterialien voraus. Dies gilt nicht nur für die konventionelle Industrie, sondern auch für die energie- und ressourcenintensive Digitalisierung, auf die sich die Hoffnungen des grünen Wachstums stützen. Innerhalb einer gewinnorientierten Logik sind Unternehmen, die Naturgüter intensiv nutzen, dazu gezwungen, aus der Natur Werte zu extrahieren und Naturgüter als okkupierbare Sachen zu betrachten. Solange grüne Unternehmen für ihr wirtschaftliches Bestehen auf Gewinne angewiesen sind, können auch sie sich dem ökologischen Extraktivismus nicht gänzlich entziehen. Visionen eines grünen Kapitalismus erscheinen deshalb wie das Drücken der Schlummertaste am Wecker; es hilft nichts, später wird man doch aufwachen und auf ein nichtextraktives Wirtschaften umstellen müssen.

Dem ökologischen Extraktivismus wird durch nachhaltige Eigentumsrechte ein Riegel vorgeschoben. Sie setzen Naturgüter in Wert und unterbinden damit, dass Naturgüter als kostenlose Ge-

4 Siehe zum Begriff des Naturkapitals: Christopher L. Lant, J.B. Ruhl, Steven Kraft, »The Tragedy of Ecosystem Services«, in: *BioScience* 58 (2008), S. 969-974.

schenke genutzt und als leistungslose Gewinne angeeignet werden. Mit den Eigentumsrechten der Natur an ihren Ressourcen wird die Vorstellung widerlegt, Naturgüter seien herrenlose Sachen, die erst durch ihre Inbesitznahme in Eigentum übergehen. Naturgüter sind vielmehr bereits Eigentum der Natur und lassen sich deshalb nicht als kostenfreie Güter ohne Gegenleistung nutzen. Nachhaltige Eigentumsrechte führen daher zu einer Wirtschaftsform, die ohne die Extraktion von leistungslosen Gewinnen aus der Naturnutzung auskommen muss. In solchen postextraktivistischen Produktions- und Konsumptionsverhältnissen werden Einnahmen erwirtschaftet, ohne dass ein überschüssiges Kapital aus der Naturextraktion gewonnen und für die Gewinnmaximierung verwertet wird.

Im Postextraktivismus werden die Kosten der Naturnutzung in die Einnahmen eingepreist. Von den Einnahmen sind die Kosten abzuziehen, die für die Nutzung von Rohstoffen, Energieträgern und Speichern anfallen. Nachhaltige Eigentumsrechte verpflichten zu einer ausgeglichenen Ökobilanz, die sich am Gleichgewicht zwischen Nutzung und Erhalt der Natur bemisst (siehe Kapitel 8). Um die Ökobilanz auszugleichen, müssen Nachhaltigkeitsmaßnahmen finanziert werden, die den Erhalt der Natur sichern. Für die Nutzung von Naturgütern sind deshalb Gebühren oder Entschädigungszahlungen zu entrichten, mit denen die Nachhaltigkeitsmaßnahmen finanziert werden. Ihre Höhe bemisst sich an den Kosten, die für eine ausgeglichene Ökobilanz anfallen. Durch diese Abgaben werden Naturgüter mit einem Preis versehen. Diese Bepreisung zwingt Unternehmen dazu, die Kosten für ihre Naturnutzung einzukalkulieren. Der Verbrauch von Rohstoffen sowie die Nutzung der Natur als Müll-, Schadstoff- und Emissionsdeponie führen zu Kosten, die in die betriebliche und volkswirtschaftliche Buchführung eingehen. Im Postextraktivismus lassen sich deshalb nur Einnahmen erwirtschaften, in denen die Kosten der Naturnutzung mitberücksichtigt sind. Durch die Bepreisung von Energieträgern, Baustoffen und Speicherfähigkeiten der Natur werden mögliche Gewinne somit unterbunden oder zumindest stark gedeckelt.

In nachhaltigen Eigentumsordnungen sind Naturgüter somit einem gewinnorientierten Markt entzogen. Die Förderung und Bearbeitung der Naturgüter gelten als Leistungen, die ein Unternehmen zum anteiligen Eigentum an den Einnahmen berechtigen. Die Ökosystemdienstleistungen rechtfertigen wiederum, dass der andere Teil der Natur gehört; für leistungslose Gewinne bleibt nichts übrig. Beide Anteile stehen dabei in einem proportionalen Verhältnis zueinander. Wächst der unternehmerische Anteil an den Einnahmen, so steigt entsprechend auch der Anteil der Natur und somit die Kosten, welche für die Naturnutzung anfallen. Die Einnahmen des Unternehmens können nur mit gleichermaßen steigenden Kosten erhöht werden. Steigt aufgrund von Nachfrage oder Knappheit der Wert beispielsweise von Agrarland und wachsen somit die Einnahmen, ist zugleich ein höherer Preis für seine Nutzung zu entrichten. Dadurch werden nicht nur die unternehmerischen Gewinne gedeckelt, sondern es lohnt sich zudem nicht mehr, Agrarland als Vermögensanlage zu besitzen. Vermögensanlagen, deren Wert nur um den Preis steigender Kosten wächst, werfen keine leistungslosen Gewinne ab und eignen sich nicht als Spekulationsobjekte. Weil mit den Einnahmen aus einer Naturnutzung proportional auch die Kosten für sie steigen, werden grundsätzlich alle Naturgüter einem Markt von Vermögensanlagen und somit einer Finanzialisierung entzogen.

Zudem übt der ökologische Postextraktivismus eine Vorbildfunktion dafür aus, die Okkupationsdoktrin auch dort zu überwinden, wo sie in Bezug auf andere Güter vertreten wird, die in Privatrechtsgesellschaften als herrenlose Sachen gelten. Privatrechtsgesellschaften bauen auf der Okkupationsdoktrin von der ursprünglichen Eigentumslosigkeit der Güter auf. Sobald die Eigentumslosigkeit von Naturgütern im Rahmen einer Theorie nachhaltigen Eigentums als Schein entlarvt ist, lässt sich die Okkupationsdoktrin auch in Bezug auf Wissen, Arbeit und Land ins Visier nehmen. Anstatt Wissen mithilfe von Patentrechten als ursprünglich herrenloses Gut zu kodieren, wird es dann als Gemeineigentum begreifbar, das einer Gruppe von Nutzerinnen oder der Menschheit gehört. Anstatt dass kontraktualistisch die Früchte von jemandes Arbeit durch den Arbeitgeber in Besitz genommen werden, können sie als das vorvertragliche Eigentum betrachtet werden, das die Arbeitnehmer durch ihre Beiträge zur Wertschöpfung erwerben. Anstatt dass sich Kolonisatoren fremdes Land aneignen, das niemandes Eigentum zu sein scheint, gilt es nun laut indigenem Gewohnheitsrecht als eigentumsähnliches Gut oder als das Eigentum indigener Gottheiten.[5]

5 Eigentumsähnliche Gewohnheitsrechte an Land von Indigenen werden bezogen

Der ökologische Postextraktivismus stößt also einen Paradigmenwechsel an, der gesamtgesellschaftlich über die Okkupationsdoktrin hinausführt.

Durch die Schaffung nachhaltiger Eigentumsrechte werden zweitens die Prinzipien der sozialen Reproduktion verändert, die bislang auf Wachstum zielen, und in Richtung eines *Postwachstums* transformiert. Als Eigentumsrechte üben sie die Funktion der Stabilisierung aus und tragen dazu bei, die soziale Reproduktion zu festigen. Aufgrund ihrer endogenen Nachhaltigkeit wird zugleich die Endlichkeit der Naturgüter anerkannt. Gesellschaftliche Stabilität und ökologische Nachhaltigkeit sind in ihnen miteinander verwoben. Insoweit setzen sie sich von Gesellschaftsformationen ab, die sich durch Wachstum stabilisieren. Die Stabilität kapitalistischer Gesellschaften hängt vom Wachstum der wirtschaftlichen Erträge, Gewinne, Absätze und Nachfragen ab.[6] Damit die Wirtschaft nicht kollabiert, muss sie ständig wachsen. Die Produktivität muss gesteigert, der Konsum angekurbelt, neue Verwertungsmöglichkeiten müssen erschlossen und Kosten zulasten der Natur externalisiert werden – alles nur, um den erreichten Stand zu bewahren. Dynamisches Wirtschaftswachstum ist in kapitalistischen Gesellschaften ein endogenes Erfordernis. Um sich zu erhalten, müssen sie wachsen. Diese Stabilisierung durch Wachstum führt zum steigenden Verbrauch von Naturgütern. Soll die ökologische Krisenlage überwunden werden, muss deshalb die verselbstständigte Wachstumsdynamik gebrochen werden. Ein solches Postwachstum wird durch nachhaltige Eigentumsrechte ermöglicht.

Schrankenloses Wachstum ist mit der Endlichkeit der Naturgüter unvereinbar. Die Vorräte nichterneuerbarer Ressourcen, die

auf Nordamerika dargestellt in: Pekka Hämäläinen, *Indigenous Continent. The Epic Contest for North America*, New York 2022.

6 Um die Abhängigkeit gesellschaftlicher Stabilität vom ökonomischen Wachstum zu erklären, haben sich mehr oder minder übereinstimmende Theorieansätze etabliert, jüngst die »dynamische Stabilisierung« (Hartmut Rosa, »Best Account. Skizze einer systematischen Theorie der modernen Gesellschaft«, in: Andreas Reckwitz, Hartmut Rosa, *Spätmoderne in der Krise. Was leistet die Gesellschaftstheorie?*, Berlin 2021, S. 179), das »Expansionsparadoxon« kapitalistischer Landnahmen (Klaus Dörre, *Die Utopie des Sozialismus. Kompass für eine Nachhaltigkeitsrevolution*, Berlin 2021, S. 52) und das »Kapitalüberschuss-Absorptionsproblem« (David Harvey, *Das Rätsel des Kapitals entschlüsseln. Den Kapitalismus und seine Krisen überwinden*, Hamburg 2014, S. 32).

Regenerationsfähigkeit nachwachsender Naturgüter sowie die Speicher- und Lagerkapazitäten der Natur sind begrenzt. Wenn sich Naturgüter nicht endlos vermehren, Ressourcen nicht grenzenlos verbrauchen und Abfälle nicht unbeschränkt in die Natur entsorgen lassen, dann kann eine Wirtschaftsweise, die von diesen Ressourcen, Gütern und Kapazitäten der Natur abhängt, nicht selbst unendlich wachsen. Der Bedarf an und der Verbrauch von Naturgütern kann nicht unbegrenzt steigen, wenn die Naturgüter selbst nur begrenzt vorhanden sind. Zwar können sich Gesellschaften für einen gewissen Zeitraum durch Wachstum stabilisieren. Auf Dauer aber zieht der Wachstumszwang ihnen den Boden unter den Füßen weg. Die Korrelation von Wirtschaftswachstum und Umweltbelastung verschärft sich mit der Zeit zu einem unversöhnlichen Dilemma. Erderwärmung, Artensterben, Ressourcenerschöpfung und Globalvermüllung sind seine unverkennbaren Anzeichen. Das Dilemma führt dazu, dass das Wirtschaftswachstum seine eigene materielle Grundlage verliert. Zudem schlägt Stabilisierung in Destabilisierung um. Gesellschaften mit endogenen Wachstumsimperativen werden langfristig destabilisiert: durch drohende Kämpfe um die knappen Ressourcen, durch erzwungene Migrationsbewegungen und steigende Preise für knappe Ressourcen, die für viele unerschwinglich werden. Zum einen soll durch Wachstum Stabilität geschaffen werden, zum anderen führen die durch Wachstum erzeugten Krisen zur Destabilisierung.

Konzepte des grünen Wachstums versuchen, diesem Dilemma dadurch zu entkommen, dass die Umweltbelastung mithilfe technischer Innovationen auf eine geringfügige Größe geschrumpft wird. Die Wirtschaft wächst, die Umweltbelastung schrumpft. Dass eine solche Entkoppelung des Wirtschaftswachstums von der Umweltbelastung gelingt, ist jedoch sehr unwahrscheinlich. Entkoppelt werden sollte daher die Wirtschaft vom Wachstum. Diese Entkoppelung von Wirtschaft und Wachstum zeichnet das Postwachstum aus. Wirtschaftswachstum ist in ihm – das unterscheidet Postwachstum von Degrowth – nicht an sich ausgeschlossen, sondern in berechtigten Fällen sogar geboten: bei zunehmender Bevölkerung, um auf gesundheitliche Bedrohungen zu reagieren, um Entwicklungen und Veränderungen zu ermöglichen, um Knappheiten beispielsweise infrastruktureller Art zu überwinden, um neue Umweltherausforderungen zu bewältigen und schließlich dann, wenn in Sachen Lebensstandard Nachholbedarf besteht, etwa in ärmeren Regionen und sozialen Schichten. Gemäß dem sogenannten Kohlendioxid-Budget sind Länder klimaneutral, deren Bewohner jeweils höchstens eine Tonne Kohlendioxidemissionen pro Jahr verursachen. Länder wie Malawi, Sri Lanka und Pakistan, in denen je Bewohnerin weniger als eine Tonne Kohlendioxid jährlich anfallen, können wachsen und bleiben trotzdem klimaneutral. In Europa hingegen werden durchschnittlich 6,5 Tonnen emittiert und ist Wachstum nicht klimaneutral. Es ist weder sinnvoll noch wünschenswert, selektives Wachstum in diesen Fällen zu unterbinden. Wachstum von Konsum, Produktivität und Ressourcenzugängen ist jedoch im Postwachstum keine notwendige Bedingung für die Stabilität der Gesellschaft. Wirtschaftliche Entwicklung findet hier ohne Wachstumszwang statt.

Nachhaltige Eigentumsrechte sind eine Art und Weise, Postwachstum zu organisieren. Sie spannen den gesetzlichen Rahmen für Produktions- und Konsumptionsverhältnisse auf, die mit den Grenzen des Wachstums verträglich sind. Nachhaltige Eigentumsrechte verpflichten zum Erhalt der genutzten Naturgüter. Er wird durch nachhaltige Nutzungsweisen gewährleistet, die mithilfe von Eigentumsrechten zementiert werden: Wird der Erhalt von Naturgütern durch Wirtschaftswachstum bedroht, verlieren die zugrundeliegenden Eigentumsrechte ihre Legitimation und damit ihren Schutz. Eigentumsrechte stabilisieren langfristig eine Wirtschaftsweise, indem sie zur Nachhaltigkeit verpflichten und dadurch dem Wachstum Grenzen ziehen. Als Eigentumsrechte erfüllen sie die Funktion gesellschaftlicher Stabilisierung, als nachhaltige Eigentumsrechte wiederum verstetigen sie die Stabilität, indem ihre endogene Nachhaltigkeit an die Stelle der endogenen Wachstumsimperative tritt, durch die Gesellschaften langfristig destabilisiert werden. Eigentumsrechte schaffen nur dann Stabilität, wenn sie wirtschaftliche Entwicklungen ohne Wachstumszwänge zulassen. Dieselben Eigentumsrechte, die die Wirtschaftsentwicklung stabilisieren, begrenzen sie also auch.

Mit nachhaltigen Eigentumsrechten wird insoweit die begrenzte Nutzbarkeit von Naturgütern anerkannt. Die Naturbelastung richtet sich nicht mehr nach dem Wirtschaftswachstum, sondern die Wirtschaft nach einer begrenzten Natur. Nachhaltige Eigentumsrechte zwingen zur Rationierung endlicher Naturgüter. Die

Wirtschaft wird vom Wachstum entkoppelt, indem der Eigentumsschutz der Natur dem Flächenfraß, dem Ressourcenhunger und dem Energiedurst Grenzen zieht. Die Institutionalisierung solcher Eigentumsrechte führt nicht zu mehr Neubauten, mehr Autos und mehr Chemieprodukten, sondern zu weniger. Nachhaltige Eigentumsrechte treiben das Wachstum nicht an, sondern begrenzen es. Ihre Schaffung zieht gesetzgeberische Maßnahmen nach sich, die Anreize für eine nachhaltige Naturnutzung setzen, den Zugang zu Naturgütern sozialverträglich rationieren und die sozialen Belastungen gerecht verteilen. Um es zusammenzufassen: Durch nachhaltige Eigentumsrechte und die entsprechenden gesetzlichen Maßnahmen werden Produktions- und Konsumptionsverhältnisse vom Wachstum entkoppelt, statt fälschlicherweise, wie im grünen Wachstum, auf die Entkoppelung des Wachstums vom Ressourcenverbrauch zu setzen. Sie bilden die gesetzliche Grundlage für eine Wirtschaft, die sich unabhängig von Wachstumszwängen, Steigerungslogiken, Expansionsimperativen, Überbietungsdynamiken und Optimierungsdruck stabilisiert. Die Nutzung der Natur wird somit nicht von der Wirtschaft bestimmt, sondern die Wirtschaft von der Nutzbarkeit der Natur.

Eigentum neu denken

Abschließend will ich einen programmatischen Ausblick auf Anschlussfragen werfen, die sich aus der Theorie nachhaltigen Eigentums für eine umfassende Eigentumsforschung ergeben. Wir haben gesehen, dass sich Eigentumsrechte in Bezug auf unterschiedliche Güterarten je andersartig gestalten. Gebrauchsgüter, Bedarfsgüter, Produktivgüter und Naturgüter machen jeweils besondere Eigentumsverhältnisse erforderlich. Daran schließt sich die Frage an: Können die in diesem Buch entwickelten nachhaltigen Eigentumsrechte, die allein auf die Natur bezogen sind, dazu führen, auch in Bezug auf andere Eigentumsrechte umzudenken?

Dazu ist zu sagen, dass sich der Blick auf Eigentumsrechte verändert, wenn sie von ihren Strukturmerkmalen her betrachtet werden, die in diesem Buch herausgearbeitet wurden. Die Blaupause hierfür bietet der Strukturwandel des Eigentums, der am Leitfaden nachhaltiger Eigentumsrechte rekonstruiert wurde. Er vollführt einen *Struktur*wandel des Eigentums, sofern Eigentumsrechte hier ihren Strukturmerkmalen fortschreitend entsprechen. Eigentumsrechte besitzen drei Strukturmerkmale – Gütereigentum, Freiheit und Liminalität – und unterliegen einem Wandel, indem sie diesen Strukturmerkmalen zunehmend gerecht werden. Der Strukturwandel der Eigentumsrechte verläuft also vom Sacheigentum über das Gütereigentum zum liminalen Eigentum und wird durch die zunehmende Verwirklichung ihrer Geltungsbedingungen angetrieben.

Ein solcher Strukturwandel wurde am nachhaltigen Eigentum nachgezeichnet. An ihm kommt etwas Exemplarisches des Eigentums zum Vorschein. Liminales Eigentum konkretisiert sich in Bezug auf Naturgüter in Gestalt von nachhaltigem Eigentum. An ihm wird mit dem Gütereigentum und der Liminalität eine allgemeine Struktur erkennbar, die auch für andere Eigentumsrechte gilt. Denn Gebrauchseigentum, Bedarfseigentum, Produktiveigentum und Natureigentum sind güterspezifische Erscheinungsweisen derselben Eigentumsstruktur. Um auf sie bezogen Eigentum neu zu denken, gilt es daher, ein jedes dieser Eigentumsrechte hinsichtlich seiner Güterart und seiner Liminalität zu konkretisieren.

Dass Eigentumsrechte auch von der jeweiligen *Güterart* her gedacht werden müssen, sollte deutlich geworden sein. Sie werden stets über unterschiedliche Güter ausgeübt, die sich je durch artspezifische Besonderheiten auszeichnen. Subjekt und Objekt des Eigentums – die Eigentümer und ihre Güter – lassen sich deshalb nicht trennen. Es gelten nicht, wie im Sacheigentum, erst Ansprüche von Eigentümern und dann Eigentumsrechte an bestimmten Gütern: Es gibt nicht zuerst Eigentum an derselben »Sache« und danach Eigentum an Unternehmen, Mineralölvorkommen, Zahnbürsten, Algorithmen, Wohnungen etc. Denn unterschiedliche Güterarten stellen an die normative Geltung von Eigentumsrechten jeweils andere Anforderungen. Die Geltungsbedingungen des Eigentums werden in Bezug auf sie je andersartig erfüllt. Alle Eigentumsrechte setzen zwar die gleichen Geltungsbedingungen voraus. Diese werden aber unterschiedlich in Bezug auf die jeweilige Güterart verwirklicht und zu vielfältigen Eigentumsverhältnissen konkretisiert.

Sacheigentum ist daher in Gütereigentum zu überführen, und wie das gelingt, wurde in diesem Buch exemplarisch für die Naturgüter ausgeführt. Analog hierzu müssten für jedes Eigentumsrecht die güterspezifischen Besonderheiten berücksichtigt werden. Zunächst wäre die Besonderheit einer jeweiligen Güterart zu bestimmen. Was ist für Gebrauchsgüter, Bedarfsgüter und Produktivgüter das jeweilige Pendant zu den Ökosystemdienstleistungen, durch das sich eine Güterart gegenüber allen anderen auszeichnet? Anschließend müsste untersucht werden, welche Anforderungen sich aus der güterspezifischen Besonderheit für die normative Geltung der entsprechenden Eigentumsrechte ergeben. Unternehmen beispielsweise sind Orte der Arbeitskooperation, der Lebensunterhaltssicherung sowie der Erzeugung gesellschaftlich relevanter Güter und Folgen. Diese Besonderheiten prägen Eigentumsrechte an Unternehmen von Haus aus. Sie stellen besondere Anforderungen an das Unternehmenseigentum, damit es als ein Freiheitsrecht gelten kann. Soll Eigentum als Freiheitsrecht gelten, muss es den Besonderheiten eines Unternehmens von Beginn an Rechnung tragen, anstatt ein Unternehmen als Sache zu betrachten, in der sich Eigentümeransprüche erfüllen. Im Gütereigentum werden solche Besonderheiten von vornherein für den Umfang der Freiheitsrechte berücksichtigt, die mit Eigentum verbunden sind.

Eigentum neu zu denken heißt also zum einen, Eigentum stets von den jeweiligen Gütern her zu begreifen. Eigentumsrechte müssen den Unterschieden gerecht werden, die zwischen Gebrauchsgütern, Bedarfsgütern, Produktivgütern und Naturgütern bestehen. Wenn Eigentum das Recht ist, Freiheit in Bezug auf äußere Güter auszuüben, worin unterscheidet sich diese Freiheit dann etwa in Bezug auf Gebrauchsgüter und Bedarfsgüter? Zeichnen sich Daten durch eigentumsrelevante Besonderheiten aus, so dass Dateneigentum eine eigenständige Art des Eigentums bildet? Oder sind sie eigentumsrechtlich eher so zu behandeln wie Bedarfsgüter und entsprechende Infrastrukturen, etwa Energieversorgung und Wohnraum?

Eigentum neu zu denken heißt zum anderen, es als Freiheitsrecht ernst zu nehmen, das es erlaubt, über die Nutzung, Verwertung und Übertragung von Gütern zu entscheiden. Wir haben in Kapitel 2 gesehen, dass Freiheit eine normative Geltung hat, der zufolge ihre Achtung erwartet und ihre Missachtung kritisiert werden darf, und in Kapitel 3 ausgeführt, dass ihr auf der Grundlage von liminalem Eigentum innere Grenzen gezogen werden. Nun ist *Liminalität* ein allgemeines Strukturmerkmal von Eigentum, dem zufolge Eigentumsrechte durch innere Grenzen reguliert werden, und sie erklärt sich aus den beschriebenen Bedingungen normativer Geltung (Konsistenz, Kohärenz, Faktizität, Transformation). Anders gesagt: Auch Eigentumsrechte müssen ihre Geltungsbedingungen erfüllen, damit sie als Freiheitsrechte gelten. Der springende Punkt ist nun, dass die Geltungsbedingungen hinsichtlich der verschiedenen Güter je andersartig und in Gestalt bestimmter Eigentumsverhältnisse erfüllt werden. Eigentumsrechte müssen deshalb zu je besonderen Eigentumsverhältnissen ausgestaltet werden, damit sie ihre Geltung erhalten und auch behalten. In Eigentumsverhältnissen werden durch entsprechende Rechte die Eigentumsfähigkeit, die Eigentumsordnungen und die Eigentumspflichten geregelt. Wie wir gesehen haben, gelten Eigentumsrechte an Naturgütern nur dann als berechtigte Ansprüche, wenn sie durch Nachhaltigkeitspflichten begrenzt werden. Ökologische Nachhaltigkeit stellt eine inhärente Grenze dar, die dem Eigentum selbst innewohnt. In Bezug auf Naturgüter nimmt liminales Eigentum die Gestalt von nachhaltigem Eigentum an. Nachhaltiges Eigentum ist ein Musterfall dieser Liminalität, aber andere Eigentumsrechte folgen der gleichen Struktur.

Daraus ergibt sich die Aufgabe, liminales Eigentum auch in Bezug auf Gebrauchsgüter, Bedarfsgüter und Produktivgüter zu erläutern und entsprechende Eigentumsverhältnisse zu konkretisieren. Es muss in diesen Eigentumsverhältnissen ein Äquivalent zur ökologischen Nachhaltigkeit geben, das sie von innen reguliert. Analog zum nachhaltigen Eigentum wohnt allen Eigentumsrechten ein sorgendes Verhältnis inne, das ihre Freiheitsreichweite begrenzt und den Eigentümern Pflichten auferlegt. Es gilt also, auch bei ihnen jeweils ihre inneren Grenzen zu bestimmen, um beispielsweise folgende Fragen zu beantworten: Wie sehen Eigentumsverhältnisse aus, in denen Eigentum an Unternehmen tatsächlich als ein Freiheitsrecht gilt? Kraft welcher Grenzen, die im Eigentumsrecht selbst liegen, wird Wohneigentum reguliert? Rechtfertigt sich gemeinschaftliches oder öffentliches Eigentum an Infrastrukturen wie Kraftwerken, Hochschulen und Kliniken auf der Grundlage liminalen Eigentums? Besitzt Dateneigentum eine eigene Geltungslogik, aus der sich innere Grenzen ergeben, und, falls ja, welche Eigentumsverhältnisse werden für Daten deshalb erforderlich?

Mit ökologischen Krisen, sozialen Verwerfungen und politischen Konflikten kann auf zwei Weisen umgegangen werden. Sie können durch in der Regel besonders aufwendige Reparaturen einer Gesellschaftsformation behoben werden, nachdem die Schädigungen bereits aufgetreten sind. Oder Gesellschaftsformationen werden so gestaltet, dass Schäden erst gar nicht oder nur in geringem Umfang eintreten. Diese beiden Umgangsweisen stehen unabhängig von der Art der gesellschaftlichen Krise zu Gebote. Schauen wir aber konkret auf die gegenwärtigen Ökologiekrisen, so liegt auf der Hand, dass Reparaturen in eine Sackgasse führen und nur der Strukturwandel einen Ausweg bietet. Erderwärmung, Artensterben, Ressourcenerschöpfung, und Globalvermüllung sind irreversibel und lassen sich nicht *ex post* beheben. Wer an den Weg der nachträglichen Reparatur glaubt, redet sich die Lage schön. Technologische Innovationen, wissenschaftliche Erkenntnisfortschritte und eine veränderte Lebensführung sind gewiss nötig, werden aber nicht ausreichen, um die globalen Ökologiekrisen einzudämmen. Dafür bedarf es einer sozialökologischen Transformation, die nach meiner Überzeugung über die Institutionalisierung nachhaltiger Eigentumsrechte verläuft. Um die Ökologiekrisen an ihrer Wurzel zu bekämpfen, ist eine Ökologisierung des Eigentums erforderlich. Die Eigentumsfrage, wem die Natur gehört, ist daher kein Umweg, sondern führt direkt zu dem Ziel, ökologische Krisen bereits im Keim zu ersticken. Wollen wir nicht sehenden Auges die Erde unbewohnbar machen, sind nachhaltige Eigentumsrechte unvermeidlich. Dafür muss das Eigentum weder abgeschafft noch neu erfunden werden. Es genügt, Eigentum zu dem zu machen, was es seinem Selbstverständnis nach ist.

Anhang: Grundriss des Eigentumsbegriffs

Eigentum zeichnet sich durch ein *formales* Strukturmerkmal (Gütereigentum) und zwei *inhaltliche* Strukturmerkmale (Eigentumsfreiheit und Liminalität) aus.

1. Gütereigentum (versus Sacheigentum)

Eigentum ist die rechtsförmige Beziehung zwischen Personen (Subjekt) in Bezug auf Güter (Objekt) auf den drei Ebenen der
- interpersonellen Rechtsbeziehung; der
- allokativen Rechtsverbindung; und des
- generischen Rechtsverhältnisses (das ausdifferenziert wird zu: Eigentumsverhältnissen).

Im generischen Rechtsverhältnis werden Arten des Subjekts (die Eigentümer …) und des Objekts (… und ihre Güter) des Eigentums bestimmt:

Subjekt des Eigentums: *Eigentumsformen*	*Objekt* des Eigentums: *Eigentumsarten*
– Privateigentum	– Gebrauchseigentum
– Gemeineigentum	– Bedarfseigentum
– öffentliches Eigentum	– Produktiveigentum
– Natureigentum (Ökosysteme wie Flüsse sind Träger von Eigentumsrechten).	– Natureigentum (Naturgüter wie Sand, Fische und Wasser gehören auch dem Fluss).

2. Eigentumsfreiheit

Eigentum ist ein *Freiheitsrecht* in Bezug auf drei Inhalte der Entscheidung über äußere Güter:
- Nutzung;
- Verwertung;
- Übertragung.

Diese *Eigentumsfreiheit* hat drei gesellschaftliche Bedeutungen: als
- Funktion (Allokation, Stabilität, Effizienz etc.); als
- Wert (Identität, Macht, Sicherheit etc.); und als
- Norm (Freiheit als normativer Gehalt des Eigentums).

Die *normative Bedeutung* der Eigentumsfreiheit wird in drei Theorietraditionen unterschiedlich begründet:
- Konstruktivistische Eigentumstheorien (u. a. Utilitarismus, Kommunitarismus);
- Naturrechtslehren des Eigentums (u. a. Grotius, Locke);
- Normative Eigentumstheorien (u. a. Kant, Hegel, Marx).

3. Liminalität

Eigentum wird durch (äußere) Schranken und (innere) Grenzen reguliert.

Es gibt zwei *Schranken* des Eigentums:
- kontextuelle; und
- moralische.

Es gibt zwei *Grenzen* des Eigentums
- interne; und
- inhärente (= Liminales Eigentum: Eigentumsrechte werden durch inhärente Grenzen reguliert, die ihre Freiheit von vornherein begrenzen).

Eigentum wird durch seine *inhärenten Grenzen* zu drei Arten von *Eigentumsverhältnissen* ausdifferenziert:
- Eigentumsförmigkeit (u. a. Naturgüter als Eigentum der Natur)
- Eigentumsordnungen (u. a. Gemeineigentum von Mensch und Natur an Naturgütern)
- Eigentumspflichten (u. a. ökologische Pflichten gegenüber der Natur).

Dank

Dieses Buch ist aus meiner Antrittsvorlesung »Wem gehört die Natur?« hervorgegangen, die ich am 11. Juli 2019 an der Carl von Ossietzky Universität Oldenburg gehalten habe. Es wurde in den Arbeitskontexten des DFG-Sonderforschungsbereichs 294 »Strukturwandel des Eigentums« der Universitäten Jena und Erfurt fertiggestellt. Hilfreiche Kritik und Kommentare erhielt ich von Frank Adloff, Thomas Assheuer, Jelena Bäumler, Martin Borowsky, Klaus Bosselmann, Sigrid Boysen, Hauke Brunkhorst, Gianfranco Casuso, Maeve Cooke, Alex Demirović, Marie-Christine Fuchs, Stefan Gosepath, Andreas Gutmann, Johan Horst, Jens Kersten, Stefan Knauß, Dirk Löhr, Bertram Lomfeld, Andreas Niederberger, Uchenna Okeja, Eva von Redecker, Hartmut Rosa, Christian Schmidt, Achim Seifert, Amelie Stuart, Eva Weiler und *last but not least* Gesine Winter. Yasar Damar, Lara Marschalek, Patrick Weißler und Aylin Yildirim waren beim Korrektorat und Norbert Richter beim Vorlektorat eine große Hilfe. Eva Gilmer hat mit ihrem Rat entscheidend zur Verbesserung des Textes beigetragen. Ein besonderer Dank gilt Niklas Angebauer und Jacob Blumenfeld, die eine frühe Version kommentiert und einen Workshop zum Manuskript organisiert haben. Ein weiterer Manuskript-Workshop wurde von Regina Kreide und Philipp Schink ausgerichtet, denen ich dafür dankbar bin. Die größte Bereicherung waren ohnehin die zahllosen Gespräche mit Regina, der ich noch für viel mehr danke. Ihr ist deshalb dieses Buch gewidmet.

Namenregister

Ausführliches Inhaltsverzeichnis

Georg Wilhelm Friedrich Hegel
im Suhrkamp Verlag

stw-Werkausgabe in zwanzig Bänden. Redaktion: Eva Moldenhauer und Karl Markus Michel. Mit einem Registerband. (Die Ausgabe ist text- und seitenidentisch mit der 1969 ff. erschienenen Theorie-Werkausgabe.) 12618 Seiten

Die Bände sind auch einzeln lieferbar

1: Frühe Schriften. stw 601. 637 Seiten

2: Jenaer Schriften. 1801-1807. stw 602. 593 Seiten

3: Phänomenologie des Geistes. stw 603. 599 Seiten

4: Nürnberger und Heidelberger Schriften 1808-1817. stw 604. 623 Seiten

5: Wissenschaft der Logik I. Erster Teil. Die objektive Logik. Erstes Buch. stw 605. 457 Seiten

6: Wissenschaft der Logik II. Erster Teil. Die objektive Logik. Zweites Buch. Zweiter Teil. Die subjektive Logik. stw 606. 575 Seiten

7: Grundlinien der Philosophie des Rechts oder Naturrecht und Staatswissenschaft im Grundrisse. Mit Hegels eigenhändigen Notizen und den mündlichen Zusätzen. stw 607. 531 Seiten

8: Enzyklopädie der philosophischen Wissenschaften im Grundrisse 1830. Erster Teil. Die Wissenschaft der Logik. Mit den mündlichen Zusätzen. stw 608. 393 Seiten

NF 115/1/6.09

9: Enzyklopädie der philosophischen Wissenschaften im Grundrisse 1830. Zweiter Teil. Die Naturphilosophie. Mit den mündlichen Zusätzen. stw 609. 539 Seiten

10: Enzyklopädie der philosophischen Wissenschaften im Grundrisse 1830. Zweiter Teil. Die Naturphilosophie. Dritter Teil. Die Philosophie des Geistes. Mit den mündlichen Zusätzen. stw 610. 432 Seiten

11: Berliner Schriften 1818-1831. stw 611. 432 Seiten

12: Vorlesungen über die Philosophie der Geschichte. stw 612. 568 Seiten

13: Vorlesungen über die Ästhetik I. stw 613. 546 Seiten

14: Vorlesungen über die Ästhetik II. stw 614. 462 Seiten

15: Vorlesungen über die Ästhetik III. stw 615. 578 Seiten

16: Vorlesungen über die Philosophie der Religion I. stw 616. 442 Seiten

17: Vorlesungen über die Philosophie der Religion II. Vorlesungen über die Beweise vom Dasein Gottes. stw 617. 540 Seiten

18: Vorlesungen über die Geschichte der Philosophie I. stw 618. 560 Seiten

19: Vorlesungen über die Geschichte der Philosophie II. stw 619. 600 Seiten

20: Vorlesungen über die Geschichte der Philosophie III. stw 620. 566 Seiten

NF 115/2/6.09

Einzelausgaben

Die Philosophie der Kunst. Vorlesung von 1826. Herausgegeben von Annemarie Gethmann-Siefert, Jeong-Im Kwon und Karsten Berr. stw 1722. 297 Seiten

Die Philosophie des Rechts. Vorlesung von 1821/22. Herausgegeben von Hansgeorg Hoppe. stw 1721. 237 Seiten

Zu Georg Wilhelm Friedrich Hegel Eine Auswahl

Materialien zu Hegels ›Phänomenologie des Geistes‹. Herausgegeben von Hans Friedrich Fulda und Dieter Henrich. stw 9. 445 Seiten

Materialien zu Hegels Rechtsphilosophie. Herausgegeben von Manfred Riedel. Band 1. stw 88. 437 Seiten

Der Weg zum System. Materialien zum jungen Hegel. Herausgegeben von Christoph Jamme und Helmut Schneider. stw 763. 307 Seiten

Herbert Schnädelbach (Hg.). Hegels Philosophie – Kommentare zu den Hauptwerken. Drei Bände.
stw 1475-1477. 1500 Seiten

- Band 1: Ludwig Siep, der Weg der »Phänomenologie des Geistes«. stw 1475 384 Seiten
- Band 2: Herbert Schnädelbach, Hegels praktische Philosophie. stw 1476. 400 Seiten
- Band 3: Hegels »Enzyklopädie der philosophischen Wissenschaften« (1830). Von Hermann Drüe, Annemarie Gethmann-Siefert, Christa Hackenesch, Walter Jaeschke, Wolfgang Neuser und Herbert Schnädelbach. stw 1477. 568 Seiten

NF 115/3/6.09